강안학 연구총서 ❸

상주권 강안학과 소통 문화의 지평

강안학 연구총서 3

상주권 강안학과 소통 문화의 지평

정우락 외

역락

책머리에

지난 수십 년간 한국 학계는 지역과 공간, 그리고 그 안에 뿌리내린 학문과 문화의 다양한 양상을 지속적으로 조명해 왔다. 특히 조선시대 남부 지역, 그중에서도 낙동강 유역의 산천과 인물, 지식문화의 확산과 변용은 한국학 연구의 주요 대상이 되어 왔다. 이 책은 이러한 학문적 흐름 속에서 '상주권 강안학'에 내재된 지역 인물들의 사상과 소통의 문화유산을 심층적으로 분석하는 데 초점을 두었다.

이 연구의 출발점은 강안학이 '지역적 토착성'과 '글로컬[glocal] 지식문화'를 동시에 지닌 이중적 성격을 지닌다는 점에 있다. 상주권 낙동강 유역, 즉 영주[풍기]·문경·예천[용궁]·상주·의성의 학인들은 서울의 문화를 일정 부분 수용하면서도 그들만의 학술적 정체성과 사회적 실천을 구축하였다. 그들은 자연과 학문, 지역 전승과 공동체 의식, 문화적 다양성을 실천하였다. 이러한 강안학의 사상 구조와 학문적 실천은 단일한 '지역학' 구도를 넘어, 조선 지식문화사의 다층성과 유연성을 보여 주는 중요한 사례라 할 수 있다.

상주권 강안학의 중심지인 상주는 조선 전기 경상감영이 위치해 영남의 정치·경제·학술 중심지로 기능하던 곳이다. 소백산·주흘산·속리산 등의 산과 낙동강 및 그 지류는 자연환경과 인문환경을 결합하여 독특한 산수문화를 형성하였다. 이 지역의 유교문화는 세 가지 핵심적 특성을 지닌다. 첫째, 기호학과 영남학 간의 학문적 소통을 가능케 한 회통성, 둘째, 실용정신으로서의 애민사상, 셋째, 독창성의 발현으로서 양명학적 사유의 수용이 그것이다.

상주권 강안학은 속리산권 구곡문화의 형성, 선유船遊와 시회詩會 등 산수와 문학의 결합, '복지동천福地洞天'과 같은 이상적 공간의 추구 등 풍부한 문화적 교류 속에서 이루어졌다. 이는 지역 유교문화가 자연과 인문환경에 뿌리내려 현실 문제에 대응하면서도 학문적 독자성과 다원성을 유지하였음을 보여 준다. 특히 기호와 영남을 연결하는 학문적 통로로서 작용하였다.

이 책은 필자의 상주권 강안학의 유교문화적 특성 논의를 출발점으로, 박인호 교수의 강안 지역 백과적 학문 전통, 최재목 교수의 류성룡과 정경세 사상의 의미, 김학수 교수의 권상일을 중심으로 한 근기남인계의 지식 교유, 추제협 교수의 한강 정구 문인 연구 등 다양한 학문적 경향을 종합적으로 다루었다. 또한 김종구 박사는 16-17세기 낙동강 문학을 조명하였고, 최은주 박사와 방현아 박사는 시회와 시사의 전통을 고찰하였다. 송석현 박사는 지역 사족의 활동을, 김정운 박사는 도남서원 강회를 주요 주제로 삼아 연구를 진행하였다.

상주권 강안학의 핵심은 '소통 문화'에 있다. 기호학과 경쟁하며 협력하기도 한 이 지역은, 16세기 이후 퇴계 이황과 남명 조식을 계승하면서 서로 다른 사상적 흐름 속에서도 고유한 학문적 풍토를 조성하였다. 이러한 소통은 단순한 학문 교류를 넘어 지역 공동체의 정체성과 자율성을 강화하는 기능을 하였다. 구곡문화, 강회講會와 강학講學의 전통은 학문적 연대와 소통을 지속시키는 역할을 담당하였으며, 조선 후기의 시회 전통은 지역 문화 교류의 중요한 양상으로 자리 잡았다. 이는 학문과 문화, 그리고 사상 간의 지속적 교유와 소통을 통해 상주권 강안학이 문화적 지평을 확장해갔음을 의미한다.

강안학 연구는 지역학을 바탕으로 한 새로운 문화콘텐츠 개발과 지역 정체성 확립에 중요한 함의를 지닌다. 이 책이 상주권을 넘어 한국 지역문화 연구 전반에 새로운 시각과 방법론을 제공하고, 나아가 동아시아 지역학 발전에도 기여하기를 기대한다. 또한 본 연구를 통해 우리가 살아가는 구체적 공간에 축적된 지적 자산의 가치를 재발견하고 이를 미래 발전의 토대로 활용할 수 있는 계기가 마련되기를 바란다. 이는 경북대학교 영남문화연구원에 설치된 원복학술기금遠馥學術基金을 통해 강안학 연구를 지원하는 귀한 뜻이기도 하다.

2025년 9월

오하중마실梧下重磨室에서 정우락 씀

차례

책머리에 • 5

상주권 강안학과 유교문화적 특성 ——— 정우락 • 11

1. 머리말 • 11
2. 상주권의 지리와 인문 환경 • 14
3. 강안학과 상주권의 유교 문화 • 21
4. 상주권 강안학의 문화적 특성 • 36
5. 맺음말 • 56

영남 북부 강안 지역의 지역성과 백과적 학문 전통 ——— 박인호 • 61

1. 머리말 • 61
2. 강안 지역의 지역성과 학문적 특징 • 63
3. 영남 북부 강안 지역의 백과적 편찬물 • 68
4. 맺음말 • 94

류성룡의 '리理'에서 정경세의 '예禮'로의 이동이 갖는 의미 ——— 최재목 • 99

1. 상주학맥에서 류성룡과 정경세 • 99
2. '리학理學에서 예학禮學으로'의 '사상사적' 의미 • 106
3. 류성룡과 정경세의 사상적 교류와 학문의 전승 —편지를 중심으로 • 114
4. 맺음말 • 123

권상일權相一과 근기남인계 학인의 지식문화적 교유
—18세기 상주권 강안학江岸學의 수용성과 확장성 ——— 김학수 • 127

1. 머리말 • 127
2. 권상일權相一의 근기권 교유네트워크 • 128
3. 지식문화인프라 작동 양상 : 근기권 성호학인星湖學人과의 교유 • 134
4. 맺음말 • 186

한강학, 상주권 한강 문인들의 학문과 사상 —— 추제협 • 191
1. 머리말 • 191
2. 상주권 유학의 전통 • 193
3. 상주권 한강 문인들 • 202
4. 한강 문인들의 학문과 사상 • 212
5. 맺음말 • 228

16-17세기 선비들의 낙동강문화洛東江文化와 그 의미
—정구, 장현광, 정경세의 문학 작품을 중심으로 —— 김종구 • 233
1. 머리말 • 233
2. 낙동강 인식과 문학 양상 • 238
3. 16-17세기 선비들의 낙동강문화 • 245
4. 맺음말 • 264

17세기 상주 사족의 강안江岸 활동의 일면
—의성김씨의 상주 이거와 정착 —— 송석현 • 269
1. 머리말 • 269
2. 상주의 지리적 특성과 사족 이거 • 272
3. 개암 김우굉 계열의 상주 이거와 확장 • 280
4. 서계 김담수 계열의 상주 이거와 정착 • 289
5. 맺음말 • 297

도남서원道南書院의 강회講會와 강학講學 — 김정운 • 301

1. 머리말 • 301
2. 사대부와 지방관의 협력과 강학 • 304
3. 원생의 세분화와 거재居齋 강화 • 313
4. 강회의 다양화와 강학의 일상화 • 320
5. 맺음말 • 330

조선 후기 상주지역 시회詩會의 전통과 강안학江岸學 — 최은주 • 335

1. 머리말 • 335
2. 상주지역 시회詩會 관련 문헌의 제작과 전승 • 337
3. 상주지역 시회詩會의 전개 양상 • 346
4. 상주지역 시회詩會의 전통과 강안학 • 358

상주지역 시사의 전통과 그 사적史的 전개 양상
—추수사, 죽우사, 열운사와 『낙유첩』을 중심으로 — 방현아 • 365

1. 머리말 • 365
2. 낙강시회의 전통과 추수사秋水社의 결사結社 • 368
3. 죽우사竹雨社의 활성과 죽우속사竹雨續社의 문학적 특징 • 375
4. 열운사悅雲社와 『낙유첩洛遊帖』, 시회의 계승과 의의 • 387
5. 맺음말 • 400

상주권 강안학과 유교문화적 특성

정우락(경북대학교 교수)

1. 머리말

우리 사회에서 세방화世方化[glocalization]라는 말이 유행을 한 적이 있었다. 이 말은 세계화世界化[globalization]와 지방화地方化[localization]를 합성한 것으로, 세계의 보편성과 각 지방 현지의 특수한 사정을 염두에 둔 표현이다. 이는 오늘날에도 '글로컬[glocal]'이라는 원어를 그대로 사용하며 세계성과 지방성/현지성을 동시에 갖춘 의미로 통용된다. 이 용어로 대학의 구조를 혁신하겠다며 내세운 것이 윤석열 정부의 '글로컬대학 30'이다. 2026년까지 비수도권 30곳을 글로컬대학으로 지정·지원하여 학령인구 감소와 산업구조의 변화 속에 경쟁력있는 지역대학을 육성하여 지역의 발전을 도모하자는 취지이다.

강안학이라는 우리의 기획 역시 글로컬리즘과 밀접하게 결합되어 있다. 오늘날 우리가 살고 있는 시대의 정신은 보편주의와 다원주의의 단순한 종합을 넘어서 지역과 세계를 아우르는 새로운 발상과 이에 합당한 문화콘텐츠를 요청하고 있다. 글로컬리즘은 세계적 보편성과 지역적 특수성을 함께 고려해 그 장점을 제고하고, 아울러 지역적 특수성에 기반하여 세계적 보편성을 새롭게 자각하는 논리이다. 지역 고유의 정체성을 확보하면서도 이것이 세계의 보편적 질서 속에서 어떤 의미를 발견할 수 있을 때, 글로컬리즘은 새로운 힘을 발할 수 있다. 그것은 자신의 정체성을 분명하게 유지하지만 획일적 동질성은 추구하지 않는다는 화이부동和而不同의 정신과 근본적으로 일치한다.

강 문화는 한국에만 있는 것이 아니다. 세계의 수많은 강 문화가 갖는 보편성을 염두에 두면서 한국의 강을 논의할 때 비로소 의미가 있다. 강은 차안과 피안을 가로지르며 흐른다. 이처럼 양안을 갈라놓기 때문에 한편으로 차안과 피안은 상호의 이질성으로 인해 경쟁관계가 생길 수밖에 없다. 그러나 다른 한편으로 그 이질성 때문에 서로의 결핍을 보완하면서 상호 협동하기도 한다. 이러한 관계가 바로 동양사상에서 말하는 대대관계待對關係이다. 음과 양이 그러하듯 서로의 이질성으로 인해 대립되어 있지만, 결핍 때문에 오히려 상호 의존하고 감응한다. 경쟁과 협동이 양안 사이에서 대대관계를 이루며, 이를 기반으로 각 지역의 특수하면서도 보편적인 문화를 구축해 나갔다.

세계의 강이 만들어낸 문화와 낙동강이 만들어 낸 문화에 어떤 보편성이 존재하는가 하는 문제를 따지는 것은 오늘의 주제가 아니다. 그러나 이러한 사실을 염두에 두면서 낙동강을 바라보기로 한다. 특히 상주는 낙동강의 본류가 시작하면서 그 이름을 획득한 곳이라는 측면에서 주목받아 마땅하다. 상주의 고호가 '낙양洛陽' 혹은 '상락上洛'이었으니 낙동강은 바로 이곳의 동쪽을 흐르는 강이다. 이렇게 보면 낙동강은 상주가 그 기점이며 길이는 700리가 된다. 상주시 사벌면 퇴강리 낙동강 둑에 '낙동강 칠백리 이곳에서 시작되다'라는 표석이 세워진 이유이기도 하다. 강안학은 이 낙동강 700리설을 기준으로 설계되었다. 이곳을 기준으로 영남의 좌우가 나누어졌기 때문이다.

낙동강 연안은 크게 세 부분을 나누어 연구하는 것이 마땅하다. 상주권, 대구권, 부산권이 그것이다. 상주권은 조선전기 경상감영이 있었고 조령을 넘어 기호지역의 문화가 영남으로 가장 빨리 전달된다는 측면에서, 대구권은 조선후기 경상감영이 있었으며 지리적으로 영남의 중심에 위치하고 있다는 측면에서, 그리고 부산권은 근대 이후 그 범위를 세계로 넓혀가는 데 유리하다는 측면에서 주목된다. 잠정적이기는 하나 여기서 상주권은 풍기·문경·예천·상주·의성 지역을 포괄한다.[1] 이 지역은 낙동강의 본류가 시작하여 역대로 수운이 발달하였으며, 기호학과 영남학, 퇴계학과 남명학이 서로 소통하면서 상보적 경쟁관계를 이룩하던 곳이었다.

본 논의의 2장에서는 상주권의 지리적 특성을 살펴 이 지역 강안학을 다루기 위한 기반을 다진다. 강안학은 기본적으로 지리가 문화에 중요한 작용을 한다고 믿기 때문이다. 3장에서는 상주권 유교문화의 보편성을 다룬다. 강안학에 전반적으로 나타나는 특징을 회통성, 실용성, 독창성으로 보고, 상주권에서 이 세 부분이 어떻게 나타나는가 하는 문제를 살핀다. 그리고 4장에서는 상주권 강안학의 문화적 특성을 살핀다. 낙동강 본류가 시작하므로 수량이 풍부하고, 이에 따라 선유시회 등 매우 중요한 문화기획이 있었고 이를 실천하였기 때문이다. 이러한 사정을 두루 고찰하는 과정에서 상주권 강안학의 특징이 드러나게 될 것이다.

---

1 18세기에 제작된 <海東地圖>에 의하면 상주목이 지금의 상주시를 중심으로 문경으로는 산양, 영순 일부, 대부분의 산북이 여기에 해당하고, 의성은 단밀과 단북이 여기에 해당한다. 상주의 趙靖과 趙翊이 의성군 단밀면에 소재한 涑水書院에 배향된 것도 이러한 지리적 사정과 관련이 있다. 따라서 이 지역과 함께 낙동강 연안에 있으면서 상주 지역과 밀착되어 있는 예천과 풍기를 포괄해서 상주권으로 설정해 함께 다루기로 한다.

2. 상주권의 지리와 인문 환경

상주권 강안학을 살펴보기에 앞서 그 전제적 조건으로 이 지역의 지리와 인문 환경을 알아둘 필요가 있다. 이 지역에 대한 대체적인 성격을 파악하기 위해서다. 특히 상주는 영남의 대읍으로 낙동강을 끼고 있으니 교통의 요지였고, 기호지역과 인접해 있으니 선진문화와의 소통이 자연스럽고 원활하였다. 조선후기에 발간된 <팔도전도八道全圖> 등 다양한 고지도를 보면, 백두대간의 한 맥이 태백산에서 이르러 두 갈래로 나누어져 흐르게 된다. 하나는 동해안을 따라 청송青松과 청하淸河 사이의 비학산飛鶴山을 거쳐 양산과 울산 사이의 원적산圓寂山으로 뻗어 내려가고, 다른 하나는 서쪽으로 흐르며 풍기의 소백산, 문경의 주흘산을 거쳐 속리산으로 흐르고, 속리산에서 방향을 남쪽으로 틀어 지례知禮의 황악산黃岳山, 안음安陰의 지우산智雨山으로 이어지다가 하동과 산청의 지리산智異山에서 우뚝 멈추어 선다.

낙동강은 산맥을 따라 흐른다. 그 기슭에 형성되어 있기 때문이다. 태백시 황지黃池는 낙동강의 상징적인 발원지이다. 여기서 출발한 낙동강은 안동에서 반변천과 길안천을 합류하여 서류하다가 예천 풍양에서 내성천乃城川과 금천錦川을 받아들인다. 삼강은 낙동강과 내성천과 금천이 합류한 데서 생긴 이름이다. 삼강리에서 남쪽으로 방향을 틀어 문경의 영강穎江이 합류하고, 상주에서 병성천屛城川과 위천, 구미 선산에서 감천甘川, 대구에서 금호강琴湖江, 고령을 거치면서 경북과 경남의 경계에서 회천會川, 합천에서 황강黃江, 의령군과 함안군의 경계에서 남강南江을 흡수하며 다시 동류하다가, 밀양시와 김해시의 경계에서 밀양강密陽江, 양산 물금에서 양산천梁山川을 유입시켜 남류하다가 부산시에 들어가 남해로 흘러든다. 일찍이 정약용丁若鏞(1762-1836)은 영남의 산세에 대하여 다음과 같이 말한 적이 있다.

> 영남嶺南은 옛 신라국新羅國이다. 장백산맥長白山脈이 오대산五臺山을 거쳐서 태백산太白山에 이르러 신라의 진산鎭山이 되고, 서쪽으로는 소백산小白山·주흘산主屹山이 되고, 서남쪽으로는 지리산智異山이 되어 신라를 병풍처럼 감싸서 막았다. 황수潢水가 태백산에서 나와 서남쪽으로 낙동강洛東江이 되고 그것이 또 동남으로 흘러 바다로 들어간다. 모든 역내域內의 물이 바퀴살통처럼 모이고 힘줄처럼 모여서 하나로 합친다. 이 때문에 그 산천山川의 풍기風氣가 기타 다른 도道와는 전혀 다르고 그 인물은 영걸하고 특출한 사람이 많다.[2]

정약용은 위에서 영남은 신라국이며, 백두내간이 태백산으로 흘러 신라의 진산이 되고 다시 소백산과 주흘산을 거쳐 지리산에 이르기까지 산맥의 뼈를 이룬다고 했다. 그리고 낙동강은 태백산 황지에서 흘러나와 역내를 두루 흐르다가 남해로 흘러든다고 했다. 그는 산천과 인물의 상관관계를 말하고 있는데, 낙동강의 물이 바퀴살통처럼 모이고 힘줄처럼 합쳐져 인물이 영걸하고 특출하다고 한 것이 그것이다. 특히 "회재晦齋·퇴계退溪 등 여러 선생이 나신 이후로 선비들이 모두 예의禮義를 숭상하였으므로 성질이 못된 자가 있기는 하여도 공손하게 예모를 차리는 모습은 모두 학자의 기풍이 있었다."[3]라고 하면서, 영남의 인물 가운데 이언적과 이황을 특별히 주목하였다. 그렇다면 상주권의 해당지역에 특기할 만한 인문 환경으로 어떤 것이 있는지를 간단히 살펴보자.

현재 영주시에 소속된 풍기 지역은 경상북도 최북단에 위치해 있으며, 영남을 좌우도로 나눌 때 좌도의 경계 지점에 위치한다. 서쪽으로는 충청북도

---

2 丁若鏞, 『茶山詩文集』 권13, <嶺南人物考序>, "嶺南古新羅國也. 長白山之脈, 由五臺至太白, 爲新羅之鎭, 西爲小白主屹, 西南爲智異山而止, 爲新羅之屛蔽. 潢水出太白山, 西南爲洛東, 又東南入于海. 凡域中之水, 輻湊筋會而歸于一, 是故其山川風氣, 與諸道絶殊, 其人物多英偉桀特."

3 丁若鏞, 『茶山詩文集』 권13, <嶺南人物考序>, "自晦齋退溪諸先生以來, 士皆崇尙禮義, 雖有乖戾者, 其揖遜致容, 皆學者也."

단양군과 인접해 있고, 남쪽으로는 예천군과 닿아 있다. 특히 충북 단양군 대강면과 경북 풍기읍과의 경계에 위치한 죽령竹嶺이 있어 기호와 영남의 문화적 소통로 역할을 하였다. 향가 <모죽지랑가慕竹旨郎歌>[4]에 등장하는 죽지竹旨가 바로 죽지령, 즉 죽령이다. 조선시대에는 예천에서 이곳을 거쳐 소백산맥을 넘어 영춘·영월로 넘어가는 내륙도로가 발달하였다. 이 지역의 순흥에서는 1457년(세조 3) 금성대군錦城大君과 부사 이보흠李甫欽을 중심으로 단종복위 운동이 일어났고, 우리나라 최초의 사액서원賜額書院 소수서원紹修書院이 있는 곳이다.

문경 지역은 경상북도의 서북단에 위치하고 있으며, 낙동강의 지류인 내성천이 문경의 영순면 달지리에서 합류하며 좌우도의 경계를 이룬다. 동쪽으로는 예천, 남쪽으로는 상주, 서쪽으로는 충북 괴산, 북쪽으로는 충북 제천·충주·단양과 맞닿아 있다. 조선시대 8도체제가 정비되면서 신구新舊의 경상도관찰사의 교대 장소인 교귀정交龜亭이 설치되기도 하였다. 특히 조령鳥嶺은 선비들의 과거길로 유명하며, 기호지역과 영남지역의 대표적인 소통로 역할을 하였다. 특히 백두대간이 서쪽으로 흐르다 남쪽으로 방향을 바꾸며 속리산의 깊은 계곡을 만들어내는데, 이로써 구곡문화가 특별히 발달할 수 있는 중요한 장소가 되었다. 홍언충洪彦忠·이덕형李德馨·김홍민金弘敏·홍여하洪汝河·이구李榘·이만부李萬敷·권상일權相一 등이 배향된 근암서원이 있어 조선시대의 유교문화를 진작시켰다.

예천 지역은 낙동강의 지류인 내성천이 절경을 만들며 흐르다가 문경시

4 竹嶺은 竹旨嶺이라고도 한다. 『삼국유사』 「孝昭王代竹旨郎」조에 의하면, 죽지랑의 아버지 述宗公이 오늘날의 춘천지역인 朔州의 都督使가 되어 죽지령을 넘어가다가 고갯마루에서 길을 닦고 있는 거사를 만나 서로 좋아하게 된다. 그 거사가 술종공의 집에 환생하자 죽지령에서 만난 인연으로 아들의 이름을 죽지랑이라 지었다고 한다. 得烏谷의 <慕竹旨郎歌>는 이러한 사실을 배경으로 하고 있다.

영순에 이르러 낙동강 본류에 합류한다. 북쪽으로 풍기, 동쪽으로는 안동, 서쪽으로는 문경, 서남쪽으로는 상주, 남쪽으로는 의성과 경계를 이룬다. 안동과 상주 사이에 위치한 예천은 학가산과 내성천 등의 산수를 거느리며 유교문화를 만들어 갔다. 이 지역이 사림파의 성장과 밀접한 관련이 있다는 것을 우선 주목할 필요가 있다. 호명의 조용이 조선유학의 조종인 정몽주의 제자가 되면서 정몽주→조용→윤상의 학맥을 만들기 때문이다. 이황은 이를 염두에 두면서 조용과 윤상을 들어 이 지역 성리학의 연원이라 하였다.[5] 아울러 이황의 어머니 춘천박씨의 집안이 지금의 예천군 지보면 대죽리에 있었고, 이에 따라 이황의 친인척이 다양하게 이 지역에서 세거 혹은 이주할 수 있었다.[6] 또한 이황과 조식의 제자인 정탁의 활약을 주목할 만하다.

상주 지역은 낙동강 700리의 출발점으로 본류를 만들며 비로소 '낙동'이라는 이름을 획득한다. 서쪽으로 충북의 괴산·보은·옥천·영동과 닿아 있으며, 상주와 보은 사이에는 속리산도 있다. 남쪽으로는 김천과 구미, 동쪽으로는 예천·안동·의성, 북쪽으로는 문경과 맞닿아 있다. 병성천이 이 지역을 가로지르며 동부의 낙동강에 합류한다. 특히 이곳은 조선초기에 상주목사가 경상감사를 겸하면서 영남의 수부역할을 담당하였다.[7] 이와 함께 권민수權敏手와 표연말表沿沫 등 사림파 인물들과 영남학파의 중심인물인 정경세鄭經世·

---

5 정우락, 「16세기 예천 지역의 학풍과 藥圃 鄭琢」, 『영남학』 89, 경북대 영남문화연구원, 2024 참조.

6 예컨대, 이황의 형인 李瀣의 아들 李宓[조카], 이복형 李河의 아들 李宏과 李完 형제[조카], 이굉의 아들 李閱道[종손자], 이완의 아들 李宗道[종손자] 등이 모두 예천의 용문과 호명에 거주하면서 이황의 집안으로서 퇴계학단을 이룩하였다. 이밖에도 호명의 李忠[당질]과 李撰道[재종손], 그리고 李令承[종질서] 등이 있어, 예천 지역에 이황 집안으로서 한 학맥이 이룩되고 있었던 것이다.

7 1407년(태종 7)에 경상도를 좌우도로 나누어 좌도는 경주부윤이 맡고 우도는 상주목사가 맡아 해당 도의 관찰사를 겸하게 하였다. 이후 좌우도를 합치고 경주에 있던 감영을 상주로 옮겨 상주목사가 경상감사를 겸하였다. 1519년(중종 14) 다시 좌우도로 나누어 상주목사와 경주부윤에게 각각 관찰사를 맡겼다가 다시 원래대로 환원하는 과정이 있었다.

이준李埈·조정趙靖·홍여하洪如河 등이 활약하면서 유풍을 크게 진작시켰다.

의성 지역은 낙동강 지류인 위천이 군내를 관통하며 넓은 평야를 만들고 이어서 서쪽으로 낙동강 본류에 유입된다. 동쪽으로 안동과 청송, 서쪽으로 상주, 남쪽으로 군위와 구미, 북쪽으로는 안동·예천과 접해 있다. 경상북도 중앙에 위치하고 있어 도로망이 발달해 있다. 안계평야와 같은 넓은 평야가 있고, 점곡면 사촌은 류성룡의 외가로 그의 탄생지이기도 하다. 낙동강 연안에 위치해 있으므로 임진왜란을 맞이하여 수많은 의병이 일어나 구국의 선봉에 섰다. 김사원金士元·김해金垓·김치중金致中 등이 의병을 일으켜 적을 토벌한 것이 대표적이며, 정묘·병자호란 때는 신적도申適道·권수경權守經 등이 크게 활약하였다.

이긍익李肯翊(1736-1806)이 『연려실기술』에서 말하고 있듯이, 영남은 조령과 죽령 두 고개 남쪽에 있기 때문이다. 이 가운데 상주권은 몇 가지 특징이 있다. 문경과 상주는 충청도와 경계를 이루고 있고 특히 조령은 그 경계의 주요 소통로 역할을 하였다. 이 때문에 윤상尹祥은 예천 객관의 기문에서, "예천군醴泉郡은 동쪽과 서쪽에서 죽령竹嶺과 초령草嶺 두 재[嶺] 사이에 끼어 있다. 죽령으로부터 상주商州 낙동洛東으로 가는 자, 초령으로부터 화산花山에 가는 자는 반드시 이 고을을 경유하게 된다."[8]라고 할 수 있었다. 기호지역과 영남지역의 소통로 역할을 하였기 때문에 특별한 감흥이 있을 수밖에 없었고 이는 다양한 문학 작품으로 표출되었다.

충청도와의 경계 역할도 하지만, 낙동강의 본류가 시작된다는 측면도 주목할 만하다. 내성천 등 이 지역의 주요 하천들이 모두 낙동강으로 흘러들기 때문이다. 이러한 지류가 유입되면서 낙동강 본류가 시작되며, 풍부한 수량

---

8 『新增東國輿地勝覽』 권24, 「慶尙道·禮泉郡」, "醴泉爲郡, 東西介于竹·草二嶺. 自竹而之商洛, 由草而達花山者, 必經由是邑."

으로 다양한 강안 문화가 생성된다. 시인묵객들은 다투어 낙동강과 그 지류에서 수많은 작품을 남겼다. 이규보李奎報가 고율시로 낙동강을 지나며 <행과 낙동강行過洛東江>[9]을 짓거나, 정종로鄭宗魯가 병성천 주변을 집경해 <소리정팔경素履亭八景>[10]을 읊는 등 이루 헤아릴 수 없는 작품이 그것이다. 심수경沈守慶은 상주권의 핵심 지역인 상주의 인물과 문행에 대하여 다음과 같이 적은 바 있다.

상주尙州는 본래 문헌文獻의 고을로 명사가 많이 나왔다. 나와 같은 해 급세한 판사 서극일徐克一이 이 고을에 살았는데, 두 아들 서상남徐尙男과 서한남徐漢男을 두었다. 기축년에 세상을 떠나니, 두 아들이 묘 옆에 여막을 짓고 시묘살이를 하였다. 여막 곁에는 송정松亭이 있고, 한 동자童子가 여막에 와서 글을 배우고 있었는데, 동자가 어느 날 밤에 꿈을 꾸니, 송정에 6명이 모여 앉아 동자에게 말하기를, "저기 우두머리에 앉은 이는 상국相國 노소재盧蘇齋, 다음은 판사 김충金冲, 다음은 판사 노기盧祺, 다음은 판사 서극일, 다음은 현감 김범金範, 다음은 진사 김언건金彦健이다."라고 했다. 그리고 좌중이 그 정자 이름을 관행정觀行亭이라 하고, 시詩 한 수를 지어 동자로 하여금 여러 번 읽어서 기필코 외우도록 하였다. 깨어서 기억하니, 그 시는 이러하였다.

靑山山下數椽廬孝子營	청산 아래 두어 서까래 여막 효자가 지어
孝子幾竭如在誠	효자는 거의 계시듯이 하는 효성을 다하네
孝子不廢風與雨日三來	효자는 풍우도 가리지 않고 날마다 세 번 와서
號哭聲中冥夢回	울부짖으며 명복을 비네
觀行亭中六仙會眞樂事	관행정에 여섯 명의 신선이 모였으니 참으로 즐

9 李奎報,『東國李相國集』권6, <行過洛東江>

10 鄭宗魯,『立齋集』권6, <素履亭八景> '熊山晩霞', '伊水夜瀨', '映軒長松', '夾岸垂柳', '倒池躑躅', '出水芙蓉', '平郊農唱', '前路商歌'가 그것이다.

	거운 일이고
觀行亭名留百禩	관행정이란 이름 영원히 전해지리
洛江江上可以立六仙社	낙동강 가에 가히 여섯 신선의 사당 지을 만한데
洛江萬古流不舍	낙동강 맑은 물 만고에 푸르리

아마 이는 노소재의 솜씨인 듯하다. 일이 매우 기이하여 아직도 세상에 전해진다.[11]

심수경이 들은 것을 적은 것이다. 이 자료는 상주가 문헌의 고장으로 명사가 많이 났다면서 동자의 꿈을 통해 그것을 증명하려 하였다. 대표적인 인물로는 노수신盧守愼, 김충金冲, 노기盧祺, 서극일徐克一, 김범金範, 김언건金彦健을 들었다. 상주의 문행 가운데 '문'은 동자가 꿈에서 깨어나 기억한 시가 노수신의 것이라 해서 노수신을 으뜸으로 생각한 듯하고, '행'은 서극일의 아들 서상남徐尙男과 서한남徐漢男의 효를 특기하고 있으니 부모에 대한 효행을 특별히 중시했다고 하겠다. 무덤가의 송정을 관행觀行이라 한 것도 이들의 효행을 기리기 위한 것을 터이다.

이상에서 보듯이 낙동강 상류, 영남의 북부에 해당하는 상주권은 위로 충청도와 경계를 이루면서 풍기의 죽령과 문경의 조령을 통해 기호지역과 소통하는 곳이다. 여기에는 풍기의 소백산, 문경의 주흘산, 문경과 상주의 속리산이 중요한 구실을 하였고, 낙동강과 함께 내성천·금천·영강 등 낙동강의 지

11 沈守慶, 『遣閑雜錄』, "尙州素稱文獻之邦, 名士多出, 吾同年及第徐判事克一居焉. 有二子尙男漢男, 己丑年間, 判事棄世, 二子居廬于墓側, 廬傍有松亭, 有一童子, 學書於廬所, 童子夜夢見, 亭中六人會坐, 謂童子曰, 首坐者盧相國蘇齋, 次卽金判事冲, 次卽盧判事祺, 次卽徐判事克一, 次卽金縣監範, 次卽金進士彦健也. 坐中名其亭曰觀行, 作一詩令童子讀之, 累遍期於成誦, 覺而記得. 詩曰, 青山山下數椽廬孝子營, 孝子幾竭如在誠. 孝子不廢風與雨日三來, 號哭聲中冥夢回. 觀行亭中六仙會眞樂事, 觀行亭名留百禩. 洛江江上可以立六仙社, 洛江萬古流不舍. 似是蘇齋手段也. 事甚奇異, 尙人傳播云." 郭說의 『西浦集』 권6, 「西浦日錄」에도 같은 기사가 전한다.

류들 역시 중요한 역할을 하였다. 자연스럽게 이들 산수와 관련된 문화가 형성되었고, 상하를 오르내리며 기호지역과 소통하였다. 예천 지보는 이황의 어머니 춘천박씨의 친정이고, 의성 점곡은 류성룡의 어머니 안동김씨의 친정이기도 하다. 이러한 인문 환경 속에서 이 지역 선비문화는 숙성되고 있었다.

3. 강안학과 상주권의 유교 문화

1) 회통성會通性, 기호학과 영남학의 교직

상주권은 기호학과 영남학, 퇴계학과 남명학이 소통하며 교직되어 있었던 곳이다. 이 가운데 전자, 즉 기호학과 영남학의 회통성이 더욱 뚜렷하다. 퇴계학과 남명학의 경우, 상주목사를 역임한 류성룡계의 퇴계학파가 활약하면서도 김담수金聃壽(1535-1603) 등의 남명학파 역시 일맥을 유지하였다. 김담수는 원래 성주가 고향으로 조식의 제자였지만, 임진왜란을 맞아 예안지역으로 피신하면서 이황의 제자들과 교유하게 되고, 이 과정에서 퇴계학에도 심취한다. 특히 조목趙穆(1524-1606), 금란수琴蘭秀(1530-1604), 김부륜金富倫(1531-1598), 금응훈琴應壎(1540-1616) 등을 피란지에서 만나 시문을 주고받으며 학문을 토론하게 되는데, 모두 이황의 고제들이었다.[12] 조식과 류성룡의 제자였던 김홍미金弘美(1557-1605) 역시 주목할 만한 인물이다.

상주권을 지리적으로 충청도와 가깝고, 조령과 죽령이라는 소통로 역시 존재한다. 이 때문에 기호학과 영남학이 회통할 수 있는 지리적 조건이 갖추어진 셈이다. 아울러 새재에는 영남으로 관리들이 내려오는 주된 길이기도

12 여기에 대해서는 정우락, 『영남 한문학과 물의 문화학』, 역락, 2022 참조.

하다. 경상북도 문경시 문경읍 상초리 문경새재도립공원 안에 있는 있는 교귀정交龜亭은 이를 보여주는 대표적인 징표이다. 여기서 조선시대 경상감사의 인수인계가 이루어지던 곳이기 때문이다. 정자의 이름은 김종직金宗直이 명명하였다고 한다. “새재의 동쪽 비탈에 새로 지은 정자가 있어 퍽 넓고 화려한데 이는 곧 신구관 방백들이 서로 직무를 인수인계하고 작별하는 곳이다. 전 현감 신승명이 세운 것인데 명호가 없으므로, 내가 교귀라 명명하였다.”[13]라고 한데서 이러한 사실을 알 수 있다.

죽령과 조령은 관리들이 영남 고을을 다스리기 위한 부임로이기도 하고, 한양으로 가는 선비들이 청운의 꿈을 품고 오르던 과거길이기도 하고, 죄명을 쓰고 고단하게 걷던 유배길이기도 하였다. 『동국여지지』에서는 조령에 대하여 “일명 초재草岾라고 한다. 현 동북쪽 15리 경상도 문경현 경계에 있는데, 웅대하게 수백 리를 뻗쳐 남북의 경계를 가른다.”[「연풍현延豐縣」 조][14]라고 하였고, 죽령에 대해서는, “군 동쪽 30리 경상도 풍기군豐基郡 경계에 있다.”[「단양군丹陽郡」 조][15]라고 적고 있다. 이처럼 조령과 죽령은 기호지역과 영남지역의 경계이자 소통로이기 때문에 이 길을 걷는 사람의 정서를 특별히 자극하였을 것이다. 수많은 작품이 있을 수밖에 없는 이유이다. 다음 두 작품을 보자.

主屹關防固	주흘산은 국경의 튼튼한 요새
斯羅割據雄	신라가 차지하여 세력 강했지
半天猶石翠	하늘 높이 솟은 바위 빛이 푸르고

13 金宗直, 『佔畢齋詩集』 권16, “鳥嶺東崖, 有新亭, 頗宏麗, 乃新舊方伯交印面別處也. 前縣監愼承命所建, 而無名號, 余命以交龜.”

14 『東國輿地志』 권3, 「忠淸道·延豐縣」, “一名草岾. 在縣東北十五里, 慶尙道聞慶縣境. 雄亘數百里, 界絶南北.”

15 『東國輿地志』 권3, 「忠淸道·丹陽郡」, “竹嶺. 在郡東三十里, 慶尙道豐基郡界.”

高樹已霜紅	높은 나무 서리를 맞아 붉구나
撻水蕪橋北	달내에다 무교의 북쪽
烏山若木東	오산이며 약목현 동쪽이라
如何棄天險	어찌하여 천험의 요새 버리고
徼幸古人功[16]	고인의 공 이루길 기대했던가

昔歲曾從鳥嶺去	왕년에는 조령으로 넘어갔는데
今來竹嶺問前程	지금은 죽령에서 앞길을 묻네
如何回避經行處	어째서 지났던 길 피해서 가느냐면
愧殺明時有此行[17]	밝은 시대 이 길이 너무 부끄러워서지

앞의 작품은 정약용丁若鏞이 1789년(정조 13) 조령을 넘어 영남으로 오면서 지은 것이고, 뒤의 작품은 윤선도尹善道가 1620년(광해군 12) 영남을 떠나 죽령을 넘어가면서 지은 것이다. 정약용은 조령에서 신립申砬이 천하의 요새인 이곳을 버리고 충주의 탄금대彈琴臺에서 배수진을 치고 적군과 대결했다가 참패한 일을 회상하였고, 윤선도는 유배를 갔다가 1619년(광해군 11)에 양아버지 상을 당해 3년상을 위하여 일시 해배되었는데, 이때 그는 죽령을 넘으며 밝은 시대의 삶이 부끄럽다고 했다. 이처럼 조령과 죽령은 기호지역과 영남지역의 주요 소통로의 역할을 하면서, 여행객으로 하여금 특별한 감흥을 자아내는 곳이었다.[18]

강안학으로서의 상주권은 이황의 제자 가운데 중요한 문파를 형성하였던

16 丁若鏞, 『茶山詩文集』 권1, <踰鳥嶺>
17 尹善道, 『孤山遺稿』 권1, <竹嶺道中>
18 최은주, 「문경새재의 詩的 空間과 意味」, 경북대학교 석사학위논문, 경북대학교, 2012. 최은주는 이 논문에서 조령의 공간적 특성, 시적 공간으로서의 조령, 조령이 지닌 공간적 의미 등을 두루 살폈다.

류성룡柳成龍(1542-1607)계가 독자성을 띠며 기호학과 영남학을 회통시켜 나갔다. 1580년(선조 13) 류성룡은 고향에 돌아가 부모 봉양하기를 청하였는데, 마침 자리가 비었기 때문에 임금의 특명으로 상주목사에 제수되었다. 이때 정경세鄭經世(1563-1633)와 이준李埈(1560-1635)의 영남문인은 물론이고, 송준길宋浚吉(1606-1672) 등 기호문인 역시 그의 문하에 출입하였다. 이 가운데 퇴계학을 바탕에 두면서도 기호학을 적극적으로 받아들였던 대표적인 영남인은 류성룡의 제자 정경세이다. 그는 예학과 인식론적 측면에서는 퇴계학을 계승하면서도 리기설에 있어서는 이황의 호발설互發說을 반대하는 입장에 섰던 것으로 알려져 있다.[19]

상주권은 관찰사가 오래 거주할 뿐만 아니라 서울과의 긴밀한 연락망을 갖추고 있었기 때문에 특별한 곳이다. 일찍이 배상룡裵尙龍(1574-1655)이 <통상주향교문通尙州鄕校文>에서 "상주는 관찰사께서 오래 머물고 계신 곳일 뿐만 아니라 사행使行이 계속해서 오가며 조보朝報도 끊이지 않는 곳입니다."[20]라고 한 것도 모두 이 때문이었다. 즉 상주권은 서울의 선진문화가 영남에 가장 빨리 전달되는 곳으로 보았던 것이다. 여기서 나아가 정경세는 송시열宋時烈(1607-1689)과 함께 서인의 종장으로 성장하는 송준길을 사위로 맞는다. 이와 관련된 흥미로운 설화도 두루 전한다.[21]

상주권의 지역적 근접성 때문에 기호지역의 선비들이 내려와 살기도 하였다. 노론의 낙론계로 대표되는 김창협金昌協과 김창흡金昌翕 형제들과 관계를 맺고 있었던 경화사족 권섭權燮(1671-1759)도 그 가운데 한 명이다. 그의 필사본 문집 『옥소고玉所稿』가 현재 제천본과 문경본으로 나누어 전해지는 것도 흥

19 김성윤, 「영남의 유교문화권」, 『낙동강유역의 사람들과 문화』, 역락, 2007, 168쪽 참조. 상주지역에 보이는 기령학의 회통에 대해서는 이 논문을 참조하기 바란다.

20 裵尙龍, 『藤庵集』 권4, <通尙州鄕校文>, "想貴州不但監司久駐, 星使絡繹, 朝報不絶."

21 정우락, 『영남을 넘어, 상주 우복 정경세 종가』, 예문서원, 2013, 120-121쪽 참조.

미롭다. 권섭은 만년에 문경 화지동에 생활의 거점을 마련하고 이황과 조식을 중심으로 한 영남학파에 지대한 관심을 보인다. 특히 기호와 영남의 관계 및 이에 대한 교류에 남다른 시각을 갖고 있었다. 그의 작품 <남행일록>은 영남 지역의 자연과 인물, 문화적 특징을 세밀하게 관찰하고 있어 주목할 만하다.

권섭은 학문적으로 기호학이 이황에게 그 연원이 닿아 있다고 생각했다. 즉 ① '이황→이이→김장생→송시열→권상하, ② 이황→이이→김장생→송시열→김창협, ③ 이황→이이→김장생→송준길, ④ 이황→성혼→박세채, ⑤ 이황→정구 등 다섯 계열로 도통론을 설명한 것이 그것이다.[22] 이이 같은 이의 새로운 등장을 통해 이 갈래들이 청산될 수 있다고 하면서도, 그는 ①계열이 정통성을 얻었다고 했다. 만년의 일이지만 구곡문화에 깊은 관심을 보이면서, 가사 <도통가>를 지어, '이이→송시열→권상하'의 도맥을 강조하거나, 『옥소장계』를 지어 주자의 <무이도가>가 이이의 고산구곡, 송시열의 화양구곡, 권상하의 황강구곡으로 이어짐을 보였고,[23] 여기서 나아가 화지구곡花枝九曲을 지어 그 스스로 여기에 많은 관심을 보였다.[24] 이로 보아 그는 문경에서 생활하면서 노론 중심의 기호학과 영남학의 회동성을 보였다고 할 수 있다.

문경시聞慶市 가은읍加恩邑 완장리完章里의 선유동 계곡에 기호 노론 학자인

---

22 이밖에도 "최근에는 도암 이재선생이 나와 퇴계를 이어 서서 홀로 스승에게서 전수받은 도를 높이고자 하였고, 남당[한원진]선생은 성전[이이근]과 구운[채지홍]을 압도하고 앉아 세교를 맡고자 하니 필경 어떻게 될지 모르겠다."(『玉所稿』 7, 6쪽)라고 하면서 이재와 한원진이 문파를 만들어 도통을 자임한다고 했다.

23 이에 대한 논의는 이상원, 「<도통가>와 <황강구곡가> 창작의 정치적 배경」, 『한민족어문학』 43, 한민족어문학회, 2003에서 자세하게 다루었다.

24 정우락, 「옥소 권섭의 세계인식과 영남관」, 『영남학』 80, 경북대학교 영남문화연구원, 2022 참조.

이재李縡가 후학을 가르치던 자리에 학천정鶴泉亭을 세우고, 주위에 '남근흥암南近興巖 서접화양西接華陽'이라는 글자를 바위에 새겼다. 흥암이 송준길宋浚吉을 모신 경북 상주의 흥암서원興巖書院을, 화양華陽이 송시열宋時烈을 모신 충북 괴산의 화양서원華陽書院을 말한다고 볼 때, 이들의 생각이 어디에 있는지도 바로 알 수 있다. 상황이 이러하므로 정경세의 6대손인 정종로鄭宗魯는 당색과 계파를 초월하여 안정복安鼎福 등 당세의 덕망있는 선비들을 두루 찾으며 그의 학문세계를 넓혀갈 수 있었을 것이다. 이밖에도 서울 출신인 기호 남인 이만부李萬敷 역시 상주에 이거하여 학문에 전념하였으며, 문경의 근암서원近嵒書院에 배향되었다.

상주권의 창녕성씨 가문도 누대로 서인 학맥에 학문적 연원을 두고 있었는데, 성람成灠(1556-1620)은 종형인 성호成浩와 함께 서경덕의 문인인 남언경南彦經을 사사하고, 다시 이이李珥와 성혼成渾의 문하에 수학하였다. 특히 성람은 존애원에서 유의儒醫로서 의료시술을 행하기도 하는 등 상주에서 중요한 역할을 담당했다. 또한 남인계가 주도하여 세운 상주의 대표적인 서원인 도남서원에 성진승成震昇 등의 서인계 인물들이 창설부터 인조대까지 운영에 참여하고 있었던 점 또한 이러한 회통성 내지 개방성에 근거한다고 하겠다.[25] 김종직과 종유하면서 함창의 임호서원臨湖書院에 표연말表沿沫·홍귀달洪貴達 등과 함께 제향된 채수蔡壽(1449-1515), 상주의 무지산無知山에서 잠심 독서하였던 충주 사람 채득기蔡得沂(1605-1646) 역시 이러한 맥락에서 주목할 만한 인물이다.

25 김성윤, 앞의 논문, 169쪽 참조.

2) 실용성實用性, 애민정신의 발로

유학은 기본적으로 실용주의적 입장에서 생활 속의 실천을 주요 목표로 삼는다. 개인적인 수양은 말할 것도 없고, 『소학』을 바탕으로 한 쇄소응대灑掃應對 등의 일상생활, 혹은 민본사상에 입각한 사회적 방향에서 설정되기도 한다. 이러한 경향은 김종직 학단에서 흔히 볼 수 있는 것처럼 사림파의 성장과 밀접한 관련이 있다. 실용주의에 입각한 실천정신의 대표적인 학자로 우리는 흔히 조식을 든다. 그는 이황에게 편지를 보내, "근래 학자들을 보건대, 손으로 물 뿌리고 비질하는 예절도 모르면서 입으로만 천리天理를 말한다."[26] 라고 하면서, 실천을 강조한 바 있기 때문이다. 여기서 말하는 '손으로 물 뿌리고 비질하는 예절'은 사람이 지켜야 할 기본적 예절에 해당한다. 이러한 점에서 우리는 상주권의 경우를 주목할 필요가 있다.

예천의 경우, 실용주의적 학문정신은 권문해權文海의 저작 『대동운부군옥大東韻府群玉』에 잘 나타난다. 이 책은 수많은 역사인물이 등장하는 인명사전이자, 중국발 조선 성어를 집적한 조선한자어사전이며, 초목과 금수를 포괄한 백과전서이다. 이러한 책이 나오게 된 계기로는 새로운 지식에 대한 필요성, 역사적 근거를 고전에서 찾으려는 전거의식의 심화, 임진왜란과 병자호란 이후에 심화된 우리 것에 대한 애정과 지식 욕구, 사실에 대한 고증적 연구의 심화 등을 들 수 있다.[27] 여기에 작동한 근본적인 힘은 다름 아닌 인간의 생활에 필요한 모든 것을 포괄하고자 하는 실용주의 그것이었다.[28]

---

26 曺植, 『南冥集』 권2, <與退溪書>, "近見學者, 手不知洒掃之節, 而口談天理."

27 박인호, 「『해동잡록』에 나타난 권별의 역사인식」, 『퇴계학과 유교문화』 52, 경북대학교 퇴계연구소, 2013 참조.

28 洪汝河는 이 책을 들어 "나는 일찍이 우리나라의 찬술을 평할 때 초간의 이 책을 제일로 여겼다.[余嘗評東國撰述, 以草澗此書, 爲第一](洪汝河, 『木齋集』 권6, <竹所權公海東雜錄後跋>)"라고 하였다.

권문해의 아들 권별權鼈이 『해동잡록海東雜錄』을 편찬한 것도 아버지의 이러한 학문사상을 이어받은 것이다.

인간의 일상을 중시하는 실용주의는 실천성으로 나아가기 마련이다. 실천은 그 범위가 대단히 넓다고 하겠는데, 예천 지역에는 효열孝烈을 특별히 강조하였으며, 권별이 『해동잡록』에서 절의를 지킨 사람을 특기하면서 인물편 말미에 효자편을 두어 그 사례를 제시한 것도 같은 맥락에서 이해된다. 특히 임진왜란이 발발하자 이축李軸, 권욱權旭, 우복룡禹伏龍 등이 용궁에서 의병을 일으킨 것이나, 이순신과 곽재우, 그리고 김덕령이 정치적 위기에 처하였을 때 이를 적극 구원한 정탁도 실천성이 위기적 국면을 맞아 발휘된 것으로 보인다.

실용성은 입으로 천리나 논하는 공허한 이론 위주의 학문을 배격한다. 이 때문에 이것은 항상 생활과 결합되기 마련이다. 예천의 실용성에 바탕한 실천정신은 정탁에게서 특별하게 드러나는데, 정온鄭蘊이 정탁의 묘지명에서, "천문天文과 지리地理와 상수象數와 병가兵家에 관한 서적들을 두루 섭렵하여 그 귀취점을 터득하였으며, 선비가 병법兵法을 알지 못하면 큰 임무를 감당할 수 없다고 여기고 팔진八陣法과 육화법六花法 등에 더욱 관심을 두었다."[29]라고 하였는데, 이것은 그의 박학에 바탕한 실천정신을 가장 적확하게 지적한 발언이라 하지 않을 수 없다. 이러한 생각은 향촌사회에도 적용되었던 바, 예천 고평을 중심으로 한 동계 결성이 모두 그러한 예이다.

상주의 경우는 정경세를 중심으로 낙사계洛社禊가 결성되고, 이를 기반으로 하여 이준 등과 존애원存愛院를 설립하게 되는데, 실용정신의 대표적인 표상이다. 존애원은 전국 최초의 사설의료기관이다. 정경세가 이를 설립할

29 鄭蘊, 『桐溪集』 권4, <貞簡公西原府院君鄭公墓誌銘 幷序>, "至於天文地理象數兵家之流, 無不旁通涉獵, 得其歸趣, 以爲士不知兵, 不足以當大任, 故於八陣六花等法, 尤加意焉."

때는 그가 이런저런 병으로 고생할 때였다. 자신의 몸에 닥친 병마로 인해 다른 사람의 몸에까지 생각이 간절하게 미쳤는지도 모르겠다. 당시 정경세는 유년기와 청년기를 보낸 청리면 율리에 있을 때였고, 정경세의 생각에 적극 찬동한 사람은 이준李埈과 성람成灠(1556-1620) 등이었다. 설립 동기는 동포에게 은택을 끼치려는 생각이며, 운영은 각기 돈을 내어 의국을 설치하고 그 이잣돈으로 약재를 사서 투약하는 것이며, 이름의 근거는 정이程頤(1033-1107)의 '존심애물存心愛物'에 두었다.

낙동강 연안에 정착한 풍양 조씨 가문의 조정趙靖(1555-1636)과 그의 동생 조익趙翊(1556-1613) 형제 역시 주목할 만한 인물이다. 이들은 모두 강안학의 대표주자인 정구의 문인이다. 조정은 상주 지역에서 가장 먼저 조직된 의병군인 창의군倡義軍에 가담하여 『임진일기壬辰日記』를 남기고, 조익은 속리산을 중심으로 한 충보군忠保軍에 가담하여 『진사일기辰巳日記』를 남긴다. 이들은 모두 의성 단밀 소재의 속수서원涑水書院에 배향되었는데 임진왜란을 맞아 강한 의기를 갖고 실천정신을 발휘하였다. 이들이 남긴 일기는 실용주의에 입각한 실천정신이 가장 잘 드러나는 대표적인 저적물이다. 이들은 시문학을 통해서도 당시의 심각성을 표출하였는데, 조익의 경우를 들어보자.

山河千里帶腥臊	천 리의 산하에 피비린내가 나니
誰爲君王辨一鏖	뉘라서 군왕을 위해 적을 한 번 무찌를까
苟活本非吾分內	구차하게 사는 것은 나의 본분 아니니
東沈休道魯連高[30]	동해에 빠지려 한 노중련의 절개 높다 하지 말라

당시 명나라에서는 심유경沈惟敬을 일본에 사신으로 보내 화의를 요청하였

30 趙靖, 『黔澗集』 권1, <贈槐山倅李逢>

고, 조정은 여기에 대하여 불만을 품었다. 조선의 조정에서는 속수무책으로 아무런 대응을 하고 있지 않았기 때문이다. 그리하여 1596년(선조 29) 12월 친정을 하라며 상소를 하고 돌아오는 길에 괴산에 들러 군수 이봉李逢에게 5수의 시를 전하는데, 위의 시는 그 가운데 마지막 작품이다. 이봉은 지난날 함창 황령사黃嶺寺에서 의병대장으로 추대되었던 인물이다. 위의 시에서 조정은 산하가 피비린내로 가득한데 아무런 계책이 없다고 하였다. 그리고 진나라에게 항거한 제나라의 고사高士 노중련魯仲連을 떠올리며 자괴감을 느끼기도 했다. 이 시를 짓고 나서 곧이어 정유재란이 일어나게 되니 당시 그의 심정이 어떠하였던가 하는 것을 바로 알 수 있다.

류성룡의 외가가 있었던 의성 지역에는 신적도申適道(1574-1663)가 보인 창의도 같은 맥락에서 이해할 수 있다. 그는 정구와 장현광의 학통을 이어받으면서, 정묘·병자호란시 의성지역의 의병장으로 활동하였다. 그러나 굴욕적인 강화 이후에는 미곡薇谷에 은둔하여 후생양성을 하며 유가의 의리정신을 몸소 실천하였다. 류성룡을 중심으로 한 퇴계학의 일맥이 이어지는 가운데, 정구와 장현광의 한려학파가 의성지역을 중심으로 이렇게 자리 잡게 되었던 것이다. 그가 쓴 <창의록> 서문에 이런 대목이 있다.

> '제사 지내는 법에 관한 일은 들은 적이 있지만 군대에 관한 일은 아직 배우지 못했습니다'라는 것은 공자의 가르침이다. 그렇다면 군대는 유자가 힘쓸 바가 아니다. 그러나 또 말하기를 '싸움터에 나아가 용맹이 없는 것은 효가 아니다'라 하였으니 무슨 까닭인가? 군자는 배움으로써 도를 구하는 것이니, 그 과정은 시서詩書를 외우는 것이오, 익히는 것은 예악의 조화와 질서로서 활을 잡고 칼을 휘두르는 기술과 진陳을 펼치고 대오隊伍를 갖추는 법은 달갑게 여기지 않아 배울 겨를이 없는 바가 있다. 그러나 군자가 이른바

> 도라고 하는 것은 군신부자의 윤리에 근본하여 저 효제충신의 행실을 다하는 것이다. 그러므로 평상시에는 어버이를 편안하게 해드리며 군주를 높이는 일이 있어야 하고, 변란이 있으면 나라를 위해 목숨을 바치고 어른을 위해 죽는 절의가 있어야 한다. 이 때문에 임금과 어버이가 변란을 당하면 병이秉彝의 충심衷心을 드러내고 의리의 용기를 떨쳐 숫돌로써 칼을 삼고 솜이불로 갑옷을 삼으며 손과 발로써 방위防衛를 하고 제기祭器로써 그들과 부딪쳐, 성공하면 훈공에 나열되고 실패하더라도 또한 강상綱常을 붙들어 세우게 된다.[31]

이 글에서 신적도는 유학의 사회적 실천이 어떻게 나타나야 하는가 하는 부분을 구체적으로 드러냈다. 그는 공자가 『논어』에서 한 발언인 "제사 지내는 법에 관한 일은 들은 적이 있지만 군대에 관한 일은 아직 배우지 못했습니다."[『논어』 「위영공」]와 증자가 『예기』에서 한 발언인 "싸움터에 나아가 용맹이 없는 것은 효가 아니다."라는 말이 서로 부딪친다고 하면서, "평상시에는 어버이를 편안하게 해드리며 군주를 높이는 일이 있어야 하고, 변란이 있으면 나라를 위해 목숨을 바치고 어른을 위해 죽는 절의가 있어야 한다."라고 했다. 유학의 기본논리가 변란이라는 국가적 위기에 봉착했을 때 어떻게 해야 하는가를 명확히 하였다. 의성지역 강안학의 실용주의에 입각한 실천정신을 유감없이 발휘하였다고 하겠다.

---

31 申適道, 『虎溪集』 권3, <倡義錄·序>, "俎豆之事, 則嘗聞之矣, 軍旅之事, 未之學也, 此吾夫子訓也. 然則, 軍旅非儒者務也, 而又有曰, 戰陳無勇, 非孝與也, 何哉? 君子, 學以求道, 所程者, 詩書誦讀, 所肄者, 禮樂和序, 至於操弓鳴劍之技·鋪陳設伍之法, 有所不屑而不暇也. 然而, 君子之所謂道者, 本乎君臣父子之倫, 盡夫孝悌忠信之行, 故常則有安親尊主之事, 變則有殉國死長之節, 是以當君親之, 難則發乎秉彝之衷, 奮乎義理之勇. 砥礪以爲刃, 韜蘊以爲甲, 手足爲之捍衛, 樽俎與之折衝, 其濟則列於勳庸, 不濟亦有以扶樹綱常."

3) 독창성獨創性, 양명학적 사유의 유입

상주권 강안학의 독창성은 양명학적 사유를 들 수 있을 것이다. 이는 이 지역출신인 노수신과 상주목사를 역임한 적이 있는 류성룡을 중심으로 파악할 수 있다. 노수신盧守愼(1515-1590)과 류성룡柳成龍(1542-1607)은 지역, 친분, 정치, 사상 등 다양한 측면에서 일정한 공감을 유지하고 있었다. 사상적 측면에서 이들은 양명학에 대해 깊이 공감한 바 있고, 이에 따라 노수신은 29세의 류성룡을 한강에서 전송하면서, <한강송류이견漢江送柳而見>이라는 양명학적 분위기가 물씬 풍기는 시 한 수를 지어 주었다. 당시 류성룡이 주자학과는 다른 양명학에 대해 많은 관심을 갖고 있었기 때문일 터인데, 노수신으로서는 자신의 생각을 지지하는 중요한 학문적 동지라고 생각하였을 것이다. 당시의 시를 들어보면 다음과 같다.

欲者人之性	욕심이란 사람의 본성이니
人皆不可無	사람마다 없을 수 없는 것이라네
何修能入道	어떻게 닦으면 도에 들어갈 수 있을까
吾老竟歸愚	내 늙어 마침내 어리석어지고 말았구나
病眼三年淚	병든 눈으로 삼 년 동안 눈물 흘렸나니
離懷八月湖	이별의 회포는 팔월의 호수와 같네
幾人曾此論	몇 사람이 일찍이 이런 의논하였던고
今日更長吁[32]	오늘 다시 길이 탄식하노라

양명학의 욕망긍정설에 기반한 노수신의 이 시가 알려지자, 이황은 "높디

32 盧守愼, 『穌齋集』 권6, <贈柳修撰成龍>. 이 시의 원제는 기대승의 『고봉속집』 권1, <次穌齋韻>에서 보듯이 <漢江送柳而見>인 것으로 보인다.

높은 주자의 산악에 도도하게 흐르는 육상산의 해호海湖."[33]라 하였고, 기대승은 수련을 들어 "이 말이 어느 곳에서 나왔는가, 쓸데없는 말 서로 현혹될까 두렵도다."[34]라면서 비판하였다. 이러한 비판은 이준李埈(1560-1635)과 이상정李象靖(1710-1781) 등 다양한 사람들에게로 이어졌다.[35] 그럼에도 불구하고 류성룡은 노수신으로부터 이 시를 받아 손수 써서 소중히 보관하는 등[36] 각별한 관심을 보였다. 이보다 앞서 류성룡은 17세 되던 해인 1558년(명종 13), 아버지 류중영을 따라 의주義州로 갔다가 사은사 심통원沈通源이 압록강변에 버린 짐짝에서 『양명집』을 발견하고, 그것을 글씨 잘 쓰는 아전에게 베끼게 하여 상자 속에 보관해 두었다.

노수신의 경우, 김세필金世弼(1473-1533)과 홍인우洪仁祐(1515-1554) 등과 더불어 우리나라의 초기 양명학자에 해당한다. 특히 그는 나흠순羅欽順이 지은 『곤지기困知記』의 영향을 받아 리기일물설理氣一物說, 인심도심체용설人心道心體用說, 욕망긍정설 등을 대체로 긍정했다. <인심도심변人心道心辨>과 <곤지기발困知記跋> 등을 쓴 것도 그 연장선상에서 이해된다. 특히 <곤지기발>에서 '내가 늦게 『곤지기』를 얻어 보니 그 말이 정대正大하고 정미精微하여 발명하지 못한 것을 많이 발명하여 정주程朱의 문에 커다란 공이 있었다'[37]라고 한

---

33 李滉, 『退溪續內集』 권5, <病中, 偶記前日無字韻和句, 錄呈存齋>, "邈邈朱山嶽, 滔滔陸海湖."

34 奇大升, 『高峰續集』 권1, <次蘇齋韻>, "斯言何所出, 剩語恐相愚."

35 정경세는 "어찌 소재와 같은 학문을 가지고서 性을 모를 리가 있었겠는가. 이는 필시 까닭이 있어서 그렇게 지은 것이다."(『愚伏別集』 권8, <言行錄>)라고 하면서 노수신을 위해 변명을 하기도 했다.

36 柳袗, 『修巖集』 권2, <答鄭愚伏> 참조. 당시 노수신이 성악설을 주장했다는 소문도 있었다. 이와 관련하여 정경세가 류진에게 묻자, 류진은 노수신이 류성룡에게 준 시에서 "欲者人之性, 人皆不可無."라는 구절이 와전되어 그렇게 소문이 난 것이라 해명하였다. 노수신이 아버지 류성룡에게 준 이 시를 류진은 서울에 소재한 徐仁元의 집에서 보았다고 하면서, 아버지 류성룡이 손수 써서 책을 만든 것이 있었는데 그 속에 노수신이 자신의 아버지에게 준 시가 있었다고 했다.

37 盧守愼, 『穌齋集』 권7, <困知記跋>, "守愼, 晩得困知記, 見其言正大精微, 多發未發, 大有功於程朱之門."

바 있다. 이식李植(1584-1647)은 이에 대하여, 노수신은 당시 선비들에 의해 이황보다 더 큰 기대를 받았던 인물이며, 유배지에서 비로소 나흠순의 『곤지기』을 읽으며 사상의 혁신을 꾀했고, 이 책이 지극히 정밀하여 정주학에 조금도 뒤지지 않는다고 생각했다. 그리고 그 설에 기초하여 <인심도심설>의 주석을 개작하고 또한 『대학장구大學章句』를 개정하였는데 모두가 육상산과 왕양명의 학설이었다[38]고 했다. 이와 관련하여 다음 자료를 보자.

元來道與器非隣	원래 도와 기는 서로 분리되어 있는 것은 아니니
可認人心是外塵	인심을 외진이라 할 수가 있겠는가
須就道心爲大本	모름지기 도심이 대본이 되고
用時還見道乘人[39]	마음이 움직일 때는 다시 도심이 인심을 타고 있는 것을 보네

여기서 노수신은 '도道'와 '기器'는 서로 분리되어 존재할 수 없다고 보았다. '리理'와 '기氣'의 경우도 마찬가지다. 이 때문에 승구에서 보듯이 인심은 외진外塵인 사욕과는 거리가 멀게 된다. 여기서 그는 도심이 대본이고 인심은 도심에 타는 것이라고 하면서, 인심은 도심이 발한 것이라는 새로운 규정을 하게 된다. 이것은 노수신의 인심도심설의 핵심을 이루는 것으로 주희의 인심도심설을 수정한 것이다. 더욱이 <인심도심변>에서는 "도심은 곧 천리가 마음에 갖추어져 있는 것이고, 그 발함은 기로써 하는 까닭에 인심이라고 한다. 인심은 곧 중절함과 중절하지 못함이 있기 때문에 불안하다고 했고,

38 李植, 『澤堂先生別集』 권15, <追錄>, "蘇齋自少厲志苦學, 祖述靜菴, 聲名高於退溪, 及在海中, 雖不廢學, 憂愁之餘, 詩酒遣懷. 始讀羅靜庵困知記, 以爲廣大精微, 不下程朱, 用其說, 改作人心道心傳註, 又改定大學章句, 其言皆陸·王意也."

39 盧守愼, 『穌齋集』 권4, <次韻, 呈鄭僉使廻軒, 復題一篇, 憑達一齋侍者>

아직 미발일 때는 드러나지 않은 까닭에 은미하다고 했다."[40]라고 하면서, 그는 본성이 미발의 심체에 갖추어진 천리라 보았다. 결국 미발 심체와 본성을 구분한 주자의 견해와 선명한 대비를 이루게 된다.

류성룡의 경우, 양명학을 비판적으로 수용한 것으로 보인다. 그는 59세에 『대학』의 격물치지를 특별히 중시하여 <독대학유감讀大學有感>이라는 시 10수를 지었다.[41] 1600년(선조 33) 10월 19일 밤, 『대학』의 격물치지설을 생각하다가 홀연히 깨닫는 바가 있어 다음날 아침에 이 시를 짓는다고 했다. 그는 여기서, "대학의 참된 공효는 하나의 명明에 있나니, 팔조목八條目의 자세한 설명은 닦는 행위라네. 모름지기 격치格致가 모두 심법心法이라는 것을 알아, 묵은 책에서 헛되이 앎을 찾지 말아야 하리."[42]라고 했다. 우리는 이 시를 통해 격물이 마음을 바르게 하는 것이며, 치지가 양지良知의 발현이라는 양명학적 분위기를 감지하게 된다. 앎을 묵은 책에서 찾지 말라고 한 발언은 더욱 그러하다. 다음 작품 역시 같은 맥락에서 읽힌다.

知從何起起在心	앎이 어디에서 생기는가, 그것은 마음에서 생기니
致到窮時力更深	궁극에 이르렀을 때 더욱 힘써야 하네
室中有寶人不識	방속에 보물이 있는 것을 사람들은 알지 못하는데
一燭明處總能尋[43]	촛불 하나 밝은 곳에서 모든 것을 찾을 수 있네

---

40 盧守愼, 『穌齋集』 권2, <人心道心辨>, "道心卽天理具於心者, 而其發也以氣, 故謂之人心, 便有中節不中節, 故危, 而其未發則無形, 故微."

41 류성룡은 이언적과 노수신이 『대학』의 격물치지 보망전에 대해서 입장을 같이 한다고 보았다. <大學章句補遺>(『서애집』 권15)에서, "『대학』에는 격물치지의 章이 없는데, 주자가 程子의 뜻으로 보충하였다. … 우리나라 晦齋의 견해도 왕백·방효유와 같되, 다만 '물에 본말이 있다는 것'을 '그칠 데를 안다.'의 앞에 두었으니, 근세의 穌齋는 이를 탁견이라 하였다."라고 한 것이 그것이다.

42 柳成龍, 『西厓集』 권2, <讀大學有感十首·其一>, "大學眞功在一明, 八條詳說是修爲. 須知格致皆心法, 莫向陳編枉索知." 류성룡은 그 연장선상에서 <格物說>을 써서, "격물치지가 비록 講習하고 討論하는 일이지만, 성의와 정심이 이미 그 가운데 있다."라고 했다.

<독대학유감讀大學有感>의 여섯 번째 시이다. 여기서 류성룡은 앎[知]이 사물에 나아가서 구해지는 것이 아니라 '마음[心]'에서 생기는 것이라 했다. '실중유보室中有寶[전구]'나 '일촉명처一觸明處[결구]'는 모두 마음을 강조한 것이다. 사정이 이러함에도 불구하고 그는, "원명元明 이후로 학술은 더욱 분열되었다. 도문학道問學을 주장하는 자를 주자학이라 하고, 존덕성尊德性을 주장하는 자를 육왕학이라 한다. 서로 시끄럽게 다투며 논변하는 것이 뭇사람이 모여서 소송하는 것과 같다. 이로써 세도는 날마다 떨어지고 인심은 날마다 무너지게 되었으니, 어느 것이 옳고 어느 것이 그른지를 모르겠다."[44]라고 하면서 존덕성과 도문학을 함께 강조했다. 이로써 우리는 류성룡이 주자학의 입장에서 양명학을 비판적으로 수용하고 있었던 사정을 알게 된다.[45]

4. 상주권 강안학의 문화적 특성

1) 속리산권 구곡동천 문화의 형성

상주권 강안학에서 중요한 문제로 부각되는 것 가운데 하나가 속리산권에 형성되어 있는 동천문화이다. 동천문화를 주목하는 것은 이를 중심으로 낙동강의 지류가 형성되기 때문이다. 속리산은 백두대간이 태백산에서 두 갈래로 나뉘어 서쪽으로 흐르다가, 다시 남쪽으로 방향을 트는 지점에 놓인다. 이

43 柳成龍, 『西厓集』 권2, <讀大學有感十首·其六>

44 柳成龍, 『西厓集』 권14, <策問 三首>, "元明以後學術益裂, 其主於道問學者, 謂之朱學, 其主於尊德性者, 謂之陸學, 呶呶爭辨, 有若聚訟, 以此世道日下, 人心日壞, 未知何者爲得, 而何者爲失耶."

45 류성룡은 양명학의 良知說과 知行合一說 모두를 비판적 시각으로 보고 있었다. <王陽明以良知爲學>(『西厓集』 권15)과 <知行合一說>(『西厓集』 권15)에 이러한 생각이 분명하게 제시되어 있다.

산은 충청북도 보은군·괴산군과 경상북도 상주시에 걸쳐 있는 산인데, 문경 지역 역시 이 산의 문화권 속에 포함된다.『세종실록지리지』「보은현」조에 속리산을 '명산'으로 특기하였고,『신증동국여지승람新增東國輿地勝覽』「보은현」조에는 다음과 같이 기록해 두고 있다.

> 고을 동쪽 44리에 있다. 봉우리 아홉이 뾰족하게 일어섰기 때문에 구봉산九峯山이라고도 한다. 신라 때는 속리악俗離岳이라고 일컫고 중사中祀에 올렸다. 산마루에 문장대文藏臺가 있는데, 층이 쌓인 것이 천연으로 이루어져 높게 공중에 솟았고, 그 높이가 몇 길인지를 알지 못한다. 그 넓이는 사람 3천 명이 앉을 만하고, 대臺 위에 구덩이가 가마솥 만한 것이 있어 그 속에서 물이 흘러나와서 가물어도 줄지 않고 비가 와도 더 불어나지 않는다. 이것이 세 줄기로 나뉘어서 반공半空으로 쏟아져 내리는데, 한 줄기는 동쪽으로 흘러 낙동강이 되고, 한 줄기는 남쪽으로 흘러 금강錦江이 되고, 또 한 줄기는 서쪽으로 흐르다가 북으로 가서 달천達川이 되어 김천金遷으로 들어간다.[46]

위의 자료를 통해 우리는 속리산이 신라시대부터 '속리악'이라 일컬어지며 '중사'를 모셨던 사정을 알 수 있다. 이유원李裕元(1814-1888)의『임하필기林下筆記』에도 "산세가 웅대하며 기묘한 석봉石峯들이 구름 위로 솟아 마치 옥부용玉芙蓉같이 보이므로 속칭 소금강산이라 한다."[47]고 기록하고 있어, 속리산은 한국을 대표하는 명산임을 알 수 있다. 이 산의 정상에는 문장대가 있고 거기서 흘러내리는 물줄기가 셋인데 이것이 아름다운 동천을 이루며 금강과

---

46 『新增東國輿地勝覽』 권16,「忠淸道·報恩縣」, "在縣東四十四里. 九峯突起, 亦名九峯山. 新羅時, 稱俗離嶽, 躋中祀. 山頂有文藏臺, 疊石天成, 贔屭聳空. 其高不知其幾丈, 其廣可坐三千人. 臺上有坎如鑊, 其中有水混混, 旱不縮, 雨不肥. 分爲三派, 流注半空, 一派東流爲洛東江, 一派南流爲錦江, 一派西流而北爲達川, 入于金遷."

47 李裕元,『林下筆記』 권13, <文獻指掌編·俗離山>, "山勢雄大, 上皆石峯, 聳列雲霄, 望如玉芙蓉, 俗號小金剛."

낙동강, 그리고 달천으로 흘러든다. 동천을 중심으로 자연스럽게 전통명승이 이루어지고, 선비들이 깃들면서 구곡동천 문화를 만들어 갔던 것이다. 관련 자료를 소개하면 다음과 같다.

구곡동천명	작자	작품명	비고
仙遊九曲洞天[東仙遊洞, 內仙遊洞]	南漢朝(1744-1809)	仙遊七曲, 仙遊洞用朱子雲谷第一絶韻, 入仙遊洞志懷	문경시 가은읍 완장리 일대, 기호학자 김창협 등은 선유동을 외선유동이라 함
	丁泰鎭(1876-1956)	仙遊九曲, 內仙遊洞	남한조의 7곡에다 1곡 옥하대와 3곡 활청대를 추가함, 2곡에서 9곡까지 바위에 구곡명이 각자되어 있음
	鄭經世(1563-1633)	題東仙遊洞盤石	
	金昌協(1651-1708)	自松面向外仙游洞, 外仙游洞, 華陽諸勝記	
	金昌翕(1653-1722)	外仙游洞	
	吳瑗(1700-1740)	外僊遊洞	
	鄭宗魯(1738-1816)	仙遊洞, 仙遊洞卽景次雲谷第二絶韻·又疊, 仙遊洞次宗伯韻	
	李萬敷(1664-1732)	仙遊洞記	
	宋秉璿(1836-1905)	遊華陽諸名勝記, 鶴泉亭記	
陽山寺洞天[白雲洞]	鄭象觀(1776-1820)	蓬壺第一史	문경시 가은읍 원북리 일대
	金侅(1670-1737)	入陽山洞	
	金昌協(1651-1708)	華陽諸勝記	陽山寺[鳳巖寺], 白雲臺, 夜遊巖 포함, 백운대와 야유암은 각자가 있음
	宋秉璿(1836-1905)	遊華陽諸名勝記	陽山寺[鳳巖寺], 白雲臺, 夜遊巖 포함
	權撥(1478-1548)	戊寅日記	陽山寺
	趙又新(1583-?)	題陽山寺	陽山寺
	趙根(1631-1690)	桐溪漫錄	陽山寺
	鄭澔(1648-1736)	遊陽山寺示同行諸君子	陽山寺

구곡동천명	작자	작품명	비고
	鄭宗魯(1738-1816)	陽山洞口口占次朱子雲谷雜詠第一絶韻, 陽山寺	陽山寺
	南漢朝(1744-1809)	陽山寺	陽山寺
	洪翰周(1789-1868)	陽山寺二十韻, 陽山寺	陽山寺
	申聖夏(1665-1736)	登陽山寺鐘樓	陽山寺
	鄭希良(1469-?)	詩題曦陽山白臺	白雲臺
	金時觀(1677-1740)	聞慶白雲臺	白雲臺
	鄭宗魯(1738-1816)	白雲臺	白雲臺
	南漢朝(1744-1809)	白雲臺	白雲臺
	鄭澔(1648-1736)	夜遊巖	夜遊巖
	金정(1670-1737)	題夜遊巖	夜遊巖
	沈錥(1685-1753)	夜遊巖	夜遊巖
	鄭宗魯(1738-1816)	夜遊巖	夜遊巖
	南漢朝(1744-1809)	夜遊巖	夜遊巖
華陰洞天 [疎野洞]	李萬敷(1664-1732)	華陰洞記	문경시 농암면 궁기리 일대
鳥嶺龍潭瀑布	尹祥(1373-1455)	龍潭瀑布	
	徐居正(1420-1488)	龍潭瀑布	
	魚變甲(1380-1434)		『동국여지승람』에 실린 용추 시
	金宗直(1431-1492)	龍潭瀑布	
	洪貴達(1438-1504)	龍潭瀑布	
	權五福(1467-1498)	聞慶龍潭瀑布	
	洪彦忠(1473-1508)	過鳥嶺龍潭	
	李荇(1478-1534)	龍潭	
	高用厚(1577-1652)	過鳥嶺龍湫	
	鄭象觀(1776-1820)	鳥嶺龍湫	
石門九曲	蔡瀗(1715-1795)	石門亭九曲棹歌, 石門九曲次武夷櫂歌韻, 石門亭歌, 石門亭二十景	문경시 산양면-산북면 일대, 「石門亭九曲棹歌」와 「石門亭歌」는 한글로 된 가사작품임
	權相一(1679-1760)	尊道書窩記	석문구곡 제1곡이 弄淸臺이고, 이 대의 처음 이름은 尊道書窩
	蔡鴻鐸(?-?)	舟岩亭記	석문구곡 제2곡 위에 위치
	鄭象觀(1776-1820)	友巖亭記	석문구곡 제3곡 위에 위치
山陽九曲	蔡瀗(1715-1795)	山陽九曲次武夷櫂歌韻	문경시 산양면-산북면 일대

구곡동천명	작자	작품명	비고
花枝九曲 [身北九曲]	權燮(1671-1759)	身北九曲次武夷櫂歌韻, 花枝莊記, 花枝九曲記	문경읍 일대
淸臺九曲	權相一(1679-1760)	淸臺九曲詩	문경시 산양면과 산북면-예천군 용궁면 일대
雙龍九曲洞天	閔禹植(1885-1973)	雙龍九曲, 書雙龍九曲詩後, 四友亭記	문경시 농암면 내서리, 상주시 화북면 용유리
	金昌協(1651-1708)	華陽諸勝記·龍湫	
	南漢朝(1744-1809)	雙龍	
	鄭琢(1526-1605)	題雙龍寺洞游錄	雙龍寺
	金昌協(1651-1708)	華陽諸勝記	甁泉
	金顯益(1678-1717)	入甁泉宋道能權敬仲定性來會	甁泉
	宋文欽(1710-1752)	甁泉記略	甁泉
	鄭象觀(1776-1820)	蓬壺第一史	甁泉
	李肯翊(1736-1806)	山川形勝·甁泉	甁泉
	宋秉璿(1836-1905)	遊華陽諸名勝記	甁泉
龍遊·牛腹洞天	李萬敷(1664-1732)	龍遊洞記	상주시 화북면 용유리, 장암리, 상오리, 龍遊洞天
	李敏求(1589-1670)	下龍游洞	龍遊洞天
	金昌協(1651-1708)	龍遊洞	龍遊洞天
	鄭宗魯(1738-1816)	龍遊洞石形之…[48]	龍遊洞天
	南漢朝(1744-1809)	龍遊洞, 龍遊洞盤石	龍遊洞天
	李瀷(1681-1763)	龍遊洞	龍遊洞天
	丁若鏞(1762-1836)	牛腹洞歌	牛腹洞天
	李圭景(1788-1854)	牛腹洞辨證說, 牛腹洞眞假辨證說, 牛腹洞圖記辨證說	牛腹洞天
	無名氏	牛腹洞記	牛腹洞天, 『華東勝覽』 소재
	金得硏(1555-1637)	壯岩洞記	壯岩洞
淵嶽九曲	康應哲(1562-1635)	淵嶽九曲記	상주시 청리면 지천동 일대
愚山洞天	鄭經世(1563-1633)	愚谷雜詠二十絶, 愚巖說	상주시 외서면 우산리

48 원제는 「龍遊洞石形之詭怪, 南宗伯以爲非龍遊所致, 乃造化自然, 作辨破詩累十句以示我, 其言固不爲無見, 而余意天地間物理無所不有, 亦難以一槩論, 故反其意, 又作此詩奉寄」(『立齋集』 권2)이다.

백두대간 속리산권 구곡동천은 문경과 상주지역을 중심으로 볼 때, 선유구곡[문경시 가은읍 완장리]에서 양산사 동천[문경시 가은읍 봉암사]에 이르는 구간, 용추[문경시 농암면]에서 용유동[문경시 농암면]을 거쳐 우복동[상주시 화북면 장암리]에 이르는 구간으로 나눌 수 있다. 그리고 범위를 더욱 넓히면 상주시 청리면과 외서면의 연악구곡과 우산동천도 연계시켜 살펴볼 수 있을 것이다. 이러한 구곡동천에 조선조의 수많은 문인들이 찾아와 승경을 문학작품으로 형상화하기도 하고, 건축물을 짓거나 구곡을 설정하고 경영하면서 독특한 그들의 문화를 만들어 갔다.

위의 자료에서 보듯이 문경과 상주의 속리산 문화권에는 중요한 구곡과 동천이 공존한다. 동천 속에는 봉峰·대臺·담潭·폭瀑 등이 있어 선비들의 유상 대상이 되었고, 때로는 구곡이 설정되어 성리학적 사유가 투사되기도 했다. 이들 구곡은 문경과 상주지역에 집중적으로 나타나고 있는 바, 이것은 그 산수의 수려함을 말하는 것과 동시에 이 지역을 중심으로 성리학에 대한 강한 자장이 형성되어 있었다는 것을 의미한다. 이곳 출신인 정경세鄭經世(1563-1633) 역시 구곡문화에 특별한 관심을 갖고 <무이지후武夷志後>를 쓴 적이 있다. 그 일부는 이렇다.

> 내가 주회옹朱晦翁이 쓴 〈무이정사기武夷精舍記〉와 〈도가십수棹歌十首〉를 읽어 보고는 일찍이 상상하면서 그려 보지 않은 적이 없으며, 직접 그곳에 가서 지팡이를 짚고 거닐어 볼 길이 없는 것을 한탄하였다. 그러다가 지금 마침 이 고을을 맡아 다스리면서 서행보徐行甫에게서 『무이지武夷志』를 얻어 공무를 보는 여가에 여러 차례 읽어 보았다. 그러자 서른여섯 개의 산봉우리와 아홉 굽이의 시냇물이 좌우로 굽이쳐 흐르는 기이한 형세와 볼만한 장관을 직접 가서 눈으로 보는 것만 같았다. 그러니 어찌 유쾌하지 않겠는가.

> 이에 드디어 한 본을 등사하였다. 그러고는 또 〈구곡총도九曲摠圖〉 한 폭을 얻어 화공畫工을 불러 모사模寫하게 해 책의 앞머리에 붙였으며, 이어 퇴도退陶 선생이 회옹晦翁의 도가棹歌에 화답한 절구絶句 열 수를 책 끝에다가 붙였다. 뒷날 관직에서 물러나 고향으로 돌아가기를 기다려서 고요한 가운데 이를 읊조리고 노래한다면 어찌 더욱더 맛과 정취가 있지 않겠는가.[49]

이 글은 정경세가 1607년(선조 40)에 대구부사로 있으면서 쓴 것이다. 당시 서사원徐思遠(1550-1615)에게서 『무이지』를 얻어 이것을 등사하고, 다시 화공에게 <구곡총도>를 모사하게 한다. 우리는 여기서 그의 무이산을 중심으로 한 구곡문화에 대한 관심을 알게 된다. 나아가 그는 고향 상주로 돌아가 자연 속에서 이를 체득하고자 했다. 문경과 상주 일대에서 경영된 구곡은 모두 이러한 관심이 내적으로 작동한 결과라 하지 않을 수 없다. 문학 경관에 의거한 작품 창작은 물론이고, 바위에 글자를 새기고, 건물을 지어 일련의 구곡동천 문화를 만들어 갔던 이 지역 선비들의 활동은 우리 시대에도 새롭게 주목받아 마땅하다.

2) 선유시회船遊詩會의 문화 구축

낙동강 연안은 대표적인 문학창작공간이다. 이 때문에 조선초기부터 이 지역은 다양한 문학활동을 하였다. 일찍이 이 지역은 김종직金宗直(1431-1492)이 등장하여 두시杜詩에 특별한 관심을 가지면서 용사用事·점화點化하였다.

---

49 鄭經世, 『愚伏集』 권15, <書武夷志後>, "余讀晦翁武夷精舍記及棹歌十首, 未嘗不神遊目想, 恨無由鞋杖於其間也. 今適分符此邑, 得武夷志於徐君行甫處, 公餘披閱之甚熟, 則三十六峯, 九曲溪流, 沿洄左右, 奇形異觀, 殆若身歷而目擊之, 豈不快哉! 遂爲之謄寫一本, 又得九曲摠圖一幅, 倩工摸寫, 置之卷首, 仍付退陶先生和棹歌十絶于卷末, 俟他日官滿歸山, 靜中諷詠, 則豈不尤有味趣也耶!"

그의 젊은 시기 창작하였던 『회당고悔堂稿』는 물론이고 그의 시 전편에 그 영향 관계가 뚜렷하다. 이 때문에 1430년(세종 12) 관찰사 조치曺致가 주선하고 밀양부사 유지례柳之禮가 주관해 간행한 『집주두공부초당시集註杜工部草堂詩』가 1431년(세종 13) 밀양에서 목판본으로 출간될 수 있었다. 이후 김종직의 처남이자 문인인 조위曺偉는 1481년(성종 12) 의침義砧 등과 『분류두공부시언해』를 간행하여 조선 문단에 획기적인 기여를 하였다. 성주의 최후식崔后寔(1695-1747)이 두보의 시 오언과 장편을 번역하여 『두시杜詩』를 낸 것도 같은 맥락에서 읽힌다.

강안학에 두보의 시가 어떻게 작동하였는가 하는 문제는 새롭게 따져보아야 하지만, 이 지역에는 서얼들의 문학활동이 특별히 두드러졌다. 예컨대, 함양에서 출생하여 상주로 낙향한 황오黃五(1816-?), 조위曺偉와 함께 문명을 날렸던 이복 동생 김천의 조신曺伸(1454-1529), 시화집 『송계만록松溪漫錄』을 지었던 성주의 권응인權應仁(?-?), 밀양에서 출생하여 제술관으로 일본을 다녀왔던 고령의 신유한申維翰(1681-1752) 등은 그 대표적인 인물이다. 이들은 서얼이라는 공통점이 있지만, 낙동강을 배경으로 하여 자유로운 상상력을 펼치며 작품활동을 하였다는 측면에서 특기할 만하다.

상주권의 경우 황오가 대표적이다. 『상산지商山誌』 「인물」조에, "황오는 효헌孝獻의 후손이며 시로 유명하여 당대의 문장이었다."[50]라고 기록하고 있다. 그는 호를 녹차綠此라 하였는데. '압록강 아래 이 사람'이라는 의미로 자신이 지닌 문재에 대한 자부심이 담겼다. 또한 한안漢案이라 하기도 하였는데 북송 때 문인 황정견黃庭堅이 자신과 같은 성씨로서 그 자신 중국의 족보에 오를 수 있다는 의미가 담겨 있어, 이 역시 문학에 대한 자부심을 드러낸

50 『商山誌』「人物」조, "黃五, 孝獻之後, 以詩大鳴于世."

것이다. 그가 남긴 한시는 251제 342수가 전하는데, 시집의 발문을 썼던 강신용姜信鏞은 "청련거사 날아가고 고운 또한 갔으니, 고금의 문장 중에 누가 반열에 들까"[51]라고 하였고, 김병학金炳學은 "오백년 역사에서 이 한 사람의 시"[52]라고 한 바 있다. 그의 시 가운데 상주권 강안학과 밀접한 관련이 있는 <탄금대> 한 수를 들어본다.

東風東望彈琴臺　봄바람에 동쪽으로 탄금대를 바라보니
戰壘愁雲鬱未開　전쟁터의 근심 어린 구름 흩어질 줄 모르네
天地無功軍背水　천지에 공 없는 배수진을 군이 쳤으니
江山有恨客啣盃　한맺힌 강산 굽어보며 나그네는 술잔을 드네
漁村雨帆忠州入　어촌의 돛배는 비 맞으며 충주로 들어가고
海戍春烽鳥嶺來　바다 지키는 봉화는 조령으로 넘어오네
日落不逢申壯士　해는 저무는데 신립 장군은 만날 수 없고
平沙漠漠白鷗廻[53]　아득한 모래톱에 백구만 빙빙 도네

봄 바람 속에서 패전의 역사를 지닌 탄금대를 노래한 것이다. 이 때문에 '수심'이 짙을 수밖에 없었다. 임란을 맞아 신립申砬이 소서행장小西行長과 달천에서 배수진을 치고 전투를 벌이다 참패한 역사적 사실을 떠올리고, '강산의 한' '나그네의 술잔', '만날 수 없는 신립 장군', '빙빙 돌기만 하는 백구' 등을 등장시켜 안타까우면서 쓸쓸한 의경을 절실하게 드러냈다. 특히 경련에서 비를 맞으며 충주로 들어가는 고깃배와 조령을 급히 넘어오는 봉화의 대비는 고요함 속의 불안한 정서를 특별히 표현한 백미라 할 수 있을 것이다.

51　姜信鏞, 『黃綠此集』 부록 권2, "青蓮飛上孤雲逝, 今古文章孰列班."
52　金炳學, 『黃綠此集』 부록 권2, "五百年來此一音."
53　黃五, 『黃綠此集』 권1, <彈琴臺>

상주권 강안지역은 시회詩會를 조직하여 작품활동을 하기도 했다. 특히 뱃놀이를 통해 시회를 여는 선유시회는 조선중기 강안지역의 대표적인 문화로 성장하였다. 문헌에 입각해 보면 이규보李奎報(1168-1241)가 1196년 낙동강에 배를 띄우고 시회를 연 이래 19세기 후반까지 이어졌으니, 낙동강 선유시회는 7백여 년이나 지속되었다고 하겠다.[54] 낙동강 상류에 살았던 이황李滉(1501-1570)의 경우도 선유시회를 특별히 즐겼다. 『퇴계집·연보』에 의하면, '4월 16일 달밤에 탁영담濯纓潭에서 뱃놀이를 하다. 형의 아들 교寯와 손자 안도安道와 문인 이덕홍李德弘이 따랐다. 청풍명월淸風明月 4운으로 각각 시를 지었고, <전적벽부>·<후적벽부>를 읊은 뒤 밤이 깊어서야 돌아왔다.'[55]라고 기술하고 있으니 이황이 소식蘇軾의 풍취를 생각하며 도산서원 앞 탁영담에서 시회를 열었던 저간의 사정을 확인할 수 있다.[56]

이황의 제자이면서 낙동강 중류를 중심으로 강력한 문파를 형성하고 있었던 정구 역시 낙동강을 중심으로 다양한 선유시회를 전개하였다. 그는 1588년(45세) 7월에 함안군수를 그만두고 낙동강을 배로 거슬러 올라와 사우들과 함께 '만경창파욕모천萬頃蒼波欲暮天'을 분운하며 시회를 열었다. 구체적인 장소는 고령의 쌍림면 개산포開山浦에서 멍드미 사망정四望亭에 이르는 구간이었다. 이때 지리산으로 유람을 가던 이기춘李起春(1541-1597)과 박성朴惺(1549-1607)도 참여하였는데 도합 7인이었다.[57] 당시 정구는 '파波'자[58]와 '욕欲'

---

54 낙동강의 지류까지 포함시켜보면 시회가 오늘날까지 지속되고 있음을 확인할 수 있다. 예컨대, 금호강을 중심으로 형성된 峨洋吟社는 영남사림의 후예들이 해방 직후부터 현재까지 시회를 열어 시집을 발간하는 등 활발하게 작품 활동을 벌이고 있다.

55 『退溪先生年譜』 권2, 61歲條, "四月既望, 泛月濯纓潭, 兄子寯, 孫安道, 門人李德弘從, 以淸風明月, 分韻賦詩, 詠前後赤壁賦, 夜深乃還."

56 이현보, 김륵, 이종악 등도 안동지역에서 뱃놀이를 즐기면서 관련 작품을 남겼다. 안동지역 양반들의 뱃놀이 문화에 대해서는 한양명, 「안동지역 양반 뱃놀이船遊의 사례와 그 성격」(『실천민속학연구』 12, 실천민속학회, 2008) 참조.

57 7인은 정구를 비롯한 李弘量(六一軒, 1531-1592), 李弘宇(茅齋, 1535-1594), 金沔(松庵,

자[59]의 운을 얻었으며, 선상에서 벗들과 함께 하는 시주詩酒의 정취와 세속을 벗어난 아름다운 경치 등을 노래했다.[60]

낙동강을 배경으로 한 시회는 '상산선유시회商山船遊詩會'가 대표적이다. 이 시회의 작품은 『임술범월시壬戌泛月錄』에 수렴되어 있는데, 상주의 제1경으로 알려진 경천대擎天臺에서 배를 띄워 동남쪽의 도남서원道南書院을 거쳐 관수루觀水樓에 이르는 30여 리의 구간에서 시회가 개최되었고, 1607년부터 1778년까지 171년동안 총 8회, 1663년부터 1798년까지 135년 동안 총 18회에 걸쳐 진행되었다. 이 선유시회는 대를 이어가면서 연 것으로 일찍이 그 유례를 찾아볼 수 없는 것이다. 이준李埈(1560-1635)을 중심으로 한 선유시회는 낙강시회의 한 전범이 된다는 측면에서 중요하다.[61] 아래 표를 중심으로 17세기의 사정을 간단히 살펴보자.

1541-1593), 李起春(玉山, 1541-1597), 朴惺(大庵, 1549-1607), 李承(晴暉堂, 1552-1598) 등이다.

58 鄭逑, 『寒岡續集』 권1, <泛舟洛江分韻萬頃蒼波欲暮天得波字>, "平生何事最爲多, 今日船遊亦可歌. 邂逅良朋仍共醉, 斜陽倒影照平波."

59 『洛江分韻』 4쪽. "盡美東南共七賢, 明朝歸去別懷生. 淸江半日暫逃俗, 愧負願留兄所欲." 이 자료는 표제가 '洛江分韻'으로 되어 있으며 도합 49쪽으로 편철된 고문서이다. 정구의 낙강분운을 중심으로 한강학파의 낙동강 관련 사적들이 간찰 및 同舟錄 등과 함께 소개되어 있다. 현전하는 『한강집』에는 정구의 낙강분운으로 '波'자 운 한 수만 전하지만, 이 자료는 문집에 빠져 있는 '欲'자 운도 포함하고 있어 중요한 자료적 가치가 있다. 두 작품 모두 작자가 檜山으로 되어 있는데 바로 정구를 의미한다.

60 정구의 이 낙강 시회는 그의 문인 세대에도 지속되었다. <追次洛江韻>이 그것인데 이것은 李承(晴暉堂, 1552-1598)의 晴暉堂에 소장되어 오던 자료로 『洛江分韻』에 정구 등의 분운 뒤에 실려 있다. 이 시회에 참여한 인물로는 정구의 아들 鄭樟(晩悟齋, 1569-1614)을 비롯해서 李道孜(復齋, 1559-1642), 李道由(滄浪叟, 1566-1649), 李埥(心遠堂, 1572-1637) 등을 들 수 있다.

61 이에 대해서는, 이구의의 「해제」(『역주 낙강범월시』, 아세아문화사, 2007)를 참조 바란다.

시회 연월일	참석자 및 시운	선유지	시형식
1607. 9.	金庭睦, 趙翊, 李埈, 全湜, 趙溭, 金憲, 黃時幹		聯句
1622. 7. 16	李埈[壬], 趙靖[戌], 李埴[之], 李埈[秋], 康應哲[七], 金憲[月], 金知復[既], 金廷獻[望], 金廷堅[望], 柳袗[蘇], 趙又新[子], 李大圭[與], 韓克禮[客], 金壁[泛], 李元圭[舟], 李文圭[遊], 李身圭[於], 禹處恭[赤], 丘山立[壁], 孫胤業[下], 全湜[淸], 全克恒[徐], 全克恬[來], 趙光壹[水]	1일 : 南書院 → 龜巖 → 楓湖 → 簟巖 → 道南書院 2일 : 道南書院 → 龍淵[擎天臺] → 伴鷗亭 → 道南書院	分韻
1622. 10. 15.	李埈[桂], 丘希岌[蘭], 孫胤業[槳], 金譔[空], 李元圭[兮]	竹巖津	分韻
1657. 7. 16.	曺挺融, 趙稜 등[窓·腔·雙·缸·江]	竹巖津	次韻
1682. 7. 16.	趙稜 등[위와 같음, 1686년 洪昇, 李在寬 등이 다시 차운함]	竹巖津	次韻

위는 『임술범월록壬戌泛月錄』 가운데 17세기 부분만 적출한 것이다. 이 가운데 이준을 중심으로 한 1622년 7월 16일의 시회가 대표적이다. 소식이 1082년에 후베이성 적벽강에 배를 띄우고 <적벽부>를 남긴지 꼭 540년만의 일로, 이 시회가 가장 본격적으로 이루어졌을 뿐만 아니라, 상주 선유시회의 전범이 되었기 때문이다. 시회에 사용된 시의 형식은 연구聯句, 분운分韻, 차운次韻 등으로 다양하였으며, 죽암진에서 주로 개최되었던 것으로 보인다. 죽암진은 도남서원과 관수루 사이에 있던 나루로 그 일대가 수심이 깊고 경치가 빼어나 상주의 문인들이 이곳을 대표적인 선유시회의 장소로 활용했다.[62]

3) 강안 승경과 문학적 소통

낙동강은 700리를 사행하면서 강안 절경을 만들어낸다. 내성천이나 영강 등의 지류에도 수많은 절경이 존재한다. 골짜기마다 마을이 생기고, 강가의

62 죽암진 주변의 지리적 환경은 정우락, 「상주 죽암촌 서계 가문의 학문과 문풍」, 『영남학』 92, 경북대학교 영남문화연구원, 2025 참조.

넓은 들판에는 논을 조성하여 경작하고, 강이 구비 도는 곳에는 유식遊息의 장소로 정사가 건립되기도 한다. 강이 만들어내는 자연 자체가 중요한 문학 경관이 되는 경우도 허다하였고, 물 위에 배를 띄우고 분운分韻을 하며 시회를 즐기는 놀이도 하였는데, 흔한 풍경이 아니다. 낙동강 본류가 시작되는 상주권은 특히 그러하였다. 강안 승경을 활용한 문학적 소통으로는 8경과 10경 등의 연작시 형태로 창작되는 집경시集景詩를 우선 들 수 있다. 몇 가지만 보이면 이렇다.

- 高尙顔(泰村, 1553-1623), 〈南石亭八景〉: 孤山獨松, 棗淵漁翁, 鶴駕新月, 鳳岫晴嵐, 江浦牧笛, 潁野農歌, 甲岫歸雲, 佛菴懸燈.[63]
- 李埈(蒼石, 1560-1635), 〈蒼石亭八景〉: 青驍古堞, 白鹿遺墟, 龍池小嶼, 西水平沙, 峴山落景, 商嶺浮雲, 長汀翠柳, 曲砌蒼筤.[64]
- 金尙憲(淸陰, 1570-1652), 〈雩潭十詠〉: 會谷春花, 雩潭秋月, 南澗流鶯, 東嶺寒松, 天臺異石, 平沙落雁, 玉柱朝雲, 龜巖暝雨, 箭灘漁火, 圓庵淸磬.[65]

남석정과 창석정처럼 낙동강의 지류에 위치한 누정도 있지만, 무우정은 바로 강이 내려다 보이는 언덕에 자리한다. 강안지역을 중심으로 영남일원에서 활동했던 고상안과 이준은 위와 같은 누정 집경시를 지었고, 기호지역에서 활동한 김상헌은 채득기의 무우정을 찾아 그 주변의 승경을 노래했다. 이 같은 집경시는 조선후기로 내려오면서 더욱 확장된다. 삼강에 살았던 정필규鄭必奎(1760-1831)의 <삼강팔경三江八景>과 그의 증손자 정하락鄭夏洛(?-?)의 <강촌십팔경江村十八景>을 비롯하여, 작자 미상의 <양양팔경襄陽八景>은 그 대

---

63 高尙顔, 『泰村集』 권1, <南石亭八景>
64 李埈, 『蒼石集』 권1, <蒼石亭八景>
65 金尙憲, 『淸陰集』 권13, <雩潭十詠>

표적이다.

영남의 누정은 다른 지역에 비해 수적인 측면에서 압도적이다. 근대 이전의 누정 상황은 1929년 이병연李秉延(1894-1977)이 편찬한 『조선환여승람朝鮮寰輿勝覽』의 「누정」조를 통해서 자세히 알 수 있다. 이에 의하면 강원도 174개소, 전라도 1,070개소, 충청도 219개소, 제주도 6개소에 비해 경상도는 1,295개소로 여타의 지역에 비해 월등하게 많다. 낙동강 중류를 중심으로 그 공간 영역을 한정시켜 누정을 조사해보면, 이 지역에 얼마나 많은 누정이 건축되었으며 이를 중심으로 문학활동이 또 얼마나 활발하게 이루어졌는가 하는 것을 바로 알 수 있다. 강안지역 가운데 『조선환여승람』에 의거하여 낙동강 본류가 시작하는 상주의 누정을 조사해보면 다음과 같다.

風詠樓, 觀水樓, 凝神樓, 淸凉閣, 秋月堂, 鄕射堂, 鎭南樓, 太平樓, 泛香亭, 六益亭, 樂志亭, 至樂亭, 曠如亭, 白石亭, 二適亭, 開巖亭, 梅湖亭, 伴鷗亭(2), 溪亭, 觀瀾亭, 懷遠臺, 觀瀾臺 書室(2), 鳳岩書堂, 自天臺, 瓶泉亭, 瓶泉亭, 採其亭, 稼亭, 懶翁亭, 杏亭, 新安書堂, 鳳凰臺, 快哉亭, 山澤齋, 浩然亭, 水月亭

위의 조사는 『조선환여승람』에 의거한 것이지만 실제 현지를 조사해보면 이보다 훨씬 많은 누정을 확인할 수 있다. 이들 누정은 다양한 문학양식을 거느리고 있다. 누정기문, 상량문, 제영시를 비롯해서 소지小識, 가사歌辭, 주련柱聯, 서序, 공덕문功德文 등이 대체로 그러한 것이다. 그 기능면에서 보아도 유흥상경遊興賞景을 통한 시회詩會를 열기도 하고, 강학과 수양의 공간으로 활용하기도 하며, 종회宗會나 동회洞會, 그리고 계회契會를 열기도 한다. 위에서 조사된 누정은 경관이 좋은 산이나 대, 또는 언덕 위에 위치하고 있는 것도 있지만, 많은 경우가 낙동강 연안이나 지류의 언덕에 건립되어 있어,

낙동강과 그 지류가 만들어낸 자연 승경은 문학의 주요 생성공간이 되었음을 알게 한다.

낙동강 연안에 있는 수많은 누정 가운데 상주의 경천대 옆에 있는 무우정舞雩亭을 우선 주목할 필요가 있다. 이 정자는 충북 충주 출신의 채득기蔡得沂(1605-1646)가 건립한 것이다. 그는 이 무우정에서 <자천대自天臺>라는 시를 지어 하늘을 떠받치고 있는 백 척의 바위산을 노래하였다. 채득기가 기호지역의 인물이었기 때문에 무우정은 기호지역 문인들이 중심이 되어 기문과 함께 다양한 제영을 남길 수 있었다.[66] 김상헌金尙憲(1570-1652)의 <채씨무우신정기蔡氏舞雩新亭記>에는 황지에서 발원한 낙동강,[67] 그 연안에 수많은 승경이 있으나 무우정이 있는 곳이 제일이라고 하면서 무우정 주변의 경치를 극찬한 바 있다.[68]

이식李植(1584-1647)도 <무우정기舞雩亭記>를 지었다. 그는 이 글에서 무우정과 그 주변의 경치가 아름다울 뿐만 아니라 신령스럽다고 했다. 옥주봉에 대한 묘사와 복룡이 산다고 전해지는 담수潭水를 언급한 것이 모두 그것이다. 그리고 정자의 이름인 '무우'에 특별이 주목하였다. 공문孔門의 '풍영지락諷詠

---

66 기문을 남긴 사람은 金尙憲(淸陰, 1570-1652), 李植(澤堂, 1584-1647), 崔鳴吉(遲川, 1586-1647) 등이다.

67 낙동강의 발원지는 태백산 너들샘이다. 황지에 모여드는 물줄기를 거슬러 오르면 강원도 태백시 화전동에서 정선군 고한읍으로 넘어가는 곳에 싸리재를 만나게 된다. 싸리재를 중심으로 저쪽 너머에는 한강의 발원지가 있고, 이쪽 너머에는 낙동강의 발원지 너들샘이 있다. 흔히 낙동강은 황지에서 시작된다고 보았는데, 여기서 시작하면 낙동강은 1,300리가 된다. 현재 황지에는 '洛東江 千三百里 예서부터 시작되다'라는 커다란 표석이 세워져 있다. 金宗直은 <洛東謠>(『佔畢齋集』 권5)에서 "황지의 근원 겨우 잔에 넘쳤는데, 바로 흘러 여기에 와서 넓기도 하네. 하나의 물이 60주를 좌우로 갈라, 몇 군데 나루터에 배들이 이어졌던고?"라고 하였다.

68 金尙憲, 『淸陰集』 권38, <蔡氏雩潭新亭記>, "洛東之江, 發源於黃池, 經八九郡千數百里入于海, 其間環江而屋者, 殆不可數, 人人自以爲得地之勝, 然沂嘗歷觀而周覽之, 若有未盡其奇者, 偶於商山之北, 檜谷之南, 梅湖之下, 得奧區焉."

之樂'을 여기서 찾을 수 있기 때문이다. 두루 아는 것처럼, 이것은 『논어』 「선진先進」편에서 "늦은 봄날 봄옷이 새로 만들어지면 여러 관동冠童들과 함께 기수沂水에서 목욕하고 무우에서 바람 쐰 뒤 노래를 부르며 돌아오겠다.[風乎舞雩 詠而歸]"라는 구절이 나오는데, 풍영은 바로 여기에서 비롯된 것이다. 이식은 채득기가 이렇게 이름한 것은 채득기가 제자백가諸子百家의 여러 학설에 두루 통하면서 이리저리 휘젓고 다니면서도 돌아가 쉴 곳을 알지 못하다가, 이로써 본원을 찾기 위한 것이라 했다.

부우정에서 물길을 따라 내려가면 도남서원道南書院을 거쳐 관수루觀水樓가 나온다. 관수루 역시 무우정과 마찬가지로 낙동강이 만들어낸 절경을 이용하여 강이 훤히 내려다보이는 곳에 건립되었다. 일찍이 김종직은 여기서 <낙동요洛東謠>를 지은 바 있고,[69] 그의 제자들이 대거 이 누각에서 작품을 남겼다. 유호인兪好仁(1445-1494)의 <관수루십절觀水樓十絶>[70]과 <차낙강관수루운次洛江觀水樓韻>,[71] 김일손金馹孫(1464-1498)의 <여수헌등관수루與睡軒登觀水樓>와 권오복權五福(1467-1498)의 이에 대한 차운시 등이 그것이다. 16세기에는 이해李瀣(1496-1550)가 <등관수루차안공운登觀水樓次安公韻>[72]을, 이황李滉이 <낙동관수루洛東觀水樓>와 <등상주관수루登尙州觀水樓>라는 작품을 지어 관수루가 영남사림파의 성장에 있어 의미 있는 공간이었음을 알게 한다. 이황 이후에는 그의 시를 차운하며 퇴계 정신을 계승하려는 움직임이 이 공간에서 뚜렷하게 나타나기도 했다.

---

69 金宗直은 <洛東謠>(『佔畢齋集』 권5)에서 "朝發月波亭, 暮宿觀水樓. 樓下綱船千萬緡, 南民何以堪誅求."라며 관리의 횡포를 고발하고 있다.

70 兪好仁, 『濡谿集』 권2, <觀水樓十絶>

71 兪好仁, 『濡谿集』 권2, <次洛江觀水樓韻>

72 李瀣, 『溫溪集』 권1, <登觀水樓次安公韻>

4) 복지동천福地洞天의 이상향 추구

상주권의 문화적 특성 가운데 하나는 복지동천의 이상향을 추구하였다는 점이다. 우복동천이 대표적이다. 이곳은 상주시 화북면 용유리, 장암리, 상오리 지역으로 알려졌는데, 지리산의 청학동과 함께 조선의 대표적인 복지동천으로 인식되어왔다. 많은 사람들은 도연명의 <도화원기>에서 이상향을 발견하고, 이와 유사한 곳을 찾아 나서기도 했는데, 특히 이규경은 이에 대하여 다양한 관심을 갖고 우복동과 우복동도牛腹洞圖에 대한 변증설辨證說을 쓴 바 있다. 이밖에도 정약용이 <우복동가>를 지어 관심의 일단을 드러냈으며, 무명씨의 <우복동기>도 있어 이에 대한 당대의 관심을 알게 한다. 정약용丁若鏞(1762-1836)의 <우복동가>의 경우를 살펴보자. 다음은 그 일부이다.

俗離之東山似甕　속리산 동편에 산이 항아리 같아
古稱中藏牛腹洞　예로부터 그 속에 우복동이 있다고 했네
峯回磵抱千百曲　산봉우리 시냇물이 천 겹 백 겹 둘러싸서
衽交褶疊無綻縫　여민 옷섶 겹친 주름 터진 곳이 없는 듯하네
飛泉怒瀑恣喧豗　나는 시내 성난 폭포 시끄러운데
壽藤亂刺相牽控　다래넝쿨과 가시나무가 얼기설기 길을 막고 있네
洞門一竇小如管　동문은 대롱 같은 작은 구멍 하나
牛子腹地纔入峒　송아지가 배를 깔아야 겨우 들어갈 수 있다네
始入峭壁猶昏黑　막 들어서면 가파른 절벽이 오히려 어둑하지만
稍深日月舒光色　조금 깊이 들어가면 해와 달이 그 빛을 비추네
平川斷麓互映帶　평평한 시내와 끊어진 산기슭이 서로 비추고
沃土甘泉宜稼穡　기름진 땅과 맑은 물은 농사짓기 적당하네
仇池淺狹那足比　얕고 좁은 구지仇池로 어찌 비교할 수 있으리
漁子徊徨尋不得　어부가 배회해도 찾을 수가 없다네

玄髮翁嗔白髮兒　머리 검은 노인이 백발이 된 자식 꾸짖고
熙熙不老眞壽域[73]　희희낙락 늙지 않는 장수의 고을이라네

사실 정약용은 현실 속의 이상향으로 간주되는 우복동을 부정하기 위하여 <우복동가>를 지었다. 이 시를 이어, "멍청한 선비 그를 두고 마음이 솔깃하여, 지레 가서 두어마지기 밭이라도 차지하려고, 죽장망혜 차림으로 그곳 찾아 훌쩍 떠나, 백 바퀴나 산을 돌다 지치고 쓰러졌다네. 멀쩡한 하늘에서 비바람소리 들리는 듯, 끄떡없는 세상에 전쟁이라도 난 것처럼, 무주구천동 달려가서 산골 찾아 헤매다가, 다행히도 우복동과 서로 연결되었는데, 이 나라가 개국한 지 그 얼마나 오래인가? 종이 위에 누에 깔리듯 인구가 너무 많아, 나무하고 밭 일구고 발 안 닿는 곳 없는데, 묵어 있는 공지가 어디가 있을 것인가? 적이 쳐들어와도 나라 위해 죽어야지, 너희들 처자 데리고 어디로 갈 것인가? 아내가 방아찧어 나라 세금 바치게 해야지, 아아 세상에 어디 우복동이 있을 것인가?"[74]라고 하고 있기 때문이다.

위의 시에서 보듯이 우복동은 폭포가 있고 다래넝쿨과 가시나무로 가려진 좁은 구멍으로 들어가면, 기름진 토양과 맑은 물로 농사를 지을 수 있는 곳이 나타난다고 했다. 세상 사람들이 그렇게 믿고 선생이 나선 그곳으로 피하고자 했던 것이다. 이를 문제 삼아 정약용은 위의 시를 지어 우복동의 존재를 부정하는 한편, 제생에게 글을 써서, "심한 경우는 새처럼 높이 날아가고 짐승처럼 멀리 달아나려고 하여 우복동牛腹洞만 찾고 있는데, 한 번 그 속으로

73　丁若鏞, 『茶山詩文集』 권5, <牛腹洞歌>
74　丁若鏞, 『茶山詩文集』 권5, <牛腹洞歌>, "迂儒一聞心欣然, 徑欲往置二頃田. 竹杖芒屩飄然去, 繞山百帀僵且顚. 天晴疑聞風雨響, 世晏如見干戈纏. 爭投茂朱覓山谷, 幸與此洞相接連. 三韓開國嗟已久, 如蠶布紙蕃生口. 樵蘇菑墾足跡交, 詎有空山尙鹵莽. 藉使寇來宜死長, 汝曹豈得挈妻子. 且督妻舂納王稅, 嗚呼牛腹之洞世豈有."

들어가면 자손들이 노루나 토끼가 되어버리는 것을 전혀 알지 못하고 있다."[75]라고 하기도 했다.

일찍이 도연명은 <도화원기>에서 어부가 찾아 간 곳은 산에 나 있는 작은 구멍을 통해서 들어갈 수 있다고 하였는데, 이곳을 따라서 들어가면 개가 짖고 닭이 우는 소리가 들리고, 남녀가 기쁜 표정으로 살고 있는 이상공간이 나타난다고 했다. "숲이 끝난 곳에 수원지水源池가 있고, 자그마한 산도 보였다. 산에 조그마한 굴이 있는데 밝은 빛이 있는 듯하였다. 배에서 내려 동굴 안쪽으로 들어갔다. 굴 입구가 매우 좁아 사람이 간신히 지나갈 수 있었는데, 다시 수십 보 들어가니 넓고 확 트였다. 땅은 넓고 평평했으며, 집들도 잘 정돈되어 있었다. 기름진 땅과 아름다운 연못이 있고 뽕나무와 대나무 등이 있었다. 밭 사이 길은 사방으로 통하고 닭 울고 개 짖는 소리가 도처에서 들렸다. 이곳에서 오가며 농사짓는 것과 남녀가 옷을 입는 것이 모두 바깥세상과 같았다. 노인과 어린아이가 함께 기뻐하고 즐거워했다."[76]라고 한 것이 그것이다. 우복동 역시 이와 같다고 사람들은 믿었던 것이다. 그렇다면 이규경은 이에 대하여 어떤 생각을 갖고 있었을까? <우복동진가변증설>을 통해 이를 살펴보자.

> (가) 우리나라에도 도화원桃花源과 유사한 곳이 있으니, 그 이름이 우복동이다. 그곳에 가서 살기를 바라는 자들은 간절히 원하기를 그만두지 않았다. … 살펴보건대, 우복동에 관한 전설은 예로부터 전해졌다. 그러므로 내가 젊은 시절에도 그 이야기를 들었다. 박초수朴初壽에게 그 그림을 얻어 보니,

---

75 丁若鏞, 『茶山詩文集』 권18, <爲茶山諸生贈言>, "甚則欲高翔遠引, 唯牛腹洞是索, 殊不知一入此中, 子孫便成麕兔."

76 陶潛, 『陶靖節集』 권6, <桃花源記>, "林盡水源, 便得一山, 山有小口, 彷彿若有光, 便舍船, 從口入, 初極狹, 纔通人, 復行數十步, 豁然開朗, 土地平曠, 屋舍儼然, 有良田·美池·桑·竹之屬, 阡陌交通, 雞犬相聞, 其中往來種作, 男女衣著, 悉如外人, 黃髮垂髫, 並怡然自樂."

우복동은 삼도三道가 합하는 경계에 있었다. 영남의 상주목과 호서의 청주목을 경계로 하며, 또 영남 문경현과 호서 연풍현을 경계로 하기 때문에 삼도봉이 있다.[77]

(나) 문경 청화산 아래 깊이 막히고 험준하고 궁벽한 곳에 저음동猪音洞이 있다. 사방의 산이 하늘에 닿아 있다. 다만 앞산의 험준한 곳에 겨우 오솔길 하나가 나 있는데, 경사가 급하고 매우 험하여 한 사람만이 통행할 수 있다. 그러므로 소와 말은 통행하지 못한다. 중간에 하나의 큰 동천이 있는데, 사방 10여 리나 된다. 토질이 매우 비옥하다. 전답이 1백여 석을 수확할 정도인데 벼와 보리 등 여러 곡식을 심기에 알맞다. 채소, 뽕나무와 대마, 닥나무와 옻나무, 꿩과 닭, 기름과 꿀 등이 모두 풍족하다. 온갖 과실이 열매를 맺는다. 인가는 60-70호가 된다. 그러나 풍속이 순박하고 예스러우며 환곡도 부역도 없다. 다만 화전세를 낼 뿐이다. 관리가 들어오지 않기 때문에 자유자재로 사니, 이곳은 산골짜기의 보잘것없는 땅이 아니고, 바로 혼란스러운 시대에 살만한 곳이다. 그러니 낙토가 아니겠는가. 예로부터 전하는 우복동은 반드시 이 동천일 것이다. 이곳이 비록 진우복동은 아닐지라도 사람이 살만한 곳이다.[78]

이규경은 청학동이나 우복동이 현실에 없다는 생각을 하고, 이를 변증하는 과정에서 전해지는 이야기를 수집하여 제시하였는데, 위는 그 가운데 일

77 李圭景, 『五洲衍文長箋散稿』 天地篇, <牛腹洞辨證說>, "我東亦有與桃源相埒者, 其名曰牛腹洞, 有志者艶羡不已. … 按牛腹洞之說, 自昔流傳. 故予少日亦聞之, 得其圖於朴初壽看之, 則洞在三道合界中, 以爲界於嶺南尙州牧·湖西淸州牧, 又界於嶺南聞慶縣·湖西延豐縣, 故有三道峯."

78 李圭景, 『五洲衍文長箋散稿』 天地篇, <牛腹洞路程記>, "聞慶青華山下深阻險僻處, 有猪音洞. 四山接天, 只有前山險阻處, 僅有一徑, 傾仄絶險, 容一人跡, 故牛馬不通. 中有一大洞天, 四方十餘里, 土甚饒沃. 田畓百餘石落, 宜禾麥諸穀, 菜蔬·桑麻·楮漆·雉雞·油蜜俱足, 百果成實. 人戶六·七十, 然風俗淳古, 無還無役, 但納火稅, 官吏不入, 故自由自在, 不是山峽凡土, 卽治亂可居之所, 果非樂土歟! 古所傳牛腹者, 必此洞云, 此雖非眞牛腹, 亦可居處也."

부이다. 당시 우복동도가 그려지는 등 이곳을 찾아 나서는 사람들이 많았다. (가)에서 보듯이 우복동은 상주와 청주, 그리고 문경이 합쳐지는 곳에 위치한다고 하였다. 그곳은 혼란스러운 시대에 숨어들어 살만한 곳인 바, 모든 것이 넉넉하고 자유롭다고 했는데, (나)가 그것을 말한 것이다. 청화산 아래 저음동천이 설령 진우복동은 아닐지라도 살만한 곳이라 했다. 이를 통해 우리는 전통 시대 사람들이 꿈꾸었던 유토피아가 속리산권에 있었다고 인식되어 왔던 사실을 알 수 있다.

복지동천에 대한 생각이 유가적으로 전변한 것이 바로 구곡문화이다. 성리학이 도가나 불가의 이론과 경쟁하면서 성립되었듯이 구곡가 계열에서도 그 흔적이 나타난다. 즉 어부를 통해 도화원을 찾는 방식의 구곡시가는 도잠陶潛(365-427)이 쓴 <도화원기桃花源記>에 근거한 것이며, 9곡으로 설정한 트인 공간의 신촌시新村市는 어부가 작은 동굴 속으로 들어가 찾아낸 이상세계에 다름 아니다. 불가의 경우, 12세기 중엽 중국 송나라 때 확암선사廓庵禪師가 그렸다는 십우도十牛圖에 인간의 본성을 깨쳐가는 과정이 묘사되어 있다. 그 가운데 제10도는 <입전수수도入廛垂手圖>로 각자覺者가 중생들이 모여 사는 트인 공간으로 다시 내려오는 그림이다. 이처럼 유불도의 상호 교섭현상이 활발히 일어나지만, 성리학의 경우 일상생활과 도덕을 강조한다는 측면에서 특징을 지닌다.

5. 맺음말

본 논의는 상주권 강안학의 문화적 특성을 밝히기 위한 것이다. 여기서 강안학은 낙동강 연안학으로 한정하고, 그 범위는 풍기·문경·예천·상주·의성 지역을 포괄한다. 이곳에는 조선전기 경상감영이 있어 영남의 정치와 경제, 그리고 학술의 구심 역할을 하였다. 위로 충청도과 경계를 이루면서 풍기의 죽령과 문경의 조령을 통해 기호지역과 소통하는 곳이기도 하다. 풍기의 소백산, 문경의 주흘산, 문경과 상주의 속리산이 중요한 구실을 하였고, 낙동강과 함께 내성천·금천·영강 등 낙동강의 지류들 역시 중요한 역할을 하였다. 자연스럽게 산수와 관련된 문화가 형성되었고, 상하를 오르내리며 기호지역과 소통하였다. 예천 지보는 이황의 어머니 춘천박씨의 친정이고, 의성 점곡은 류성룡의 어머니 안동김씨의 친정이기도 하다. 이러한 인문 환경 속에서 이 지역의 유교문화는 숙성되고 있었다.

상주권 강안학의 유교문화적 성격은 셋으로 나누어 설명할 수 있다. 첫째, 회통성會通性으로 기호학과 영남학의 교직을 들 수 있다. 김담수金聃壽나 김홍미金弘美 등을 중심으로 한 퇴계학과 남명학의 소통도 보이지만, 기호학과 영남학의 소통이 더욱 뚜렷하다. 정경세나 상주권의 창녕 성씨 가문에 이러한 경향이 뚜렷하게 보인다. 둘째는 실용성實用性으로 애민정신의 발로가 그것이다. 이 지역은 추상적인 리기론에 대한 탐구보다 구체적인 현실에 뿌리를 두고 현실을 대응하였다. 존애원의 설립이나 조정과 신적도의 창의 등은 이러한 측면에서 주목된다. 셋째, 독창성獨創性은 양명학적 사유의 유입으로 설명된다. 이황에게 비판을 받을 만큼 노수신의 학문에는 양명학이 다량 내함되어 있고, 류성룡 역시 주자학의 입장에서 양명학을 비판적으로 수용하고 있었다.

상주권 강안학의 문화적 특성으로는 속리산권 구곡문화의 형성, 선유시회船遊詩會 문화의 구축, 강안江岸 승경勝景과 문학적 소통, 복지동천福地洞天의 이상향 추구 등을 들 수 있다. 백두대간이 속리산에 이르러 그 방향을 남쪽으로 바꾸면서 다양한 계곡이 형성되고 이를 기반으로 선유구곡 등 구곡문화가 이루어진다. 이 계류들이 모여 낙동강으로 흘러들고, 상주에 이르러 낙동강 본류가 시작되면서 선유시회 문화를 구축할 수 있었다. 그리고 강 연안 지역에는 수많은 누정이 있어 이를 중심으로 문학적 소통을 이룩하였고, 사람들은 상주권 강안 지역에 이상향인 우복동천이 있다며 찾아들기도 했다.

이상에서 우리는 상주권 강안학의 유교문화와 그 특성에 대하여 논의하였다. 이 지역은 류성룡을 통해 퇴계학이 유입되기는 하나 노수신에게서 볼 수 있듯이 안동권과는 사뭇 다른 경향을 갖고 있었다. 사상사적 맥락에서 볼 때 양명학의 유입은 이 지역의 유교문화적 특성을 설명하는 데 있어 주목할 만한 사항이다. 권섭權燮과 이재李縡 등에게서 보듯이 일부 기호학파는 전장을 이곳에 마련하고 학문활동을 전개하였다. 특히 상주는 흥암서원興巖書院, 운계서원雲溪書院, 서산서원西山書院 등에서 보듯이 영남지역에서 서인계가 거점을 마련한 곳이기도 하다. 기호지역과 가깝다는 지리적인 여건도 작용하였겠지만, 이 지역이 지닌 문화적 유연성에 기인한 것일 터이다.

우리는 여기서 강안학의 기본 논리인 대대관계待對關係를 다시 생각한다. 이는 사물의 존재 방식을 의미하기도 한다. 모든 사물은 경쟁과 협동의 관계를 동시에 지니고 있기 때문이다. 이러한 원리가 긍정적으로 작동할 때 두 세력은 역동적인 문화를 생성하기 마련이다. 기호학과 영남학, 퇴계학과 남명학도 이러한 관계 속에 놓인다. 강안학의 주요 특징인 독창성과 회통성 역시 그러하다. 견제와 균형의 논리 속에서 낙동강 연안 지역은 역동적인 문화의 주체로 활동하였다. 즉 한편으로 이질적인 것을 받아들이는 개방적 자세를 취하면서도, 다른 한편으로 자신의 정체성을 확실하게 하고자 했던 것이다.

참고문헌

1. 원전

『洛江分韻』

『東國輿地志』

『商山誌』

『新增東國輿地勝覽』

『退溪先生年譜』

高尙顏, 『泰村集』

權　燮, 『玉所稿』

金尙憲, 『淸陰集』

奇大升, 『高峰續集』

金宗直, 『佔畢齋集』

陶　潛, 『陶靖節集』

盧守愼, 『穌齋集』

柳成龍, 『西厓集』

柳　袗, 『修巖集』

李圭景, 『五洲衍文長箋散稿』

李奎報, 『東國李相國集』

李　滉, 『退溪續內集』

裵尙龍, 『藤庵集』

申適道, 『虎溪集』

兪好仁, 『㵢谿集』

尹善道, 『孤山遺稿』

李　植, 『澤堂別集』

李裕元, 『林下筆記』

李　埈, 『蒼石集』

李　瀣, 『溫溪集』

一　然, 『三國遺事』

鄭經世, 『愚伏集』

鄭　逑, 『寒岡續集』

丁若鏞,『茶山詩文集』
鄭　蘊,『桐溪集』
鄭宗魯,『立齋集』
曺　植,『南冥集』
趙　靖,『黔澗集』
沈守慶,『遣閑雜錄』
洪汝河,『木齋集』
黃　五,『黃綠此集』

2. 논저

김성윤,「영남의 유교문화권」,『낙동강유역의 사람들과 문화』, 역락, 2007.
박인호,「『해동잡록』에 나타난 권별의 역사인식」,『퇴계학과 유교문화』 52, 경북대학교 퇴계연구소, 2013.
이구의,「해제」,『역주 낙강범월시』, 아세아문화사, 2007.
이상원,「<도통가>와 <황강구곡가> 창작의 정치적 배경」,『한민족어문학』 43, 한민족어문학회, 2003.
정우락,「16세기 예천 지역의 학풍과 藥圃 鄭琢」,『영남학』 89, 경북대 영남문화연구원, 2024.
정우락,「상주 죽암촌 서계 가문의 학문과 문풍」,『영남학』 92, 경북대학교 영남문화연구원, 2025.
정우락,「옥소 권섭의 세계인식과 영남관」,『영남학』 80, 경북대학교 영남문화연구원, 2022.
정우락,『영남 한문학과 물의 문화학』, 역락, 2022.
정우락,『영남을 넘어, 상주 우복 정경세 종가』, 예문서원, 2013.
최은주,「문경새재의 詩的 空間과 意味」, 경북대학교 석사학위논문, 경북대학교, 2012.
한양명,「안동지역 양반 뱃놀이船遊의 사례와 그 성격」,『실천민속학연구』 12, 실천민속학회, 2008.

영남 북부 강안 지역의 지역성과 백과적 학문 전통*

박인호(국립금오공과대학교 명예교수)

1. 머리말

이 글은 영남 북부 강안 지역의 학문적 동향을 살펴보면서 특징적으로 드러나는 백과적 학문 경향에 대해 지역성과 결합하여 설명하려는 데에 연구 목적이 있다.

먼저 낙동강의 상류 지역에 대한 이해가 선행될 필요가 있다. 『택리지』에 의하면 낙동강은 황지潢池에서 발원하여 예안에 이르고 동쪽으로 굽었다가 다시 서쪽으로 흐르면서 안동 남쪽으로 흐르며 용궁과 함창 경계에 이르러 비로소 남쪽으로 굽어지면 낙동강이 된다.[1] 기존의 낙동강에 대한 인식은 주로 상주의 옛 이름인 낙양의 동쪽이라는 관점에서 보았기 때문에 상주 이하를 대상 권역으로 하였으나 낙동강의 원류는 태백산 황지천에서 출발하

---

* 이 글은 기발표된 필자의 논문(「영남 북부 강안 지역의 지역성과 백과적 학문 전통」, 『영남학』 92, 경북대 영남문화연구원, 2025, 37-74쪽)을 수정, 보완한 것이다.

1 『택리지』, 조선광문회, 1912, 15쪽.

여 철암천과 합류하면서 시작되며, 이어 봉화를 지나 안동에서 반변천과 합류하며 풍산을 지나다가 예천에서 내성천, 금천과 합류하고 문경에서 영강과 합류하며 상주에서 병성천과 위천이 합류한다.[2] 영남 북부 지역의 낙동강은 여러 갈래의 소하천들을 아우르면서 확장되어 갔다. 그러므로 낙동강이 둘러싸고 있는 지역에 대한 확장된 재인식이 요구된다.

또한 영남 북부 지역은 자연지리적 특징으로 은거적 측면이 부각되었지만 영주-단양의 죽령, 예천-청풍의 저수령, 문경-충주의 조령[문경새재], 상주-보은의 화령 등의 고개를 통해 다른 지역의 문물이 가장 먼저 전래되던 지역이다. 도회의 관점에서는 궁벽한 곳이지만 경기와 충청에서 내려오는 신문물이 가장 먼저 집산되는 곳이기도 하다.

전통시대에 이 지역은 물길과 육로를 통해 각종의 신문물이 가장 먼저 도달되던 곳이다. 게다가 같은 북부의 안동이나 예안, 혹은 중부의 김천, 선산, 성주 지역이라도 강안 지역에서 산출되는 학문은 강의 내륙 지역의 것과 비교한다면 상대적으로 자유롭고 개방적인 기풍이 있다. 특히 영남 북부의 낙동강 강안 지역은 경기와 충청과 인접하면서 영남 중부나 하부 지역에 비해 백과적 학문 풍토가 두드러진다.

이에 따라 외부의 문물을 백과적으로 소개하거나 외부 지식을 축약하는 백과전서학이 발전하였으며, 역사책을 간략하게 축약하는 방식이 유행하게 되었으며, 지역의 인물을 정리하는 보학이 발전하게 되었다. 이러한 학문 경향은 크게 정의한다면 백과적 학문 경향이라고 할 수 있다.

여기서는 봉화[춘양, 영주], 안동[예안], 예천[용궁], 상주[문경, 함창]으로 권역을 나누되 특히 낙동강의 강안을 따라 만들어진 회통적會通的 문화 전통을

---

2 신경준, 『도로고』 권4, 사행지로, 「수로」, 규장각; 『여암전서』, 경인문화사, 1976.

그 지역에서 산출된 백과적 저술을 통해서 살펴보고자 한다. 이러한 고찰을 통해 영남 북부 강안 지역의 학문적 특수성과 차별성을 드러낼 수 있기를 기대한다.

2. 강안 지역의 지역성과 학문적 특징

1) 인적 물적 유통

영남 북부 낙동강 강안 지역의 도로와 물류에서의 유통 현상과 그 특징을 살펴보고자 한다. 도로망이 발전하지 못하였던 고려와 조선 전기에 세곡과 물품의 이동은 낙동강을 통하였다.[3] 그런데 낙동강의 하류인 부산에서 배가 올라와 장시를 이루는 곳이 낙동진이다. 낙동진은 낙동강 북부 강안 지역의 대표적인 나루터였으며, 대형 배가 움직일 수 있는 강의 종점이었다. 여기서부터는 강이 얕아 큰 배가 다니지 못하고 소형 배로 도남동과 중동면을 연결하는 무임포와 예천 용궁면과 문경군 영순면을 연결하는 하풍진까지 나아갔다.

육상 도로망의 경우 영남 북부 강안 지역은 영남대로, 영남좌로, 영남우로가 관통하는 통로였다. 조선 후기의 도로망을 보면 서울에서 동남쪽으로 부산에 이르는 제4로는 서울에서 충주를 거쳐 조령鳥嶺 동화원東華院을 지나 재를 넘어 문경에 이르고 신원참新院站, 유곡역幽谷驛, 덕통참德通站을 지나 낙동진洛東津에 이르렀다. 덕통참德通站에서 동남쪽으로 안계역安溪驛과 비안比安을 거쳐 군위와 영천으로 가거나 신원참新院站에서 동쪽으로 예천醴泉을 거쳐

3 김상호, 「고지도로 본 상주의 역사문화」, 『경상도 상주』, 민속원, 2016.

영해寧海로 나아갔다. 죽령竹嶺에서 풍기豊基와 영천榮川을 거쳐 봉화奉化나 예안禮安으로 나아갔다. 서울에서 남쪽으로 통영에 이르는 제5로는 유곡幽谷에서 함창咸昌과 상주尙州를 지나 성주, 김산, 선산으로 나아갔다. 이러한 육상의 유통망은 인적인 교류에도 크게 영향을 미친다.

영남 남인과 기호 남인의 인적 교류와 관련하여 경남京南의 경우 사상계의 이익李瀷(1681-1763), 안정복安鼎福(1712-1791), 관료계의 채제공蔡濟恭(1720-1799) 등이 영남 남인과의 주요 접점이었다.[4] 이들은 영남 지역 인사와의 교류를 통해 학문적·정치적 외연을 확장해 나가려 하였다.

이익의 경우는 상주 산양현[현 문경시 산북면]의 권상일權相一(1679-1759)과 오랫동안 교유하였다. 이익이 퇴계와 관련된 글과 저술에 관심을 보이자 권상일은 적극적으로 퇴계학을 소개하고 있다.[5] 이익은 숙부 이은진李殷眞의 딸과 예천 출신의 영남 남인계 단계檀溪 김해일金海一(1640-1691)이 결혼하여 낳은 학고鶴皐 김이만金履萬(1683-1758)과 나이가 서로 비슷하고 뜻도 맞아, 어려서는 함께 놀고 자라서는 의기가 투합하였다. 학고가 사망하자 상주尙州에 있던 학고의 아들 김상석金相錫이 큰 아들 김유金維를 이익에게 보내어 묘갈명을 청하고 있다.[6] 그리고 김이만의 사위로 안산에 살던 서화가인 연객烟客 허필許佖(1709-1761)[7]과 선산에 기반을 둔 전주 최씨로 인재 최현의 후손인 최광악崔光岳(123-1773)이 있다. 이들의 행동 반경이 예천, 제천, 영주 등 영남 북부 지역

---

4 이수건, 「조선후기 嶺南과 京南의 제휴」, 『민족사의 전개와 그 문화』 상, 벽사이우성교수정년퇴직기념논총간행위원회, 창작과비평사, 1990; 『영남학파의 형성과 전개』, 일조각, 1995. 김문식, 「조선후기 경남과 영남의 교류 양상 - 영양 주실의 한양조씨가를 중심으로 -」, 『한국사상과 문화』 15, 한국사상문화학회, 2002.

5 안병걸, 「성호 이익의 퇴계와 영남에 대한 관심 - 권상일과의 편지를 중심으로 -」, 『한국실학연구』 18, 한국실학학회, 2009.

6 『星湖先生全集』 권65, 墓誌銘, 「金執義鶴皐子墓碑銘 幷序」.

7 『星湖先生全集』 권30, 書, 「答許進士 佖 戊寅」.

이었던 점을 고려하면 성호학의 동전이라는 점에서 주목이 된다.

안정복의 경우 영남 삼노三老로 추앙받던 대구 옻골의 백불암百弗庵 최흥원崔興遠(1705-1786), 안동 소호의 대산大山 이상정李象靖(1711-1781), 예천의 남야南野 박손경朴孫慶(1713-1782), 그리고 이들을 잇는 차세대 영남의 영수인 상주 우산의 정종로鄭宗魯(1738-1816)와 상주 은척의 손재損齋 남한조南漢朝(1744-1809) 등과 밀접하게 교류하고 있다.[8]

채제공은 영조 후반과 정조대 남인의 영수였다. 삼정승을 역임한 채제공은 영남 지역에서 상경한 영남 남인들의 내표적인 정치적 후견인이었다.

그 외에 낙향하여 상주 외답리 노실에 거처를 마련한 이만부李萬敷(1664-1732), 효령대군의 사당을 중수하기 위해 일시 상주 저호암貯皓菴에 머물렀던 이형상李衡祥(1653-1733) 등도 상주에 자리를 잡고 있었다.

영남 북부 지역 학계는 경남京南과의 교류 외에도 죽령을 넘어 충청도 지역과의 교류도 있었다. 단양·제천과의 교류로 예안 김씨 김해일과 제천 지역 남인과의 교류,[9] 활재 이구를 중심으로 한 괴산 지역과의 교류가 있다.[10]

한편 상주와 예천 지역에는 상대적으로 서인계가 강고하게 세력을 형성하고 있었다. 이에 따라 이 지역에는 여러 서인계 가문이 존재한다. 상주의 대표적인 노론 가문으로는 함창의 인천 채씨 가문[채몽정, 채하징, 채지면, 채석주], 상주의 창령 성씨 가문, 평산 신씨 가문이 있다.[11] 봉화 법전에는 소론

---

8 김학수, 「안정복과 영남학인의 교유 - 18세기 중후반 '경남'과 '영남'의 지식문화적 교감 -」, 『장서각』 48, 한국학중앙연구원, 2022.

9 박인호, 「조선중기 제천지역 사족의 형성」, 『지역문화연구』 1, 세명대, 2002; 『제천지역사 연구』, 이회문화사, 2005.

10 박인호, 「활재 이구의 시대인식과 사회활동」, 『활재 이구와 식산 이만부의 생애와 사상』, 문경시, 2013; 『조선시기 사상계의 동향과 현실인식』, 영한, 2023.

11 이연숙, 「17-18세기 영남지역 노론의 동향」, 『역사와 실학』 23, 역사실학회, 2002. 채광수 외, 「창녕성씨 청죽공파의 상주 정착과 노론계 원우 건립 활동」, 『조선시대사학보』 79, 조선시대사학회, 2016.

가문으로 진주 강씨 가문이 있는데 이 집안은 기호 지역에 있는 소론 가문과 교류가 활발하였다.[12] 서인 가문은 해당 지역의 남인 가문이 주도하는 향촌 사회에서 길항拮抗과 협력을 할 수밖에 없었다. 상주 출신의 정경세가 서인학통의 송준길을 사위로 맞이한 것도 이러한 지역이 가진 특수한 인적 교류망이 작동하였기 때문이다.

이러한 인적·물적 유통망으로 인해 이 지역에서는 사상적으로 회통성과 교류성이 두드러지며, 이것은 이 지역에서 산출한 학문적 성과의 사상적 토대가 되었다.

2) 백과적 편찬물의 산출

기존의 연구에 의하면 영남 지역에서 편찬된 사부史部 자료로 사부 편년류 18종, 사부 전기류 62종, 사부 잡사류 56종, 사부 지리류 80종, 사부 정법류 11종이 제시되었다.[13] 그 가운데 낙동강 강안 지역의 사부류에서는 연표형·사략형 사서의 편찬, 강목과 춘추 계열의 역사서 편찬, 중인층을 포함한 다양한 인물서의 편찬, 유서와 사찬읍지의 특징적 편찬, 다양한 일기류의 편찬 등의 특징이 있음이 지적되었다.[14]

영남 북부의 강안 지역에서는 조선 전기 이래 목판 간행이 활발하였다.

송석현, 「17세기 후반-18세기 초반 도남서원의 운영과 상주 사족의 동향」, 『조선시대사학보』 79, 조선시대사학회, 2016.
박소희, 「17-18세기 상주지역 남인·노론계 서원의 인적구성 분석」, 『민족문화논총』 81, 영남대 민족문화연구소, 2022.

12 김윤조, 「18세기 영남과 기호 소론가의 학문과 문학 교류」, 『한국학논집』 53, 계명대 한국학연구원, 2013.

13 박인호, 「영남 지역 사부 고문헌 자료의 번역 현황과 과제」, 『영남학』 18, 경북대학교 영남문화연구원, 2010.

14 박인호, 「낙동강 강안 지역의 사부류 편찬과 역사학적 의의」, 『영남학』 83, 경북대학교 영남문화연구원, 2022; 『강안학이란 무엇인가』, 정우락 외, 역락, 2023.

조선 전기 안동과 예안을 제외한 영남 북부 지역에서 간행된 책판의 목록은 다음과 같다.[15]

풍기 : 杜詩, 治家節要, 竹溪志, 族譜, 學求聖賢, 大赤壁賦

상주 : 懶齋集, 將鑑博議, 揖翠軒集, 李相國集, 名賢詩話, 朱晦庵集, 太平通載, 李太白文集, 及菴集, 食療纂要, 新刊李相國集, 日記, 陣書, 漢都十詠, 虛白堂集, 進獻心圖, 垂老十詠, 詳刑要覽, 休巖集, 拙齋集, 仁川世稿, 通鑑總論, 警民編, 忠孝堂家禮

영주 : 孟子大文, 詩大文, 書大文, 春秋大文, 文章軌範, 入學圖說, 顔樂堂集, 草書法, 四箴大字法, 十勝亭屛風書, 聖學十圖, 夙興夜寐箴, 字訓, 童蒙須知, 千字

예천 : 通鑑, 歐蘇手簡, 東人文, 詩傳, 佛氏辨說, 東人詩, 丹溪纂要

경부經部의 경전류와 집부集部의 문학서가 일반적이지만 『태평통재』, 『식료찬요』, 『상형요람』 등 백과적 저술이 일찍부터 간행되고 있다. 이를 보면 이 지역은 외부의 학문을 수용하는 데 적극적이었음을 알 수 있다.

조선 중기 이후 이 지역에서는 외부의 문명을 받아들이면서 간략하게 편찬하거나 종합하여 편찬하는 방식을 취하였다. 간략하게 하는 방식 가운데 대표적인 것은 기존의 책을 축약하는 정리를 들 수 있으며, 종합하는 방식 가운데 대표적인 것은 외부 문명에 대한 백과적 정리를 들 수 있다. 기존 책을 축약하는 정리 방식인 사략류, 유편류 등도 지식의 전달에 목적을 두었다는 점에서 백과적 편찬물의 한 부분과 같으므로 모두 백과적 문물의 유산이라는 관점에서 다루어도 될 것으로 판단된다.

다음은 영남 북부 강안 지역에서 편찬된 백과적 저술을 낙동강의 흐름에

---

15 『고사촬요』, 국립중앙도서관 및 일본 내각문고본 필사본.

따라 지역별로 정리하였다.

<영남 북부 강안 지역에서 산출된 백과적 저술>

지역	편찬물
봉화 [춘양, 영주]	『歷代史選』·『史補略』[李時善, 1625-1715 : 내성천 봉화군 법전면 법전리 풍정] 『性理類選』, 『綱目心法』[朴承任, 1517-1586 : 서천 영주시 귀내, 한정마을] 『東史纂要』[吳澐, 1540-1617 : 서천 영주시 조암동] 『標題音註東國史略』[柳希齡, 1480-1552 : 1524-1529년 영주 군수 재임시 간행] 『再造藩邦志』[申炅, 1613-1653 : 1693년 영주 간행]
안동 [예안]	『東史類編』[李宗岳, 1726-1773 : 와부탄 안동 법흥리] 『海東文獻總錄』[金烋, 1597-1638 : 반변천 천전리] 『中國古今歷代沿革之圖』[權榘, 1672-1749 : 풍산 가일리] 『東史節要』[李惟樟, 1625-1701 : 풍산 상리] 『少微家塾点校附音通鑑節要』[江贄 찬, 劉剡 교열, 洪履祥 간행 : 1603년 안동 간행]
예천 [용궁]	『文蔭譜』·『縉紳八世譜』[朴周大, 1836-1912 : 내성천 하리면 대제동] 『大東韻府群玉』[權文海, 1534-1591], 『海東雜錄』[權鼈, 1589-1671 : 내성천 용문면 죽림리] 『東國通志』·『勉學類鑑』[朴周鍾, 1813-1887 : 내성천 용문면 금당실] 『東書彙纂』·『譜學通編』·『鮮史總略』[金庭植, 1862-1928 : 내성천 용문면 구계리] 『東國十志』[裵象鉉, 1814-1884 : 예천 입향조]
상주 [문경, 함창]	『彙纂麗史』·『東國通鑑提綱』·『海東姓苑』[洪汝河, 1620-1674 : 영강 문경 영순면 율리] 『歷代明鑑』[洪貴達, 1438-1504 : 이안천 상주시 함창읍 여물리] 『昭代名臣行蹟』[鄭道應, 1618-1667 : 이안천 외서면 우산리] 『道東編』[李萬敷, 1664-1732 : 병성천 상주시 외답동]

3. 영남 북부 강안 지역의 백과적 편찬물

1) 문물과 제도를 다룬 유서의 편찬

영남 북부 지역은 당시 기호 지역과는 달리 문화적으로 새로운 문물을 수용하는 데 있어 지체 현상이 있었다. 그런데 이러한 지체 현상은 앞서서 새로운 문물을 창안하지는 못할지라도 이를 유형별로 정리하고 이해하는 부분에서는 오히려 장점이 될 수 있었다. 특히 영남 북부 강안 지역에서는 외부의 문물을 쉽게 이해하기 위해 이를 분류하고 종합하는 학문적 풍토가 있었다.

(가) 영주시 서천의 귀내[고현동]와 한정마을에서는 박승임朴承任(1517-1586)이 『성리유편性理類選』, 『강목심법綱目心法』 등 일련의 성리학에 입각한 백과저술을 편찬하였다. 영주 출신의 박승임은 이황 문인이면서도 중앙 정계에 진출하여 활발하게 관료 생활을 하였다. 성리학을 깊이 연구하였으며, 여러 선현들의 설을 정리하여 책을 편찬하는 데 노력하였다. 만년에는 서천 강변의 하한정夏寒亭에서 강학을 통해 후진 양성에 힘을 기울였다.[16]

『성리유선』은 방대한 『성리대전』 70권을 10권 5책으로 간결하게 정리한 책이다. 『성리대전』의 13개 조목을 8개 조목으로 축소하되 각 조목은 총론을 앞세우고 장을 나누어 정수가 되는 내용을 정리하였다. 권1 이기, 권2 이기, 권2 이기, 귀신, 성리, 권3 성리, 학, 권4 학, 성현, 권5 성현, 역대, 권6 역대, 권7 역대, 권8 군도, 치도, 권9 치도, 권10 치도로 분류하여 천도의 본원에서부터 경세의 방략에 이르기까지 정리하였다.[17]

『강목심법』은 목록 1권을 포함하여 18권 9책으로 구성되어 있다. 각 권은 항목을 설정하고 이에 대해 관련 내용을 기술하고 있다. 권1-2는 군도와 치도, 권3-4는 서한, 권 5-6은 도덕과 인륜, 권7-8은 경세, 권9는 성현, 권10은 공맹과 주자, 권11은 제자, 권12-13은 동한에서 송, 권14-15는 이기와 오행, 권 16은

16 김학수, 「박승임의 학문적 지향과 16세기 영주지역의 '집단지성'」, 『영남학』 70, 경북대 영남문화연구원, 2019.

17 박승임, 권영대 역, 『국역 성리유선』, 소고선생기념사업회, 2005.

요순에서 춘추전국, 권17은 원대 성리학에 대한 명제를 정하고 이에 관련된 설명을 붙이는 형식으로 이루어졌다.[18]

박승임의 저술은 성리학의 여러 분야의 명제를 유형별로 정리하여 백과사전적으로 이해할 수 있도록 하였다. 간결한 설명을 통해 관련한 명제를 쉽게 이해할 수 있도록 하였다.

(나) 안동의 천전리川前里[내앞마을]에서는 김휴金烋(1597-1638)가 『해동문헌총록海東文獻總錄』을 편찬하였다. 김휴는 낙동강으로 합류하는 가장 큰 지류 가운데 하나인 반변천 인근에서 성장하였는데 낙동강 중류의 인동 출신 장현광을 스승으로 모셨다. 김휴는 장현광의 권유로 고문헌 해제집인 『해동문헌총록』을 저술하였다. 『해동문헌총록』은 우리나라 고문헌에 대한 최초의 서지적 연구서이며, 우리 문화에 대한 자존의식이 반영된 책이었다. 또한 『해동문헌총록』은 비록 서지학 분야를 다루었으나 각 분야의 책을 모두 다루어 백과전서적 형태를 띠고 있다. 게다가 영남 중북부 지역의 여러 집안을 찾아 자료를 수집한 결과 이 책에서는 해당 지역에서 편찬된 서적에 대한 정보가 풍부하다.[19]

그런데 김휴는 기본적으로 유학적 관점에서 학술사를 보고 있다. 김휴는 옛 시기 기록에 대해서는 대체로 비판적 인식을 보이고 있다. 『삼국사기』, 『삼국유사』, 『편년통록』, 『편년강목』, 『왕대종족』 등에게는 비판을 가하고 있다. 그러나 조선에 들어와 유교적 관점에서 편찬된 책에 대해서는 크게 칭송하면서 법도와 인류에 대한 일을 다 싣고 있다고 평하고 있다. 『필원잡

18 박승임, 박찬우 역, 『국역 강목심법』, 소수박물관, 2014.
19 박인호, 「해동문헌총록에 나타난 김휴의 학문세계」, 『선주논총』 9, 금오공대 선주문화연구소, 2006; 박인호 편, 『여헌학의 전개와 수용』, 보고사, 2010.

기』, 『용재총화』, 『추강냉화』 등의 필기류에 대해서는 교화적 측면에서 평가하려고 한다. 이와 같이 김휴는 신이하거나 불교적 사적을 전하는 책에 대한 정보는 제공하고 있으나 유학적 관점에서 비판적으로 보고 있다. 그에 반해 조선 건국 이후의 유교문화의 성과에 대해서는 높이 평가한다.

한편 『해동문헌총록』은 사학사적인 측면에서 중요한 기초 자료가 된다. 현재 전하지 않는 책에 대한 기록을 통해 조선 전기 역사학의 공백을 메울 수 있다. 고려와 조선 초기에 나온 책들에 대한 정보는 그 책을 대상으로 다수의 논문이 나올 정도로 조선 전기 사학사의 공백을 메우는 중요한 정보를 제공하고 있다. 따라서 『해동문헌총록』은 사학사적으로 사료학에서의 첫 성과라고 할 수 있다. 또한 조선 전기 편찬된 책을 소개하면서 단순히 책명을 적은 것이 아니라 집필한 인물을 중심으로 책의 성격을 명확히 한 것은 일종의 학술사적 문제의식에서 기인한 것이라고 평가할 수 있다.[20]

(다) 반변천과 낙동강이 합류하는 와부탄 인근의 강가에 임청각臨淸閣이 있으며 고성 이씨가 세거하였다. 안동의 고성 이씨 출신 가운데 주목되는 인물은 허주虛舟 이종악李宗岳(1726-1773)이다. 이종악은 고성 이씨 임청각의 종손으로 특정 학맥을 계승함을 표방하지는 않았으나 갈암 이현일—밀암 이재—대산 이상정의 학통에 밀접하게 연관되어 있다. 특히 대산 문하의 유장원, 유도원 형제들과 밀접하게 교유하였다.[21] 고서古書, 탄금彈琴, 화훼花卉, 서화書畫, 주유舟遊의 오벽五癖으로 유명했던 이종악은 정온의 5세손으로 상주에 살던 정박鄭璞, 근기 남인계로 안산에 살았던 허필許佖 등과는 서화書畫를

20 박인호, 「김휴의 해동문헌총록 편찬과 사학사적 의의」, 『경와 김휴의 학문과 활동』, 한국국학진흥원, 2024.

21 김학수, 『허주 이종악의 삶과 풍류』, 한국학중앙연구원, 2017.

통해 깊이 허교하였다. 이종악의 낙동강에 대한 풍류의식은 『허주부군산수유첩虛舟府君山水遺帖』에 묘사되어 있다.[22] 이종악에게서 창작 활동의 근간이 되었던 것은 낙동강이었다.

그런데 이종악은 백과사전으로 『동사유편東史類編』을 편찬하였다. 아들 이의수李宜秀가 쓴 「선부군행록」에는 다음과 같이 적고 있다.

> 일찍이 말씀하시기를 "선비로서 우리나라에 태어난 사람이라면 마땅히 우리나라 역사 사실을 알아야 함에도 근세의 유자들은 의례 우리나라 역사학을 읽지 않는다. 내가 이점을 매우 병통으로 여겨 삼국사와 여지승람 및 동현의 시화와 야언과 찬요 등 여러 책들을 갈래를 나누고 비슷한 것들을 모아서 보기에 편하게 하여 동사유편東史類編이라 하였으니, 대개 만년의 정력은 모두 이 책에 있다"고 하였다. 무릇 우리 동방의 인물과 노래와 풍속, 역대 왕조의 치란과 흥망의 발자취가 요연히 밝혀지지 않음이 없다. 갈래와 항목은 이미 이루어졌으나 아직 탈고에 미치지는 못하였는데 불초不肖 고자孤子가 한 본을 정사하여 선친의 여러 친구 분들에게 나아가 교정을 하여 남기신 뜻을 이루고자 하였으나 황망慌忙한 나머지 아직 이 일을 할 겨를이 없으니 더욱 절실히 통탄스럽다.

이를 통해 본다면 『동사유편』은 완전히 완료된 형태가 아니라 초본의 형태로 보존된 것임을 알 수 있다.

그런데 현재 이종악본 『동사유편』[23]은 고려대 석주문고에 3권 3책만 존재한다.[24] 이종악의 『동사유편』은 동국의 역사와 문물에 대한 간략한 사전식

22 『虛舟 李宗岳의 山水遺帖 : 落水에 배를 띄워 놀다』, 이회문화사, 2003.

23 『동사유편』, 고려대 도서관 B3 A153 1.

24 『동사유편』에 대해 장서각에서는 함양박씨가에서 나온 『東事類編』을 이종악의 것이라고 하였으나 이는 오류이다[디지털장서각 해제 참조]. 장서각본 『동사유편』과 동일한 것의 완

편찬물이다. 삼국 이전은 국가별로 간략히 정리한 반면 삼국 이후는 이, 호, 예, 병의 6부 유편 체재로 나눈 다음 관련 주제를 두어 삼국과 고려의 관련 자료를 정리하였다. 책3에 병부까지 있는 것으로 보아 형부와 공부를 다른 별도의 책이 있었던 것으로 추정된다. 목차는 다음과 같다.

책1 : 東國沿革圖, 九夷·九韓, 三朝鮮[衛滿朝鮮], 四郡. 二府, 三韓[馬韓, 辰韓, 卞韓], 中國歷代甲子紀年

吏部 ; 官職, 銓選, 諫官, 論駁, 諷諭, 被讒, 外官, 年限, 相避法, 致仕, 薦擧, 婦人封爵, 宦寺, 權姦, 鄕吏

戶部 ; 地理志, 地名, 都邑, 土田, 賦稅, 堤堰, 親耕, 勸農, 牛耕, 豊年, 凶年, 倉庫, 頒祿, 鹽倉, 賑恤, 糶糴, 戶口, 民弊, 賦稅, 姓氏[附賜姓], 人物, 忠臣, 孝子, 烈女, 人物化生, 投化, 獻議, 奴婢法, 倡優, 市肆, 錢貨, 物産, 牧場, 雜畜

책2 : 禮部上 ; 祭祀, 宗廟, 文廟, 從祀, 家廟, 陵寢, 國號, 謚法, 追謚, 御諱, 誕日, 歷年, 正朔, 親入朝, 奉使他國, 事大

책3 : 禮部下 ; 他國來使, 交聘諸外國, 境內諸小國, 朝賀, 朝會, 陳慰, 納妃, 同姓婚, 立嗣, 國恤, 喪制, 追服, 學校, 書冊, 文學, 史記, 王旨, 訓要, 印璽, 音樂, 宴遊, 饗老, 許養, 給暇, 遊畋, 巡幸, 微行, 雜術, 醫藥, 畵士, 漏刻, 曆法, 怪異, 災異, 水災, 旱災, 蟲災, 霜포雹災, 風災, 飄風, 火災, 伐氷, 科擧, 賓貢, 服色, 風俗, 通譯, 方言, 雜字, 祕籤, 童謠, 訛言, 佛法, 寺刹, 妖僧, 斥佛

兵部 ; 關防, 驛院, 兵亂, 征伐, 外寇, 內亂, 叛逆

본은 국립중앙도서관[한고조50-49]에 있으며 장서각본은 낙질본이다. 국립중앙도서관본은 前編은 1-5책(권1-8)의 國乘編과 6책(권9)의 地理編, 後編은 7-9책(권9-11)의 君道編과 10-12책(권12-15)의 臣道編과 13책(권16)의 人事編, 續編은 1-2책(권1-2)의 萬物編으로 구성되어 있다. 책의 내용으로 보면 이종악본 『동사유편』과는 다른 책으로 서인 계열에서 나온 것으로 보인다.

『동사유편』은 특정 주제를 중심으로 삼국과 고려시대의 일을 정리한 일종의 항목별 백과사전인 셈이다. 당시 서울에서는 1770년(영조 46) 8월 우리나라의 문물제도에 대한 전고를 모아 주제별로 분류한 백과사전인 『동국문헌비고』를 간행하였다. 이 책은 당시 저명한 인사들을 모아 우리나라의 문물과 제도의 전반全般을 관부에서 주도하여 정리한 것이다. 이종악의 『동사유편』은 비롯한 시기에 관부에서 나온 『동국문헌비고』와 유사한 형태를 가지면서도 6부 체제 속에서 개인이 사찬으로 유형별 제도사를 정리하였다는 점에서 주목이 된다.[25] 1책의 「호부」 인물조에서 궁예와 견훤을 수록하였다가 '입토적入土賊'으로 주기한데서 보이듯이 유교적 관점에서 접근하고 있음을 확인할 수 있다. 그러면서도 인물화생人物化生에서 신이한 탄생을 삭제하지 않고 적고 있어 주제별로 자료를 정리해 두려는 의식이 강하였다. 2책의 「예부」 역년조에서는 삼국사에서 모두 훙년薨年에 바로 개원한 것은 예에 어긋났으나 기사마다 서로 어긋나는 것이 있어 실제에 따라 적는다[26]고하여 실용적인 면모를 보이기도 한다.

역사지리에 대한 인식을 보면 삼국 이전의 역사편은 증거도 없고 여러 책에서 관련된 자료를 끌어 모아 대략만을 적었기 때문에 분류 중에 넣어서 사용하지 않는다고 주기하면서[27] 이 시기의 서술은 시간 순으로 적었다. 구이·구한에서 시작하되 삼조선으로 단군, 기자, 위만을 배치하고 사군과 이부를 적고 있다.

단군의 기원은 『동국통감』의 당요唐堯 25년 무진戊辰 설을 따르면서 요堯와 동시기에 병립했다는 주장을 비판한다. 그리고 당 요 무진에서 상 무정 을미

25 개인이 국조의 전고를 모아 분류하여 간행하는 것은 이 시기의 학자들의 관심사를 반영한 것이다. 대표적인 것으로 이만승의 『동고』도 『동국문헌비고』가 편찬되기 직전에 나왔다.

26 『동사유편』 권2, "三國史, 皆薨年爲改元, 非禮. 然記事頗有牴牾, 據實書之."

27 『동사유편』 권1, "三國以前, 史書無徵, 雜採諸書, 只記大略, 故不爲幷錄於分類中."

까지는 1048년인데 이는 향국의 연대를 의미한다는 주장을 지지하였다. 기자조선은 요하 이동, 한강 이북에 비정하였다. 위만을 거쳐 한사군으로 이어져 낙랑군=평양, 임둔군=강릉, 현도군=함흥, 진번군=요동의 동쪽이라고 비정하고 있다. 삼한으로 분립하면서 익산에 도읍을 둔 마한은 백제에 의해 소멸되고, 경주의 진한과 김해의 변한은 신라에 항복한 것으로 정리하였다. 삼한에 대해서는 마한=백제설을 주장한 권근과 한백겸의 주장을 수록하고 있다. 고구려는 처음 요동의 북쪽에서 시작하였다가 점점 동천하여 패수에 이르렀던 것으로 적고 있다.

책3, 예부 하, 「교빙제외국」 조에는 왜국, 말갈국, 발해국, 거란국, 여진국, 금국, 몽고국, 철리국, 불내국, 대식국, 동진국, 흥요국, 마팔국, 유구국을 들고 있다. 말갈은 고숙신古肅愼, 발해는 속말말갈粟末靺鞨[고구려高句麗 별종別種], 거란은 고동호古東胡, 여진은 물길勿吉, 금은 생여진生女眞[동여진東女眞]에서 나온 것으로 적고 있다.

「경내제소국」 조에서는 북방 경내 소국으로 부여국[구도 미상, 함경도 북변], 비류국[평안도 성천], 행인국[평안도 영변], 읍루국[함경도 중], 북옥저국[함경도 북], 동옥저국[함경도 서], 숙신국[함경도 북변], 선비국[횡산橫山 남南, 호지胡地], 양맥국, 개마국[평안도 서변], 구다국[개마국 서], 낙랑국[미상], 갈사국[갈은수 변], 소나국[미상], 주나국[미상], 예국[강릉], 맥국[춘천], 황용국[평안도 용강]을 소개하고 있다. 이들 국가들은 함경도와 평안도 일대에 비정하고 있다. 북방의 초기 국가들을 경내의 국가로 간주하고 있는 점은 후일 영남의 유학계 역사인식에 크게 영향을 미친다.

한편 남방 경내 소국으로 가락국[김해], 고녕가야국[함창], 대가야국[고령], 성산가야국[성주], 소가야국[고성], 아라가야국[함안], 이서국[청도], 우시산국[거칠산국 접경], 거칠산국[동래], 음즙벌국[안강], 실직국[삼척], 압독국[경산], 비지국[미상], 다벌국[미상], 초팔국[초계], 소문국[의성], 가라국[간성], 골포국[창원], 칠포국[미상], 고포국[미상], 골벌국[영천], 감문국[개령], 사량벌국[상주], 북대방국[강원도], 남대방국[남원], 탐라국[제주], 우산국[울릉도], 태봉국[철원], 후백제국[전주] 등을 소개하고 있다.

이러한 역사지리인식은 『동국통감』 이래의 전통적인 국가관을 바탕으로 하면서도 진번은 요동에 비정하는 특정을 보이고 있다. 고대의 군소 국가들은 경내에 소재한 국가로 비정하여 우리의 역사 속에 편입해 놓고 있다.

(라) 예천의 지역적 환경은 안동권의 유학을 받아들이면서도 조령鳥嶺을 통해 기호 지역의 문화를 상대적으로 먼저 수용할 수 있었던 통로의 위치에 있었다. 내성천을 따라 이어지는 백과적 학문의 경향은 예천 지역의 특별한 학문적 특징이라고 규정할 수 있다.[28]

예천 용문면 죽림리[대수]에서는 권문해權文海(1534-1591)가 단군에서부터 당대에 이르는 다양한 지식 정보를 운서의 운에 따라 항목을 설정하여 백과적으로 편찬한 『대동운부군옥大東韻府群玉』을 편찬하였다. 조선 전기에 유서의 형태에 근간하여 가장 체계적으로 자신 시대의 문물을 정리한 것이다.

권문해의 『대동운부군옥』은 번역과 원전 DB가 구축됨에 따라 문학, 역사, 자전학 등 여러 분야에서 연구가 이루어졌으며, 2003년 경상대학교 남명학연구소에서 완역하였다.[29] 백과사전으로서의 위상이나 문학 분야에 대한 연구는 활발한 편이나 역사학 분야에 대한 연구는 빈약하다. 향후 16세기가 이룩한 문화적 업적을 과시하면서 편찬된 『대동운부군옥』은 권문해가 가진

---

28 이와 관련하여 예천박물관에서는 예천에서 나온 백과사전을 종합적으로 다룬 『예천의 기록문화와 백과사전』(예천박물관편, 민속원, 2022)을 펴냈다.

29 권문해, 남명학연구소 경상한문학연구회 역주, 『大東韻府群玉』, 소명출판, 2003.

과거와 현재를 통괄하여 이해하려는 백과적 역사관의 산물이었다는 점에 주목하여 연구를 진행할 필요가 있다.

(마) 예천 용문면 금당실에서는 박주종朴周鍾(1813-1887)이 사찬의 백과사전인 『동국통지東國通志』, 학술 명언집인 『면학유감勉學類鑑』 등 백과적 저술을 편찬하였다.[30]

『동국통지』는 우리나라 문물 백과사전으로, 1868년에 쓴 편찬자의 서문이 있다. 『동국통지』는 『한서漢書』의 10지志를 모방해 천문天文, 오행五行, 율력律曆, 지리地理, 제사祭祀, 예악禮樂, 병위兵衛, 형법刑法, 식화食貨, 예문藝文의 10지에 학교學校, 선거選擧, 백관百官, 여복輿服 4지를 더해 14지로 편성하고, 33편으로 구분해 전 24권 17책으로 구성하였다. 이 책에서는 우리나라의 전장典章과 법도, 문물과 제도의 기원과 변천 과정을 자세히 적어놓았다. 이 책은 개인이 국가적 문물과 제도를 모두 통괄하여 정리하려고 하였다는 점에서 지방 지식인의 성장을 보여주고 있으며, 평생을 예천 지역에 살았던 인물이 거둔 성과라는 점에서 주목이 된다.[31] 그런데 『동국통지』에 대한 연구는 각 분야별로 그 의의가 밝혀져야 할 것인데 「병위지」에 대한 박인호의 연구 외 아직까지 각 분야별 연구는 이루어지지 못하고 있다.[32]

또 하나 주목되지 못하는 있는 것은 박주종의 『면학유감』이다. 『면학유감』은 여러 성현과 송·명 선유先儒들의 격언이나 지론 가운데 학문에 관련 있고 실용에 절실한 것을 분류해 실어 후대 학자들이 항상 깨닫고 반성하는

30 박주종, 『東國通志[上, 中, 下]』, 大學社, 1986; 박주종, 『勉學類鑑』, 太學社, 1986.

31 박인호, 「박주종 - 조선후기 백과전서학의 발전과 지방 지식인」, 한영우선생정년기념논총 간행위원회 엮음, 『한국사인물열전』 3, 돌베개, 2003.

32 박인호, 「19세기 중반 동국통지 병위지의 편찬과 자료적 성격」, 예천박물관 기획, 『예천의 기록문화와 백과사전』, 민속원, 2022.

자료로 삼도록 한 격언집이다. 1872년 박주종이 쓴 서문이 있어 이 시기에 편찬된 것임을 알 수 있다. 형태면에서는 이기理氣, 성정性情, 존심存心, 진학進學, 택선擇善, 검신檢身, 징분懲忿, 질욕窒慾, 독윤篤倫, 근례謹禮, 신언愼言, 겸양謙讓, 광량廣量, 안명安命, 치가治家, 교자敎子, 수덕樹德, 석복惜福, 여환慮患, 섭생攝生, 교우交友, 과거科擧, 당관當官, 명절名節, 제민濟民, 절옥折獄의 각 주제별로 관련된 자료들을 뽑아 편집했다. 자료의 구득이 쉽지 않은 지방 지식인이 백과적 저술을 남겼다는 점에서 그것을 가능하게 하였던 지역적 배경으로서의 강안 지역이 주목된다.

(바) 예천 하리면 대제동[큰맛질]에서는 박주대朴周大(1836-1912)의 활동도 주목이 된다. 박주대의 백과적 학문은 문집인 『나암유고羅巖遺稿』을 비롯한 저술에서 잘 드러난다. 미산가에 남겨진 서적을 보면 다방면에 관심을 가졌던 학자였다.[33] 특히 미산가에는 유서類書인 『국조전고國朝典故』[34]와 중국사를 축약한 『역대사요歷代史要』[35]가 남아 있다. 이는 박주대가 필요에 의해 필사해 둔 것이지만 백과적 학문에 대한 관심을 볼 수 있는 필사본이다.

(사) 예천에 입향한 흥해 배씨 출신의 배상현裵象鉉(1814-1884)은 『한서』 10

---

33 朴周大의 자는 啓宇 호는 菊田이며, 渚上先生으로 불리었다. 아버지 味山[朴得寧]과 荷叟翁에게서 수학하였다. 저서로는 『羅巖遺稿』(驪江出版社, 1986 영인), 『羅巖隨錄』(國史編纂委員會, 1955), 『文蔭縉紳譜』(영종계, 民族文化社, 1984 영인), 『渚上日月』, 『羅巖別稿』, 『四書解集選』 등이 있다.

34 『國朝典故』, 영남대학교 도서관본(古味 991.1-국조전). 필사본 3책.

35 『歷代史要』, 영남대학교 도서관(古味912-역대사). 영남대본은 전 75권 33책 가운데 卷1-2, 5-6, 10-20, 25-37, 40-52, 55-65, 68-75이 남아 있는 낙질본이다. 上古時代부터 明까지 편년체 야사서이다. 동일 제명의 연세대본(고서 용재 380-1)에는 錦城林象鼎德重敍라는 引이 있다. 『林氏史統』 표제 명을 가진 장서각본(K2-130)은 75권 35책의 완본이며, 임상정의 서문이 남아있다.

지를 본 따 우리나라 문물을 정리한 『동국십지東國十志』를 편찬하였다. 최근 완역본이 나왔다.[36] 이 역시 개인이 국가의 제도를 주제별로 분류하여 정리하였으며, 그것이 예천 지방에서 나왔다는 점은 주목이 된다.

(아) 병성천을 끼고 있는 상주시 외답동에 살았던 식산息山 이만부李萬敷(1664-1732)가 편찬한 『도동편道東編』은 『성리대전』의 조선적 해석서라고 할 수 있다.[37] 전북 고창의 이재頤齋 황윤석黃胤錫(1729-1791)은 이와 유사한 『이수신편理藪新編』을 저술하였다. 이황, 이이로부터 조선 학자들에 의해 『성리대전』의 각 부분에 대한 보완과 저술이 이어지면서 『성리대전』은 조선의 학자들이 도학과 성리학을 연구하고자 할 때 집필 방향을 정하는 원 자료였으며 이에 대해 무수한 저술이 파생되어 나왔다. 『도동편』은 영남 북부 지역에서 나온 조선 성리학에 대한 백과적 정리서라고 할 수 있다.

2) 간략화된 형태의 역사서 편찬

서울에 비해 정보가 부족하였던 강안 지역에서는 기존의 책을 일정한 형태로 재편집하거나 축약하는 형태의 책이 크게 유행하였다. 특히 사부의 편찬물에서 그러한 특징이 일정한 경향성을 보인다. 그런데 이러한 유형의 역사서는 간략화하여 정보를 전달한다는 측면에서 본다면 백과적 편찬물의 일부로 간주해도 될 것이다.

(가) 봉화 법전에 거주하였던 여러 명문 집안의 인물 가운데 법전 풍정리

36 배상현, 김기엽 역, 『국역 동국십지』, 한국국학진흥원, 2022.
37 李萬敷, 李昌燮 譯, 『道東編 : 孔子 東方에 오다』, 木蘭文化社, 1992.

에는 이시선李時善(1625-1715)이 있다. 문집으로 『송월재집』이 전한다.[38] 이시선의 본관은 전주이며 태종의 아들인 온녕군의 자손이다. 안동 유곡에서 태어나 봉화 풍정리에서 일생을 보내었다. 봉화에서 은거 생활을 하면서 성리학뿐만 아니라 노장에까지 관심 영역을 넓히고 있었던 이시선의 학문에 대해 이익은 「송월재집서」에서 이시선의 학문에 대해 다음과 같이 평하였다.

> 학문을 강론한 경우에는 궁구하여 깊숙한 경지에 이르렀으며, 예전의 투식에 빠지지 않고 이따금 발명發明하여 새로운 지식을 얻었다. 치도治道를 논한 경우에는 왕도王道를 높이고 패도覇道를 천시하여 간편한 것을 따르고 공功을 숭상하는 비루함을 없애려고 힘썼는데, 반드시 성현의 가르침에 의지하였다. 육경六經과 사서四書의 내용은 사방과 네 구석이 서로 연결되었고, 짧막한 글과 긴 글은 고색古色이 창연하였으며, 동서東序와 서방西房은 구슬과 자개가 뒤섞여 있는 것처럼 화려하였다. 그리고 하夏나라의 비문碑文이나 주周나라의 석고문石鼓文처럼 간혹 난삽하여 읽을 수 없는 것이 있었는데, 의미의 얕고 깊은 것은 차치하더라도 심안心眼으로 먼저 놀라웠다.[39]

이익은 이시선의 학문에 대해 옛 성현의 가르침을 본받고 있음을 말하면서도 창의성과 함께 여러 학문의 특징이 서로 잘 연결되어 있음을 강조하였다.

문집에 남겨진 이시선의 학문적 성취 외에 그가 특장을 발휘한 것은 역사학 분야이었다. 그는 중국의 역사를 간략하게 정리한 『역대사선歷代史選』을

38 『송월재집』은 손자인 李仁求·李仁實·李仁山이 가장되어 오던 하화편과 다른 시문을 수집하였으며, 현손인 李命顯이 1748年 訥隱 李光庭에게 編次의 자문을 거쳐 淨稿本을 만들었다. 목판본은 대체로 정고본을 바탕으로 18세기 후반에 목판본 7권 3책으로 간행하였다. 권수에는 李光庭과 丁範祖의 서가 있다. 권말에는 이익이 1763년에 쓴 발이 있다. 『松月齋先生文集』[하화편], 송월재선생문집발간추진위원회, 2013.

39 『성호전집』 권50, 序, 「송월재집서」. 한국고전종합DB

편찬하였다. 『역대사선』는 삼황오제로부터 명대까지의 역사를 편년 방식으로 정리한 것이다.[40] 증선지의 『십팔사략』과 강지의 『통감절요』가 오랫동안 역사의 학습서로 활용됐으나 우리 실정에 맞지 않아 여러 책에서 필요한 내용을 골라 묶은 것이다. 이시선은 "많이 알려고 하면 역대의 역사서만한 것이 없다. 그러나 역사란 고금의 일을 통달하는 데 그치는 것이 아니라 실로 권징을 통해 자신의 덕을 키우는 데 필요한 것이다"라고 하였다.[41] 역사에서 이루어진 '권징勸懲'을 알아 올바르게 역사를 바라보는 의식을 갖도록 하겠다는 의미일 것이다. 따라서 서술에서는 단순한 사건 나열을 피하고 한 사건의 전후 맥락을 전달하는 데 치중하고 있다.

한편 중국의 역사에 시기 구분의식을 도입하여 서술하였다. 중국의 역대 왕조를 「태고기太古紀」, 「황제기皇帝紀」, 「삼대기三代紀」, 「춘추기春秋紀」, 「주기周紀」, 「열국기列國紀」, 「진기秦紀」, 「초한기楚漢紀」, 「한기漢紀」, 「동한기東漢紀」, 「촉한기蜀漢紀」, 「서진기西晉紀」, 「동진기東晉紀」, 「남북조기南北朝紀」, 「수기隋紀」, 「당기唐紀」, 「오대기五代紀」, 「송기宋紀」, 「원기元紀」, 「명기明紀」로 구분하였다. 중국의 여러 원 자료를 다양하게 이용하고 있으며, '기紀'로 구분한 것은 『자치통감』의 구분 방식을 가져온 것이다. 기의 설정에서 「춘추기」를 두어 주周 평왕平王에서 고왕考王까지 다룬 점, 「열국기」를 두어 난왕赧王이 죽은 후 동주東周 문공文公 2년부터 열국에 배치하고 하한을 진秦 통일 이전까지로 한 점, 「초한기」를 두어 초楚 의제義帝 웅심熊心 원년에서 한漢 통일 이전까지로 한 점, 진오晉吳를 두어 위魏 원제元帝가 진왕晉王에게 선위하여 진晉과 오吳가 병립한 시기를 표시한 점 등은 특징적이다.

정통에 대한 생각은 『자치통감강목』에서 가져왔다. 그러나 촉한蜀漢을 앞

---

40 이경록, 「해제」, 『[國譯]歷代史選』, 세종대왕기념사업회, 2019.

41 『역대사선』, 「史選序」, "如求多識, 莫如歷代史, 史非止通古今, 實勸懲以蓄德也."

세워 위魏를 비정통 '주主'로 표시하거나, 진晉 무제武帝가 오吳를 멸망시켜 정통이 되기 전을 진오晉吳로 부기하거나, 남북조의 서술에서 송, 제, 양, 진의 남조를 주로 하면서 북조의 위魏, 동위東魏·서위西魏, 북주北周·북제北齊는 부기附記하거나, 원元과 같은 비정통 왕조에 대한 서술에서는 최소한의 분량으로 기술하는 데 그치는 등은 이 책이 보여주는 특징적인 정통 사관이다.

『역대사선』은 후손들에 의해 지속적으로 간행이 시도되었다. 규장각본에 의하면 책의 마지막에 '숭정기원후오을사십일월 일崇禎紀元後五乙巳十一月 日 칠대손하필七代孫夏弼 장우태백산성藏于太白山城'라고 적어 책이 필사 장정된 시기를 밝히고 있다. 최근 국역본이 세종대왕기념사업회에서 간행되었다.[42] 『역대사선』의 간행 노력과 관련된 또 다른 역사 책이 『사보략史補略』이다. 『사보략』은 『역대사선』 가운데 상고기 부분을 따로 떼어내어 출판한 것이다. 「태고기太古紀」, 「황제기皇帝紀」, 「하기夏紀」, 「상기商紀」, 「주기周紀」로 구분하였으며, 「주기」의 하단은 고왕考王이다. 사마광이 『자치통감』에서 삼진三晉이 제후로 인정을 받은 주周 위열왕威烈王부터 기술한 것을 기준 삼아 그 이전 시기를 정리한 것이다. 『사보략』은 규장각과 장서각 디지털 사이트에서 볼 수 있다.

(나) 영주에서는 오운吳澐이 1606년 『동사찬요東史纂要』를 편찬하였다. 『동사찬요』는 내용 그 자체도 중요하지만 여러 번 내용을 수정하여 보충해 나가고 있다는 점에서 주목된다. 오운이 편찬한 『동사찬요』를 보고서 유성룡은 선조에게 한 본을 봉진하였다. 그 후 이 봉진본을 바탕으로 1609년 "기유계림부간己酉雞林府刊"이라는 간기를 가진 활자본을 간행하였다. 이 책은 오운이

42 李時善, 이경록 외 옮김, 『[國譯]歷代史選』, 세종대왕기념사업회, 2019.

1609년 1-2월 사이 경주부윤으로 재직하던 당시에 8권으로 간행한 것이다. 그 후 이를 수정하여 11권으로 만들었는데 8권본 판목에 새로 권1상, 권1중, 권1하, 권2상의 4권을 별도로 만들어 간행하였다. 1614년에는 한백겸의 지적에 따라 다시 「지리지」를 보충해 넣어 12권본으로 만들어 영주에서 간행하였다. 그 뒤 후손들에 의해 1908년 영주 삼우정에서 16권본이 간행되었다. 『동사찬요』는 조선시기에 나온 역사 책 가운데 증보와 재간이 지속적으로 이루어진 대표적 사서이다.[43] 오운의 『동사찬요』에 대해서는 사학사적인 측면에서 여러 연구가 진행되었다.

한편 영주 지역에서는 사략형 역사서의 출판이 특징적으로 나타난다. 충북 문의 출신인 유희령柳希齡이 1524-1529년 영천榮川 군수를 지낼 때 『표제음주동국사략標題音註東國史略』 초판본을 목활자로, 1516년(중종 11) 재판본을 목활자로 간행하였다. 신경申炅(1613-1653)이 편찬한 『재조번방지再造藩邦志』도 말미의 간기에 "계유중추이활자인행우영천군癸酉仲秋以活字印行于榮川郡"이라고 적혀 있어 1693년(숙종 19) 영주에서 활인된 것으로 추정된다. 영주에서 발간된 『표제음주동국사략』, 『동사찬요』는 후일 경상도 지역의 역사서 편찬에 크게 영향을 미치고 있다.

(다) 풍산 가일마을에서는 권구權榘(1672-1749)가 『중국고금역대연혁지도中國古今歷代沿革之圖』를 편찬하였다. 권구는 서애 유성룡의 후손인 유원지의 외손자이다. 학문적으로는 상주를 중심으로 하회, 가일마을, 오미동 등이 동일한 권역에 속하는데 이 지역의 학문적 특징 가운데 하나는 외부의 저술을 간략하게 정리하여 쉽게 파악할 수 있도록 하였다는 점이다. 유성룡의 『독사

43 박인호, 「동사찬요에 나타난 오운의 역사지리인식」, 『퇴계학과 유교문화』 40, 경북대 퇴계연구소, 2007; 고령 대가야박물관 기획, 『죽유 오운의 삶과 학문세계』, 역락, 2007.

여측讀史蠡測』을 필두로 이러한 경향이 이어졌는데 권구가 연표 방식으로 역사를 정리한 것이 『중국고금역대연혁지도』이다. 권구의 연혁도는 경종 년간에 작성되었으며, 후에 그의 증손인 권표權彪와 외손인 유일춘柳一春에 의해 목판으로 간행되었다.[44] 간행 시기는 확실하지 않으나 1797년(정조 21) 유일춘에 의해 『병곡집屛谷集』이 간행되었으므로, 이 때 문집과 같이 간행되었을 것으로 추측된다.

연혁도는 한·중 양국의 역대 국가와 이민족의 연혁을 한 장의 전지에 도표 형식으로 작성한 것이다. 그 내용을 보면 크게 중국과 우리나라에 대한 기록으로 나눌 수 있으며, 그 외 북호·일본·안동 연혁을 부기하고 있다. 중국은 복희伏羲에서 청淸까지, 우리나라는 단군조선에서부터 조선 숙종까지 정리하였다. 정통으로 이어지는 국가적 계승은 쌍행선으로 표시하였으며, 참국과 잡국은 단선으로 표시하였다. 북호는 단선으로 표시하였으나, 중국과 우리나라는 쌍행선으로 표시하여 은연중에 정통국가임을 보이고 있다.

각 국가의 기록에는 동그라미나 네모 안에 국가 명을 적고, 그 하단에 개국년대, 도읍, 시조의 출자 및 왕조의 치세기간 등을 간략히 부기하고 있다. 특이한 것은 중국과 동국의 연혁 외에 별도의 사각형 지면을 통해 연기年紀를 표시하거나 동방잡국東方雜國, 일본연혁日本沿革, 북호연혁北胡沿革, 안동연혁安東沿革 및 주제후周諸侯, 서한말참란西漢末僭亂, 동한말참란東漢末僭亂, 양진잡국兩晉雜國, 수말참국隋末僭國 등이 부재되어 시각적으로 쉽게 구분할 수 있도록 만들었다는 점이다.

(라) 풍산 상리마을에서는 이유장李惟樟(1625-1701)이 『동사절요東史節要』를

44 박인호, 「중국고금역대연혁지도에 나타난 권구의 역사인식」, 『조선시대사학보』 4, 조선시대사학회, 1998; 이해영 외, 『병곡 권구의 학문과 사상』, 드림, 2017.

편찬하였다. 이유장은 우리나라 역사에 대해 번잡한 것을 잘라내어 3권의 사략형으로 편찬하였다.[45] 이유장은 춘추의 의리정신을 실천하려던 인물로 이 책의 저술은 병자호란 직후라는 시대적 상황 속에서 춘추와 의리적 관점을 우리 역사에 적용한 것이다. 『동사절요』에 대해서는 신라 중심 사관, 고려에 대한 중시 경향, 무신 정권 이후의 고려 전개에 대한 비판적 시각, 『표제음주동국사략』과의 관련성 등을 지적한 민현구의 연구가 유일하다.[46]

『동사절요』의 권1은 조선[단군, 기자, 위만], 삼한[마한, 진한, 변한], 신라, 고구려, 백제, 부[가락국, 태봉, 후백제], 고려, 권2는 고려, 권3은 고려의 전형적인 사략형 사서로 구성되어 있다. 다만 다른 사략형 사서와는 달리 고려편이 2권에 달해 비중이 높게 구성되어 있다. 삼국의 서술은 병립하지 않고 신라, 고구려, 백제 순으로 기술하였는데 신라는 경순왕까지 적었다. 기술 순서는 왕대별 편년의 순서로 서술하였다. 부속 국가로 가락국, 태봉, 후백제를 다루었다. 형태 면에서 보면 전형적인 사략형 사서이다.

내용 면에서 본다면 인용 문헌을 별도로 밝히지 않고 있으나 『동국통감』을 절약한 것이다. 글의 중간에 쌍행 각주를 두고 있는데 일부 설명문을 제외하고는 대부분 지리를 비정하거나 지명을 주석한 것이다. 지리 비정을 보면 우발수를 영변에, 엄체수를 압록 동북에, 졸본을 성천에, 하남위례성을 직산에 비정하는 등 대체로 상고기의 반경이 한반도 내로 축소되는 양상을 보이고 있다.[47] 고려 말 기술에서 우왕과 창왕을 기술하면서 폐왕廢王과 후폐왕後

45 『고산선생문집』, 전3권, 이준돈 발행, 1996. 책1(天) 고산선생문집, 책2(地) 二先生禮說. 東史節要, 책3(人) 春秋輯註. 『고산집』은 부산대 점필재연구소에서 국역본을 내었다.

46 민현구, 「동사절요에 보이는 역사인식」, 『공자학』 12, 한국공자학회, 2005.

47 阿斯達山=九月山, 藏唐京-文化, 箕子 兔山-平壤 城北, 盧綰 浿水=大同江, 金馬=益山, 王儉城=平壤, 樂浪-平壤, 臨屯-江陵, 玄菟-咸鏡, 眞番-雪縣, 東沃沮-咸境道, 華麗·不耐-義城, 伊西國=清道, 尸山=寧海, 居漆山=東萊, 悉直=三陟, 押督=慶山, 召文國=義城, 古自=固城, 史勿=泗川, 骨浦=合浦, 竭火城=蔚山, 甘文=開寧, 碧骨池-金堤, 明活城-慶州, 比列城=安邊, 捺己=榮川, 古陁=安

廢王이라는 용어를 사용하였다. 이는 신우, 신창으로 표시하던 조선 전기의 폐가입진廢假立眞 분위기와는 다른 것이다. 그리고 역년을 중시하여 각 국가별 역년을 말미에 적고 있다.[48] 이는 사실대로 적어야 한다는 이유장의 학문적 입장에서 나온 것이다.

한편 절의의 신하로 정몽주, 길재 외에 서견徐甄, 이양중李養中, 김주金澍, 원천석元天錫의 사적을 고려 말미에 특별히 적은 것은 고려 말 절의파 인사들을 추숭하려는 영남 지역의 분위기에 따라 『대동운부군옥』, 『동사찬요』, 『휘찬여사』, 『해동잡록』 등에서 이들 인물을 적극적으로 발굴하고 강조하였던 것과 관련이 있다.

(마) 내성천의 예천 용문면 구계리에서 근대기 김정식金庭植(1862-1928)에 의해 단군조선에서 순종까지 다룬 『동서휘찬東書彙纂』이 나왔다. 「신수서책목록」[49]에서는 11책으로 적시되었으나 현재 10책으로 장정되어 있는 것으로 보아 11책을 10책으로 장정한 것으로 보인다. 단군-삼국 3책[수, 화, 목], 고려 2책[금, 토], 조선 5책[인, 의, 예, 지, 신], 총 10책으로 구성되어 있다. 단군조선, 기자조선, 삼한, 위만조선, 삼국, 신라, 고려, 조선시대, 대한제국까지 편년체로 기술하였다.

東, 進乃=錦山, 沙梁=忠州, 牛岑=牛峯, 青海=莞島, 優渤水-寧邊, 淹滯水-鴨綠 東北, 卒本川-成川, 荇人國-太伯山 東, 滄海=江陵, 負兒嶽=楊州 角山, 彌鄒忽=仁川, 河南慰禮城=稷山, 龜旨峯-金海, 酒泉-原州屬縣, 奈城=寧越, 鐵圓=鐵原, 斧壤=平康, 加恩-聞慶屬縣[지리 비정은 -, 지명 주석은 =로 표시함].

48 단군(傳世 1500년), 기자(전세 928년), 위만(전세 88년), 신라(55왕 992년), 고구려(28왈 705년), 백제(30왕 678년), 가락국(歷 491년), 태봉(立國 28년), 후백제(입국 45년), 고려(32왕 475년).

49 金庭植, 『古史隨錄』, 2책, 예천박물관 소장. 「新修書冊目錄」에 의하면 東書彙纂 11책, 鮮史總略 4책, 啓蒙要訣 4책, 譜學通編 5책, 四禮輯錄 1책, 喪祭輯畧 1책, 喪禮抄 1책, 野林世稿 10책, 家史攷證 3책, 鄉飮禮輯 1책 등이 기술되어 있다.

삼국에 적용된 연기표시는 다른 사략형 사서에서 보이지 않는 삼국의 각 왕대별 편년 순서가 적용된 독특한 기술 방식을 취하였다. 문무왕 신라 통일 이후는 신라, 고려, 조선의 각 왕대별 편년의 순에 따라 기록하고 있다. 왕조별로는 존속 연수를 별도로 기록하였다.

책 수에서는 단군조선[단군], 기자조선[기자, 기부, 기준], 삼한[마한, 진한, 변한], 위만조선, 사군, 이부의 순으로 기술하였다. 김정식의 특징적인 주장을 요약하면 단군의 재위 1018년에 대해 상세의 신성한 이들은 후세와 다르므로 전세로 인정한다고 하였으며,[50] 기자의 조주朝周에 대해 부정하였다.[51] 또 기부箕否 때 진시황에 복속되었으며 노관의 공격으로 패수를 경계로 하였을 때 패수=대동강 주장에 대해 비판하였다.[52] 사군의 위치 가운데 진번의 삽현에 대해 함경도 이북 번호藩胡의 땅으로 비정하는 독특함을 보이고 있다.[53]

삼국의 역사는 『삼국사기』를 기반으로 신라, 고구려, 백제의 각 왕대별로 편년의 순서로 적는데 연기 표시는 신라, 고구려, 백제의 왕별 연기를 적고 이어 간지를 적고 있다. 삼국의 순서는 해당 왕대 기사에서 가장 먼저 나오는 기사의 왕을 앞세웠다.

책 화는 신라 지증왕, 백제 무령왕, 고구려 문자명왕에서 시작하였다. 책 목은 신라통일 이후 문무왕 10년에서 시작하는데 중국 당 황제의 연기를 병기하였다. 경순왕 9년 을미 신라 멸망까지 기술하였다. 책 금은 고려 태조 19년 병술에서 시작하였다. 고려부터는 일본 천황의 연호를 병기하고 있다.

---

50 『동서휘찬』 책1(수), "上世神聖之人, 年歲與後世不同. … 檀君享壽千餘, 亦或無恠. … 而後人臆見有難懸, 斷其不必然, 故今從舊史."

51 『동서휘찬』 책1(수), "四年壬午, 以素車白馬朝周, 作麥秀歌. 按周書六傳, 以朝周作歌, 爲微子事."

52 『동서휘찬』 책1(수), "若以浿水爲朝鮮之大同江云, 而則燕國必自遼西, 俺有遼東, 遠踰大遼河, 涉鴨綠江, 以平安北道爲韓所領則, 可爲境於南道, 豈其然乎?"

53 『동서휘찬』 책1(수), "霅縣爲邑治, 今咸鏡以北, 藩胡所居之地."

책 토는 고려 원종 원년에서 시작하였다. 책 인은 조선 태조, 책 의는 단종, 책 예는 명종, 책 지는 광해왕, 책 신은 헌종에서 시작하였다. 대한제국기의 고종과 순종은 황제로 기록하였으며, 1897년 황제위에 즉위하면서 광무 연호를 사용하고 있다. 순종은 신황제로 표시하면서 융희 연호를 사용하고 있다.[54] 경술년의 국치일까지 기록하였다.

이외 김정식의 저술로는 야사를 모은 『선사총략鮮史總略』 천, 지, 인 3책이 있다.[55] 천은 취사炊沙 이여빈李汝馪의 기록, 지는 홍시상洪是相의 소패록疏稗錄의 기록, 인은 박하원朴夏源의 기록에서 초략하였다. 지에는 부록으로 권정침權正沈의 사적을 적고 있다. 이것도 역사적 사실을 간략하게 기술한 것의 하나이다.

(바) 이안천을 끼고 있는 상주시 함창읍 여물리에서 태어난 홍귀달洪貴達(1438-1504)은 권건權健(158-1501), 성현成俔(1439-1504) 등과 함께 『역대명감歷代明鑑』을 편찬하였다.[56] 이 책은 중국의 『역대군감』과 『역대신감』을 바탕으로 하면서 조선 초기에 편찬된 『제왕명감』, 『후비명감』을 포함하여 역대의 군주, 후비, 신하 320인을 27권에 총 정리한 것이다. 인물의 선정과 내용의 가감에 이르기까지 조선의 실정에 맞도록 조정하였다. 현재 광산김씨 예안파 종가 전적으로 남아 있으나 일부 낙질이다. 권1-권4 1책은 대구가톨릭대 도서관에 있다.[57] 이에 대한 서지학적 소개는 박문열의 두 논문이 있다.[58]

---

54 金庭植, 『東書彙纂』, 10책, 예천박물관 소장.

55 현재 3권만 남아 있으나 家藏의 「신수서책목록」에는 4책으로 기록되어 있다.

56 문경시 영순면 율곡리에 홍귀달 부부 묘가 있으며 묘 아래에는 신도비(경북유형문화재 122)가 있다.

57 洪貴達 等撰, 『歷代明鑑』 卷1-3, 8-27, 初鑄甲寅字本, 光山金氏 禮安派宗家 소장; 卷1-4, 대구가톨릭대학교 중앙도서관 소장.

58 박문열, 「대구가톨릭대학교 중앙도서관 소장본 역대명감에 관한 연구」, 『서지학연구』 70,

(사) 영강을 끼고 있는 문경 영순면 율리에서는 홍귀달의 후손이었던 홍여하洪汝河(1620-1674)가 기자에서 신라에 이르기까지 역사를 강목의 형태로 편집한 『동국통감제강東國通鑑提綱』과 기전체 형식으로 고려 역사를 재정리한 『휘찬여사彙纂麗史』를 편찬하였다. 홍여하의 신라정통론이 주목되면서 다양한 사학사 연구가 이어졌다. 최근에는 김현영의 주도로 두 책에 대한 번역이 이루어졌다.[59]

3) 지역 인물에 대한 관심

조선 후기 중앙에서는 전국 단위의 인물에 대한 관심이 높았다. 명신과 명현 관련 일화를 모은 명신록류나 인물고류가 대표적이다.[60] 이러한 양상은 지방에서도 마찬가지였다. 중앙에서 『영남인물고』를 편찬하여 경상도 지역의 인물에 대한 특별한 관심을 표명하기도 하였지만[61] 지역에서도 지역 선현을 추숭하기 위한 전기류가 활발하게 편찬되었다. 먼저 지역에서 인물을 기억하는 방식은 지역 단위로 읍지를 편찬할 때마다 인물조에 인물이 계속 추가된 점을 들 수 있다. 그리고 지역 출신 인물에 대한 전문적 인물 사전이 출현하고 있있다. 필자 미상의 『해동명신행적』 혹은 주세붕이 편찬한 『동국명신언행록東國名臣言行錄』, 유성룡이 편찬한 『동국명신언행록東國名臣言行錄』의 책명이 보인다.[62] 이러한 인물서 편찬의 전통이 이어지면서 조선 후기에는

한국서지학회, 2017.
박문열, 「역대명감의 찬집양상에 관한 연구」, 『서지학연구』 71, 한국서지학회, 2017.

59 김현영 외, 『국역 휘찬여사』, 민속원, 2012; 『역주 동국통감제강』, 경상북도 문화원연합회, 2018.

60 박인호, 「영정조대 인물서의 편찬과 역사학의 동향」, 권오영 외, 『영정조대 문예중흥기의 학술과 사상』, 한국학중앙연구원 출판부, 2014. <인물서의 편찬> 표 참조.

61 이재두, 「1798년에 편찬한 영남인물고와 그 위상」, 『규장각』 58, 서울대학교 규장각, 2021.

62 오운, 『동사찬요』, 「인용서목」; 김휴, 『해동문헌총록』, 「인용서목」.

강안 지역에서 보학서가 활발하게 편찬되었다.

(가) 예천 권별權鼈(1589-1671)의 『해동잡록海東雜錄』은 부친인 권문해의 『대동운부군옥』에 기재된 인물을 바탕으로 각 시대별 인물 사전을 편찬하였다. 『해동잡록』의 편찬에는 영남 지역 선비의 인물 인식이 투영되어서 절의, 성리학, 효행 등에 관련된 인물을 높이 평가하는 도덕적이고 윤리적 측면이 강하게 작용하고 있다.[63]

(나) 문경 율리 출신의 홍여하는 각 씨족의 연원과 계보에 대한 『해동성원海東姓苑』을 지었다. 홍여하의 행장에는 이에 대한 소개가 있다.

> 또 일찍이 씨족氏族에 관한 학문에 마음을 다하여 책 한 권을 짓고 『해동성원海東姓苑』이라 명명했다. 그 조상이 갈라져 나온 것을 소급함엔 먼 삼대三代까지도 끝까지 궁구하여 기록하지 않음이 없었고, 그 음音이 해당되는 것을 고구함엔 오성五聲의 나뉨도 분별하여 매어두지 않음이 없었으며, 그 관향貫鄉이 시작됨을 미룸엔 멀리 중국에서부터 가까이 우리나라에 이르기까지 분파分派를 끝까지 찾아 수록하지 않음이 없었으며, 각각 그 보譜를 얻어서 군주를 받드는 뜻과 조상을 공경하는 정성이 또 그 가운데서 나란히 실천하게 했으니, 대개 또한 족속을 유별하고 사물을 분별하는 도이다.[64]

현재 전하지는 않으나 각 씨족의 계보에 대한 관심을 보여준다. 17세기 후반 북부 경상도의 학문 동향을 보면 안동·예안 지역은 이현일李玄逸

63 박인호, 「해동잡록에 나타난 권별의 역사인식」, 『퇴계학과 유교문화』 52, 경북대학교 퇴계연구소, 2013.

64 『목재집』 권11, 附錄, 「贈通政大夫弘文館副提學知製敎兼經筵參贊官春秋館修撰官行通訓大夫司諫院司諫府君行狀[洪大龜]」.

(1627-1704)이, 상주·문경 지역은 홍여하(1620-1674)가 크게 영향을 미치고 있었다. 따라서 상주, 문경을 중심으로 한 학문적 동향과 인물과의 연결 관계를 파악할 수 있는 중요한 자료였던 것으로 추정된다.

(다) 예천 대저리의 박주대朴周大(1836-1912)는 『문음보文蔭譜』와 『진신팔세보縉紳八世譜』를 편찬하였다. 『문음보』·『진신팔세보』는 예천, 상주, 안동 지역을 중심으로 각 가문의 문음과 과거 합격자 명단을 정리한 것이다.[65]

(라) 예천 용문면 구계리의 김정식金庭植(1862-1928)은 『보학통편譜學通編』 4책을 편찬하였다.[66] 지역의 유력 가문을 중심으로 성씨별 가계와 인물을 계보도로 정리한 것이다. 지역의 서인계 인물 가계도 빠짐없이 정리하고 있다. 표지에 문중의 분파를 적어 두고 있는데 1책에 25문중, 2책에 53문중, 3책에 85문중, 4책에 42문중이 기록되어 있다. 기술은 선대부터 각 파를 중심으로 기술하였는데 부자와 형제 관계를 주로 밝혔다. 별행의 정보는 소과, 문과, 관직, 증직, 호 등을 기술하였다.

(마) 상주 이안천 외서면 우산리의 정도응鄭道應(1618-1667)은 우리나라 명신언행록류인 『소대명신행적昭代名臣行蹟』을 편찬하였다. 정도응은 우리나라 인물의 명신언행을 다룬 『소대명신행적』을 전집 6권 3책, 후집 4권 2책, 별집 2권 1책, 외집 4권 2책, 합 16권 8책으로 구성하여 완성하였다. 정도응은 유성룡이 『국조명신언행록』을 편찬하려고 하였던 정신을 이어 편찬하였으며, 친

---

65 朴周大, 『文蔭縉紳譜』, 영종계, 민족문화사, 1983. 난삽한 원고를 후손인 박정로가 정서하여 간행한 것이다.

66 김정식, 『보학통편』, 필사본 4책, 예천박물관 소장.

우였던 홍여하의 도움이 있었다. 이 책은 전집 145명, 후집 74명, 별집 22명, 외집 30명으로 총 271명을 수록하고 있다. <전집>에는 유관에서 임숙영에 이르기까지 조선 개국에서 인조 대까지 인물을 다루고 있다. <후집>에서는 사육신·생육신, 왜란과 호란 때 의병장 등 절의인사들을 수록하고 있다. <별집>에서는 경연에서 한백겸에 이르기까지 주로 은일 인사, <외집>에서는 김숙자에서 정경세에 이르기까지 학자·제현을 수록하였다. 이후 조선에서는 다양한 국조명신록류가 편찬되었는데 정도응의 『소대명신행적』은 17세기 중반에 편찬되어 시기적으로 앞선다.[67] 다만 이 책은 필사본으로 전하다가 1912년에 들어와서 간행되었으며, 최근 국역본이 나왔다.[68]

정도응은 『소대명신행적』에서 명신, 절의, 은일, 제현 등의 인물을 순서에 따라 수록하고 관련된 자료를 수록함으로써[69] 주자가 『송명신언행록』를 통해 출처진퇴出處進退의 규범規範을 보이려는 목적[70]을 구현하고 있다. 정도응은 영남 남인 출신으로 정경세의 손자였으므로 대상으로 하는 인물도 대부분 남인 위주로 선정되고 특히 인물에 대한 자료는 대부분 영남에서 나온 서적이라는 지역성을 뛰어넘기 힘들다. 인용 자료 중에도 『일선지』, 『진양지』, 『단양지』, 『상산지』 등 지역에서 만든 읍지류와 지역 인물의 문집이 주로 인용되고 있다. 다만 상주 지역과 진주 정씨의 학문적 성향이 다른 지역의

67 鄭道應編, 『昭代名臣行蹟』[국립중앙도서관], 鉛活字本, 1912. 5대손 鄭象履에 이르러 원본을 등출하여 16권 8책으로 만들었으나 필사본으로 남아 있다가 7대손 鄭喆愚 등에 의해 1912년 간행되었다.

68 조빛샘 외 역, 『국역 소대명신행적』, 한국국학진흥원, 2023.

69 정도응, 『소대명신행적』, 「서」, "然則今此名臣中, 當抽出此一脈, 以類編之. 其他柳寬黃喜鄭光弼諸公, 當以相業, 列於名臣之流. 三足以下, 又以隱逸附焉, 則庶乎各從其類而不紊矣."

70 정상리, 『소대명신행적』, 「발」, "粤在孝顯之世, 我五代祖無忝齋先生編國朝名臣行蹟, 卽朱晦庵宋朝名臣錄之意也."

정철우, 『소대명신행적』 「발」, "於惟我無忝齋先生, 以聰睿博雅之材, 承襲愚伏先生家學之淵源. 天人性命, 靡不貫穿, 尤深於國朝古史, 廣詢博採, 編成八冊, 命名曰昭代名臣行蹟. 其規模條例, 一依朱夫子所纂宋朝名臣錄, 而始自國初止于宣仁之朝, 分類編次, 以便記覽."

남인과는 달리 상대적으로 기호 지역에서의 학문과 교류가 넓어서 이이, 김장생 등 일부 기호학맥의 인물이 수록 인물로 선정되거나 서인계열 인사들의 자료가 인용되어 수록되었다. 이 역시 상주 지역의 학문적 다양성의 한 표시라고 할 수 있다.

주자의 명신언행록이 조선에 도입되면서 언행록류의 역사서술도 크게 유행하였다. 그 가운데 예천 출신의 정유일鄭維一(1533-1576)은 중국의 송대 인종仁宗에서 흠종欽宗까지의 명현을 종합하여 『송조명현록宋朝明賢錄』을 편찬하였다.[71] 이는 조선의 학자에 의해 이루어진 중국 명현록의 조선적 관점에서의 재정리라고 할 수 있다.

(바) 인물 정리와 관련하여 특이한 것으로 영남 북부 강안 지역에서는 향리층에 의한 다양한 전기집이 편찬되었다는 점이다. 상주 향리가 지은 『상산이적尙山吏蹟』, 상주 향리 이진흥李震興(1731-1777)의 『연조귀감掾曹龜鑑』, 상주 향리 이명구李明九(1799-1874)의 『연조귀감속편掾曹龜鑑續篇』 등이 나왔다. 또한 예천 향리 김여욱金麗昱·장대흥張大興 등에 의해 1790년 나온 『양양기구록襄陽耆舊錄』, 안동 향리 권심탁權心度 등에 의해 1824년 나온 『안동향손사적통록安東鄉孫事蹟通錄』 등 중인들의 전기 집이 특징적으로 나온다. 서얼의 전기집인 『규사葵史』가 대구에서 나왔듯이 강안 지역은 안동이나 예안 등지의 양반 벌족이 상대적으로 크게 영향을 미쳐 신분이 고착화된 지역과는 달리 유동성을 지닌 지역적 특성을 반영한다는 점에서 주목이 된다.

71 鄭維一, 『宋朝明賢錄』, 9책, 대구가톨릭대 소장. 박인호, 「문봉 정유일의 사환 활동과 인물 인식」, 『국학연구』 46, 한국국학진흥원, 2021.

4. 맺음말

이 논문에서는 전통시대 영남 북부 강안 지역에서의 학문적 동향을 살펴보기 위한 시도로 이 지역에서 산출된 편찬물 가운데 백과적 경향을 가진 편찬물들을 정리하고 그 특성을 살펴보았다.

낙동강의 물류가 상대적으로 축소되었던 조선 후기에 영남 북부 지역은 당시 문물의 중심이었던 기호 지역에 비해 문화적으로 지체 현상이 있었다. 이러한 지체 현상으로 인해 이 지역의 학문적 특성으로 복고적 혹은 은거적 측면이 주목되어 왔다. 그러나 이러한 지체 현상은 새로운 문물을 창안하지는 못할지라도 외부의 문물을 수용하면서 간략하게 정리하거나 유형별로 정리하기 좋은 학문적 풍토를 이루었다. 이러한 문화적 특징이 이 지역의 학문적 편찬물에도 영향을 미쳐 대체로 백과적 경향의 저술이 다양하게 산출되었다.

이러한 지역적 특색으로 인해 영남 북부의 강안 지역에서는 외부의 선진 문물을 유형별로 정리하거나 외부의 학문을 간략히 축약하는 백과적 학문 풍토가 있게 되었다. 이 지역은 북부로부터 내려와 남부에 내려오는 길목에 해당한다. 죽령, 조령, 화령 등 각종의 고개가 영남의 내륙과 남부를 고립된 학적 풍토를 낳았지만 오히려 외부 지역으로 가는 고개를 끼고 있는 육상 교통망과 나루터를 통해 물류가 집산되는 강안 교통망은 영남 북부의 강안 지역이 다른 지역과의 교류의 접점이 되었다. 또한 이러한 영남 북부 강안 지역의 지역적 특수성으로 인해 이 지역에서의 편찬물에서는 회통성會通性, 수용성受容性, 융합성融合性의 사상적 특성이 강하게 나타났다. 이에 따라 이 지역에서는 유형별로 정리한 백과사전류, 간략하게 정리하는 사략형 사서, 다양한 형식의 보학서 등이 특징적으로 나타난다.

참고문헌

1. 원전

權 榘, 『屛谷集』, 屛山書院, 1797; 민족문화추진회, 1995; 權五根 역, 『국역 병곡선생문집』, 魯東書社, 1976.
權 榘, 『中國古今歷代沿革之圖』.
權文海 저, 남명학연구소 경상한문학연구회 역주, 『大東韻府群玉』, 소명출판, 2003.
金麗昱·張大興 저, 양양기구록국역간행회 편, 『國譯 襄陽耆舊錄』, 예천문화원, 1996.
金庭植, 『東書彙纂』, 10책, 예천박물관 소장.
金庭植, 『譜學通編』, 4책, 예천박물관 소장.
柳希齡, 『標題音註東國史略』, 계명대 동산도서관 초판; 한국학중앙연구원, 1985 인쇄본.
李萬敷, 李昌燮 역, 『道東編 : 공자 동방에 오다』, 목란문화사, 1992.
李時善, 이경록 외 옮김, 『國譯 歷代史選』, 세종대왕기념사업회, 2019.
李時善, 『松月齋先生文集』[하화편], 송월재선생문집발간추진위원회, 2013.
李惟樟, 『孤山先生文集』, 전3권, 이준돈 발행, 1996; 김홍영·정석태 옮김, 『국역 고산집』, 부산대 점필재연구소, 2020.
李 瀷, 『星湖全集』, 여강출판사, 1984.
李宗岳, 서수용 역, 『국역 허주유고』, 임청각, 2008.
李宗岳, 『東史類篇』, 고려대 도서관 B3 A153 1.
李宗岳, 『虛舟 李宗岳의 山水遺帖 : 落水에 배를 띄워 놀다』, 이회문화사, 2003.
李重煥, 『擇里志』, 조선광문회, 1912.
李震興 편, 김정찬 역, 『연조귀감 : 향리의 사적을 담아 전하다』 1, 2, 민속원, 2017, 2018.
李震興 편, 『掾曹龜鑑[附 掾曹龜鑑續篇]』, 서강대학교 인문과학연구소, 1982.
林象鼎, 『歷代史要』, 영남대 도서관, 古味912.
林象鼎, 『歷代史統』, 국립중앙도서관 한古朝50-84.
林象鼎, 『林氏史統』, 장서각 K2-130.
미 상, 『國朝典故』, 국립중앙도서관, 古朝31.
미 상, 『東事類編』, 국립중앙도서관, 한고조50-49.
朴承任, 權永大 역, 『國譯 性理類選』, 소고선생기념사업회, 2005.
朴承任, 박찬우 역, 『國譯 綱目心法』, 소수박물관, 2014.
朴周大, 『羅巖隨錄』, 國史編纂委員會, 1955.

朴周大,『羅巖遺稿』, 驪江出版社, 1986.
朴周大,『文蔭縉紳譜』, 民族文化社, 1984.
朴周鍾,『東國通志[上, 中, 下]』, 大學社, 1986.
朴周鍾,『勉學類鑑』, 太學社, 1986.
裵象鉉,『東國十志』; 김기엽 역,『국역 동국십지』, 한국국학진흥원, 2022.
申 炅,『再造藩邦志』, 규장각 규4494.
申景濬,『旅庵全書』, 경인문화사, 1976.
魚叔權,『攷事撮要』, 국립중앙도서관 및 일본 내각본고 필사본.
鄭道應,『昭代名臣行蹟』, 1912; 조빛샘 외 역,『국역 소대명신행적』, 한국국학진흥원, 2023.
鄭維一,『宋朝明賢錄』, 9책, 대구가톨릭대 소장.
洪貴達 等撰,『歷代明鑑』卷1-3, 8-27, 初鑄甲寅字本, 光山金氏 禮安派宗家 소장, 卷1-4, 대구가톨릭대학교 중앙도서관 소장.
洪汝河, 김현영 외,『국역 휘찬여사』, 민속원, 2012.
洪汝河, 김현영 외,『역주 동국통감제강』, 경상북도 문화원연합회, 2018.
洪汝河,『國譯 木齋集』, 경북대출판부, 2018.

2. 논저

김문식,「조선후기 경남과 영남의 교류 양상 - 영양 주실의 한양조씨가를 중심으로 -」,『한국사상과 문화』 15, 한국사상문화학회, 2002.
김상호,「고지도로 본 상주의 역사문화」,『경상도 상주』, 민속원, 2016.
김윤조,「18세기 영남과 기호 소론가의 학문과 문학 교류」,『한국학논집』 53, 계명대 한국학연구원, 2013.
김학수,「박승임의 학문적 지향과 16세기 영주지역의 '집단지성'」,『영남학』 70, 경북대 영남문화연구원, 2019.
김학수,「안정복과 영남학인의 교유 - 18세기 중후반 '경남'과 '영남'의 지식문화적 교감 -」,『장서각』 48, 한국학중앙연구원, 2022.
김학수,『허주 이종악의 삶과 풍류』, 한국학중앙연구원, 2017.
민현구,「동사절요에 보이는 역사인식」,『공자학』 12, 공자학회, 2005.
박문열,「대구가톨릭대학교 중앙도서관 소장본 역대명감에 관한 연구」,『서지학연구』 70, 한국서지학회, 2017.
박문열,「역대명감의 찬집양상에 관한 연구」,『서지학연구』 71, 한국서지학회, 2017.
박소희,「17-18세기 상주지역 남인·노론계 서원의 인적구성 분석」,『민족문화논총』 81, 2022.
박인호,「조선중기 제천지역 사족의 형성」,『지역문화연구』 1, 세명대 지역문화연구소, 2002;『제천지역사연구』, 이회문화사, 2005.
박인호,「19세기 중반 동국통지 병위지의 편찬과 자료적 성격」, 예천박물관 기획,『예천 지역 기록문화와 백과사전』, 민속원, 2022.

박인호, 「김휴의 해동문헌총록 편찬과 사학사적 의의」, 『경와 김휴의 학문과 활동』, 한국국학진흥원, 2024.

박인호, 「낙동강 강안 지역의 사부류 편찬과 역사학적 의의」, 『영남학』 83, 2022.

박인호, 「동사찬요에 나타난 오운의 역사지리인식」, 『퇴계학과 유교문화』 40, 경북대 퇴계연구소, 2007, 29-61쪽; 고령대가야박물관 기획, 『죽유 오운의 삶과 학문세계』, 역락, 2007.

박인호, 「문봉 정유일의 사환 활동과 인물 인식」, 『국학연구』 46, 한국국학진흥원, 2021.

박인호, 「박주종 - 조선후기 백과전서학의 발전과 지방 지식인」, 한영우선생정년기념논총간행위원회 엮음, 『한국사인물열전』 3, 돌베개, 2003.

박인호, 「영남 지역 사부 고문헌 자료의 번역 현황과 과제」, 『영남학』 18, 경북대 영남문화연구원, 2010.

박인호, 「영정조대 인물서의 편찬과 역사학의 동향」, 권오영 외, 『영정조대 문예중흥기의 학술과 사상』, 한국학중앙연구원 출판부, 2014.

박인호, 「중국고금역대연혁지도에 나타난 권구의 역사인식」, 『조선시대사학보』 4, 조선시대사학회, 1998; 이해영 외, 『병곡 권구의 학문과 사상』, 드림, 2017.

박인호, 「해동문헌총록에 나타난 김휴의 학문세계」, 『선주논총』 9, 금오공대 선주문화연구소, 2006; 박인호 편, 『여헌학의 전개와 수용』, 보고사, 2010.

박인호, 「해동잡록에 나타난 권별의 역사인식」, 『퇴계학과 유교문화』 52, 경북대학교 퇴계연구소, 2013.

박인호, 「활재 이구의 시대인식과 사회활동」, 『활재 이구와 식산 이만부의 생애와 사상』, 문경시, 2013; 『조선시기 사상계의 동향과 현실인식』, 영한, 2023.

송석현, 「17세기 후반-18세기 초반 도남서원의 운영과 상주 사족의 동향」, 『조선시대사학보』 79, 조선시대사학회, 2016.

안병걸, 「성호 이익의 퇴계와 영남에 대한 관심 - 권상일과의 편지를 중심으로 - 」, 『한국실학연구』 18, 한국실학학회, 2009.

예천박물관 기획, 『예천의 기록문화와 백과사전』, 민속원, 2022.

이경록, 「해제」, 『[國譯] 歷代史選』, 세종대왕기념사업회, 2019.

이수건, 「조선후기 嶺南과 京南의 제휴」, 『민족사의 전개와 그 문화』 상, 벽사이우성교수정년퇴직기념논총간행위원회, 창작과비평사, 1990; 『영남학파의 형성과 전개』, 일조각, 1995.

이수봉, 「해제」, 『동국통지』, 태학사, 1986.

이연숙, 「17-18세기 영남지역 노론의 동향」, 『역사와 실학』 23, 역사실학회, 2002.

이재두, 「1798년에 편찬한 영남인물고와 그 위상」, 『규장각』 58, 서울대학교 규장각, 2021.

정우락 외, 『강안학이란 무엇인가』, 역락, 2023.

채광수 외, 「창녕성씨 청죽공파의 상주 정착과 노론계 원우 건립 활동」, 『조선시대사학보』 79, 조선시대사학회, 2016.

류성룡의 '리理'에서 정경세의 '예禮'로의 이동이 갖는 의미

최재목(영남대학교 교수)

1. 상주학맥에서 류성룡과 정경세

이 글은 서애西厓 류성룡柳成龍(1542-1607)[이하 류성룡]의 '리理' 중심 논의에서 우복愚伏 정경세鄭經世(1563-1633)[이하 정경세]의 '예禮' 중심 논의로 이동하는 것이 갖는 '사상적 의미'를 살펴보려는 하나의 시론試論이다. 다시 말해서 '원칙, 공공성'에서 '실천, 구체성'으로의 전환에 대한 논의이다.

일반적으로 '학맥의 계승'이라고 하지만 대개 추상적 논의에 머물기 쉽다. 이 글에서는 이런 추상성 극복을 위해 류성룡과 그의 제자 정경세 사이에 오고 간 편지 내용에 주목하여 논의해보고자 한다. 다시 말해서 편지에 드러난 두 사람의 구체적인 이론적 사상적 교감에 초점을 맞추어서 살펴보고자 한다.

---

* 이 글은 기발표된 필자의 논문(「柳成龍에서 鄭經世로의 사상 계승이 갖는 의미 - '理'에서 '禮'로의 이동에 대한 試論的 해석 -」, 『영남학』 92, 경북대학교 영남문화연구원, 2025, 7-36쪽)을 수정, 보완한 것이다.

주지하다시피 정경세는 가까이는 류성룡에게 배워서 서애학에 맥락이 닿고, 멀리는 퇴계 이황의 유학에까지 닿는다. 류성룡이 39세 되던 해 61번째의 상주 목사로 부임하는 것을 계기로 정경세로 이어지는 상주尙州 학맥이 형성된다. 이렇게 퇴계학이 류성룡을 통해 전승되고, 서애학이 정경세를 통해 계승된다. 정경세는 이황의 학문이 류성룡을 거쳐 자신에게 계승됨을 "자각自覺·자임自任"[1]하고 있었다. 류성룡의 '리' 중심의 무실적 경향을 정경세가 계승하여 예학으로 방향을 틀었고, 다시 이것을 류성룡의 아들 수암修巖 류진柳袗(1582-1635)과 손자 졸재拙齋 류원지柳元之(1598-1674)가 계승하여 상주 지역의 유학적 특징으로 자리 잡는다.

이어서 이런 학풍은 강고江皐 류심춘柳尋春(1762-1834)을 거쳐 한말의 계당溪堂 류주목柳疇睦(1813-1872)으로 이어졌다. 어쨌든 정경세는 류성룡에게 발원한 무실적 측면을 잘 계승하여 예학을 통해 상주지역 학술의 실학적 방향을 정립했다는 의의를 갖는다.[2] 지리적으로 보면 상주는 동으로는 [의성의]비안比安, 남으로는 선산善山 및 금산金山, 서로는 충청도의 보은報恩, 북으로는 함창咸昌과 경계한다. 서울[京]로부터 거리가 477리이다.[3] 상주의 유학자로서는 우복愚伏 정경세鄭經世와 창석蒼石 이준李埈(1560-1635)이 있으며, 화령의 소재穌齋 노수신盧守愼(1515-1590)이 있다.[4]

류성룡은 이황에 입문한 뒤 그의 영향으로 성리학을 깊이 공부하였다. 그

---

1 都珖淳, 「정경세鄭經世의 인물과 학문 사상」, 東方學會 편, 『嶺南學派의 研究』, 경상북도, 1998, 463쪽.

2 이에 대한 개략은 김호종, 「서애 류성룡과 안동·상주 지역의 퇴계학맥」, 『퇴계학맥의 지역적 전개』, 퇴계연구소 편, 보고사, 2004, 106-110쪽 참조. 아울러 장승구, 「愚伏 鄭經世의 철학과 경세론」, 『퇴계학과 유교문화』 제50집, 경북대학교 퇴계연구소, 2012, 3-5쪽 참조.

3 국사편찬위원회 편, 『輿地圖書』下, 探究堂, 1973, 427쪽, "東地比安界七十七里, 南至善山界三十九里, 金山界四十七里, 西至忠清道報恩界七十里, 北至咸昌界二十九里, 距京四百七十七里." 그리고, 『여지도서』의 「尙州牧」 지도는 다음과 같다.

는 도문학道問學과 존덕성尊德性을 겸비하는 입장이었다. 이런 입장에서 류성룡은 추상적인 학문이 아니라 실제적인 지식을 추구하는 경향을 보였다. 따라서 그의 성리학은 리기理氣·심성心性 등의 관념적 논의를 벗어나 체험과

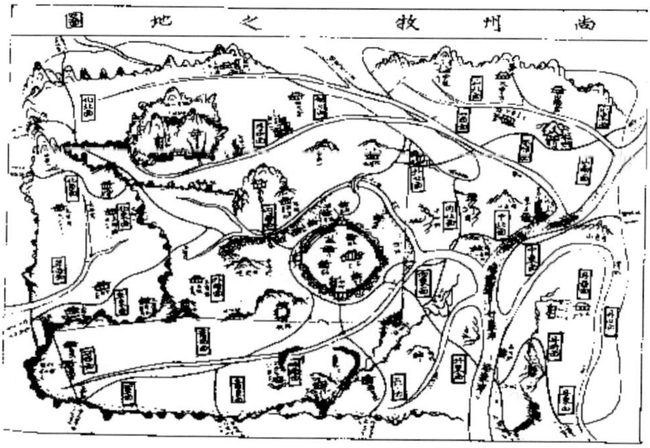

[도표 1] 『輿地圖書』의 「尙州牧之地圖」

4 이중환李重煥(1690-1752)은 『擇里志』 「八道總論」 중 「慶尙道」 항목에서 이렇게 말한다. 남쪽은 咸昌 들이고 함창 남쪽은 尙州이다. 상주의 한 명칭은 洛陽이며, 재[嶺, 鳥嶺=새재] 밑에 잇는 하나의 큰 도회지로서 산이 웅장하고 들이 넓다. 북쪽으로 조령과 가까워서 충청도·경기도와 통하고, 동쪽으로는 낙동강에 임해서 金海·東萊와 통한다. 말이 나르고 배가 실어 나르며 남쪽과 북쪽이 수로와 육로가 모여드는데, 이것은 무역하기에 편리한 까닭이다. 이 지방에 부유한 자가 많고 또 이름난 선비와 높은 벼슬을 지낸 사람도 많다. 愚伏 鄭經世(1563-1633)와 蒼石 李埈(1560-1635)이 모두 이 고을 사람이다. 상주 서쪽은 火嶺이고 화령 서쪽은 충청도 報恩 땅인데, 화령은 蘇齋 盧守愼(1515-1590)의 고향이며, 동쪽에 있는 仁洞은 旅軒 張顯光(1554-1637)의 고향이다. 남쪽에 있는 善山은 산천이 상주보다 더욱 청명하고 수려하다. 그래서 속담에 "조선 인재의 반은 영남에 있고, 영남 인재의 반은 이 한 一善[선산]에 있다"고 한다. 그러니까 예전에는 문학하는 선비가 많았다.
(南則爲咸昌野, 咸昌之南爲尙州, 尙州一名洛陽, 嶺下一大都會也, 山雄野濶, 而北近鳥嶺, 通忠淸京畿, 東臨洛東通金海東萊, 馬運船載, 而南北水陸走集, 便於貿遷故也, 地多富厚者, 又多名儒顯官, 鄭愚伏經世·李蒼石埈, 皆是州人, 州西則火嶺, 嶺西則忠淸報恩地, 火嶺爲盧蘇齋守愼之鄕, 東則仁洞, 爲旅軒張顯光之鄕, 南則善山, 山川比尙州尤淸明穎秀, 故諺曰朝鮮人才半在嶺南, 嶺南人才半在一善, 故舊多文學之士.) 번역은, 李重換, 「擇里志」, 『韓國의 思想 大全集』 24, 鄭然倬 옮김, 同和出版公社, 1985, 192쪽을 참조. 단, 원문과 대조하여 부분적으로 수정하고 보완하였음을 밝혀둔다.

실천을 중시하는 '무실務實'의 실제적 실학적 특징을 갖는다.

김형수는 '류성룡의 학문 경향과 안동권 서애학단의 형성'에 대해서 다음과 같이 말한다.

> 류성룡은 조목·김성일과 더불어 퇴계 문하를 대표하는 고제였다. 류성룡은 퇴계의 영향을 받아 성리학을 깊이 공부하였으며, 나머지 학문은 한 단계 낮추어 평가하였다. 류성룡은 퇴계를 만나고 난 후 특히 젊은 시절 관심을 가졌던 육왕학에 대하여는 퇴계의 비판을 이어받아 배척하는 태도를 취하였다. 류성룡은 당시 중국에서 유행하던 양명학에 대하여 불교와 같은 것이라고 평가하고 받아들일 수 없는 것이라고 평가하였다. 당시 조선의 사상계에서도 노수신이 도심미발인심이발설道心未發人心已發說을 주장했을 뿐만 아니라 양명학陽明學도 깊이 연구하였으므로 퇴계의 적극적인 공박을 받기도 했다. 류성룡도 처음에는 육구연의 학문과 양명학에 대하여 많은 관심을 가지기는 했으나 퇴계의 적극적인 비판 이후 육구연과 왕수인의 학문을 불교에 가까운 것으로 판단하고 적극 배척하는 입장에 서게 되었다. 특히 의리義理로써 지행知行의 근본을 다지라는 퇴계의 충고는 류성룡의 학문 세계에서 하나의 기초로 작용하였다고 할 수 있다.
>
> 류성룡은 퇴계의 충고를 받아들여 "신하로서 임금과 어버이에게 충과 효를 하여 정성을 다하고 절의節義를 다함으로써 몸을 버리고 목숨을 잃는데 이르는 것 역시 분分"이라고 하였다. 즉 배우는 것, 아는 것, 행하는 것의 대상은 바로 분分이라고 강조하였다. 류성룡이 선비로서 스스로 힘쓰고 강조하였던 것이 바로 지知와 행行, 그리고 학문이었던 것이다. 그러므로 그는 의리 또는 도리가 확고하게 심신에 자리 잡는 상태가 근본의 자리가 마련된 것으로 이는 언어 문자의 피상적인 의미에 국한된 지식의 추구가 아니라 언어 문자에 대한 깊이 있는 사색과 실천을 통한 체득이 필요하다는 입장을 확고히 하였다. 다시 말하면 언어 문자에 한정된 지식의 입력이 아니라 그것

을 여러 가지로 마음의 현상들에 적용하여 옳고 그름을 체험해 보고 직접 실행하여 봄으로써 실행이 가능한가의 여부도 체험하는 과정이 있어야 그것이 진정한 지식이 된다고 보았다.

이런 입장이기 때문에 류성룡은 실제적인 지식을 추구하는 데 적극적이었다. 임진왜란 와중에서 류성룡은 전시에 훈련도감을 설치하여 민심을 안정시키도록 건의, 선조의 명으로 훈련도감 제조에 임명되어 도감설치의 일을 맡기도 하였으며, 또 왜적에 대항하는 신병법으로 중국에서 효험을 본 절강병법을 훈련시키기도 하였다. 또한 「전수기의십조戰守機宜十條」, 「산성설山城說」 등은 우리 지형에 맞는 진략과 병법을 제시한 것으로, 원칙과 실정에 두루 맞는 이른바 체용이 겸비된 것이었다. 실제로 그는 근본을 중시하면서도 근본에만 파묻혀 현실과 실무를 외면하거나 그것에 무능한 것을 대단히 경계하였다. 이렇게 본다면 류성룡의 학문은 성리학의 이기·심성 등에 관한 관념적 논의를 지양하고, 체험과 실천을 지향하는 무실적務實的 성리학性理學이라고 정의할 수 있다.[5]

류성룡이 실제적인 지식을 추구하는 데 적극적이었으며, 따라서 체험과 실천을 지향하는 무실적 경향의 성리학이라는 점을 강조한다. 따라서 류성룡의 문하에서도 무실적 경향이 두드러진다. 그 대표적 인물이 제자 정경세이다.

특히 정경세는 예학禮學을 깊이 연구하여 기호의 김장생과 더불어 예학의 양대 산맥이라 일컬어진다. 정경세가 인심·도심, 사단·칠정 등의 당시에 풍미했던 심성 중심의 성리학 탐색을 벗어나 『예기禮記』 등의 예禮 관련 연구를 통해 예학을 심화시켰다. 이에 영남의 성리학은 '내면성 심화' 경향에서 예학

5 김형수, 「『西厓先生門賢錄』 해제」, 『退溪學研究』(國譯 退溪學脈諸賢傳記·ⅩⅤⅡ)第四十二輯, 경상북도, 2022, 9-10쪽.

이라는 '구체적 실천'으로 전환된다.

일찍이 유사순은 17세기 조선의 대표적인 예학자 중의 하나인 정경세의 예학에 대해 이렇게 평가한 바 있다.

> 우복愚伏 정경세鄭經世는 17세기 대표적인 예학자 중의 하나이다. 주로 『예기』에서 중요한 예禮 문제를 스스로 제기하여 해답하는 형식으로 꾸민 『사문록思問錄』의 저술과 경연經筵에서 예의禮儀에 대한 뛰어난 해설 등을 통해, 그는 당시 예 중시의 경향과 예학의 수준을 높이는 데 크게 기여하였다. 그의 그러한 업적은 결과적으로 한강寒岡 정구鄭逑(1543-1629) 사계沙溪 김장생金長生(1548-1631) 현석玄石 박세채朴世采(1631-1695)의 업적과 더불어 그의 시대[정확히는 17-18세기]를 예학 시대로 특징 지우게 하는 데 불가결의 공헌을 한 것으로 평가받게 되었다. 17세기를 예학의 시대라고 불러도 좋을 만큼, 예의 재인식과 연구와 실천을 강화하는 데 한몫을 한 학자가 우복愚伏이다.[6]

윤사순은 예학의 시대 17세기에 예의 재인식, 그리고 그 연구 및 실천을 강화하는 데 한몫을 한 학자로서 정경세를 평가한다.

사실 조선의 유교 사회에서는 경서를 강조했으나 실제로는 '예'가 중시되어, 예를 배우고 실천하는 것이 필수 과제였다. 이에 요구되는 것은 구체적인 예법이다. 예는 "예의禮儀 삼백三百, 위의威儀 삼천三千"[7]이라 할 정도로 번잡하다. 이런 예의 그물망에 의해 국가와 사회가—마치 법이라는 규범으로 현재 우리 사회가 제어되듯이—안정된다고 상정한다.[8] 정경세의 예학도 예외가

---

6 윤사순, 「愚伏 鄭經世의 性理學 思想」, 『愚伏鄭經世先生研究』, 愚伏先生記念事業會 편, 愚伏先生記念事業會, 1996, 47쪽.

7 『禮記』, 「中庸」.

8 츠치다 켄지로, 『유교를 아십니까』, 성현창 옮김, 그물, 2013, 158쪽 참조.

아니다.

이 글에서는 류성룡에서 정경세로의 사상 계승이 갖는 의미를 '리理'에서 '예禮'로의 이동에 대한 해석에 초점을 맞출 것이다. 미리 논지를 요약해두자면, 이 글에서는 '시론적試論的'으로 류성룡은 '리理'를 강조하는 '격물궁리格物窮理'의 무실務實[→원리, 공공성 강조]에, 정경세는 '예禮'를 강조한 '실천궁행實踐躬行'의 무실務實[→실천, 구체성 강조]에 중점을 두고자 하였다. 다시 말해서 류성룡과 정경세 두 사람은 모두 실제에 힘쓰지만, '리' 중심의 원리－공공성 강조는 치국治國에 보다 초점을 두고, '예' 중심의 실천－구체성 강조는 보다 수신修身에 치중한다. 전자는 『대학大學』이라는 견지에서 '리理'[원리]를, 후자는 『소학小學』의 입장에서 '사事'[실행]를 강조한 것이다. 전자는 양명학陽明學을 둘러싸고 선조와 류성룡의 대화(선조 27, 1594년 7월 17일 계사 조)에, 후자는 선조 37년(1604)에 필사한 아동용 수신 교과서 『양정편養正篇』에 단적으로 잘 드러나 있다.

종래의 연구에서는 이황, 류성룡, 정경세로의 학문 계승과 발전을 큰 틀에서 논의하고 있지만[9] 그것이 가진 '사상사적' 의미와 의의에 대해서는 논리적으로 설명해내지 못하고 추상적 차원에 머물렀다고 본다.

따라서 이 글에서는 류성룡에서 정경세로의 사상 계승이 갖는 의미를 '리理'에서 '예禮'로의 이동에 대한 이론적 해석에 초점을 맞추면서 논의를 진행하고자 한다.

---

9 이에 대해서는 다음의 논고가 있다 : 윤사순, 「愚伏 鄭經世의 性理學 思想」, 『愚伏鄭經世先生研究』, 愚伏先生記念事業會 편, 愚伏先生記念事業會, 1996; 都珖淳, 「정경세鄭經世의 인물과 학문 사상」, 東方學會 편, 『嶺南學派의 研究』, 경상북도, 1998; 유권종, 「愚伏의 禮學思想」, 『愚伏鄭經世先生研究』, 愚伏先生記念事業會 편, 愚伏先生記念事業會, 1996.

2. '리학理學에서 예학禮學으로'의 '사상사적' 의미

철학사상은 일단 그 시대의 현실을 반영하며, 동시에 그 이전 시대의 사상을 계승하여 형성된다. 전자는 '그 시대의 현실'과 상응하는 '현실 맥락'이고, 후자는 '그 시대의 지적 흐름'에 영향을 주며 일관하는 '사상적 흐름'이라는 '지적 맥락'이다.[10] 여기서는 '현실 맥락'의 분석보다는 '지적 맥락' 논의에 중점을 두고 논의하고자 한다.

그럼 이제 퇴계 이황으로 대표되는 영남 '리학理學'의 전통에서 '예학禮學'으로의 전환은 어떤 사상사적인 의미를 갖는 것일까. 이 점에 대해 개략적인 정리를 해두고자 한다.

유권종은 「우복의 예학사상」에서 정경세의 예학을 다음과 같이 총괄한다.

> 우복의 학문은 주리적主理的 이기론理氣論과 예학禮學으로서 사림파士林派의 도학道學 전통을 계승한다.
>
> 그는 이로써 임진왜란의 전후에 흥기하는 양명학, 불교, 도가사상 등에 대해 비판적으로 대처하는 한편, 교화와 예치禮治의 재흥에 철학적 기반을 마련하였던 것으로 보인다. 퇴계의 「전습록변傳習錄辨」, 서애의 육왕학 비판 제설諸說 등 이단 배척의 태도를 우복 역시 계승하는 사실, 불교, 도가 사상과 유교의 다른 점을 특히 예를 거론하여 설명하는 점, 「사문록思問錄」, 「양정편養正篇」 등의 저술은 그의 예학 입지가 학문적으로는 도학道學의 재정립을 목적으로 하고 있음을 보여준다.
>
> 또한 정치적으로는 종통宗統과 같은 사회질서의 명분적 구심점에 해당하는 대의大義의 확립으로부터, 종묘 제향의 성실한 실천에 의한 군민 일체의 정신적 구심점의 확보, 국초國初에 제정된 각종 규식規式의 준수에 의한 공정

10 남경태, 「인식론/존재론」, 『개념어사전』, 들녘, 2006, 318쪽 참조.

> 하고도 객관성 있는 정치, 호패號牌 양전良田의 공정한 실시에 의한 균평적인 국가운영과 민본정치, 무법도無法度에서 오는 낭비와 사치를 경계하고 국가재정의 비축과 절검節儉을 강조하는 것 등등 그는 무실務實과 무본務本의 정치사상을 보여준다. 이 점은 그의 예학이 본래 도학적 우주관과 인간관 수양관 및 정치사상의 연장에 있음을 보여주는 것이다.[11]

즉 정경세의 예학은 도학적 우주관에 연관한 '도학道學 재정립', '균평적인 국가운영과 민본정치' '무실務實과 무본務本의 정치사상', 그리고 『양정편養正篇』 등에 보이는 인간관 및 수양관과 폭넓게 연관돼 있음을 지적한다. 이렇게 보면 정경세의 예학은 '리와 도', 나아가 '사회-국가', '천지-우주'로 상호 연결돼 있음을 살필 수 있다.

하늘[天]에 근거하는 '도'는 형이상적이며 추상적이며 모든 원리의 총론적-총칭적, 포괄-총괄-개괄적인 의미를 갖는다. 보통 도는 길을 의미한다. 이것은 "만인이 지나가는 길로서, 그 길을 가는 사람에게 영원히 어디로 갈 것인지를 가르쳐 주는 것이다."[12] 다시 말해서 도는 어디론가 영원히 가야 할 방향[어젠더]을 말해준다. 도는 하늘[천]에서 나왔기에 하늘과 함께 영원한 것이다. 이에 대해 동중서가 말했다 : "도의 큰 근원은 하늘[천]에서 나왔다. 하늘은 변함이 없으며 도道 또한 변함이 없다."[13] 정경세도 천을 '도'로 규정한다 : "창창蒼蒼한 것으로 말하면 하늘[天] 역시[*문자로 드러냈고, 눈에 푸르게 보이는 형이하적인 것 : 인용자 주] 기器여서 도道라고 할 수 없지만, 그 주재主宰로써

---

11 유권종, 「愚伏의 禮學思想」, 『愚伏鄭經世先生研究』, 愚伏先生記念事業會 편, 愚伏先生記念事業會, 1996, 68쪽.

12 고사카시로, 『근대라는 아포리아』, 야규마코토·최재목·이광래 옮김, 이학사, 2007, 133쪽의 '각주 6'. 원래 이 문장은 山田慶兒, 『朱子の自然学』, 岩波書店, 1978, 458쪽에서 인용한 것이다.

13 董仲舒, 『擧賢良對策』, "道之大原出于天, 天不变, 道亦不变."

말하면 하늘은 곧 도道이다. 이천伊川의 이른바 '전일專一하게 말하면 도이다' 라는 것이 이것이다."[14]

이어서 리도 도처럼 하늘에서 나왔으며, 마찬가지로 형이상적이며 추상적이다. 그러나 도가 총론적 개괄적인데 비해, 리는 각론적-각칭적, 세부적-정밀적이라 할 수 있다. 다시 말해서 "리는 조리條理를 의미한다. 도를 길이라고 한다면 리는 그 길이 만들어내는 '문리文理'이자 '문양文樣'이며 '목리木理'와 같은 것이다. 하나하나의 길은 각각 줄기[條]를 가지고 있기에 이것을 리理라고 부르는 것이다. 도라는 개념이 포괄적인 데 비해 리라는 개념은 정밀하며, 도라는 개념 속에 내포된 많은 리맥理脈이 바로 리인 것이다."[15]

요약하자면 ― 도와 리는 다 같이 형이상적, 추상적이지만 ― 도가 상위이고 리가 하위이다. 따라서 '천天 → 도道 → 리理'라는 질서와 위상을 갖는다.

그럼 예禮는 리와 어떤 관계인가? 우선 예는 단순히 학자들의 책상 위에 머무는 학문적 사안에만 머물지 않는다. 인간의 신체 동작과 행동의 규범을 제공하는 역할과 사명을 갖는다. 경서 속에서는 문자적-추상적으로 규정돼 있어, 사실 그것이 텍스트의 논의와 크게 다른 현실 사회에 실천적으로 적용되기 위해서는 많은 변경, 조정이 필요하다.[16] '도道-리理'가 '원형이정元亨利貞-춘하추동春夏秋冬-목화금수木火金水'의 자연自然[sein]이라면, 예禮는 '인의예지仁義禮智'의 당위當爲[sollen]에 속한다.[17] 천지의 원리에 바탕하여 예는 움직이므로, "예라는 것은 천시天時에 합치하고 지재地財[땅이 생산하는 재화]로 베풀어

---

14 鄭經世, 『愚伏先生文集』 권14, "以其蒼蒼者言之, 則天亦器也, 不可謂之道, 以其主宰言之, 則天卽道也, 伊川謂專言之則道是也."

15 고사카시로, 『근대라는 아포리아』, 야규마코토·최재목·이광래 옮김, 이학사, 2007, 133-134쪽의 '각주 6'.

16 溝口雄三 외 편, 「禮」, 『中國思想文化事典』, 김석근·김용천·박규태 옮김, 민족문화문고, 2003, 461-462쪽 참조.

17 朱熹, 『朱子語類』, 「理氣上·太極天地上」, "天有春夏秋冬, 地有金木水火, 人有仁義禮智."

지며, 귀신에 순응하고, 인심에 합하며, 만물을 다스리는 것이다."[18] 아울러 "천지-만물-남녀-부부-부자-군신-상하가 있은 뒤에 예의를 둘 바가 있다"[19]처럼, "하늘이 지어준 질서[天秩]"[20]를 근거로 해서, 인간사회의 일들이 '구분-구별-차등'지어지는 것이다.

따라서 예는 리가 형이하의 인간사회 속에서 신체적 동작을 통해 드러나는 구체-실천의 단계에서 논의되는 것이다. 당연히 예는, 정경세가 '예속禮俗'[21]이라 표현하듯이 인간이 살아가는 지상 세계의 제도와 풍속, 문화와 정치 내에서 몸짓, 손짓, 눈빛으로 드러나는 구체직-세부적인 것이다. 예는 형식성에서 현실성을 드러낸다. 즉 "예가 갖는 형식성은 그것이 오랜 기간을 거쳐서 실제적으로 시행되는 사이에 단순한 형식성 이상의 현실성을 보여주었다."[22] 이와같이 기본적인 예법을 '신체화'하는 것이 중요하다. 예는 '이론 이전에 실제'여야 한다."[23] 그래서 "예란 먼저 이치 이전에 실천이 요구되며, 그때의 마음 자세로서 내세워지는 것의 대표가 경敬이다."[24] 이처럼 예라는 것은 신체적 디테일과 그것을 뒷받침하는 마음가짐까지 합하면 마치 한 송이의 꽃처럼 화려한 심신의 합작품이 된다. 다르게 보면 노자老子의 『도덕경道德經』[왕필본 38장]에서 말하는 '도가 현실로 드러나 화려한 것[道之華]'이다.

도-리가 형이상인 데 비해 예는 형이하이므로 지상의 인간적 공간에서 절목화節目化, 세속화世俗化되는 것으로 그 과정에서 요청되는, 특정 장소에 걸맞은 신체적 동작으로 살아나야만 하는 것이다. 그래서 "예라는 것은 [신체

18 『禮記』, 「禮器」, "禮也者, 合於天時, 設於地財, 順於鬼神, 合於人心, 理萬物者也."
19 『周易』, 「序卦」, "有天地然後有萬物, 有萬物然後有男女, 有男女然後有夫婦, 有夫婦然後有父子, 有父子然後有君臣, 有君臣然後有上下, 有上下然後禮義有所錯."
20 『尚書』, 「皐陶謨」, "天秩有禮, 自我五禮, 有庸哉."
21 『愚伏先生文集』 권17, 「鶴峯神道碑銘」, "禮俗相稱."
22 츠치다 켄지로, 『유교를 아십니까』, 성현창 옮김, 그물, 2013, 164쪽.
23 츠치다 켄지로, 『유교를 아십니까』, 성현창 옮김, 그물, 2013, 164쪽 참조.
24 츠치다 켄지로, 『유교를 아십니까』, 성현창 옮김, 그물, 2013, 164쪽.

를 통해 현실세계에 살아나는]리이다."[25] 주희朱熹 또한 예를 '신체적 실천'[=事]과 '이치를 밝히는 것'[理]의 두 가지 측면에서 생각한다.

> 주희가 생각하는 예학에는 두 가지 측면이 있었다. 하나는 행의작법行儀作法을 습득하는 학문, 다른 하나는 모든 사물의 원리를 분명하게 밝히는 학문이다. 그는 전자를 사事, 후자를 리理라 부른다[『주자어류』 권7]. 전자는 『소학小學』, 후자는 『대학大學』의 학습 내용이라 한다. 전자는 사람이 만든 것[人爲]으로 때에 따라 변할 수 있지만 후자는 하늘이 준 것으로 변치 않는 원리이며[같은 책, 권24, 구체적으로 삼강오상三綱五常을 말한다 : 『논어집주』, 「위정」]. 주희는 "예禮는 천리天理의 절문節文, 인사人事의 의칙儀則"[같은 책, 「學而」]이라 정의한다. 그리하여 리라는 개념에 떠 받혀진 주자학의 예 사상이 확립된다.[26]

주희의 예는 리에 떠 받혀져 있다. 즉 그는 예를 당위로서 '신체적 실천'[=事, 인사의 의칙, 소학]과 자연으로서의 '이치를 밝히는 것'[=理, 천리의 절문, 대학]이라는 두 가지 측면에서 생각하고 있다. 이렇게 '신체적 실천'인 예는 '이치를 밝히는 것' 즉 '격물궁리'를 통해 최종적으로 완성된다. 그러므로 리와 예는 상보적이라 할 수 있다.

앞서 지적한 대로 류성룡은 '리'를 보다 강조하는 '격물궁리'의 실학 쪽[→원리, 공공성]에 있었다면, 정경세는 '사'에 보다 주목한 '실천궁행'의 예학 쪽[→실천, 구체성]에 있었다. 후술하는 대로, 정경세는 자신의 예가 어떤 근거인지를 류성룡에게 묻고, 류성룡은 그것을 주희 등의 텍스트에서 제시하

---

25 『禮記』, 「仲尼燕居」, "禮也者, 理也."

26 溝口雄三 외 편, 「禮」, 『中國思想文化事典』, 김석근·김용천·박규태 옮김, 민족문화문고, 2003, 463쪽.

고 있다. 실천[事]은 그 근거[理]를 필요로 한다.

대체로 동아시아에서의 예 논의는 '천→도→리→예'라는 과정 속에 위치하고, 아울러 중국 유교의 조선이라는 공간[토포스]에서 '지역화-토착화, 구체화-실천화'를 뜻한다. 텍스트에 기록된 원리적 단계에서 지역 내에 거주하는 사람들을 통한 '신체화=체화'라는 과정은 구체적 장소와 신체가 가진 에고[에토스, 마인드]에 의한 마찰과 갈등을 겪을 수밖에 없다. 여기서 '쟁론'이 일어난다. '예송禮訟'이라는 것이다. 예송은 예컨대 어떤 마을 밖의 차량이 그 마을의 도로에 들어서면서 겪는 바찰, 접촉 혹은 사고와 같은 것이다. 일단 위에서 논의한 내용을 정리하면 다음과 같다.

<table>
<tr><td rowspan="2">형이상 : 추상-원리
존재[sein]</td><td>도[총론-총칭 : 포괄-개괄]</td><td rowspan="2">천
↓</td></tr>
<tr><td>리[각론-각칭 : 세부-정밀]
↓</td></tr>
<tr><td rowspan="2">형이하 : 구체-실천
당위[sollen]</td><td>예[공간적←지]+악[시간적←천]
↓</td><td>인
↓</td></tr>
<tr><td>제도
|
조선유교[주자학]사회</td><td>지
[맥성·반물]</td></tr>
</table>

[도표 2] 조선시대 유교사회와 도道-리理-예악禮樂 관련 도식[27]

예를 논의하는 경우 필수적인 '공간'과 '장소'는 구별되어야 한다. 이러한 구별 속에서 예의 지역적 전개가 진행된다.

이 푸투안[Yi-Fu Tuan]은 "공간은 장소보다 추상적이다. 무차별적인 공간에

27 이 도표는 崔在穆, 「朝鮮の礼楽」, 『「礼楽」文化 : 東アジアの教養』, 小島康敬 編, ぺりかん社, 2013, 126쪽의 도표를 수정하였음.

서 출발하여 우리가 공간을 더 잘 알게 되고 공간에 가치를 부여함에 따라 공간은 장소가 된다."[28]고 하였다. "최초에는 아직 불분명했던 공간이 우리가 거기에 친숙해지고, 가치와 의미를 부여해감에 따라, 점차 장소화되어 간다는 말이다."[29] 물론 '장소화'에는 지역색이라는 '학지學知'의 지역적 특질을 드러내는 경우가 있다.[30] 여기서 '특질'이라는 것은, 지역에서 학맥의 계승에 초점을 맞추어서 볼 때, 평면적인 학문적 흐름으로서 이해하기 힘든 점이 있다. 그것은 지역의 학맥이 단순히 어떤 '중심'에서 그에 수반하는 '주변'으로 라는 이해의 도식이어서는 안 된다는 말이다. 다시 말해서 '중심에 해당하는 어떤 학문'을 '지地[ground]'라고 한다면 '그 지역적 전개'는 그것[地] 위에 만들어진 '도圖[figure]'이다. 그다음의 전개는 이것[圖]을 토대로 하므로 다시 '지'가 되고, 그 계승자들이 만들어 가는 학문과 사상은 또 다른 의미의 '도'가 된다. 이러한 '지 → 도 → 지 → 도 → 지 → 도…'의 이른바 '지식의 매핑[mapping]'='지도知圖' 관련을 도표화하면 다음과 같다.[31]

---

28 Yi-Fu Tuan, *Space and Place : the Perspective of Experience*, University of Minnota, 1977, pp. 4-7; 이푸 투안, 『공간과 장소』, 구동회·심승희 옮김, 도서출판 대윤, 1995, 19쪽.

29 민주식, 「폐허의 미적 경험」, 『美學』 제81권 1호, 한국미학회, 2015.3, 198-199쪽.

30 필자는 일찍이 「우복愚伏 정경세鄭經世와 상주尙州 지역의 퇴계 학맥」에서 이른바 '지역학'에서 학지學知의 지도화를 언급한 바가 있다.[이에 대해서는 최재목, 「우복愚伏 정경세鄭經世와 상주尙州 지역의 퇴계 학맥」, 『퇴계학맥의 지역적 전개』, 퇴계연구소 편, 보고사, 2004 참조.]

31 이와 관련한 내용은 최재목, 「우복愚伏 정경세鄭經世와 상주尙州 지역의 퇴계 학맥」, 『퇴계학맥의 지역적 전개』, 퇴계연구소 편, 보고사, 2004, 186쪽 각주(4)를 대폭 수정, 보완한 것임을 밝혀둔다.

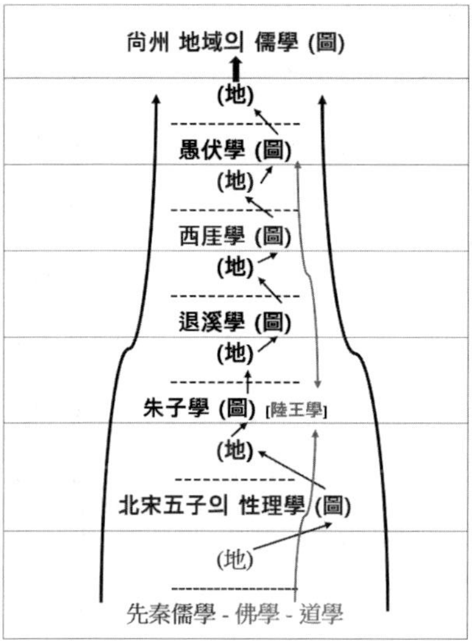

[도표 3] 상주 학맥의 개념도[32]

이처럼 '지→도→지→도→지→…'가 생산-재생산을 반복하면서 본래의 '지'와 '도'와는 다른 새로운 문맥의 무수한 지와 도를 생성해내기 마련이다. 위 도표는 학술적인 계승과 대립, 비판이 포함되는 중층적인 것이다. 따라서 정경세의 학문은 멀리는 선진 유학, 북송 오자의 성리학, 그리고 주자학과 퇴계학에 닿고, 가까이는 서애학 등에 닿으면서 상주 지역의 퇴계학, 서애학을 만들어 갔다고 하겠다.

32 이 도표는, 「우복愚伏 정경세鄭經世와 상주尙州 지역의 퇴계 학맥」, 『퇴계학맥의 지역적 전개』, 퇴계연구소 편, 보고사, 2004, 186-187쪽을 참고하여 수정, 보완한 것이다.

3. 류성룡과 정경세의 사상적 교류와 학문의 전승 —편지를 중심으로

류성룡과 정경세의 사상적 교류와 학문의 전승은 두 사람 사이에 오고 간 편지에 구체적으로 잘 드러나 있다. 따라서 여기서는 편지를 중심으로 두 사람의 학문적 계승과 동이점을 서술해보고자 한다.

류성룡과 정경세 사이에 주고받은 편지는 현재 '류성룡이 정경세에게 보낸 편지'가 6통[정경세의 편지에 붙은 '서애의 답[西厓答]'이 포함된 세 건을 합하면 9통][33], 그리고 '정경세가 류성룡에게 보낸 편지'가 4통[34]이다. 모두 합하여 10여 통이다. 정경세가 류성룡의 수제자였던 것을 감안 한다면, 왕래 서한이 매우 적은 편이라 하겠다.

이에 대해 류성룡의 문인인 창석 이준의 언급에 따르면, "억울하게 체포되는" 사건[35]으로 인해 편지가 소실되지 않았다면, 아마 수십 통이 될 것으로 추정된다.

---

33 다음과 같이 6통+3건, 총 9통이라 하겠다.
① 『西厓先生文集』 卷10, 「答鄭景任」(甲午)
② 『西厓先生文集』 卷11, 「答鄭景任」(己亥)
③ 『西厓先生文集』 卷11, 「答鄭景任」(甲辰)
④ 『西厓先生文集』 卷11, 「答鄭景任」
⑤ 『西厓先生文集』 卷11, 「答鄭景任」
⑥ 『西厓先生文集』 卷11, 「答鄭景任」
⑦ 「附西厓答」 [『愚伏先生文集』 卷9, 「上西厓先生稟目」]
⑧ 「附西厓答」 [『愚伏先生文集』 卷9, 「上西厓先生稟目」]
⑨ 「附西厓答」 [『愚伏先生文集』 卷9, 「上西厓先生稟目」]

34 다음과 같이 4통이다.
① 『愚伏先生文集』 卷9, 「上西厓先生」(庚子)
② 『愚伏先生文集』 卷9, 「答西厓先生」
③ 『愚伏先生文集』 卷9, 「上西厓先生」(甲辰)
④ 『愚伏先生文集』 卷9, 「上西厓先生稟目」

35 1610년 전라감사로 재직하던 당시 정인홍 등 대북 세력에 의해 탄핵당하는 것을 말함.

> 서애 선생께서 우곡愚谷[=愚伏]과 주고받으신 편지를 살펴보니, 사람이 마땅히 지켜야 할 도리[義理]에 관한 논의로서, 다른 사람이 듣지 못한 것이 있다. 그런데 우곡愚谷이 억울하게 체포되는 날 죄다 흩어지고 사라져, 지금 남아 있는 편지는 겨우 10분의 1밖에 되지 않으니, 애석한 마음을 견딜 수가 있겠는가. 문인 이준李埈 삼가 쓰다.[36]

아울러 이준은 류성룡과 정경세 사이에 주고받은 편지의 내용을 살펴보고 "사람이 마땅히 치켜야 할 도리에 관하여 논의한 것으로서, 다른 사람이 듣지 못한 것이 있다"고 하였다.

기본적으로 편지에 나타난 내용은 '공자, 안자, 맹자'로 이어지는 유학의 도통을 '주희'가 이어받고, 그것을 다시 '이황'이 자각적으로 영유領有[appropriation]하여 계승하고 있음을 알 수 있다.

류성룡은 천리天理와 인욕人欲, 군자와 소인 같은 신유학의 주요 문제를 비롯하여, 『중용中庸』의 '존덕성이도문학尊德性而道問學', '마음[心]'에 관한 문제 등을 정경세와 편지로 주고받는다.

1) 도통의 확인 : '주희 → 이황 → 류성룡 → 정경세'

류성룡은 정경세에게, 퇴계 이황이 『주자전서朱子全書』에 수록된 편지 중 중요한 부분을 추려서[=節要] 간행한 『주자서절요朱子書節要』[37]를 언급하기도

36 『西厓先生文集』 卷11, 「答鄭景任」, " … 嘗見先生往復愚谷書, 其論難義理, 有非他人所得聞者, 而當愚谷无妄被逮之日, 盡歸散失. 今之所存, 才什之一, 可勝惜哉, 門人李埈謹書."

37 1543년(중종 38) 이황이 중종의 명으로 교서관에서 간행, 반포된 『朱子全書』를 보게 되었고, 이를 연구한다. 처음에 그는 전체 95책인 『주자전서』의 서간문 48권 중 중요한 편지를 가려 뽑아[=節要] 14권 7책을 만들었으나 간행하지는 않았다. 그 뒤 제자들의 종용으로 간행되어 널리 보급하기에 이른다.

한다. 이렇게 류성룡이 정경세에게 『주자서절요』를 언급하는 것에서, '주희에서 이황으로'[주희→이황]라는 이른바 주희 성리학 전승의 계보 관계를 읽어낼 수 있다. 왜냐하면 『주자서절요』에는 주희의 입장을 계승, 존숭하는 이황의 관점이 반영돼 있기 때문이다.

이처럼 '주희에서 퇴계로 이어지는' 도통적 관점은 류성룡에게 유지되며, 이것은 다시 정경세에 수용되어 지속된다. 어쨌든 '이황에서 류성룡으로'라는 사상적 흐름을 계승하는 측면에서 정경세의 위치를 본다면, '주희→이황→류성룡→정경세'라는 계보를 확인할 수 있다.

류성룡은 '역동서원의 규례[規]', '주자의 설[朱子 … 之說]', '이미 행해진 정례[已行定禮]'를 '따르는' 입장이다. 류성룡의 관점을 이어받는 정경세의 입장에서 바라보는 신유학의 계보[=도통]는 '주희→이황→류성룡'임을 알 수 있다.

류성룡과 정경세 사이에 주고받고 서간을 통해 확인한 주된 사실은 다음과 같은 것이다.

> 역동서원易東書院의 경우에는 이미 선생[=이황]께서 지정하신 것이니, 그 제도가 반드시 구차하지는 않을 것이네. 그러니 우선은 역동서원의 규례[易東之規]에 따라서 …" "주자가 말한 설[朱子 … 之說]에 따르는 것도 무방할 것이네. 『주자서朱子書』에도 실려 있는데… 이미 시행한 정례定禮 … 를 상세히 고찰하여, 그에 의거하여 행한다면 … [必有已行定禮, 更詳考得, 據而行之.].[38]

> 주자의 저서를 보내노니, 이 가운데 화창한 봄바람이나 비 갠 밤의 달과

---

38 『愚伏先生文集』 卷9, 「上西厓先生稟目」, "地勢雖下, 背坐終是未安. 易東既經先生指定, 其制必不苟, 姑從易東之規, 近東恐無妨. … 朱子尙右之說, 以西爲上亦無妨. 朱子書有濂溪兩程祠堂記. 又有四賢祠記, 其坐次排置, 必有已行定禮. 更詳考得, 據而行之則尤善也. 附西厓答, 道南之號甚美, 與易東義相近, 恐不須他求, 如何如何."

> 같은 경지가 있는 듯한데, 세상의 독자들이 먼저 누에고치실이나 쇠털 같은 자질구레한 데서 실마리 찾기를 면하지 못하여, 하늘과 같이 높고 바다와 같이 넓은 흉금을 잃어버렸네. 지금 중국에서 논의가 시끄러워 선생[주자]을 욕되게 하는 것은 바로 잘 읽지 못한 탓일 뿐이니, 선생에게야 무슨 관계가 있겠는가. 이는 응당 고명한 자네가 홀로 깨달아 얻었겠지만 내가 평소의 느낀 바를 말하는 것은 자네가 바로잡아 주기를 바라기 때문이네.[39]

> 『주서절요朱書節要』는 일찍이 다른 사람에게서 빌리기는 하였으나, 권질卷帙이 다 갖추어지지 않았고, 또 근래에 돌려주기를 독촉하는바, 몹시 답답합니다. 지난봄쯤에 벗 이전李埂을 만나 보니, 대감께서 이 책을 자기에게 빌려주었는데 감히 받아가지고 올 수가 없었다고 하였습니다. 삼가 그 책을 몇 달간만이라도 저에게 내려주시기를 간절히 바라고 또 바랍니다.[40]

인용문에서처럼, 류성룡 그리고 정경세는 주희와 퇴계의 학설-이론을 '따르는' 입장이다. 다시 말해서 류성룡이 정해주는 '원칙[discipline] - 리理 - 대학大學'은 정경세에게 '실천[practice] - 사事 = 례禮 - 소학小學'으로서 인식되고 있다고 하겠다.

'무엇을 어떻게 실천할 것인가'에서 본다면, 류성룡은 '무엇-어떻게'라는 원칙과 방법을 정하고, 정경세는 이렇게 정해진 것을 실천하는 데 그 중심이 있었다. 따라서 류성룡은 '리'를 강조하는 '격물궁리'의 무실[→공공, 원리]에 있었다면, 정경세는 '예'를 강조한 '실천궁행'의 무실[→실천, 구체]에 핵심이

---

39 『西厓先生文集』卷11, 「答鄭景任」(甲辰), "朱書謹呈, 似此中有無限光風霽月, 但世之讀者, 未免先向蚕絲牛毛上尋討頭緖, 而失卻天高海闊底胷次, 卽今中原論議紛紛, 累老先生者, 正坐讀不善耳. 何預於先生耶."

40 『愚伏先生文集』卷9, 「答西厓先生」, "朱書節要, 曾借於人, 而卷秩不具, 近且督還, 殊以爲憫. 春間見李友埂, 自言蒙台慈以此書相付, 不敢受來云. 伏乞以其帙限歲月間惠下."

있었다고 볼 수 있다. 양자는 다 같이 실제에 힘쓰지만 '리' 중심의 공공-원리 강조는 치국에 초점이 놓이고, '예' 중심의 실천-구체의 강조는 수신으로 귀결된다. 전자[=류성룡]는 대학의 견지에서 '리[원리]'를, 후자[정경세]는 소학의 입장에서 '사[현상]'를 강조하기 마련이다. 전자에 대해서 단적으로 잘 보여주는 것이 양명학을 둘러싼 류성룡과 선조의 대화(선조 27, 1594년 7월 17일 계사 조)이며, 후자에 대해서는 선조 37년(1604)에 필사한 아동용 수신 교과서인 『양정편』을 단적으로 들 수 있다.

먼저 『선조실록』 27년(1594, 명 만력 22, 서애 53세) 7월 17일 계사 조[41]에 있는 선조와 류성룡의 왕양명, 양명학 관련 대화를 보면, 선조는 양명학에 동조하는 반면, 류성룡은 '실제적인 측면'은 인정하나 '심心 위주[양지, 치양지]'와 '공부 소홀' 측면을 부정하고 있다. 이것은 류성룡이 '주체적 내면 수양'을 중시하지만 역시 '객관적 이론 탐구'라는 '이理'의 면을 견지하고 있었음을 알 수 있는 대목이다.[42]

---

41 선조실록 53권, 선조 27년 7월 17일 계사 3번째 기사(1594년 명 만력萬曆 22년) 『조선왕조실록』 DB(https:/sillok.history.go.kr/id/kna_12707017_003](검색일자 : 2025.2.20)를 참고하였다.

42 그 내용을 정리해 보면 다음과 같다.
[아래의 내용은, 「서애 류성룡의 양명학 이해에서 보이는 중층성 해명 - 17세에서 29세 사이의 기록을 중심으로 -」, 『서애연구』 제8권, 서애학회, 2023.11, 140-144쪽에서 약간 수정하여 인용한 것임을 밝혀둔다.]
아래의 대화에서 ⓐⓑⓒⓓⓔⓕ는 선조의 말이고, ㉠㉡㉢㉣㉤은 류성룡의 말이다.
상[=선조]이 이르기를, "그 사람은 글을 많이 읽어 보통 사람은 아닌 듯하였다. 그는 '중국에 심학心學을 하는 사람이 있다면 방문하여 그를 보고 싶다'고 했고 ⓐ양명陽明의 격치설格致說도 설명하여 '만약 양명에게 오늘의 일을 경략하게 한다면 이 적을 소탕할 수 있을 것이다.'라고 하였다"하니,
성룡이 이뢰기를, ㉠ "양명의 학문은 상산과 다르니 대개 양명은 운용하는 곳이 많이 있습니다"라고 하였다.
상이 이르기를, ⓑ "양명은 재주가 높아서 우리나라의 재질이 낮은 사람은 배울 수가 없다. 그의 이른바 항상 마음을 돌아본다는 설을 보면 그렇다"하였다.
성룡이 아뢰기를, ㉡ "그 마음이란 준칙이 없는 마음입니다"하니, 상이 이르기를, ⓒ "그

이어서, 정경세의 경우에는 격물궁리나 이기심성론의 내용보다는 예에 대한 구체적 사례 해설이 중심이 되고 있다. 예컨대 「사문록」[43]은 『예기』·『의례』 등에 대해, 「양정편」에서는 이른바 소학에 해당하는 구체적인 실행 중심으로 서술[44]하고 있다.

위의 내용에서 본다면, 류성룡과 정경세 사이에는 '주희 → 이황 → 류성룡 → 정경세'라는 도통의 확인이 들어 있다. 그러면서도 류성룡은 '리' 중심의 원리-공공성을 강조하여 치국에 초점을 두고, 정경세는 '예' 중심의 실천-구체성을 강조하여 수신에 귀결시키고 있다고 하겠다.

2) 존덕성과 도문학의 문제 : '대학-리'와 '소학-사'

류성룡이 '정경세에게 답한 편지'[答鄭景任]에서 중용의 '덕성을 높이고 학문에 말미암는다'[尊德性而道問學]는 문제에 대해 언급한 것이 있다.

뜻은 본령이 먼저 바로 되면 일마다 바로 된다는 말이다"라고 하였다.
성룡이 아뢰기를, ⓒ "옛사람의 말에 '유儒는 이理를 위주로 하고, 선禪은 심心을 위주로 하고, 도道는 기氣를 위주로 한다.' 하였는데 이 설이 매우 좋습니다. 대개 이理를 위주로 하기 때문에 사물事物에 당연한 이치가 있다고 하는 것이며, 심心을 위주로 하기 때문에 처음에는 광명光明하더라도 결국에는 어지러워져 스스로 방자해지는 폐단이 있다고 하는 것입니다"하였다.
상이 이르기를, ⓓ "양명이 한 말에 '양지를 이룬다[致良知]'는 것은 어떤가?"하니, 성룡이 아뢰기를, ㉣ "이 말은 거짓입니다"라고 하였다.
상이 이르기를, ⓔ "양명은 효孝의 이치가 내 마음에 있다고 말하였으니 어찌 어버이가 살고 죽은 것으로써 효성의 차이가 있겠는가?"하니, 성룡이 아뢰기를, ㉤ "장사지내기를 예로써 하고 제사지내기를 예로써 하는 것은 다 효孝의 도로서 각각 주장하는 것이 있는데 어찌 그와 같이 말할 수 있겠습니까. 만일 양명도 어릴 적에 책을 한 글자도 읽지 않고 다만 양지良知만을 이루고자 하였다면 매사를 어찌 두루 알겠습니까. 또 양명이 전대의 글을 읽지 않았다고 한다면 전대의 일을 어떻게 자세히 알겠습니까. 지금 사람으로 남언경에게서 배운 자도 또한 양명을 많이 숭상합니다"라고 하자, ⓕ 상이 이르기를, "그의 학문을 하는 것이 전혀 배우지 않는 것보다는 나을 것이다."하였다.
위에서 보듯이 선조와 서애의 양명학에 대한 이해에서 그 동이점을 발견할 수 있다.

순서	왕양명 및 양명학 평가	
	선조의 말	서애의 말
1	ⓐ 만약 양명에게 오늘의 일을 경략하게 한다면 이 적을 소탕할 수 있을 것 →긍정	㉠ 양명의 학문은 상산象山과 다르니 대개 양명은 운용하는 곳이 많이 있음 →긍정
2	ⓑ 양명은 재주가 높아서 우리나라의 재질이 낮은 사람은 배울 수가 없음. 예 : '항상 마음을 돌아본다는 설' →긍정	㉡ 그 마음은 준칙이 없는 마음 →부정
3	ⓒ 본령이 먼저 바로 되면 일마다 바로 된다는 말 →긍정	㉢ 유儒는 이理를 위주, 선禪은 심心을 위주 … [양명은]심을 위주로 하기에 처음에는 광명하나 결국 어지러워져 스스로 방자해지는 폐단 →부정
4	ⓓ '양지를 이룬다[致良知].'는 것은 어떤가? [→긍정]	㉣ 이 말은 거짓 →부정
5	ⓔ 양명은 효의 이치가 내 마음에 있다고 하니 어찌 어버이가 살고 죽은 것으로써 효성의 차이가 있겠는가? [→긍정]	㉤ 어찌 그렇게 말할 수 있겠는가. 만일 양명도 어릴 적에 책을 한 글자도 읽지 않고 다만 양지만을 이루고자 하였다면 매사를 어찌 두루 알겠는가. 글을 않았다면 어떻게 자세히 알겠는가. →부정
6	ⓕ 그의 학문을 하는 것이 전혀 배우지 않는 것보다는 나을 것 [→긍정]	… [→긍정]
	긍정	**긍정과 부정**

[도표 4] 선조와 서애의 양명학 이해 대비표

43 『愚伏先生別集』 卷2, 「思問錄」

44 『愚伏先生別集』 卷2, 「養正篇」 : 이 내용은 아래와 같다.

1. 세수하고 머리 빗는 법[盥櫛]
2. 옷 입는 법[整服]
3. 손을 교차시키는 법[叉手]
4. 읍을 하는 법[揖]
5. 절을 하는 법[拜]
6. 무릎을 꿇는 법[跪]
7. 서 있는 법[立]
8. 앉아 있는 법[坐]
9. 걸음 걷는 법[步趨]
10. 말하는 법[言語]
11. 보는 법과 듣는 법[視聽]

[편지로]말씀한 "선先을 단但으로 바꾸어 놓는다."는 것은 매우 마땅한 것으로 여겨지네. 『중용』에서 "덕성을 높이고서 묻고 배움에 말미암는다.[尊德性而道問學]"라고 하였고, "묻고 배움에 말미암고서 덕성을 높인다.[道問學而尊德性]"라고는 말하지 않은 것은, 선후先後를 다투는 것이 [그 차이가]얼마나 되겠는가? [그런데 그 차이는 미미하겠지만] 마침 내 앞을 바라고 나아가서, 귀착하는 곳을 생각하지 않을 수 없네.

내가 그 전부터 생각하기를, [퇴계]노선생老先生께서는 이 책[『중용』]의 대목 대목을 베껴서 후세의 사람들에게 나누어 주었는데, 요즈음은 집집마다 다 가지고 있게 되었으나, 그런데도 도덕에 관한 학문[道術]은 나날이 허물어지고, 세상의 도의道意는 날마다 손상되고 있으니, 이것은 책의 허물이 아닌 것으로 여겨지네.[45]

12. 음식 먹는 법[飮食]
13. 물 뿌리고 청소하는 법[灑掃]
14. 손님 응대하는 법[應對]
15. 나아가고 물러나는 법[進退]
16. 따스하게 하고 시원하게 하는 법[溫凊]
17. 잠자리를 살피고 문안 인사를 드리는 법[定省]
18. 출입하는 법[出入]
19. 존장에게 음식을 올리는 법[饋饌]
20. 존장을 모시고 앉아 있는 법[侍坐]
21. 존장을 수행하는 법[隨行]
22. 존장과 만났을 때의 예법[邂逅]
23. 존장이 하는 일을 돕는 법[執役]
24. 스승에게 수업을 받는 법[受業]
25. 여럿이 모여서 읍을 할 때의 예법[會揖]
26. 거처하는 법[居處]
27. 글을 읽는 법[讀書]
28. 글씨를 쓰는 법[寫字]

45 『西厓先生文集』卷11, 「答鄭景任」, "示喩易先爲但甚當, 中庸言尊德性而道問學, 不曰道問學而尊德, 所爭先後幾何, 畢竟向望歸宿處, 不可不思耳, 嘗念退溪老先生, 抄節此書, 以遺後人, 近來家有之矣, 然而道術日壞, 世道日敗, 此非書之罪也."

위에서 류성룡은 '덕성을 높이고 학문에 말미암는다.[尊德性而道問學]'라고 했지 '학문에 말미암고 덕성을 높인다.[道問學而尊德性]'라고는 하지 않았다는 점을 지적한다. 이것은 중용에 있는 그대로 읽어야 함을 말한 것이다.[46]

이처럼 류성룡은 『중용』이라는 유교 텍스트대로 준수해야 할 원칙[理]을 말하고, 정경세가 그것을 실행[事]에 옮기도록 한다. 이런 관계 속에는 대학이라는 원칙적 입장에 선 류성룡과 소학의 실천적 입장에 선 정경세의 사상적 입지를 확인할 수 있다.

---

46 이에 대해 구한말에서 일제강점기까지 살았던 동전東田 이중균李中均(1861-1933)은 류성룡이 『중용』에 나오는 '존덕성이도문학'에 근거하여 그것이 '도문학이존덕성'이 아니라 '존덕성이도문학'이 된 것을 말함은, 류성룡의 언급대로 "앞을 바라보고, 귀착하는 곳을 생각하지 않을 수가 없음"에 대해 생각하도록 한 것이라 했다. 류성룡이 "앞을 바라보고, 귀착하는 곳"이란 공부의 시작과 귀결을 말하는 것이겠으나 정확히 무엇을 말하는지 명시하지는 않았다. 이에 대해 이중균은 "서애의 대역량과 대안목이 아니면 어찌 쉽게 이런 해설을 말할 수 있으랴?"라며, 주희가 존덕성과 도문학에 대해 그 공부를 둘 다 지극하게 했고, 한편에 치우치거나 한편을 그만둔 적이 없었으니, 수레의 바퀴 및 새의 날개와 같았다며, 자신의 의견을 보탠다. 즉 이에 대해서는 다음의 내용을 보자.

"서애 류선생이 정우복에게 답한 편지에, "중용에서 '덕성을 높이고 학문에 말미암는다[尊德性而道問學].'라고 말했으며 '학문을 말미암고 덕성을 높인다[道問學而尊德性].'라고 말하지 않았습니다. 앞을 바라보고, 귀착하는 곳을 생각하지 않을 수가 없음을 이 말에서 생각하지 않을 수 없습니다."라고 말했다. 성문聖門의 종지를 깊이 터득했다고 말할 만하다. 대개 주자와 육구연이 아호사鵝湖寺에서 학문을 토론한 이후로 세상에서 주씨朱氏를 존중하는 자들은 입만 열면 도문학道問學을 일컫고 존덕성尊德性에 관해서는 마침내 제이의第二義로 간주하게 되었다. 하지만 주자는 애초에 이와 같지 않았다. 주자가 존덕성과 도문학에 대해 그 공부를 둘 다 지극하게 했고 한 편에 치우치거나 [한편을]그만둔 적이 없었으니, 수레의 바퀴 및 새의 날개와 같았다. 어찌하여 상산씨象山氏는 학문의 지리함을 싫어하여 공격하기에 여력이 없었으며 곧바로 간략한 것에 종사하려했는가? 그러므로 주자가 그것을 바로잡았을 뿐이다. 성인의 말씀이 경서에 분명하게 실려 있으며 중용을 읽는 사람의 수가 어찌 한정되어 있으랴? 그렇지만 서애의 대역량大力量과 대안목大眼目이 아니면 어찌 쉽게 이런 해설을 말할 수 있으랴?"(西厓柳先生答鄭愚伏書曰, 中庸言尊德性而道問學, 不曰道問學而尊德性, 畢竟向望歸宿處, 不可不思此言, 可謂深得聖門之宗旨矣, 蓋自朱陸鵝湖倡酬以來, 世之尊朱氏者, 開口便道問學, 於尊德性則遂復作第二義看, 然朱子初不如此, 朱子之於尊德性道問學, 兩至其功 未嘗偏廢, 如車輪鳥翼, 而柰何象山氏却厭苦問學之支離, 攻之無餘力, 徑欲從事易簡, 故朱子捄正之耳, 聖人之言, 昭載於經, 讀中庸者何限, 雖然有非西厓之大力量大眼目, 何能容易說出來.)[李中均, 『東田潛士遺稿』 卷8, 「漫草」]

4. 맺음말

이상의 논의에서 류성룡의 '리' 중심 논의[원칙, 공공성]에서 우복 정경세의 '예' 중심 논의[실천, 구체성]로의 전환에 대한 것이다.

일반적으로 '학맥의 계승'이라고 하지만 대개 추상적 논의에 머물기 쉽다. 이 글에서는 이런 추상성 극복을 위해 류성룡과 그의 제자 정경세 사이에 오고 간 편지 내용에 주목하여 논의하였다. 다시 말해서 편지에 드러난 두 사람의 구체적인 이론적 사상적 교감에 초점을 맞추어서 살펴본 것이다.

정경세는 가까이는 류성룡에게 배워서 서애학에 맥락이 닿고, 멀리는 퇴계 이황의 유학에까지 닿는다. 류성룡이 39세 되던 해 61번째의 상주 목사로 부임하는 것을 계기로 정경세로 이어지는 상주 학맥이 형성된다. 이렇게 퇴계학이 류성룡을 통해 전승되고, 서애학이 정경세를 통해 계승된다.

류성룡에서 정경세로 사상 이동은 '리'에서 '예'로의 전환이자 유학 사상이 새롭게 지도화[mapping]되어가는 과정을 의미한다. 이것은 사상의 언설 공간에서 상주 지역이라는 구체적 '장소'에서 이루어지는 광경이라 하겠다. 다시 말해서 '중심에 해당하는 어떤 학문'을 '地[ground]'라고 한다면 '그 지역적 선개'는 그[=地] 위에 만들어진 '도[figure]'이다. 그다음의 진개는 이것[-圖]을 토대로 하므로 다시 '지'가 되고, 그 계승자들이 만들어 가는 학문과 사상은 또 다른 의미의 '도'가 된다.

특히 정경세는 예학을 깊이 연구하여 기호의 김장생과 더불어 예학의 양대 산맥이라 일컬어진다. 정경세가 인심·도심, 사단·칠정 등의 당시에 풍미했던 심성 중심의 성리학 탐색을 벗어나 『예기』 등의 예 관련 연구를 통해 예학을 심화시켰다. 이에 영남의 성리학은 '내면성 심화' 경향에서 예학이라는 '구체적 실천'으로 전환된다.

정경세의 학문은 멀리는 예의 근원을 좇아 선진 유학, 북송 오자의 성리학, 그리고 주자학과 퇴계학에 닿고, 가까이는 서애학에 닿으면서 상주 지역의 퇴계학, 서애학을 만들어 갔다. 좀 더 구체적으로 말하자면 류성룡은 '리'를 강조하는 '격물궁리'의 무실[→원리, 공공성 강조]에, 정경세는 '예'를 강조한 '실천궁행'의 무실[→실천, 구체성 강조]에 중점을 두었다. 다시 말해서 양자는 모두 실제에 힘쓰지만, '리' 중심의 원리-공공성 강조는 치국에 초점이 놓였고, '예' 중심의 실천-구체성 강조는 수신으로 귀결된다. 전자는 대학이라는 견지에서 '리'[원리]를, 후자는 소학의 입장에서 '사'[실행]를 강조한 것이다.

류성룡과 정경세 사이에 주고받은 편지의 내용에는 기본적으로 '주희→이황→류성룡→정경세'라는 도통의 확인이 들어 있다. 아울러 류성룡은 유교 텍스트대로 준수해야 할 원칙[理]을 말하고, 정경세가 그것을 실행[事]에 옮기도록 한다. 이런 관계 속에는 대학이라는 원칙적 입장에 선 류성룡과 소학의 실행적 입장에 선 정경세의 사상적 입지를 확인할 수 있다.

결국 류성룡에서 정경세로 사상 이동은 '리'에서 '예'로의 전환이자 조선의 유학 사상이 새롭게 지도화[mapping]되어가는 국소적 과정이며, '상주'라는 구체적 장소가 조선의 성리학적 언설 공간 내에서 어떻게 인문적으로 특성화되는가를 단적으로 보여주는 풍경이기도 하다.

참고문헌

1. 원전

『周易』

『尙書』

『禮記』

『中庸』

董仲舒, 『擧賢良對策』

朱熹, 『朱子語類』

『朝鮮王朝實錄』

柳成龍, 『西厓先生文集』

鄭經世, 『愚伏先生文集』

『輿地圖書』

李重換, 『擇里志』

2. 논저

고사카시로, 『근대라는 아포리아』, 야규마코토·최재목·이광래 옮김, 이학사, 2007.

溝口雄三 외 편, 「禮」, 『中國思想文化事典』, 김석근·김용천·박규태 옮김, 민족문화문고, 2003.

국사편찬위원회 편, 『輿地圖書』下, 探究堂, 1973.

남경태, 『개념어사전』, 들녘, 2006.

山田慶兒, 『朱子の自然学』, 岩波書店, 1978.

李重換, 「擇里志」, 『韓國의 思想 大全集』 24, 鄭然倬 옮김, 同和出版公社, 1985.

Yi-Fu Tuan, *Space and Place : the Perspective of Experience*, University of Minnota, 1977.

이푸 투안, 『공간과 장소』, 구동회·심승희 옮김, 도서출판 대윤, 1995.

츠치다 켄지로, 『유교를 아십니까』, 성현창 옮김, 그물, 2013.

김형수, 「『西厓先生門賢錄』 해제」, 『退溪學硏究』(國譯 退溪學脈諸賢傳記·XVII)第四十二輯, 경상북도, 2022.

김호종, 「서애 류성룡과 안동·상주 지역의 퇴계학맥」, 『퇴계학맥의 지역적 전개』, 퇴계연구소 편, 보고사, 2004.

都珖淳, 「정경세鄭經世의 인물과 학문 사상」, 東方學會 편, 『嶺南學派의 硏究』, 경상북도, 1998.

민주식, 「폐허의 미적 경험」, 『美學』 제81권 1호, 한국미학회, 2015.

유권종, 「愚伏의 禮學思想」, 『愚伏鄭經世先生研究』, 愚伏先生記念事業會 편, 愚伏先生記念事業會, 1996.

윤사순, 「愚伏 鄭經世의 性理學 思想」, 『愚伏鄭經世先生研究』, 愚伏先生記念事業會 편, 愚伏先生記念事業會, 1996.

장승구, 「愚伏 鄭經世의 철학과 경세론」, 『퇴계학과 유교문화』 제50집, 경북대학교 퇴계연구소, 2012.

崔在穆, 「朝鮮の礼楽」, 『「礼楽」文化：東アジアの教養』, 小島康敬 編, ぺりかん社, 2013.

______, 「우복愚伏 정경세鄭經世와 상주尙州 지역의 퇴계 학맥」, 『퇴계학맥의 지역적 전개』, 퇴계연구소 편, 보고사, 2004.

______, 「서애 류성룡의 양명학 이해에서 보이는 중층성 해명 - 17세에서 29세 사이의 기록을 중심으로 - 」, 『서애연구』 제8권, 서애학회, 2023.

『조선왕조실록』 DB

권상일權相一과 근기남인계 학인의 지식문화적 교유*

— 18세기 상주권 강안학江岸學의 수용성과 확장성 —

김학수(한국학중앙연구원 교수)

1. 머리말

이 글은 강안학의 지식문화적 수용성을 16-18세기라는 시간, 상주권이라는 공간을 통해 진단하는데 주안점이 있다. 공간적 배경인 상주권은 상주를 비롯하여 함창·예천·의성지역을 아우르는 광역적 개념이며, 수용성은 외부와의 교섭 및 대응의 태도를 포함하여 그 '받아들임'의 용량까지를 포함하는 개념으로 적용하고자 한다.

권상일權相一은 숙종-영조조 퇴계학파를 대표했던 학자·관료 가운데 한 사람이었다. 그는 퇴계학의 부심지副心地인 상주 출신이었지만 자기 시대의 예안·안동권 학인들을 압도하는 지적 역량을 갖추고 있었고, 기미에 밝았던 온건한 처신은 영조의 친애는 물론 노론들로부터도 크게 배척되지 않는 이유

---

* 이 글은 기발표된 필자의 논문 「權相一과 근기남인계 학인의 지식문화적 교유 : 18세기 상주권 강안학의 수용성과 확장성」, 『영남학』 92, 경북대학교 영남문화연구원, 2025, 183-241쪽)을 수정, 보완한 것이다.

가 되었다.

학자적 권위와 관료적 현달은 교유의 스펙트럼이 광폭화 되는 바탕이 되어 다양한 지역과 성향의 학인들과 인적네트워크를 형성할 수 있었다. 특히 이 글에서 주목하는 대상은 근기권 남인계 학인이며, 이들의 대부분은 이익李瀷의 학문적 영향권 속에 있었거나 교유 관계를 맺고 있었다는 점에서 성호 학인星湖學人으로 통칭해도 무리가 없을 것 같다.[1]

이 글은 크게 두 개의 논점으로 짜여져 있다. 먼저 Ⅱ장에서는 근기권 교유네트워크를 가문 및 개인별로 검토하고자 한다. 이는 네트워크의 형질形質을 진단하는 효율적 방법론이 될 것으로 본다. Ⅲ장에서는 교유의 대상을 6개로 구분하여 대 근기권 교유의 형식과 내용을 검토하여 그것이 갖는 지식 문화사적 의의를 도출하는데 초점을 맞추고자 한다.

2. 권상일權相一의 근기권 교유네트워크

1) 가문별 분포

동서분당 당시 동인의 양대 기반을 이룬 것은 이황의 퇴계학파와 조식의 남명학파였다. 선조 후반 동인이 다시 남북으로 갈라질 때 류성룡 등 남인의 중추를 이룬 것은 전자였고, 정인홍 등 북인의 토대를 이룬 것은 후자였다.

1 본고와 관련된 선행 연구로는 아래의 논고가 있다. 강세구, 『星湖學統 연구』, 혜안, 1999. ; 강세구, 『木齋 李森煥과 호서지방 성호학통』, 혜안, 2016. ; 김학수, 「성호 이익의 학문연원」, 『성호학보』 창간호, 2005. ; 안병걸, 「성호 이익의 퇴계와 영남에 대한 관심 - 권상일과의 편지를 중심으로 - 」, 『한국실학연구』 18, 한국실학학회, 2009. ; 홍원식, 「퇴계학파의 전개와 권상일의 성리설」, 『한국학논집』 64, 계명대학교 한국학연구원, 2016. ; 김정운, 「도남서원의 강회와 강학」, 『한국서원학보』 16, 한국서원학회, 2023.

인조반정으로 광해군과 북인정권이 패망하면서 정치·학문적 주도권을 장악한 것은 남인 퇴계학파였고, 남명학파의 일부도 정구·장현광을 매개로 연원 전향을 시도함으로써 퇴계학파의 외연은 더욱 확장될 수 있었다.

인조반정 이후 조선의 정치적 판도는 남인과 서인의 대립구도로 전개되었다. 특히, '우율승무찬반론牛栗陞廡贊反論', '예송禮訟' 등은 정치적 다툼이 학문적 정통성 논쟁과도 결부되어 있었음을 극명하게 보여준 사례였다.[2]

그러나 남인이라고 해서 정치·학문적 성향에 있어 완벽한 동일체는 아니었다. 우선 남인은 '서울남인[近畿南人;京南]'과 '영남남인'으로 양분되는데, 전자의 주류가 서울 및 근기지역에 기반을 둔 화담연원花潭淵源의 소북 계통이었다면[3] 후자의 본체는 영남에 세거한 퇴계학통退溪學統으로서 남론을 세수했던 계열이었다.[4]

이런 차이점에도 불구하고 양자는 남인이라는 틀 속에서 정치적 결합을 이루며 대서인 투쟁에 공동보조를 취했는데, 위에서 언급한 '우율승무찬반론'과 '예송'은 그 단적인 예가 된다.

정치적 제휴는 학술문화적 영역으로의 교유를 촉진하는 동인이 되어 17세기 중반 이후 양자 사이에는 다양한 형태의 교섭이 이루어졌다. 이를 인적 관계에 초점을 두고 주요 사례들을 정리하면 아래와 같다.

---

2 허권수, 『남인과 서인의 학문적 대립』, 법인문화사, 1993. ; 이영춘, 『조선후기 왕위계승 연구』, 집문당, 1998.

3 許穆·尹鑴·丁時翰·李觀徵·李沃·李夏鎭·李袤·鄭重徽 등 숙종조 남인정권에서 당로자 역할을 한 인사들의 상당수가 소북계 남인으로 파악된다.

4 갑인예송으로 남인이 집권한 1675년 남인들이 당면했던 '열가지 난제[南人十難]' 가운데 하나가 '小北難合[소북과는 단합하기 어렵다]'이었다는 점에서도 이질성의 실체를 확인할 수 있다.

근기·영남남인 교유의 역사적 맥락 : 17-19세기

- 李元翼과 鄭蘊[安義] : 17세기 초반
- 許穆과 河弘度[晉州] : 17세기 중반
- 柳馨遠과 裵尙瑜[金山] : 17세기 중반
- 丁時翰과 李玄逸[寧海] : 17세기 후반
- 李瀷과 權相一[尙州] : 18세기 초중반
- 蔡濟恭과 嶺南學人 : 18세기 중후반
- 安鼎福과 鄭宗魯[尙州] : 19세기 초반
- 許傳과 嶺南學人 : 19세기 중반

위의 표에서 나타나듯 양측의 학술문화적 교유와 정치적 제휴의 기점은 17세기 초반 정온鄭蘊과 이원익李元翼의 관계로 상정할 수 있고,[5] 이런 경향은 17세기 중반에서 19세기 중반까지 약 200년 동안 지속되었다. 이익과 권상일의 관계는 다양한 연구를 통해 그 실상이 비교적 자세하게 조명되었지만 본고에서는 권상일의 근기 교유망을 이익에 국한하지 않고 근기권의 제 학인 및 관료들에까지 확장하여 관계의 범주와 내용을 진단하는데 초점을 맞추고자 한다.

권상일의 문집 『청대집淸臺集』과 일기인 『청대일기淸臺日記』를 중심으로 근기남인과의 인적교유망을 정리하면 아래와 같다. 이를 가家로 구분하면 약 40개 집안으로 집계되는데, 결코 작은 범주라 할 수 없다.

---

5 정온과 이원익의 관계에 대해서는 김학수, 「이원익李元翼의 학자, 관료적 삶과 조선후기 남인학통南人學統에서의 위상」, 『퇴계학보』 133, 퇴계학연구원, 2013. ; 김학수, 「桐溪 鄭蘊의 학맥」, 『남명학보』 4, 남명학회, 2005 참조.

권상일의 근기남인계 학인과의 교유망 : 가문(1)

- 양천허씨 許積 가문 : 許鋧[婚談]
- 우계이씨 李瑞雨 가문 : 李瑞雨[輓詩]
- 연안이씨 李昌庭 가문 : 李浹/李萬敷/李之幹/李萬維/李之昉
- 청주한씨 韓浚謙 가문 : 韓德師/韓德良/韓德采/韓光道
- 청주한씨 韓百謙 가문 : 韓世維
- 진양강씨 姜紳 가문 : 姜樸/姜必岳
- 진양강씨 姜絪 가문 : 姜碩賓/姜櫟/姜樳/姜必得/姜必應/姜世東
- 진양강씨 姜綖 가문 : 姜楷/姜必愼
- 여주이씨 李尙毅 가문 : 李潊/李瀷/李重煥/李用休/李孟休
- 진주유씨 柳命天 가문 : 柳徠
- 안동권씨 權瑎 가문 : 權瑎
- 동복오씨 吳端 가문 : 吳尙遠/吳德運/吳錫年/吳大益
- 평강채씨 蔡彭胤 가문 : 蔡彭胤
- 원주김씨 金斗南 가문 : 金廷潤/金朝潤
- 여흥민씨 閔應協 가문 : 閔昌道
- 사천목씨 睦時敬 가문 : 睦時敬
- 전주이씨 李誠中 가문 : 李興慶
- 전주이씨 海原君 가문 : 李益熙
- 전주이씨 李睟光 가문 : 李玄錫/李漢訥
- 전주이씨 李德馨 가문 : 李光國
- 파평윤씨 尹國馨 가문 : 尹基慶
- 나주정씨 丁應斗 가문 : 丁喜愼/丁錫天
- 안동권씨 權近 가문 : 權極
- 해주정씨 鄭重徽 가문 : 鄭運熙

- 고령신씨 申湧 가문 : 申택
- 풍산홍씨 洪履祥 가문 : 洪重徵/洪重寅/洪儒漢

권상일의 근기남인계 학인과의 교유망 : 가문(2)

- 하동정씨 鄭尙驥 가문 : 鄭恒齡
- 의령남씨 南彦縝 가문 : 南鶴宗
- 의령남씨 南斗望 가문 : 南顯老
- 광주이씨 李延慶 가문 : 李賢汲
- 동래정씨 鄭麟壽 가문 : 鄭彦弼/鄭彦忠
- 사천목씨 睦來善 가문 : 睦宗夏
- 문화유씨 柳馨遠 가문 : 柳發
- 안동권씨 權大任 가문 : 權紀彦
- 한양조씨 趙絅 가문 : 趙窓/趙璁
- 양천허씨 許厚 가문 : 許欅
- 청송심씨 沈檀 가문 : 沈檀
- 전주이씨 李準 가문 : 李儆

2) 개인별 현황

권상일이 교유했던 근기남인은 100명(38家)을 상회하지만 교유의 빈도와 내용은 사뭇 달랐다. 단회적 방문 또는 대담에 그친 관계가 있는가 하면 서신 왕래 및 방문 등을 통해 지속적인 관계를 유지했던 대상도 있었다. 서신을 매개로 교계를 지속했던 대표적 인물이 이익이었다. 지속적 관계를 유지했던 대상 중에도 지식정보의 교환 및 전달, 비문 등 문자 교류, 학문토론 등 지식문화적 측면에서 중요성을 지닌 인물은 제한적이다. 그럼에도 아래 표에 제시된 인사들은 권상일의 대 근기남인 교유의 형질을 포착, 분석할 대상으로서 손색이 없다.

주요 교유인 : 근기남인계

- 李萬敷/李衡祥/李瀷[6]
- 吳尙遠
- 李潊/李重煥/李用休/李孟休 : 여주이씨李尙毅家
- 韓德師/韓德良/韓德采/韓光道 : 청주한씨韓浚謙家
- 韓世裕 : 청주한씨韓百謙家
- 李興慶 : 전주이씨李誠中家
- 李益熙 : 전주이씨海原君家/玉洞門人
- 洪重寅/洪儒漢 : 풍산홍씨洪履祥家
- 南顯老 : 의령남씨南翧家
- 柳發 : 문화유씨柳馨遠家
- 姜楷/剛薄/姜必愼/姜必應/姜必得/姜世東 : 진주강씨姜紳/姜絪/姜綖家
- 柳徠 : 진주유씨柳命天家_書冊대여
- 李漢訥 : 전주이씨李睟光家_書冊전달
- 鄭恒齡 : 하동정씨鄭尙驥家_書冊차람
- 李光國 : 광주이씨李德馨家_서간전달星湖
- 趙窓/조숙 : 한양조씨趙絅家_평가好學
- 許榤 : 양천허씨許厚家_請文

교유 형태

- 서신 왕래 : 안신/시사 및 학문 토론
- 방문 및 대담 : 시사/학문
- 지식정보의 전달 및 제공 : 서책 및 서신의 전달
- 글씨 수증 : 서원 및 서당 제 堂室의 額書

주요 교유인의 대부분은 조선후기 근기남인 명가들의 자제들이며, 또 이들의 상당수는 이익과 밀접한 관계에 있었다. 예컨대, 황운대黃運大·우징태禹徵泰·조중보趙重普·유래柳徠·한광도韓光道 등은 이익 문인[星湖門人], 이익희는 이서의 문인[玉洞門人]이었다. 이 외에도 문집·유고의 서발, 행장·비지류 등 문자찬술 과정에서 이익과 직간접적인 관계를 형성한 집안 또는 인물이 대부분이라는 점에서 권상일의 대 근기 인적네트워크는 성호학적 범주와의 등치가 가능하다.

3. 지식문화인프라 작동 양상 : 근기권 성호학인星湖學人과의 교유

1) 이서李漵·이맹휴李孟休 : 이익李瀷에서 성호일문星湖一門으로의 관계의 확장

권상일의 교유관계에서 가장 먼저 주목할 인물은 이익의 3형 이서이다. 이서는 한국서예사에서 우뚝한 자취를 남겼을 뿐만 아니라 성리학과 문학에

6 李萬敷, 李衡祥은 권상일의 주요 활동기에 각기 상주와 영천에 정착했고, 이익과의 관계는 여러 논고를 통해 해명이 이루어졌으므로 이들에 대해서는 췌언하지 않기로 한다.(안병걸, 앞의 논문(2009) ; 김학수, 앞의 논문(2005))

도 조예가 깊었던 학인이었다. 특히 그는 중형인 이잠을 비롯하여 이만부李萬敷·조하주曺夏疇 등과 교유하며 18세기 초반 근기남인학풍을 주도함으로써[7] 사후에는 이만부 등에 의해 홍도弘道라는 사시私諡가 주어지기도 했다.[8] 허전은 그의 행장을 지으면서 구의摳衣 또는 청익請益한 이가 천 명에 이르고, 수업한 이가 수 백명에 달한다고 했을만큼 후진양성에도 기여한 바가 컸는데,[9] 후술할 이익희가 옥동문하玉洞門下의 선진에 해당하는 문인이었다.[10]

권상일과 이서와의 상견이 이루어진 것은 1719년 6월 30일이었다. 당시 권상일은 성균관 직강에 임명되어 사환에 분주하던 시기였다. 이서가 사돈 진선군晉善君 강석빈姜碩賓의 우거를 방문하자 권상일에게 이 소식을 전함으로써 만남이 이루어졌던 것이다. 권상일은 강석빈과 그 아들 강학姜欅[李漵의 사위]과 교분이 있었고, 이서를 만나기 이레 전인 6월 23일 이들 부자와 환담을 나눈 바 있다.[11] 초면인데다 많은 대화를 주고받지 못했음에도 이서에 대한 첫인상은 매우 강렬했던 것 같다.

---

7 李萬敷, 『息山集』 卷12, <中原講義>.

8 許傳, 『性齋集』 卷29, <弘道先生玉洞李公行狀>, "李息, 山萬敷曰先生學問道德, 弘大斯道, 可以弘道爲諡, 衆皆從之. 及葬題其誌曰徵士弘道先生之墓."

9 許傳, 『性齋集』 卷29, <弘道先生玉洞李公行狀>, "先先生之門, 摳衣請益者以千數, 而終始受業者數百人, 及先生易簀. 皆服師服, 心喪三年."

10 許傳, 『性齋集』 卷29, <弘道先生玉洞李公行狀>, "先生雖晦跡山林, 聲聞日播, 當世之鴻儒巨匠, 自遠來集. 一見德容之純粹, 議論之宏博. 莫不斂容欽服, 退而相謂曰今日始見眞儒, 誠吾輩之師表也. 李處士益熙曰侍坐於吾先生, 退而出門. 道遇軒駟, 未嘗不如草芥也. 由是弟子益進," 물론 근기남인 내부에서도 이서와 옥동문에 대한 비판적인 시각이 없지 않았다. 예컨대, 이만부의 경우 이서에 대해서는 '학문이 정치하지 못하다'고 평한 바 있고, 옥동문인에 대해서는 '收斂의 자세가 부족하고, 浮浪한 기풍'이 있음을 지적하며 우려를 표한 바도 있다(李萬敷, 『息山集』 卷12, <華陰日錄抄抄>, "余久未戾洛, 阻闊已積歲, 澄叔不無博而不精之病, 然要爲好人也. 但其門人無敦厚收斂之意, 多曠蕩浮浪之氣, 是可歎也.").

11 이런 맥락에서 권상일은 姜欅의 아들이자 李漵의 외손자인 姜必應·必得 형제와의 교유도 돈독했다. 본디 강석빈 일가는 경화 사족이었으나 충청도 舒川에도 상당한 경제적 기반이 있었던 것 같다. 이들 형제가 서천에서 수십년 동안 우거한 배경도 여기에 있다(權相一, 『淸臺集』 卷3, <姜友兄弟 必應必得 寓居舒川鄕庄 已經數十年 新結小軒 爲朝暮湛樂之所 昨冬寄書來 請題咏 略以絶句三疊 塞求>).

> 이찰방[李漵] 어른은 고故 참의 이하진李夏鎭의 아들이다. 통유通儒라 할 만하고 글씨 또한 잘 썼다. 요사이 포천 시골집에 있다가 일이 있어서 어제 서울에 들어왔다. 강씨어른[姜碩賓]은 그의 사돈이다.[12]

'통유通儒'라는 표현에서 이서의 학자적 역량에 대한 강한 신뢰가 드러나고 있다. 우연하게 이루어진 짧은 만남이었지만 주고 받은 대화의 면면은 긴요하고 절실했다. 자세한 논의 과정은 알 수 없지만 권상일은 대담 과정에서 이서의 이기설理氣說이 자신의 주장, 즉 퇴계설과 일치함을 확인할 수 있었기 때문이다. 이기설에 있어 이익과의 견해 차이를 고려할 때, 이서의 입장을 확인한 것은 권상일에게는 큰 소득으로 자각될 수 있었다.

또한 두 사람은 시론時論에 있어서도 의견이 합치했고, 이에 권상일은 강한 만족감을 표하기도 했다. 당시 남인계에서는 이이의 문묘 출향을 주장하는 상소를 기획하고 있었던 것 같다. 이이·성혼의 문묘종사는 1682년에 이루어졌고, 1689년 기사환국으로 남인이 집권하면서 출향되었다가 1694년 갑술환국으로 다시 서인이 집권하자 복향復享된 바 있다. 1694년에는 이들의 복향復享뿐만 아니라 보사공신이 복훈復勳되고, 인현왕후가 복비復妃됨으로써 이른바 '3복三復'으로 일컬어졌다.

세세한 과정은 알 수 없지만 이서는 출향을 주장하는 상소에서 자잘한 허물은 거론하지 말고 '이이의 학문은 선禪에 가깝다'는 학문적 이단성에 주안점을 두어야 성사될 수 있다는 입장을 견지했는데, 권상일 또한 이 입장에 적극 찬동했던 것이다.

> 그의 이기설理氣說은 나의 의견과 다름이 없었다. '우리들이 율곡栗谷[李珥]

12 權相一, 『淸臺日記』, <1719年 6月 30日>.

의 문묘종사를 배척함에 있어 사소한 행적은 놓아두고, 그의 학문이 선禪에 깝다는 것을 거론하여 명백하게 밝힘으로써 저쪽[노론]으로 하여금 굴복하여 변명할 수 없게 해야 한다'고 했는데, 나의 견해와 매우 같아서 기뻤다.[13]

한편 권상일은 대화의 과정에서 이서로부터 '퇴계를 조선 문장의 으뜸'으로 쳤던 이서우李瑞雨의 평론과, 신학설을 주장했던 소북계 근기남인 이식李栻의 학문적 괴격성乖隔性을 들을 수 있었다.

'도사 이식李栻이 근래 신학설腎學說을 주장하였는데, 일찍이 그가 주장한 책자를 보니 하나같이 고금의 성현이 언급 또는 들려주지 않은 말이었다. 이 사람은 학문하는 사람으로 자처하지만 이처럼 괴이하고 비뚤어졌다'고 하니 통탄할 일이다.[14]

이식은 이서·이익과 척연이 있었을 뿐만 아니라 한 때는 여주이씨 일문의 학자적 모범으로 일컬어지기도 했다.

선자先子[李沈]께서 보시고는 기뻐하며 말씀하시기를, '후일에 이송화李松禾[李栻]처럼 될 수 있다면 다행한 일이겠다'고 하셨는데, 이송화는 곧 나의 외할머니의 아우로서 독행篤行으로 이름이 있으며 외암畏菴이라는 호를 가진 사람이다.[15]

하지만 이식의 저술 '당실명堂室銘'이 논란을 일으키면서 그의 학문적 위상

---

13 權相一, 『淸臺日記』, <1719年 6月 30日>.

14 權相一, 『淸臺日記』, <1719年 6月 30日>.

15 李秉休, 『貞山雜著』, <貞山自序序>, "先子, 見之喜曰, 他日能如李松禾, 則幸矣. 李松禾卽余外王母之弟, 而篤行著名, 號畏庵先生者也."

에 의문이 제기되었고, 이익 또한 1718년 경 '당실명'에 의문을 표하며 서간을 통해 논란을 펼친 바 있다. 이 과정에서 이식이 명쾌한 해답을 제시하하지 못하자 이익은 그를 두고 '남을 이기는 데 힘쓰고, 의리義理의 소재를 구명하지 않는 인물'로 혹평하기까지 했던 것이다.[16] 이서의 '신학설비판'도 이런 맥락에서 이해할 필요가 있다.

이처럼 양인의 관계는 우연에 따른 단회적 만남에 지나지 않았지만 권상일은 이서를 통해 근기남인의 퇴계학에 대한 입장, '율곡출향론'의 추진 과정, 이식과 같은 새로운 부류의 학설을 주장하는 학인의 동정 등을 채득할 수 있었고, 이는 그의 학자 그리고 관료로서의 처신에 매우 유익한 지침이 되었을 것으로 해석할 수 있다.

이서와의 교유는 이중환李重煥(1690-1756)·이용휴李用休(1708-1782)·이맹휴李孟休(1713-1751) 등 여주이씨 일문과의 관계로 확장되었다. 세 사람 가운데 가장 먼저 교유한 것은 항렬에 비해 나이가 많았던 이중환이었다. 비록 이중환은 1720년 4월 23일 주서 재임시에 안신安信을 보냈고, 나흘 뒤인 27일에는 병환으로 인해 고향으로 돌아가면서 사람을 보내 안부를 물은 것에 지나지 않았지만 이서와 이익 형제에 이은 교유의 활성화라는 측면에서 주목할 만했다.

> 주서 이중환李重煥이 사람을 보내 안부를 물었다. 병이 심해 며칠 전 직무에서 벗어나 집으로 돌아간다고 한다.[17]

이용휴와의 교유 또한 주로 서신을 통해 이루어졌고, 이익의 동정 및 병후를 묻는 경우가 많았다. 이는 당시 이용휴가 지근한 거리에서 이익을 시학侍

16 김학수, 앞의 논문(2005).

17 權相一, 『淸臺日記』, <1720年 4月 27日>.

學했음을 뜻했다.

> ① 상사 이용휴李用休에게 편지를 보내 원주에 있는 성호의 병환을 물었다.[18]
>
> ② 상사 이용휴가 사람을 보내 전하는 말을 들어 보니, 보냈던 종이 막 원주에서 돌아왔는데, 계부[星湖] 병환이 차츰 나아지고 있다고 한다. 너무 기뻐서 나도 모르게 낯빛이 바뀌었다.[19]

여주이씨 가계도 : 李瀷 일가

李尙毅	⇨志定	⇨嵩鎭	⇨泳	⇨震休	⇨重煥
	⇨志安	⇨夏鎭	⇨瀣		
			⇨潛		
			⇨漵[出]		
			⇨沈[出]		
			⇨瀷	⇨孟休	⇨九煥
		⇨殷鎭	⇨漵		
		⇨周鎭			
		⇨國鎭			
		⇨明鎭	⇨沈	⇨用休	⇨家煥

이익의 제 자질子姪 가운데 권상일이 가장 주목했던 인물은 이맹휴였다. 이익의 아들이라는 점뿐만 아니라 그가 지녔던 특출한 자질과 역량에 대한 관심이었고, 그 관심은 일방적 추장推奬이 아닌 육중한 권계勸戒를 함축하고 있었다.

이맹휴는 1742년 9월에 치러진 정시 문과에서 10명의 합격자 가운데 장원

18 權相一, 『淸臺日記』, <1745年 4月 22日>.

19 權相一, 『淸臺日記』, <1745年 5月 2日>.

을 차지했다. 명관命官은 송인명宋寅明이었고, 책제策題는 시폐오조時弊五條였다. 당시 그의 장원을 두고 원경하元景夏 등이 숙종에게 득죄한 이잠의 조카라는 이유로 하자가 있음을 지적하는[20] 등 노론의 방해 공작이 있었음에도 '인재라면 등용하라'는 영조의 판단에 따라 장원의 지위를 유지할 수 있었다. 숙종조 남인정국에서의 이하진의 역할, '세자景宗보호론'을 주창하다 죽임을 당한 이잠의 역정을 고려할 때, 여주이씨 일문을 향한 노론의 시선이 곱지 않을 수밖에 없었고, 그 중심에 이맹휴가 새롭게 등장한 것이었다.

장원 합격 직후 권상일은 이맹휴에게 편지를 보냈다. 형식은 축하였지만 내용은 권계였다. 먼저 그는 장원 합격 소식에 기뻐 잠을 이루지 못했다고 축하의 인사를 건넸다.

> 성상께서 친히 시험을 보신 날에 천인天人의 설[時弊五條]을 올려 과연 장원을 차지하였는데, 이 소식을 들은 후로 기뻐 잠을 이루지 못했습니다.[21]

권상일의 우려는 장원 즉, 엘리트문신으로의 도약이 갖는 함정이었다. 그가 보기에 이맹휴는 자질이 영발英發하고 30세라는 나이에 비해 학식이 박흡博洽했다. 이제 그에게 요구되는 것은 예각을 드러내는 것이 아니라 '여밈과 삼감의 미덕'이었다.

> 그대는 자질이 영발英發하고 학식이 박흡博洽하므로 더 이상의 가공加工은 필요치 않고, 오히려 염속斂束과 근밀謹密함에 유념하여 힘을 쏟는 것이 어떻겠습니까?[22]

---

20 『英祖實錄』, <英祖 18年 9月 18日(甲戌)>.
21 權相一, 『淸臺日記』 卷9, <與李醇叟孟休(壬戌)>(1742), "聖上親策之日, 得獻天人之說, 果蒙魁擢, 自聞此報, 夜, 有不寐之喜也."

이처럼 그는 이맹휴에게 '염속斂束과 근밀謹密의 처세론'을 설파하고 있는데, 이는 이익 일문의 정치적 상황에 대한 미세한 진단의 결과로 해석할 수 있다.

이맹휴는 영남과 근기의 문화교유에도 일정하게 기여하게 된다. 권상일은 윤덕희의 글씨에 문화적 호감도가 높았던 것 같고, 도남서원과 반계서당 등 상주사림의 교육문화인프라는 자신의 서재에까지도 그의 글씨를 게판하려는 욕구를 불러 일으켰다. 이런 기호의 매개 역할을 한 것이 이맹휴였다.

> 편액을 쓸 종이 19장을 순수醇叟[李孟休]에게 보내면서 윤덕희尹德熙에게 글씨를 청하라고 했다. 윤공은 고산孤山[尹善道]의 후손으로 그의 아버지 윤두서尹斗緖는 재주와 행실이 있었으며, 호는 공재恭齋이다.[23]

이로부터 엿새 뒤인 4월 23일 권상일은 요청한 글씨를 받고는 무척 흡족해 했는데, 필법의 뛰어남에다 필세의 강건함이 더해져 있었기 때문이다. 도남서원, 반계서당, 청대淸臺 신거新居 등의 11개의 액서의 자세한 현황은 아래와 같다.

尹德熙로부터 受贈한 글씨[額書][24]

- 道南書院 : '遜學齋' / '觀遊軒' / '敏求齋' / '瞻猗軒'_4額
- 磻溪書堂 : '敬勝齋' / '義安齋' / '由正門'_3額額
- 淸臺新居 : '靜習齋' / '敬存齋' / '川上軒'_3額額

22 權相一, 『淸臺日記』 卷9, <與李醇叟孟休(壬戌)>(1742), "英發博洽, 不必加工, 須於斂束謹密處, 留念着力, 如何."

23 權相一, 『淸臺日記』, <1745年 4月 17日>.

24 權相一, 『淸臺日記』, <1745年 4月 23日>.

한편 권상일은 1745년 8월 이맹휴가 만경현령에 임명되었다는 기별을 듣고 그 소회를 아래와 같이 표현했다.

> 이순수[이맹휴]가 만경현령에 제수되었다고 하는데, 이 고을은 생선과 게[蟹]가 나는 곳이라 어버이를 봉양하기에 넉넉할 것이다.[25]

이 말은 의례적 인사 치레가 아니라 빈한했던 이익 집안의 경제적 형편을 간파한 데에서 나오는 일종의 안도감으로 해석할 수 있을 것 같다.

이맹휴는 1748년 원인 모를 병에 걸려 4년을 병고에 시달리다 1751년 5월에 39세로 사망하게 되는데,[26] 사망하기 얼마 전에 이익이 안정복에 보낸 편지에는 절망감이 가득하다.

> 자식의 병이 골수에 깊이 박혀 만 2년이 넘도록 심각한 증상이 사라지지 않고 있습니다. 오른쪽 복부는 곪고 짓물러서 환부가 왼쪽으로 퍼져 가고 있으며, 볼기와 척추 사이에는 두 군데에 걸쳐 종기 구멍이 터졌으니, 그 몰골이 어떻겠습니까. 늙은 내가 밤낮으로 직접 간호하다 보니, 근력이 소진되었고 가산家産도 따라서 탕진되어 약과 음식을 대는 일도 거의 모두 그만두어야 할 상황입니다[27]

이 무렵 권상일 또한 이맹휴에게 치심治心을 통한 회복을 기원하는 격려의 서신을 보냈는데, 이것이 두 사람 사이의 마지막 교유 장면이다.

---

25 權相一, 『清臺日記』, <1745年 8月 26日>.

26 安鼎福, 『順菴集』 卷27, <李萬頃醇叟遺事(壬申)>(1752), "戊辰, 得奇疾, 彌留四載, 辛未五月七日卒. 年三十九."

27 李瀷, 『星湖全集』 卷24, <答安百順(辛未)>(1751).

> 병석에 오래 있다 보면 쉽게 마음의 병이 생기는 법이니, 바라건대 마음을 한가하고 편안한 데 두고 때로 책을 보고, 때로 담론을 하면서 병처病處를 잊어버리고 하루 하루를 보내는 것이 어떻겠습니까? 무릇 병은 몸의 기운이 평리平利하지 못한 데에서 비롯되는 것이므로 치심治心이 곧 치병의 근본이 되며, 심기가 안정되면 작고 하찮은 질병 따위야 어찌 차츰 나아져 회복되지 않겠습니까[28]

이맹휴 사후 권상일은 망인의 '유소초고遺疏草稿'를 입수하는데 부심했고, 1754년 4월 27일 비로소 수령하게 된다.[29] 1753년 이익이 정현로鄭顯老에 보낸 서간에 따르면, 이 유소는 이맹휴의 경세관이 집약된 시무소로서 어전에 상달되지는 못한 것이었다.[30]

> 죽은 아들의 초고草稿[遺疏]는 본래 임금에게 주달하여 세상에 보탬이 되고자 한 것이었으나 결국 올리지 못한 채 세상을 떠나고 말았고, 평소 가까운 사람들이 이를 빌려 달라고 요청하기에 집에 보관해 두지도 못하였습니다. 하지만 한편으로 생각해 보건대, 아들이 가지고 있던 견해들은 그가 세상을 떠났든 생존해 있든 아무런 차이가 없으니, 혹시라도 뜻 있는 사람이 그의 견해를 받아들여 시행해 본다면 내가 본래 뜻한 바를 이룬 것이 될 것입니다.[31]

---

28 權相一, 『淸臺集』 卷9, <與李醇叟>.

29 이맹휴의 저술로는 『蒼臺源流』(1卷), 『春官志』, 『接倭歷年攷』, 『居官錄』, 『居縣錄』, 『經說』, 『禮說』(1卷), 『禮記說』(1卷), 『心遠編』, 『蛾述錄』, 『家傳』, 『碾臼餘錄』 등이 있다(李瀷, 『星湖全集』 卷67, <亡子正郎行錄> ; 李瀷, 『星湖全集』 卷29, <答鄭玄老(甲戌)>(1754)).

30 일부 내용은 이익이 지은 이맹휴 행록에 수록되어 있다(李瀷, 『星湖全集』 卷67, <亡子正郎行錄>).

31 李瀷, 『星湖全集』 卷29, <答鄭持平玄老(癸酉)>(1753).

이익의 표현대로 이 유소는 내용의 중요성을 반영하 듯 차람 요청이 많았는데, 권상일 직전에 이를 빌려본 이는 판서 홍중징洪重徵이었다.

> 죽은 아들의 상소초고[遺疏]와 『거관록居官錄』은 지금 홍상서洪尙書[洪重徵]가 빌려 갔습니다.[32]

권상일은 이 유소를 1754년 4월부터 1757년 9월까지 무려 3년 5개월 동안 차람하다 1757년 9월 6일 밀양 출신의 성호문인 안경점安景漸을 통해 이를 반납하게 된다.[33] 안경점은 청할 일이 있어 안산으로 갔다가 이익의 편지를 전하기 위해 권상일을 방문한 것이었다.

> 안군[安景漸]의 아버지[安信亨]는 이현일의 문인인데, 청할 일이 있어 서울에서 안산으로 갔다가 성호를 뵙고 온 것이다. [성호와]왕래하는 인편이 있다고 하기에 일찍이 빌렸던 고인이 된 정랑 이맹휴의 유소 한 책을 이번 인편에 안군에게 부쳐 보냈다.[34]

이상에서 살펴본 바와 같이, 이맹휴와의 교유는 이익과의 관계의 확장, 강화적인 측면에서 바라볼 여지가 크고, 이맹휴를 통한 윤덕희 액서額書의 수증은 '영남'과 '경남[근기남인]'의 문화적 교류의 실상을 생생하게 보여주고 있다.

---

32 李瀷, 『星湖全集』 卷29, <答鄭玄老(甲戌)>(1754).

33 안경점과 안정복·이익 등 성호학파와의 교유는 김학수, 「安鼎福과 嶺南學人의 교유 - 18세기 중후반 '京南'과 '嶺南'의 지식문화적 交感 - 」, 『장서각』 48, 한국학중앙연구원 장서각, 2022 참조.

34 權相一, 『淸臺日記』, <1745年 9月 6日>.

2) 한광도韓光道 : 근기권 청대문인淸臺門人

권상일의 근기권 교유관계에서 특별히 주목할 대상은 청주한씨 한준겸가의 자손들이었다. 한준겸韓浚謙(1557-1627)은 선조가 영창대군의 보호를 부탁한 '유교칠신遺敎七臣'의 한 사람이자 인열왕후仁烈王后의 부친으로서 인조의 국구가 되었다는 점에서 정치사회적 지위가 매우 높았다. 부친 한효윤韓孝胤이 화담문인 박민헌朴民獻의 문하에서 수학했고, 화담고제 홍인우洪仁祐의 아들 홍적洪迪(1549-1591)이 자형이란 점은 가학의 연원이 화담학으로 소급됨을 의미한다. 그는 임진왜란 당시 류성룡의 종사관으로 활동하는 한편 그 고제였던 정경세와도 긴밀한 교계를 유지했다. 그는 비록 당인으로서의 색채가 비교적 옅었지만 자손들이 남인을 표방하게 되는 배경도 여기서 찾을 수 있다.[35]

한준겸의 자손 가운데 권상일의 교유권에 든 인물은 한덕량韓德良·덕채德采·덕사德師 및 한광도韓光道이다. 한덕사는 1710년 6월 권상일이 과거 응시를 위해 상경했을 때 이미 통교通交한 상태였고, 한덕량·덕채 또한 그 연장 선상에서 교유했던 것으로 보인다. 이런 바탕 위에서 권상일은 한종대의 묘갈명

---

35 아래 자손도에서는 생략하였지만, 한준겸가는 근기남인의 핵심 가문과 혼맥으로 연결되어 있었다. 한종규의 처부 尹爾久는 尹善道의 손자, 한종로·종대·종규의 매부 吳始萬은 숙종조 남인의 영수 吳始壽의 종제, 한덕량의 처부 趙九齡은 趙絅의 從孫이었다. 윤선도·조경 등 '南人4先生'으로 일컬어진 남인의 영수 집안과 척연을 유지하고 있었던 것이다. 나아가 한광도의 조부 韓宗老가 이익의 부친 李夏鎭의 내종형이었으므로 양가 사이에는 선대부터 척연이 있었고, 한종대의 사위 蔡膺仝[蔡彭胤의 아들]은 이익의 아들 이맹휴의 처남이 되는 등 연혼·중혼관계를 맺고 있었다. 이런 맥락에서 이익은 韓德師의 문집 서문 및 묘갈명을 찬술했는데, 특히 '한덕사묘갈명'에서는 徐敬德⇨朴民獻⇨韓孝胤⇨韓浚謙을 통해 체격을 갖춘 한준겸가[柳川家]의 가학전통을 강조함은 물론 한덕사·덕린 등에 의해 조성된 일가학림을 특서한 바 있다(李瀷, 『星湖全集』 卷2, <挽韓直長 德師> ; 卷50, <石隱集序> ; 卷61, <尙衣直長韓公墓碣銘> "韓氏之以學爲範, 自柳陰先生諱孝胤始, 柳陰卽府院君之大人, 學禮於朴樗軒民獻, 花潭徐先生之適傳也. 貽謨垂訓, 以至于公, 培養非一日也. 公有從父弟士昭諱德麟, 亦學道深造士, 心沾沾顯附, 遂同堂講習, 壎唱而篪和, 以孝著聞, 有大小連之稱.).

을 찬술하였는데, 여기서 그는 한덕채를 '구종久從의 벗[從遊最久]'으로 평하며 특별한 친밀감을 표한 바 있다.[36]

韓浚謙 자손도

韓孝胤	⇨百謙						
	⇨浚謙	⇨會一	⇨以成	⇨斗相	⇨宗老	⇨德鳳	⇨光道
						⇨德麟	
						⇨德良	
						⇨德龍	
					⇨宗大	⇨德采	
						⇨女 蔡膺仝	
					⇨宗揆	⇨德師	

한덕사·덕채·덕사와의 관계가 '종유從遊'였다면 이들의 조카 또는 종질인 한광도(1708-1736)와의 관계는 '사제師弟'로 설정할 수 있을만큼 긴밀하면서도 상보성이 컸다. 두 사람의 상견이 이루어진 것은 1719년 4월 17일이었다. 한광도가 서울에서 사환 생활을 하고 있는 권상일을 찾아온 것인데, 당시 그의 나이 12세였다.

> 진사 한덕량韓德良의 조카 수악壽岳[韓光道의 아명]은 고작 12세의 나이로 명례방明禮坊에서 걸어와 배움을 청했다. 정성스러운 마음이 가상하여 받아들이고는 『맹자孟子』, 『당음唐音』을 가르쳤다. 그의 고종사촌 조흥손趙興孫도 함께 와서 배운다.[37]

---

36 권상일에게 청문한 이는 韓德采이고, 그 저본이 된 것은 韓德師가 지은 墓誌였다(權相一, 『淸臺集』 卷12, <處士韓公墓碣銘>, "相一與公之嗣, 從遊最久. 一日持其從兄直長德師所撰墓誌, 來請碣銘, 不敢終辭.")

37 權相一, 『淸臺日記』, <1719年 4月 17日>.

한덕량 등과의 종유관계가 한광도와의 사제관계로 확장되고 있는 장면이다. 한광도로부터 받은 첫인상은 호감好感이었고, 배움을 청하는 정성스러운 태도에서 호학의 자질을 간파했던 것 같다. 한광도가 경제적 어려움을 호소했을 때 동환同患 의식에 바탕하여 구조救助에 부심했던 것도 이런 맥락에서 이해할 필요가 있다.

> 1720년 2월 12일. 수악壽岳[韓光道]이 왔는데, 몹시 근심스러운 기색이 있어 이유를 물었더니, 예전부터 본가에 빚이 300냥이 있었다고 했다. 이는 곧 나라의 돈으로 납부를 독촉받아 재앙의 조짐을 이루 다 표현하기 어려워 온 집안 사람들이 어쩔 줄을 모른다고 했다. 이 말을 듣고 나니 그 절박한 사정이 마음에 걸려 잠을 이루지 못했다.[38]

이튿날인 1720년 2월 12일 권상일은 판서 심단沈檀[39]을 찾아가 100민緡을 빌렸고, 나머지 200민은 다른 곳에서 융통하여 한광도 집안의 국채 상환을 도왔다. 이는 두 사람이 의리로는 사제師弟이지만 정리로는 부자父子에 근접하는 신뢰 형성의 과정으로 포착된다.

> 1720년 2월 13일. 판서 심단沈檀을 보러 갔다. 고향에 내려가면 바로 갚겠다고 하여 돈 100민緡을 빌렸다. 이 집도 매우 가난한데, 우리 둘과 같은 사이가 아니라면 정의가 어찌 이와 같겠는가. 나머지 200민은 별도로 마련하여 수악에게 주어 집안의 군색함을 면하게 했더니, 수악의 모친이 계집종을

38 權相一, 『淸臺日記』, <1720年 2月 12日>.

39 심단은 경제적 기반이 견고했던 尹善道의 외손자였다. 권상일은 심단의 집도 가난하다고 했지만 사실과는 일정한 거리가 있어 보인다. 1675년에 작성된 '尹善道子女和會文記'에 따르면 '沈生員宅衿', 즉 심단의 어머니 몫으로 상속된 전답과 노비가 적지 않다(『古文書集成』 3-海南尹氏篇-, <1675年尹善道子女和會文記>).

> 보내 사례했는데, 도리어 내가 미안할 지경이었다.[40]

이후 권상일은 가끔 명례방 소재 한광도의 집에서 유숙하게 되면서 사제 간의 거리는 좁아졌고, 한광도 또한 학문과 출처 등을 권상일에게 품의하는 등 사師에 대한 믿음이 매우 컸다.

1736년 11월 한광도가 29세로 단명하자 권상일은 제문을 통해 제자를 애도하는 한편 그에 대한 감회를 아래와 같이 기억하고, 또 기록한다.

> 옛날 내가 벼슬을 시작하여 봉상시 근처에 살 때 군은 고작 12세의 나이로 책을 끼고 왔었지. 군의 성독誠篤함을 가상히 여겼고, 총명하고 기이함을 사랑하였더니, 번다한 가르침이 없어도 어느새 경사經史에 박통하였지. 때로는 내게로 와서 온종일 머물다 갔고, 때로는 한 이불을 덮고 잠도 자면서 해가 바뀌도록 행여라도 태만하거나 해이함이 없었지.[41]

권상일은 한광도에게서 학문에의 진지함과 진보의 가능성을 발견하고 마음을 다해 그를 인도했던 것이다. 사망하기 한 해 전인 1734년 9월께에도 한광도는 매일 권상일을 방문했고, 공부의 정밀함으로 스승을 놀라게 하곤 했다.

> 1734년 9월 13일. 제이際而[韓光道]가 날마다 찾아왔다. 옛 글을 본 것이 자못 정밀하여 몹시 기쁘다.[42]

---

40 權相一, 『淸臺日記』, <1720年 2月 13日>.
41 權相一, 『淸臺集』 卷10, <祭韓際而文>.
42 權相一, 『淸臺日記』, <1734年 9月 13日>.

그런 문인의 단명은 권상일에게 큰 상실감을 안겨주었고, 1745년 5월 이장 사실을 접하고는 참았던 슬픔을 다시 한번 표출하게 된다.

> 1745년 5월 1일. 한사록韓士祿이 보러 와서 제이際而[韓光道]의 이장이 초9일로 정해져 모레 옛 묘를 판다고 한다. 목이 메고 슬픔을 견딜 수 없다. 사범士範[韓德良]에게 편지를 쓰고, 초 한 쌍을 제이의 안사람에게 보냈다.[43]

이제부터는 권상일과 한광도 사이의 사제관계의 실상에 대해 살펴보기로 한다. 한광도는 1719년부터 1736년까지 17년 동안 권상일 문하에서 종학했고, 사제간 지적 수수授受는 방문 및 서신 왕래를 통해 이루어졌다. 한광도의 문집은 전하지 않고, 권상일의 『청대집淸臺集』에는 한광도에게 보낸 답서 6통이 수록되어 있다. 17년의 시간에 비해 그 수는 많지 않지만 사제간의 화제話題가 무엇이었는지를 파악하는 데에는 부족함이 없다. 더구나 편지의 왕래 기간인 1729-1734년은 출처出處와 학문을 두고 한광도의 고민이 가장 깊었던 시기이기도 했다.

1726년에 보낸 첫 번째 답서[제1서]의 요점은 독서 및 공부론이다. 한광도는 독서의 범주와 차제를 물었던 것 같다. 이에 대해 권상일은 사심을 제거하고 『중용』을 숙독할 것을 권유했다.[44] 아울러 문장은 소기小技에 지나지 않으므로 경서를 근본으로 하여 주자·퇴계서로 그 외연을 확장할 것을 거듭 강조했다.[45] 결국 그의 가르침은 주희⇨이황으로 이어지는 학문 체계를 주입시키는 데 초점이 있었던 것이다. 그리고 문장에 대한 경계는 과거 욕구에 대한 선제

43 權相一, 『淸臺日記』, <1745年 5月 1日>.

44 權相一, 『淸臺集』 卷9, <答韓際而光道(丙午)>(1726), "昕意袞袞, 讀之可尙. 今人不及古人 只緣多少私意橫生肚裏, 種種病痛. 皆從此發, 賢須澄治此心, 而熟讀庸學, 如何."

45 權相一, 『淸臺集』 卷9, <答韓際而光道(丙午)>(1726), "文章固是餘事, 况詩是文之一小技耶. 經書外, 將朱子退溪兩集, 仔細看讀, 則其受用得力尤緊也."

적 차단으로 읽힌다.

1729년의 두 번째 답서[제2서] 또한 독서 및 공부론에 관한 것이지만 연령의 증가와 공부의 진보를 반영하듯 질문과 대답의 수준이 점차 구체화 되는 느낌이다. 당시 한광도는 22세로 과거를 통한 출사와 '학문學問'의 기로에서 많은 고민이 따랐을 시기였다. 짐작컨대, 한광도는 외물外物에 동요하지 않고 공부에 전일하는 방법, 즉 구습의 병통을 제거하는 요체를 물었던 것 같다. 이에 권상일은 잡서를 배격하고, 경전에 공력을 쏟을 것을 권고했는데, 사마천司馬遷의 『사기史記』나 반고班固의 『한서漢書』도 잡서의 범주에서 자유롭지 못했다. 나아가 권상일은 한광도의 호기적好奇的 기질이 문장의 유혹에 이끌려 도의의 마음을 상실할 수 있음을 경계한다.[46]

문장에 있어서도 의리가 본령임을 확신했던 권상일이 가장 경계한 것은 『사기』나 『한서』 등의 사서史書 및 한유·구양수의 글이었다.

> 저 사마천司馬遷이나 반고班固의 문장은 화려하면서도 웅장하고 기묘한 듯하지만 도리道理를 위배하는 것이므로 읽을만한 것이 못되며, 한유韓愈나 구양수歐陽脩의 경우 성性을 논하면서 저지른 실수는 감히 정자·주자 등 제 군자에 비길 수조차 없으니 공은 어찌하여 정주의 공부를 따르지 않고 저들과 같이 하고자 하는가? … 금일 공부는 매일 유가의 문자를 취해 반복 완미하고, 조존操存·성찰省察의 공정에 더욱 마음을 더하여 유가의 의미意味가 점차 깊어지게 된다면 망념妄念들 또한 점차 경감되어 마침내는 사라져 없어지게

46 權相一, 『淸臺集』 卷9, <答韓際而光道(己酉)>(1729), "靜坐時, 心似喜悅, 而出門接物, 便覺失去者, 此無他. 只是工夫不熟, 中心未能浹洽之故也. 初學安能無此箇病耶. 除却雜書 只將經籍. 今日看讀, 明日看讀, 久久不已, 則頓覺聖賢言語行事. 慣熟於自己心眼之間, 其味無窮, 其樂無涯, 而凡他班馬諸書, 自覺少意味, 有不欲讀矣. 公本來好氣質, 且占得利欲分數不多, 而惟是年少好奇之故, 時有要學文章底心, 侵奪要學道義底心, 纏繞附着, 年歲浸久. 雖欲強勉排去, 而留在丹田一邊, 時復出來, 此是沉痼難醫之疾, 若未服對症之藥而直截欲去, 則將見終不去得而別生他病也."

될 것입니다.[47]

결국 권상일이 경계했던 호기好奇는 사마천·반고·한유·구양수 등 사가 및 문장가들의 위도성違道性이었고, 정주학에 대한 침잠을 통해 본원공부로의 회복을 촉구했던 것이다.

사제의 문답은 과거라는 현실의 문제에 넘어간다. 한광도는 '과거'와 '학문'에 대한 병행 의지가 있었던 것 같다. 이에 대해 권상일은 난색을 표한다. 표면적 이유야 다소 병약했던 한광도의 건강상의 문제를 들었지만 주각住脚이 굳게 정해지지 않고, 입지立志 또한 확고하지 않은 상황에서 과거라는 명예와 이욕의 길에 나아가게 되면 학인으로서의 본체가 훼손될 수 있음을 우려했다.[48] 결국 권상일은 한광도의 응시를 만류하는 가운데 한효윤⇨준겸으로 이어지는 '유천가학柳川家學'의 착실한 계승자가 되어 줄 것을 성원했던 것이다.[49] 아울러 조금의 거리낌 없이 신변상의 고민과 고충을 자신에게 토로하고 의견을 구한 것에 감사했다. 한광도를 근기권 청대문인의 핵심 인물로 상정하는 이유도 여기에 있다.

권상일은 답서의 말미에서 이익에 대한 관심을 표명한다.

성호 이공께서 막 벼슬길에 올라 입성했다고 하는데, 반드시 조용한 가르

47 權相一,『淸臺集』卷9, <答韓際而光道(己酉)>(1729), "彼遷固之文, 雖若侈 麗雄奇, 而違道背理不足觀, 畢竟事業果何如, 至如韓歐, 則果爲彼善而無頭之評, 論性之失, 不敢比擬於程朱諸君子, 公何若不爲此而爲彼耶. … 爲今日工夫, 莫如日取儒家文字. 此是對症之藥 反復玩味, 而尤加意於操存省察之工, 見得此邊意味漸重, 則那箇妄念, 漸漸輕減, 以至於無矣."

48 權相一,『淸臺集』卷9, <答韓際而光道(己酉)>(1729), "而公之住脚, 未能十分堅定, 立志未能十分牢固, 況處聲利場中, 易被人濡染撓奪, 必須簡絶交遊. 或擇其有此邊意思人, 時時談論講磨, 則必有所益矣."

49 權相一,『淸臺集』卷9, <答韓際而光道(己酉)>(1729), "竊看公必欲不失乎家學淵源之傳 不負了直長兄期望之意."

> 침이 있을 것으로 생각됩니다. 이 분은 제가 지금껏 존경해 왔는데, 작년에는 이래 저래 소식을 전하지 못한 터라 편지를 보내 마음을 표하고자 하면서도 아직도 그렇게 하지 못해 안타까워하고 있습니다. 행여 들을만한 말이 있으면 편지로 제게도 전해주시는 것이 어떻겠습니까?[50]

1729년은 한광도가 이익을 종유하면서도 성호문하에 정식으로 입문하지는 않은 시기로 보이는데, 다음 답서에서 권상일은 이익을 찾아가 문업問業할 것을 권유하게 된다.

세 번째 답서[제3서]는 연조가 표기되지 않았는데, 네 번째 답서[제4서]의 연조(1732)를 고려할 때 1729-1731년으로 추정할 수 있다. 이 답서의 요점 또한 과거와 학문의 갈림길에서 고민하는 한광도를 학문의 길로 이끄는데 있다. 다만, 과거에 대한 만류 의식은 전서前書에 비해 다소 누그러져 있다.

편지는 『중용中庸』 공부의 효험을 묻는 것에서 시작하여 과거와 학문이라는 현실의 문제를 건드린다.

> 요사이 과거가 인재를 무너뜨리는 것이 극에 달했다. 총명하고 근독한 수많은 선비들이 죄다 이 길을 따라 나가니 몹시 안타깝고 애석하지만 어떻게 해볼 도리가 없습니다. 그대는 자품資稟과 지조志操가 매우 훌륭한데다 가학의 연원이 있으니 본분 사업에 뜻을 두어 진실로 공부하여 능히 선대의 뜻을 잇는다면 그 얼마나 좋은 일이겠습니까?[51]

---

50 權相一, 『淸臺集』 卷9, <答韓際而光道(己酉)>(1729), "星湖李公, 筮仕入城云, 想必從容誨晤, 斯人素所慕用, 而昨年交違未奉, 欲一書致意, 而尙未果可恨, 幸有可聞之語, 因書示來 如何."

51 權相一, 『淸臺集』 卷9, <答韓際而> "今世科業之壞了人材極矣. 許多聰明勤篤之士, 盡從此路去, 殊可慨惜, 而亦沒奈何. 惟左右資稟志操, 合下甚美, 且有家學淵源, 若留意於本分事, 眞實做去, 克繼先志, 則豈不甚善."

이처럼 권상일은 '가학연원家學淵源', '본분사업本分事業[儒學]', '진실한 공부[眞實做去]'라는 키워드로써 한광도의 진로를 제안하는데 안간힘을 쓰는 한편 과거에 대해서는 다소 타협안을 제시한다.

> 어머니를 모시는 처지에서 자신의 뜻만으로 과거 공부를 폐할 수는 없으므로 반드시 경서經書를 근본으로 삼고 사가史家의 여러 서책들을 보완으로 삼아 나의 견식을 적당的當하게 하고, 의리를 분명하게 한다면 자연히 좋은 문장을 얻게 될 것입니다. … 유가의 사업은 과거를 위한 것이 아니지만 [위와 같이 한다면]과거 또한 저절로 이르게 되는 것이니, 이것이 당연한 이치입니다. 북계北溪[陳淳]와 쌍봉雙峯[饒魯] 두 사람의 설이 매우 타당하면서도 의미가 있어 별지에 베껴 보내니 유의하여 살펴보시는 것이 어떻겠습니까.[52]

권상일은 자신이 그랬던 것처럼 '부모봉양'이라는 현실적 문제를 부정하지 못한다. 자신과 같은 과거 출신이 상대에게 과거의 신중성을 주장하는 것이 모순적이라는 것도 모르지 않는다. 개인적 사정으로 과거를 단념할 수 없다면 경서를 근본으로 삼아 공부하는 것이 과거에도 도움이 될 수 있다는 모호한 논리를 제시하고 있지만 그의 본의가 폐거진학廢擧進學에 있음은 두말할 나위가 없다. 편지의 말미에서 성호문하 입문을 권유한 것은 그런 본의의 우회적 표명으로 읽힌다.

> 성호星湖 이공은 임천林泉에 은거하여 학문에 독실한 나머지 반드시 그 효험이 다른 이들에게 미칠 것이니 자주 찾아가 학업을 질문하면 아주 좋을

52 權相一, 『淸臺集』 卷9, <答韓際而>, "但侍奉下, 似不可任意斷置科工, 須以經書, 爲根本 補以史家諸書. 使吾見識的當, 義理分明, 則自然生得好文辭來. … 蓋儒家事業, 非爲科學 而科學亦自至, 此當然之理也. 北溪雙峯兩說, 甚切當有味, 故別紙寫去, 幸加意覽過如何."

> 듯 합니다. 어진 사우師友 없이 성취한 이가 매우 적을지니 하루를 가서 물으면 반드시 하루의 도움이 있을 것입니다.[53]

권상일의 권유에 의한 것인지는 분명하지 않지만 한광도는 이 무렵부터 이익과 제례·상례 등 의례를 문답하며 학문적 관계를 유지하게 된다.[54] 전서前書[제3서]에서의 가르침과 권유 때문이었을까. 1742년의 네 번째 답서[제4서]부터는 양인의 서신 담론에서 과거는 더 이상 화제로 등장하지 않는다.

> 요즘 연일 『대학』을 읽고 계신다고 하니 참으로 잘하는 일입니다. 주자께서 '나는 대학에 공을 매우 많이 들였는데, 평생의 정력이 죄다 이 책에 모아져 있으며, 『논어』·『맹자』·『중용』에는 그다지 힘을 쏟지 않았다'고 했습니다. … 그대도 이 책을 구원가계久遠家計로 삼는 것이 어떻겠습니까? 읽을 때 모름지기 마음을 비우고 이치를 완미하여 사사로운 마음에 이끌리지 않고 읽은 뒤에라야 성현의 본지를 얻을 수 있을 것입니다.[55]

이 무렵 한광도는 『대학』 공부에 전념하며 독서의 즐거움을 알렸던 것 같고, 권상일은 몹시 기뻐하는 가운데 『대학』을 '구원가계久遠家計', 즉 학문적 가업家業으로 삼을 것을 권장하는 가운데 독서의 방법론으로서 '허심완리

---

53 權相一, 『淸臺集』 卷9, <答韓際而>, "星湖李公, 林居篤學, 必有以及人者, 頻往問業甚好 人無賢師友而能成就者甚尠. 若一日往問, 則當有一日之益也."

54 李瀷, 『星湖全集』 卷29, <答韓際而光道(己酉)>(1729) ; 卷29, <答韓際而(壬戌)>(1742). 여러 정황을 고려할 때, 한광도의 성호문하 입문은 권상일의 권유에 따른 것으로 해석할 수 있고, 최근 강세구는 「星湖門人錄 試案」(『성호학보』 26, 성호학회, 2024)에서 한광도를 성호문인으로 입전하고 있다.

55 權相一, 『淸臺集』 卷9, <答韓際而(壬子)>(1732), "承知連讀大學, 甚善甚善, 晦翁有曰, 某於大學, 用工甚多, 平生精力, 盡在此書, 論孟中庸, 却不費力. … 幸以此一部, 爲久遠家計 如何. 讀時須虛心玩理, 勿把吾私意看去, 然後可得聖賢之本旨."

虛心玩理'를 제안했던 것이다. 이는 한광도의 학업이 본궤에 올랐음을 뜻했고, 그 기저에는 권상일의 부단한 권계勸誡가 자리하고 있었다.

이제 한광도는 권상일을 향한 비방의 목소리를 전하는 데에도 스스럼이 없었다. 1732년 3월 권상일은 김일경金一鏡을 역적으로 호칭하지 않고 관작명을 불렀다는 이유로 탄핵된 김정金侹의 무고함을 주장하는 상소를 올렸다가 방자한 행위로 규탄받은[56] 일이 있었는데, 비방의 목소리는 이 사건에 따른 일각의 비난을 지칭한다. 피차간의 시비를 떠나 권상일은 한광도의 전언에 귀를 기울였는데,[57] 이는 사우師友 책선의 한 장면으로 포착된다.

이후 한광도는 '허령설虛靈說'과 관련하여 문답하는 한편 사망하기 두 해 전인 1734년에는 학업에 전념할 수 없는 고충을 토로하기도 했다. 전술한 『청대일기』(1734.09.13.)의 기사가 대변하듯 이 무렵은 권상일의 유경留京 때마다 매일 방문하여 식견의 정밀함으로써 지적 기염을 토하던 때였다. 그는 학문적 진보를 자각하는 상황에서 불가피하게 밀려드는 번다한 가무家務에 큰 압박감을 느꼈던 것 같고, 권상일에게 그 해법을 자문했던 것이다. 당시 한광도는 청주한씨 유천종가柳川宗家의 종손이라는 종족적 지위로 인해 대가족을 책임져야 하는 위치에 있었다. 권상일로서도 특별한 묘책은 없었던 것 같다. 범론적 형식에 위로의 성서를 담은 대안을 제시할 수밖에 없었던 이유도 여기에 있다.

> 가사를 처리할 때는 마음을 일에 집중시키고, 서책을 읽을 때는 마음을

56 『英祖實錄』, <英祖 8年 4月 12日(己亥)>.

57 權相一, 『淸臺集』 卷9, <答韓際而(壬子)>(1732), "眎來時謗, 向已略聞, 平生拙於持身, 謹於避嫌, 杜門自守, 少與人干涉, 故人亦不爲是非矣. 不幸輕罹世累, 妄論時政, 博取無限嘲謗, 其不察實事而謗之者, 固無足恠, 而秖緣素不見信於人, 有以致此, 自聞此報以來, 驚懼愧赧, 不覺流汗之沾背."

> 책에 집중해야 합니다. … 가무家務가 비록 번다하지만 그 틈을 살려 독서하되, 두 세장씩 일과로 정해 완역玩繹하고 온습溫習하면 저절로 얻는 바가 있을 것입니다. 하물며 학문을 하는 것은 오로지 독서에만 달려 있는 것이 아니고 일상에서의 삶과 사람을 만나면서도 그것이 의인지 아닌지를 잘 가려서 대처할 수 있으면 그 또한 실로 궁리의 한 방편인 것입니다.[58]

한광도 또한 특별히 묘책을 구하려 했던 것 같지는 않다. 그가 전하고자 했던 것은 자신이 당면하고 있었던 현실의 암울함이었고, 그런 상황의 공유를 통해 정신적 위안을 얻는 것에 더 큰 주안점이 있었던 것으로 풀이된다. 그렇다면 이러한 의사소통을 가능케 했던 동력은 무엇인가? 그것은 '상호신뢰' 한 단어로 정리할 수 있다. 이후 더 이상의 서신 왕래는 이루어지지 않았고, 1736년 11월 한광도가 사망함으로써 사제관계 또한 일단락되었다.

그럼에도 두 사람의 관계는 18세기 초반 영남남인과 근기남인의 학문적 교유 양상을 세밀하게 들여다 볼 수 있는 창으로서 손색이 없다는 것과 전통적인 사환가의 자제를 학문의 장으로 인도하여 착근시키는 권상일의 학자적 역량을 확인하는 역사적 장면이라는 것에 큰 의의가 있다.

3) 홍중인洪重寅·홍유한洪儒漢 : 화담연원花潭淵源과의 문헌文獻 및 문자文字 교유

권상일이 교유했던 근기남인 가운데 문벌적 기반이 가장 견고했던 것은 풍산홍씨 홍이상가洪履祥家였다. 권상일과의 교유관계를 형성했던 인물은 6

58 權相一, 『淸臺集』 卷9, <答韓際而(甲寅)>(1734), "酬應家事時, 心一於事, 看讀書冊時, 心一於書. … 家務雖煩, 擇其閒隙讀書, 而以二三章, 定作日課, 玩繹溫習, 則自有所得矣. 況爲學不專在讀書, 雖日用常行酬應事物上, 審擇其合義與否而處之, 實爲窮理之一端."

자 홍탁洪靃의 증손 홍중인洪重寅(1677-1752)·중징重徵(1682-1761), 장자 홍방洪霶의 5세손 홍유한洪儒漢(1726-1785)이었다.

이미 잘 알려진 바와 같이, 홍이상은 화담문인 민순閔純의 문하에서 수학한 전형적인 화담학통이었다. 한때 남명문인 최영경崔永慶을 종유한 바 있지만 민순을 신명神明처럼 섬겼다는 말이[59] 대변하 듯 사승관계의 기축機軸은 서경덕⇨민순으로 이어지는 화담학통이었다. 1612년 개성유수 재임 때 서경덕을 위해 화곡서원의 건립을 주선하고,[60] 민순의 봉안문을 직접 찬술한 것은[61] 연원의식의 구체적 표명이었고, 1688(숙종 14) 고양의 문봉서원文峯書院에 민순과 함께 제향됨으로써[62] 행촌문하 고제로서의 위상을 확고하게 다졌다.

학통을 고려할 때, 홍이상은 동인에 속했지만 그 자손들은 서인과 남인으로 분화했다. 장자 홍방洪霶 및 6자 홍탁洪靃 계통은 남인이었고, 4자 홍영洪霙 계통은 서인[노론]을 표방했는데, 정조의 외조 홍봉한洪鳳漢은 홍영의 현손이 된다.

남인계 중에서도 가장 현달한 인물은 숙종-경종조에 한성판윤·형조판서·좌참찬 등을 역임했던 홍만조洪萬朝(1645-1725)였다. 그는 선조부마 길성위吉城尉 권대임權大任의 손서로 탁남의 영수 오시수吳始壽와는 동서간이었고, 자손들 또한 신후재가申厚載家, 권흠가權歆家, 목래선가睦來善家, 윤선도가尹善道家 등과 혼맥을 맺음으로써 숙종-영조연간 근기남인의 구심점으로 부상하게 된다.

59 洪履祥, 『慕堂集』 附錄, <贈大匡輔國崇祿大夫議政府領議政兼領經筵弘文舘藝文舘春秋舘觀象監事世子師 行嘉善大夫司憲府大司憲兼同知春秋舘事世子左副賓客府君言行錄>, "二十歲後, 始爲向學而未知其要, 與親友往拜於杏村閔先生門下, 先生知誠心爲己, 卽教以大學書, 至於小註盡爲受讀, 句句致力, 無一字閑過, 且學存心靜養之義, 用盡心力. … 從遊於守愚, 卽崔永慶 門下, 而專意杏村, 如事神明." ; <行狀> "公學於杏村閔先生, 而杏村之學, 出於花 潭徐先生, 其學問淵源, 有自來矣."

60 洪履祥, 『慕堂集』(上), < 花潭謁廟有感> ; 『慕堂集』(下), <開城府啓辭 壬子留守時>.

61 洪履祥, 『慕堂集』(下), <習靜先生位版奉安祭文 姓閔諱純字景初號杏村 官至掌令通禮>

62 朴世采, 『南溪集』 卷70, <高陽文山書院奉安四先生祠祭文(戊辰)>.

여기에 3자 홍중인이 이익·권상일과 교유하는 등 학문적인 두각을 드러냄으로써 홍만조 일가가 남인사회에서 차지하는 위상은 더욱 높아졌다. 홍중인·중징 형제의 요청으로 이익이 홍만조의 '묘갈명'을,[63] 이현일李玄逸의 문인으로 영조조 영남남인을 대표했던 조덕린趙德鄰이 묘지명을[64] 찬술한 것도 이런 맥락에서 이해할 필요가 있다.

洪履祥 자손도

洪履祥	⇨霶	⇨柱一	⇨萬始	⇨重叙		
				⇨重明	⇨昌輔	⇨儒漢
	⇨雲					
	⇨霙					
	⇨霎				⇨鳳漢	⇨女 莊祖
	⇨霔					
	⇨靏	⇨柱文				
		⇨柱天	⇨萬元			
			⇨萬朝	⇨重亨[佐郎]		
				⇨重休[校理]		
				⇨重寅[都正]		
				⇨重徵[判書]		

먼저 홍중인·중징 형제와의 교유가 확인되는 것은 1748년 정월이다. 당시 권상일은 승지에 재직하고 있었고, 어가 호종 또는 능침 봉심에 따른 관복 등을 홍중징에게 스스럼없이 빌리는 것에서 그 친밀도를 가늠할 수 있다.

63 李瀷, 『星湖全集』 卷61, <判敦寧府事貞翼洪公墓碣銘>.

64 趙德鄰, 『玉川集』 卷14, <崇祿大夫判敦寧府事兼判義禁府事知春秋館事世弟左賓客晚退堂洪公墓誌銘>.

① 1748년 1월 17일. 내일 어가를 호종할 때 필요한 여러 가지 물품과 조복朝服·흑포黑袍를 영해부사 홍석여洪錫余[洪重徵] 영공에게 빌렸다.[65]

② 1748년 1월 29일. 서둘러 아침을 먹고 홍석여 영공에게 천담복淺淡服을 빌려 능침을 봉심하는 길을 나섰다.[66]

권상일이 지적 담론에 갈급했던 대상은 형 홍중인이었다. 홍중인은 다른 형제들과는 달리 충주에 거처를 마련하여 독서와 저술에 전념하여 『아주잡록鵝洲雜錄』, 『사칠변증四七辨證』, 『동방시화東方詩話』 등의 저술을 남겼다. 이익 또한 그의 묘갈명에서 이 부분을 강조하여 서술하는 한편 만년에 이르도록 후진 양성에 주력하여 석덕碩德을 뜻하는 '영광靈光'이라는 예칭까지 얻은 사실을 특서하고 있다.[67] 뿐만 아니라 이익은 『아주잡록鵝洲雜錄』에 대해서는 '저술의 중립적 태도'를 극찬했고,[68] 『사칠변증四七辨證』에 대해서는 '종기를 빼내 듯 시원스럽고 순정醇正한 이치로 귀결시킨 역저'[69]로 평가했다.

홍중인의 여러 저술 중에서도 권상일이 가장 큰 관심을 보인 것이 『아주잡록鵝洲雜錄』이었다. 107권 47책에 이르는 이 저술은 선유들의 문집 및 기타 저술에서 정치 및 사문斯文의 중요 사안을 뽑아서 편찬한 당론서 계열의 역사 총서라 할 수 있다. 인용 문헌은 16-18세기에 편간된 문집 및 잡록으로 『동고집』·『남명집』·『율곡집』·『서애집』·『우득록』·『퇴문제자록』·『우복집』·『우암집』·『삼연집』·『명곡집』 등 100종에 이르며, 초록의 대상은 정치적 견해

---

65 權相一, 『清臺日記』, <1748年 1月 17日>.

66 權相一, 『清臺日記』, <1748年 1月 29日>.

67 李瀷, 『星湖全集』 卷61, <敦寧府都正洪公墓碣銘 幷序>.

68 李瀷, 『星湖全集』 卷6, <挽洪都正亮卿 重寅>, "軌範承家留寶樹, 風儀溢世看春楊, 鵝洲錄上秤衡, 會有眞心識大方見."

69 李瀷, 『星湖全集』 卷54, <四七辨證跋>, "若拔疔括瞙, 一歸於順正, 卽吾學之一幸也.". 이익과 홍중인은 理氣說 등을 주제로 서신 토론을 벌인 바 있다(李瀷, 『星湖全集』 卷15, <答洪亮卿 重寅(庚午)>(1750), <答洪亮卿>).

입장이 피력된 상소·차자·서간·행장·일록 등 다양하다.[70]

홍중인이 『아주잡록鵝洲雜錄』을 편찬한 배경에 대해서는 이익이 그의 묘갈명에서 약간 언급한 바 있다.

> 당파가 출현한 이후로 기록들이 서로 몹시 편향된 것으로 여겨 양측의 기록에서 취사하였으니, 『아주록鵝洲錄』 30권이 그것이다.[71]

즉, '당론에 매몰되지 않는 정치평론서의 편찬'이 저술의 동기였던 것이다.[72] 후술하겠지만, 이익이 홍중인의 만사에서 언급한 '형평을 얻은 견해[枰衡見]'라는 평가는 권상일로부터도 일정한 동의를 얻게 된다.

권상일에게 『아주잡록』을 차람할 수 있는 계기가 마련된 것은 1748년이었다. 서울을 왕래하던 인편을 통해 조만간 『아주잡록』 아홉 권을 보내올 것이라는 기별을 접한 것은 1748년 윤7월 19일이고, 저자에게 회송한 것은 1752년 2월 1일이었다. 짐작컨대, 총 아홉 권 분량에서 일부분씩 순차적 반납이 이루어졌던 것 같다.

> 1752년 2월 1일. 도정 홍양경洪亮卿[洪重寅]에게 답장을 쓰고, 『아주록』 두 권도 함께 보냈다.[73]

3년 6개월을 상회하는 차람 기간 동안 권상일은 『아주잡록』을 충분히

70 장서각 소장 『鵝洲雜錄』의 청구기호는 K3-650이고, 자세한 내용은 '디지털장서각', <鵝洲雜錄> 해제 참조.

71 李瀷, 『星湖全集』 卷61, <敦寧府都正洪公墓碣銘 幷序>, "嘗謂黨立之後, 記載偏頗, 遂取舍於其間, 有鵝州錄三十卷."

72 이익은 『아주잡록』의 분량을 30권으로 기술했는데, 현존하는 107권 47책과는 큰 차이를 보인다. 이에 대해서는 추가적인 검토가 요구된다.

73 權相一, 『淸臺日記』, <1752年 2月 1日>.

검토할 수 있는 기회를 가졌던 것으로 보인다. 아래 서간은 『아주잡록』을 차람하던 초기에 보낸 것이지만 권상일의 인식을 이해하는 데에는 부족함이 없다.

> 『아주록』은 겨우 한번 정도 보았을 뿐입니다. 아프지 않으면 손님을 맞이하느라 자세하게 검토할 수가 없었습니다. 책 머리의 부표付標한 말은 참작하기가 매우 좋습니다. 당론이 생긴 이래로 피차를 막론하고 현철賢哲하거나 크게 드러난 인물조차도 자기 편이 아니면 지나치게 배척하고 자기 편이면 애써 두둔함으로써 공평公平하고 관화寬和한 논의가 사라진 것을 개탄스럽게 생각했습니다.[74]

권상일은 『아주잡록』을 당동벌이黨同伐異의 폐습으로부터의 탈피를 추구한 저술로 평가하고 있는데, 이는 이익의 평론과 궤를 같이하고 있다. 권상일의 논평은 여기서 한 걸음 더 나아간다. 그는 이 답서의 말미에서 '사칠록四七錄[四七辨證]'의 차람을 요청하는 가운데 『아주잡록』의 의의를 아래와 같이 논평한다.

> 두 책자는 말씀하신 바에 따라 영손令孫 편에 부쳐드립니다. 아직 얻어 보지 못한 것이 8-9권이고, 그 가운데 사칠록은 더욱 일람하고 싶지만 길이 멀어 빌리기가 어려운 것이 아쉬울 따름입니다. 영공의 이 저술[『아주잡록』]은 세교에 크게 도움이 되고, 장래에 논의가 귀정歸正되려면 마땅히 백세의 뒤를 기다려야 할 것입니다.[75]

74 權相一, 『淸臺集』 卷7, <答洪良卿>.
75 權相一, 『淸臺集』 卷7, <答洪良卿>.

권상일은 『아주잡록』을 논의의 공정성에 바탕하여 세교世教를 부식扶植할 만한 저술로 받아들였던 것이다.

홍중인이 사망한 것은 1752년 12월 20일이었다. 『아주잡록』을 회송한지 10개월 뒤였다. 1753년 2월 8일 부음을 뒤늦게 접한 권상일은 이날 일기에 '졸기' 형식의 기사를 남긴다.

> 1753년 2월 8일. 전번에 자순子循[李達中]을 만나 들으니 원주 홍양경 영공이 지난해 12월 20일에 별세했다고 한다. 몹시 슬프다. 그는 『아주잡록』 외에 『변의록辨疑錄』 한 책을 지었는데, 안방준安邦俊이 날조하고 무고한 말을 낱낱이 밝혀 변파했다고 한다.[76]

당론의 시대에도 저술의 공정을 기하려 했고, 두찬杜撰에 대해서는 변파를 서슴지 않았던 홍중인의 학자적 식견과 용단에 깊은 신인信認을 보내고 있다. 안방준의 날조와 무고는 성혼成渾과 이이李珥의 변무서인 『혼정편록混定編錄』(18권 10책)으로 추정된다. 당시만해도 이 저작은 미간행 고본稿本이었으며, 1773년에 초간된 『은봉전서隱峯全書』에 수록되기에 이른다.

권상일과 홍유한과의 만남은 1747년 11월 서울에서 이루어졌다. 당시 권상일은 근기남인계 자제들과의 수응酬應으로 분주한 나날을 보내고 있었는데, 홍유한도 그 가운데 한 사람이었다.

> 양재 찰방을 비롯하여 서소문 밖에 사는 벗들인 이유태李惟泰·규태奎泰, 홍유한洪儒漢, 박춘우朴春雨 등이 보러왔다.[77]

---

76 權相一, 『淸臺日記』, <1753年 2月 8日>.
77 權相一, 『淸臺日記』, <1747年 11月 21日>.

이때까지도 초면인 탓에 홍유한이 어떤 사람인지 알지 못했는데, 조중보趙重普의 귀뜸은 홍유한을 이해하는 매우 살가운 정보가 되었다.

> 규보奎輔[趙重普]의 말을 들어보니, 홍유한 군은 나이가 고작 스무 살에 지나지 않았지만 해박하기가 이를 데 없다고 한다. 중국과 일본·유구의 산천과 길의 이수里數를 자세히 안다고 하여 물어본 즉, 묻는 족족 대답했다고 한다.[78]

홍유한은 효행으로 1724년 정려를 하사받고, 1726년 지평에 추증된 홍중명의 손자였다. 홍중명의 효행 사실은 아들 홍창보(1679-1757)가 편찬한 『문혈록扙血錄』에 자세하게 수록되어 있으며, 그 발문을 쓴 이형상은 홍중명의 지우였다.[79]

홍창보는 뚜렷한 사회적 직함을 갖지는 못했지만 이익·안정복 등과 친교가 있었다. 특히 이익은 홍중명의 '효자정려기'와 홍창보의 '묘지명'을 찬술했는데,[80] 그 표제에서 '독행홍공篤行洪公'이라 한 것을 보면 홍창보의 행의를 족히 짐작할 수 있다.

이익은 홍유한과도 교유하는 과정에서[81] 학식과 사람됨을 잘 알고 있었다. 1757년 홍창보의 초상 때 지은 만사에서는 '뭇 사람들이 인정하는 어진 아들이 있다'고 했고,[82] 윤동규尹東奎에게 보낸 서간에는 홍유한에 대한 강한 신뢰가 투사되어 있었다.

78 權相一, 『淸臺日記』, <1747年 11月 21日>.
79 李衡祥, 『甁窩集』 卷13, <題扙血錄後>.
80 李瀷, 『星湖全集』 卷53, <洪孝子旌閭記> ; 卷64, <篤行洪公墓誌銘>.
81 李瀷, 『星湖全集』 卷4, <別洪士良 儒漢> ; 卷5, <謝洪士良寄唐柚子> ; 卷32, <答洪士良 (壬申)>(1752).
82 李瀷, 『星湖全集』 卷6, <挽洪聖文 昌輔>, "有子稱賢人不間, 無營得壽世爭欽."

> 나의 벗 홍유한洪儒漢은 나와는 오래 사귄 사람입니다. 원래 아름다운 자질을 타고났으니 다른 사람이 이끌지 않아도 과거에 응시할지 여부를 그가 어찌 스스로 유념하지 않겠습니까.[83]

홍유한은 1747년 11월 21일 권상일과 상견하기가 무섭게 문자 청탁을 위해 다시 찾아오게 된다. 『문혈록抆血錄』의 재발再跋을 받기 위해서였다. 이익에 비견되는 권상일에 대한 신뢰가 청문으로 이어졌고, 초발初跋의 찬자가 권상일과의 교계가 깊었던 이형상이라는 사실도 고려된 측면이 있었다.

> 완계浣溪 이명경李明卿이 일찍이 효자 홍공의 실기를 언급하면서 병와옹甁窩翁[李衡祥]이 홍공을 지기知己의 벗으로 삼아 오래도록 서로 존경했다고 한다. … 정묘년(1747) 겨울 서울의 서문 밖에 우거하고 있을 때 홍공의 손자 유한惟漢[儒漢의 오기]이 『문혈록抆血錄』 한 질을 받들고 왔다. … 병와옹이 또 명銘과 지誌를 찬술하여 그 행적을 빠트림 없이 자세하게 담았으니, 망우亡友를 저버리지 않았다고 할만하다. 어진 아들이 있어 그 뜻을 능히 잇고, 손자 또한 박흡博洽하여 장래의 희망이 있으니, 이 모두 가상히 여길만하다. 이런 뜻을 권말에 삼가 기록하여 세상의 아들된 이들로 하여금 본받는 바가 있게 하고자 한다.[84]

권상일은 홍유한을 전도가 유망한 박흡博洽한 지식의 소유자로 인식하고 있었고, 이런 평가는 이익·조중보 등 근기학인들과 궤를 같이하고 있다. 비록 홍유한과는 학문적인 담론은 없었지만 상견 및 문자 교유를 통해 돈독한 관계를 유지했다고 할 수 있다. 어떤 측면에서 홍유한과의 관계 또한 이익을

---

83 李瀷, 『星湖全集』 卷21, < 答尹幼章(庚辰)>(1760).
84 權相一, 『淸臺集』 卷11, <書抆血錄後>.

비롯한 성호문파와의 교유라는 틀 속에서 바라볼 수 있는 여지가 컸고, 그것은 권상일 개인을 넘어 '경남'과 '영남'의 활발한 연대와 제휴의 구체적 장면이라는 점에서 의미를 부여할 수 있다.

4) 이익희李益熙 : 퇴계학退溪學에 대한 지적 공감

이익희는 선조의 7자 인성군 이공李珙의 현손으로 종실가의 자제였다. 증조 해원군 이건李健은 1628년 1635년까지 제주에서 유배생활을 하며 인정과 물태를 적은 '제주풍토기'의 저자로도 잘 알려져 있다.[85]

이익희는 이서의 문인으로 이익·권상일과는 종유관계에 있었던 것으로 파악된다. 인성군 사건 때 정온鄭蘊이 전은론全恩論을 주장하고, 류석柳碩 등이 그의 신구를 위해 적극 노력한 점을 감안할 때,[86] 이 가계가 남인계로 편입되는 것은 자연스런 수순으로 읽히고, 숙종조 남인정권의 당로자로서 이조판서를 지낸 민점閔點의 손자 민언겸閔彦謙이 이익희의 고모부라는 점 또한 근기남인에서의 위상을 잘 보여주고 있다. 이 가계의 또 다른 특징은 영남과의 혼맥인데, 이익희의 조모[조부 花昌君 부인]가 바로 상주 출신인 노경명盧景命의 딸이었다. 즉 해원군은 노수신의 증손 노경명과 친교가 깊었고, 그 연장 선상에서 그 딸을 자부로 맞았던 것이다.[87] 따라서 이익희에게 상주는 조부의

85 李健, 『葵窓遺稿』 卷11, <流竄記>, <濟州風土記>. 이건은 효종의 명으로 폐질에다 후사까지 없었던 백형을 대신하여 인성군의 종통을 물려받은 인물이기도 했다(權尙夏, 『寒水齋集』 卷31. <海原君 健 墓表>, "長兄有廢疾無子, 仲兄出爲順和君後, 孝廟特循郡夫人宿願, 以公承宗事, 公涕泣固辭不得命, 憂吉, 以海原正襲封爲君."). 이건의 제주 유배생활에 대해서는; 노춘수, 「海原君 李健의 流配를 통해 본 조선후기 宗親의 존재 양상」, 『한국서원학보』 17, 한국서원학회, 2023 참조.

86 김학수, 「진주유씨 청문당가淸聞堂家의 정치·사회·문화적 존재양상 : 조선 후기 근기남인가近畿南人家의 굴절과 명암」, 『성호학보』 21, 성호학회, 2019.

87 盧景命도 해원군 만사에서 이 부분을 언급한 바 있다(李健, 『葵窓遺稿』 附錄, <輓詞>(盧景命), "那知不敎膝下戇, 又作君家冢子婦, 相親不啻托朱陳, 泛愛還蒙惜衰朽.").

처향이라는 연고가 있었던 것이다.

전술한 바와 같이 이익희는 이서의 문인이었다. 이익 또한 그를 옥동문인으로 기억했고, 자신과는 '사칠설四七說'을 주제로 열띤 토론을 펼쳤던 학우로 기록하고 있다.[88] 뿐만 아니라 이익은 이익희를 통해 이식李栻이 전설[堂室銘]을 수정한 사실을 인지하는[89] 등 학계의 동향과 관련해서도 양질의 정보를 얻을 수 있다. 이런 맥락에서 그는 이익희를 익우로 인식했고, 사우간의 서간에서도 그에 대해 호평하며[90] 깊이 신뢰했던 것이다.

『청대일기』에서 이익희는 1745년 5월부터 1747년 4월까지 약 2년 동안 4회 포착된다.[91] 기사도 '답장을 썼다', '안부편지를 받았다', '한나절 동안 대화했다', '조용히 대화하였다' 등 매우 소략하여 관계의 실상을 파악하는데 한계가 있다.

다행스럽게도 『청대집』에는 이익희에게 보낸 서간이 실려 있다. 비록 두 통에 불과하지만 이들이 서로에게서 확인하고자 했던 것이 무엇이었는지 파악하는 데에는 부족함이 없다. 두 서간의 시점은 1745년 무렵이고, 왕래된 공간은 서울이었다. 이익희와의 지적 대화는 '퇴계학적 공감'으로 요약할 수 있다.

> 저는 품성이 졸렬하여 평생 동안 합치됨이 적어 비록 사문의 숙덕宿德인 성호옹星湖翁과 같은 분과도 논변을 거듭하던 중 서로 어긋남이 많았습니다.

---

88 李瀷, 『星湖全集』卷6, <挽汝謙>, "玉洞先醒門下士, 金枝後裔意中人, … 四七書留和淚閱 歸鴻社藁摠傷神."

89 李瀷, 『星湖全集』 卷19, <答尹幼章尹源明東箕庚申>.

90 李瀷, 『星湖全集』卷17, <答洪敍一>, "然李斯文汝謙舊故中可人, 執事無此行, 幾乎爲失人矣. 日與周旋, 歡洽可掬, 恨不得旁聽其緖論也."

91 權相一, 『淸臺日記』, <1745年 5月 9日>, <1745年 5月 13日>, <1747年 3月 28日>, <1747年 4月 18日>.

의리는 무궁하여 자신의 견해만을 옳다고 할 수 없어 늘 개탄스럽고 답답한 마음이었습니다. 다행스럽게도 집사를 만나 편언片言조차도 자연스럽게 합치되니 어찌 큰 행운이 아니겠습니까. … 가만히 살펴보건대, 우리 동방의 학인들은 모두 퇴도 선생을 존경하지만 선생의 마음으로 마음을 삼고, 선생의 도로 도를 삼지 않는다면 이는 제대로 존경하는 것이 아닙니다. … 삼가 바라건대, 자신이 들은 것만을 높이고, 자신이 아는 것만을 고수하는데 마음을 두지 말고 다른 이들까지 이끌어서 하나로 귀일되게 한다면 또한 어찌 후학들에게도 다행스러운 일이 아니겠습니까.[92]

여기서의 '합치'는 '사칠설'을 지칭하는 것으로 파악된다. 이익과의 견해 차이를 조금도 좁히지 못한 상황에서 옥동문인 이익희와의 지적 합일은 권상일에게 큰 위안과 자신감을 심어주기에 충분했다. 이 연장 선상에서 두 사람은 오행설에 대한 토론을 이어가는[93] 가운데 1745년에는 권상일이 이익희의 저작 '분합론分合論'에 깊은 관심을 표명하는 등 학문적 수수授受 관계가 매우 긴밀했다.

'분합론分合論' 한 편을 지금 보낸 아이 편에 부쳐주시는 것이 어떻겠습니까? 마땅히 자세하게 살펴본 뒤에 제 소견을 말씀드리겠습니다.[94]

이 외에도 두 사람 사이에는 담론이 더 지속되었던 것으로 짐작되지만 자료의 한계로 인해 더 이상의 추적은 여의치 않다. 앞에서 분석한 황운대가 이익의 입론에 바탕하여 권상일을 향한 다소 비판적인 논담을 펼친 반면

---

92 權相一, 『淸臺集』 卷9, <與李汝謙益熙>.
93 權相一, 『淸臺集』 卷9, <與李汝謙益熙> '別紙'.
94 權相一, 『淸臺集』 卷9, <答李汝謙益熙(乙丑)>(1745).

이익희는 권상일의 입론에 동조함으로써 결과적으로 '퇴계학설'을 순용順容하는 입장을 견지했음을 알 수 있다.

5) 유발柳發·유래柳徠·이한눌李漢訥 등 제 근기권 학인 : 근기남인계 학인의 지적知的 온축에 대한 응시와 수렴

근기권 인사 가운데 주목할 인물로는 유발·유래·이한눌 등 10여 명을 꼽을 수 있다. 유형원·유명현·이수광·조경·정중휘·이덕형·이성중·오광운·허후가 등 17-18세기 근기남인 핵심 집안의 자제들이라 할 수 있다.

유발柳發과의 만남은 1748년 2월 21일 서울에서 이루어졌다. 그는 유형원의 증손이었고, 조부 유하柳昰는 영남의 김천 만력동萬曆洞으로 낙향했던 배상유裵尙瑜의 사위였다. 유형원가는 배상유와의 척분 외에도 영남과의 관계가 깊었는데, 유하가 이현일에게 반계수록의 서문을 청하는 과정에서[95] 갈암문인이 된 것이 이를 반증한다.

> **권상일의 기타 근기권 교유인**
>
> - 柳發 : 柳馨遠 증손
> - 柳徠 : 柳命賢 아들
> - 李漢訥 : 李睟光 현손
> - 趙悳·趙愬 : 趙絅 현손
> - 南顯老 : 南翊 현손

95 李玄逸, 『葛庵集』 卷20 <遁庵柳公隨錄序>, "己巳秋, 余在京師, 公之胤子昰復申裵君之請 謂玄逸盍序其書而傳之. 玄逸不敢當, 而念裵君今不可見, 而柳君之請甚勤, 亦不得辭也. 於是論其梗槩, 附于書首, 以告後之觀者."

- 鄭恒齡 : 鄭尙驥 아들
- 鄭運熙 : 鄭重徽 손자
- 李光國 : 李德馨 5세손
- 李興慶 : 李誠中 6세손
- 吳大益 : 吳光運의 아들_채제공 처부
- 柳德中 : 柳夏曾의 아들
- 許槮 : 許厚 현손

유발과의 대담에서 화두도 등장한 것은 역시 『반계수록磻溪隨錄』을 비롯한 유형원의 제 저술이었다.

> 도제동 진사 유발柳發이 찾아왔다. 이 사람은 반계 유형원의 후손이다. 반계공은 『반계수록』 13권이 있는데다 평소에 저술한 것이 많아 무려 70여 권이나 된다고 했다.[96]

물론 『반계수록』 간행과 관련해서는 유발이 이익과 상의하여 진행했다. 이 과정에서 이익은 이를 개혁석 장안創案으로 극찬하며[97] 서문까지 찬술하게 된다.[98] 따라서 『반계수록』 간행에 따른 제반 절차와 양식은 이익 등 성호 문파에 의해 갖추어졌다고 할 수 있다.

그럼에도 유발이 권상일에게 간행 계획을 통지한 것은 어떻게 해석할 수 있을까?

---

96 權相一, 『淸臺日記』, <1748年 2月 21日>.
97 李瀷, 『星湖全集』 卷16, <答柳判官(戊寅)>(1758).
98 李瀷, 『星湖全集』 卷50, <磻溪隨錄序>.

> 유발이 보내온 편지를 받았다. … 사재를 모아 내년(1758) 2월 초1일에 주자鑄字를 써서 간행을 시작할 계획이라 한다.[99]

이것은 권상일 개인에 대한 통지를 넘어 '유형원과 배상유', '이현일과 유하'를 통해 구축된 대영남對嶺南 공조관계에 대한 존중으로 해석할 수 있다. 즉, 당시 영남의 대표적 학자·관료로서 이익과도 친교가 깊었던 권상일에 대한 통지는 곧 대 영남 공지로 간주할 만한 대표성을 확보했다고 볼 수 있는 것이다.

유래는 이른바 '목민류睦閔柳3가'로 일컬어지며 탁남濁南의 주축을 이룬 진주유씨 집안의 자제였다. 부친 유명현도 정치적 역할이 컸지만, 특히 백부 유명천은 숙종조 두 차례의 남인정권에서 매우 높은 위상을 점했던 인물이다.[100] 이현일과 함께 17세기 남인학계를 이끌었던 정시한丁時翰은 그의 고모부였고, 18세기 문단 및 예단의 거장이었던 강세황姜世晃은 질서였으며, 이익의 문인으로 『성호언행록星湖言行錄』을 찬술한 유경종柳慶種[1714-1784]은 조카였다.

이 집안은 서울 명례방明禮坊의 경제京第와 안산 부곡釜谷의 향제鄕第를 이원적으로 경영하였으나 18세기 이후로는 안산에 대한 비중이 높아졌다. 특히, 일문의 종가로 기능했던 부곡의 청문당淸聞堂은 이른바 '만권당'으로 불릴 만큼 규모의 방대함에 더해 귀중본 서책이 많았다. 이 진장珍藏들을 가장 잘 활용한 것은 이익이었다. 청문당 장서를 성호학의 육성과 진작이라는 관점에서 바라보게 되는 이유도 여기에 있다.

---

99 權相一, 『淸臺日記』, <1757年 11月 13日>.

100 김학수, 「진주유씨 청문당가淸聞堂家의 가계와 정치·사회·문화적 전개 : 조선 후기 근기남인가近畿南人家의 굴절과 명암」, 『성호학보』 21, 성호학회, 2019.

① 유자산柳子山[柳徠]이 『노론魯論』·『중용中庸』·『대학大學』 세 책을 부쳐주면서 보낸 시에 차운하다.

고구故舊께서 궁색한 우리 아이 풍요롭게 하였으니 故人解使窮兒富
보내주신 한 상자 서적 만가지 은혜를 베푼 것이네 一笈書來萬惠垂

② 언젠가 선생께서 나의柳慶種 거처로 오셔서 서가書架 위의 책을 보시고는 밝은 표정으로 말씀하시길, '늘 다른 곳으로 옮겨가 살았으면 하는 마음이 있지만 그대 집안의 책을 버려두고 가기는 어렵겠네'라고 하셨다.[101]

③ 『고려전사高麗全史』도 우리 집의 책을 몇 년 동안 빌려 보셨는데, 한 마을의 김아무개가 빌려보기를 청했다. 이 요청을 어떻게 해야 할지를 여쭈니 선생께서, '그대가 보는 것이라면 마땅히 돌려줘야 하겠지만, 다른 이에게 빌려주려고 한다면 차라리 우리 집에 두어서 오랫동안 열람[看閱]하게 해 주는 것이 더 낫지 않을까 싶네'라고 했다.[102]

권상일과 유래의 관계는 『청대일기』에서 한 장면만 포착된다. 역시 용건은 책이었다.

편지로 유자산柳子山[柳徠]의 안부를 묻고, 빌린 『주자어류朱子語類』를 보냈다.[103]

비록 단회적이지만 권상일이 청문당의 서책을 차람한 사실은 주목할 만하

101 유경종 지음, 윤재환 옮김, 『국역성호선생언행록』, 성호박물관, 2019, 147쪽.
102 유경종 지음, 윤재환 옮김, 『국역성호선생언행록』, 성호박물관, 2019, 159쪽.
103 權相一, 『淸臺日記』, <1720年 9月 8日>.

다. 유래는 1711년 진사를 거쳐 1727년 문과 및 문과 중시에도 합격한 수재였지만 1728년 무신란에 연루되어 죽임을 당했다. 권상일과의 교유가 지속되지 못한 것도 이런 사정과 관련이 깊어 보인다.

이한눌李漢訥은 이수광李睟光의 현손이자 경상감사와 형조판서 등을 지낸 이현석李玄錫의 조카였으며, 17세기 남인사회에서 정치·문학 그리고 서화로 명성이 높았던 이옥李沃[상주로 낙향한 李萬敷 부친]·윤두서尹斗緖[尹善道 증손]는 그의 고모부였다.

정통 관료이면서도 성리학 등 학문에 조예가 있어 이현일李玄逸과도 경세 및 학문을 토론하는 관계를 유지했고, 『명사강목明史綱目』, 『역의규반易義窺斑』 등의 저술을 남겼다. 『명사강목明史綱目』은 1694년 청풍수사 때 지은 것으로[104] 이익으로부터 '의례義例'가 분명하지 않다는 비평을 들은 바도 있다.[105]

권상일이 관심을 보인 저술도 『명사강목明史綱目』이었는데, 그 소장자가 곧 이한눌이었다. 이한눌은 서울에서 생장하였으나 중년에 상주 백화산으로 이거함으로써 권상일과 상견의 기회가 잦았고, 아들 이정주李正冑를 권상일의 혼서로 들일만큼 정호情好가 돈독했다.[106]

> 오후에 참봉 이한눌이 찾아왔기에 붙잡아 재웠다. … 들으니 이현석의 『유재집游齋集』 및 『명사강목明史綱目』 31권이 이한눌의 집에 있어서 빌려줄 것이라 한다.[107]

---

104 李玄錫, 『游齋集』 卷10, <寒碧錄> '序', "甲戌冬, 公爲撰修明史綱目, 力辭京職, 出宰淸風."

105 李瀷, 『星湖全集』 卷25, <答安百順問目>, "李判書明史綱目, 義例不明, 便一類聚書, 似是未及校正, 遽然刊行, 致有此失也. 以其大者言之則靖難之擧. 只云燕王擧兵, 然則褒貶安在."

106 權相一, 『淸臺集』 卷10, <祭華陰翁李漢訥文>(1756), "生長漢陽, 只欲遯藏, 不嫌流泊, 爰占鄕居, 白華之北. … 晩托婚媾, 情好益篤, 往來便數, 札翰連續."

107 權相一, 『淸臺日記』, <1751年 8月 25日>.

따라서 『청대일기』에는 이한눌과의 상견相見·서문書問·동유同遊 기사가 매우 많이 등장한다. 이들의 관계에서 주목할 것은 위의 인용문에 등장하는 저술의 대여 관련 언급이다. 물론 권상일이 이를 차람했다는 명확한 기록은 없고, 차람했을 경우에도 이에 대한 논평 또는 비평의 글은 남아 있지 않다. 그럼에도 유념할 것은 근기권 학인들의 저술에 대한 권상일의 특별한 관심이다. 앞에서 언급한 이맹휴의 '유소遺疏', 홍중인의 『아주잡록鵝洲雜錄』과 『사칠변증四七辨證』, 권득기의 『만회집晩悔集』, 권시의 『탄옹집炭翁集』과 마찬가지로 『유재집』 및 『명사강목』의 차람 욕구 또한 근기학인에 대한 지식문화적 관심도의 반영임은 재론의 여지가 없다.

근기권 인사 가운데 권상일이 가장 애착을 가진 것은 전술한 한광도와 조숙이었다. 그는 조경趙絅의 현손이자 조구완趙九琬의 손자였다. 유명현이 조구완의 사위였으므로 조숙과 앞에서 언급한 유래柳徠는 내외종간이었다. 허목·윤선도·홍우원과 함께 '남인 4선생'으로 일컬어진 조경은 문장·행의로써 명성이 높았고, '소재집서穌齋集叙', '우복신도비명愚伏神道碑銘', '사서신도비명沙西神道碑銘', '제급난도후題急難圖後' 등 노수신·정경세·전식·이전·이준 등 상주 인물과 관련된 중요 문자도 다수 찬술한 바 있다.

권상일은 전문傳聞 정보를 통해 조숙의 존재를 인식하게 된다.

> 들으니 용주龍洲[趙絅]의 현손 조숙이 나이 스물인데, 됨됨이와 도량이 큰 기대를 모으고 있다고 한다. 누대에 걸쳐 사환을 지속한 집안에 이와 같은 인물이 나서 이른 나이에 이름을 드러냈으니, 매우 기쁘다.[108]

일종의 안도감과 기대감이 섞인 평설에는 '남인사회' 전반을 염려하는 존

---

108 權相一, 『淸臺日記』, <1746年 閏3月 25日>.

장의식尊長意識같은 것이 묻어난다. 조숙은 동년 윤3월 2일에 치러진 정시문과에서 을과 1인, 즉 총 9명 가운데 2위로 합격했고, 권상일의 호평 속에는 이 사실도 포함되었을 것으로 생각된다.

이런 맥락에서 1751년 11월 8일에는 조숙의 종제 조창이 상주로 찾아와 아버지 조수도의 편지를 전했고,[109] 1752년 6월 24일에는 성현 찰방에서 주서로 임명된 조숙이 상주를 지나면서 문안 편지를 보내는 등 양측의 교유도 크게 진전되었다.

이런 관계는 권상일 및 상주의 유림사회에 얘기치 못한 호재로 작용하게 된다. 17세기 초반 상주사림의 중추로서 도남서원道南書院 초대 원장을 지낸 조정趙靖의 6세손 조석우趙錫愚가 조숙의 추천으로 주서 천망에 올랐기 때문이다.

> 정자 조석우趙錫愚가 실주서實注書 추천에 들었는데, 수찬 조숙이 추천하였다고 한다. 기쁨을 이길 수 없다. 이 사람은 인물됨과 문장이 이 직임을 맡기에 충분하다.[110]

기쁨을 토로하는 권상일의 표현 속에서 포착되는 정서는 '영남'과 '경남'의 원활한 연대를 지켜보는 만족감이고, 그 바탕에서는 자신도 거기에 일조했다고 하는 자부의식自負意識이 작동하고 있었다.

남현로는 소북계로 활동했던 남훤의 현손이다. 남훤은 1657년 9월 10일 서울 정동貞洞 소재 배상일裵尙一의 집에서 소북계를 결성할 때 참여한 인물이다. 이 가계 또한 효종-숙종대를 거치면서 남인화 되었고, 남현로 또한

---

109 權相一, 『淸臺日記』, <1751年 11月 8日>.
110 權相一, 『淸臺日記』, <1755年 1月 17日>.

이익과 사제에 준하는 관계를 맺은 것으로 파악된다. 남현로는 1751년 이맹휴가 사망하자 여러 차례 위로의 편지를 보낸 것 같은데, 아래는 그 정성에 대한 이익의 사의謝意가 잘 드러나 있다.

> 남치회南穉晦[南顯老]는 화락한 사람임을 알 수 있습니다. 연이어 편지를 보내 죽은 이를 애도하고 산 사람을 가련하게 여기면서 살갑게 보살펴 주니 골육이라도 이렇게 하기는 어려울 것입니다.[111]

남현로와 교유하기 시작한 것은 1747년 12월 경이었다. 당시 권상일은 서울에서 사환에 종사하고 있었다. 황운대는 상경 때 남현로의 집에 유숙할만큼 친교가 깊었는데, 권상일과의 첫 대면 때도 황운대가 동석했다.

> 남양에 사는 황득보黃得甫[黃運大]가 보러 와서 '모레 치회穉晦[南顯老]와 함께 길을 나설 예정인데, 오늘 밤에 이곳에서 만나 이야기를 나누기로 약속했다'고 한다. 치회가 저물녘에 와서 셋이 앉아서 이야기를 나누다가 삼경에야 잠자리에 들었다.[112]

이후에도 남현로가 1748년 1월과 1749년 6월에 권상일에게 편지를 보낸 사실은 『청대일기』에서 확인되지만 구체적인 용건은 알 길이 없다. 이와 관련하여 『청대집』에 남현로에게 보낸 두 통의 답서가 실려 있는데, 이를 통해 두 사람이 주고받았던 담론의 일단을 가늠해 볼 수 있다.

첫 번째 답서는 1748년 8월에 온 서간에 대해 답한 것이다. 남현로는 '위학의 태도와 방향'을 물었던 것 같다. 이에 대해 권상일은 '공부는 시간과 공간

111 李瀷, 『星湖全集』 卷12, <答鄭汝逸壬申>.
112 權相一, 『淸臺日記』, <1747年 12月 4日>.

에 구애됨이 없는 것인 바, 마음만 확고하다면 병을 조섭하거나 일을 처리하면서도 할 수 있고, 심지어 길에서 일을 하면서도 공부에 마음을 둘 수 있다'고 하는 가운데 '규모광대規模廣大'와 '심사관한心思寬閒'을 정문의 일침으로 삼을 것을 강조했다.[113] 나아가 권상일은 부모를 봉양해야 하는 부담 또한 전에 비해 줄어든만큼 선현의 글을 침잠완미沈潛玩味하여 심득心得의 경지를 기약할 것을 간곡하게 당부했다.[114] 권상일은 답서의 말미에서 '이맹휴의 병환', '황운대의 가난'에 대한 우려도 빠트리지 않고 있다.[115] 이는 적어도 남현로·황운대·이맹휴와의 관계에서 권상일은 '우友'의 범주를 넘어 '사師'의 단계로 옮아가고 있음을 의미했다.

두 번째 서간은 치병의 어려움을 호소한 데 따른 답변이다. 남현로가 앓았던 고질[本病]이 무엇인지는 알 수 없지만 권상일은 심력心力을 과용過用한 데에서 기인하는 것으로 진단하고, 그 처방으로서 '마음을 비우고 한가롭고 담담하고 유쾌하게 지낼 것'을 권유한다.[116] 권상일도 밝히고 있듯이 이 말은 1556년 이황이 남언경南彦經에게 내린 치병과 치심의 요결이었다.[117] 권상일이 굳이 '이황과 남언경의 사례'를 언급한 것은 남언경과 남현로가 동종이라는

---

113 權相一, 『淸臺集』 卷9, <答南穉晦顯老(戊辰)>(1748), "爲學工夫, 無時不在, 無處不有, 隨時隨處, 而提撕照關, 心無不在, 則調病應事, 至於道路行役. 皆合着工夫, 切望勿忘了. 更以規模廣大, 心思寬閒兩語, 爲頂門針, 如何."

114 權相一, 『淸臺集』 卷9, <答南穉晦顯老(戊辰)>(1748), "卽今甘旨之憂, 似不如曩時, 隨閒隙看讀古人書, 沉潛玩味, 心有所得爲期, 亦如何."

115 權相一, 『淸臺集』 卷9, <答南穉晦顯老(戊辰)>(1748), "醇叟病重之報, 丁君遭艱, 俱可驚心 得甫安過於險歲云, 可幸."

116 權相一, 『淸臺集』 卷9, <答南穉晦>, "本疾往復, 似是過用心力所致, 幸須虛閒恬愉, 如退翁與南時甫書中語也."

117 李滉, 『退溪集』 卷14, <答南時甫彦經(丙辰)>(1556), "大抵公前日爲學, 窮理太涉於幽深玄妙, 力行未免於矜持緊急, 强探助長, 病根已成, 適復加之以禍患, 馴致深重, 豈不可慮哉. 其治藥之方, 公所自曉, 第一須先將, 世間窮通得失榮辱利害, 一切置之度外, 不以累於靈臺, 旣辦得此心, 則所患蓋已五七分休歇矣. 如是而凡日用之間, 少酬酢, 節嗜慾, 虛閒, 恬愉以消遣, 至如圖書花草之玩, 溪山魚鳥之樂, 苟可以娛意適情者, 不厭其常接, 使心氣常在順境中, 無咈亂以生嗔恚, 是爲要法."

것에 착안한 것으로 짐작되는데,[118] 그 이면에는 이황과 자신을 동일시하고, 남언경과 남현로를 동일시하는 '사제師弟' 관념이 자리하고 있었던 것으로도 해석할 수 있다.

권상일과 정항령의 관계가 포착되는 것은 1746년이다. 당시 권상일은 서울에서 사환 중이었고, 정항령이 한림소시翰林召試에 합격한 사실을 동년 <11월 20일> 일기에 간략하게 적었다. 두 사람의 상견 및 대화 장면은 이로부터 1년이 지난 1747년 12월에 가서야 나타난다.

> 1747년 12월 15일. 도저동桃渚洞에 사는 한림 정항령鄭恒齡이 보러와서 조용하게 얘기를 나누다가 저물녘에야 돌아갔다. 정군이 '주상께서는 십분 근심하고 힘쓰시는데, 신하들 중에는 6-7분 정도 힘쓰는 자도 있고, 2-3분 정도 힘쓰는 자도 있으며, 원래부터 힘쓰지 않는 자도 있습니다.'고 했다. 이는 실정에 맞는 말이다.

신료들의 나태함을 지적하는 지점에서 두 사람은 공감대를 형성하고 있다. 정상기와의 관계에서 권상일의 요무要務는 따로 있었다. 그것은 지도에 대한 관심 및 열람이었다. 주지하다시피 정항령가鄭恒齡家의 가학의 요체는 '지도학地圖學'이었다. 정상기鄭尙驥의 『동국지도東國地圖』에서 배태된 지도학의 전문성은 아들 정항령이 『동국대지도東國大地圖』를 편찬하는 단계에서 가학으로 확립되었다.[119] 특히 백리척百里尺을 활용한 『동국대지도』는 정약용이 『대동수경大東水經』을 저술할 때 핵심적인 전거로 활용했을만큼[120] 권위를 인정

118 南彥經 대에 기준할 때 남현로의 8대조 南應雲과 남언경은 8촌형제 사이였다.

119 이우형·오상학, 「국립중앙박물과 소장 『조선지도』의 지도사적 의의」, 『문화역사지리』 16, 한국문화역사지리학회, 2004.

120 양보경, 『大東水經』 해제.

받은 역작이었다.

권상일은 이들 부자가 편찬·제작한 지도에 관심이 많았고, 정항령과의 친숙함이 무르익기가 무섭게 차람 요청을 하기에 이른다. 정항령의 응대에도 전혀 까다로움을 발견할 수 없다. 자신이 성호문인이고,[121] 권상일과 성호문파와의 지식문화적 관계를 잘 알고 있었기 때문에 조금의 주저함도 없이 수본手本을 넘겨주었던 것이다.

> 1747년 12월 24일. 도저동 한림 정항령이 보낸 심부름꾼의 말을 듣고, 곧바로 편지를 써서 지도를 빌려 달라고 청했다. 답장이 왔고, 또한 종을 통해 지도를 보내왔다.[122]

권상일이 지도 차람을 서둘렀던 것은 지적 호기심뿐만 아니라 현실적인 이유와도 관계가 있었다. 그것은 울산 읍지인 『학성지鶴城誌』 편찬이었다. 권상일은 울산부사에 부임한 1735년 고을의 문헌 정비 차원에서 『학성지』 편찬을 추진한 바 있다.[123] 고을의 선비 박망구朴望久[朴敏孝]와 이원담李元聃의 적극적인 협조 속에 초안이 이루어졌으나 1738년 해임될 때까지 완료하지는 못했다. 이에 그는 그 수정을 위해 원고를 들고 귀향했고, 약 10년이 경과할 때까지 진전을 보지 못하고 있었다. 정항령과 교유하던 1747년은 이원담 등이 『학성지』의 마무리를 재촉하던 시기이기도 했다. 이런 상황에서 그는 읍지 편찬의 주요 부분인 지도학에 대한 관심이 커지면서 차람을 서둘렀던 것으로 짐작된다. 공교롭게도 권상일은 정항령에게서 지도를 차람한지 1년

---

121 黃在英, 『大溪遺稿』 卷7, <亡友鄭文五行錄>, "生諱 恒齡官司諫號謙齋, 出入李星湖門下 英宗朝 承命撰常訓輯篇."

122 權相一, 『淸臺日記』, <1747年 12月 24日>.

123 『鶴城誌』의 편찬 배경 및 과정에 대해서는 우인수, 「1749년(영조 25) 蔚山邑誌 《鶴城誌》의 편찬과 그 의미」, 『한국사연구』 117, 한국사연구회, 2002 참조.

남짓 지난 1749년 『학성지』 수정을 마친 뒤 서문까지 붙여 회송함으로써[124] 15년에 걸친 편찬 작업을 마무리하게 된다.[125]

정운희는 입직 때도 주역을 읽는 호학인으로 기억했고, 이광국은 이익과 왕래한 편지의 주요 전달자로서 권상일에게는 더없이 요긴한 인물이었다.

> 1747년 3월 29일. 본부의 입직 도사 정운희鄭運熙가 자주 와서 이야기를 나누었다. 이 사람은 승지를 지낸 정필녕鄭必寧[鄭志寧의 오기]의 셋째 아들인데, 학문에 뜻을 두어서 입직할 때도 항상 『주역』을 읽었다.[126]

이덕형의 5세손인 이광국은 서울 도저동에 주거를 둔 전형적인 근기남인이었다. 그러나 그는 산수벽山水癖이 있어 경향을 자주 왕래하였던 바,[127] 이익과 권상일이 주고받은 서간의 전달자로서는 최적임이었던 것이다.

> ① 1757년 6월 14일. 서울에 사는 이광국李光國이 지나다 들렀다. 성호의 편지를 가져와 전했다. 이 사람은 한음漢陰[李德馨]의 후손으로 남대문 안 도저동桃渚洞에 살고 있다.[128]

---

124 權相一, 『清臺集』 권11, <鶴城誌序>.

125 권상일은 『학성지』를 편찬하는 과정에서 얻은 지식과 경험을 토대로 상주읍지인 李埈의 『商山誌』를 수정하는 데에도 기여하게 된다(權相一, 『清臺日記』, <1749年 5月 8日>, <1749年 5月 19日>, <1749年 6月 4日>, <1749年 8月 1日>, <1749年 8月 2日>, <1754年 6月 20日>). 『鶴城誌』의 실질적인 편찬 업무를 맡은 朴敏孝는 여헌문인 朴尙彬의 손자이고, 권상일 또한 고조 權益隣이 여헌문인이다. 읍지 편찬은 寒旅學風의 중요한 영역 가운데 하나인 바, 박민효·권상일이 여헌학맥에 속한다는 점은 『鶴城誌』의 편찬을 한려학의 계승 과정으로 해석할 수 있는 근거가 된다. 한려학인의 읍지 편찬에 대해서는 김학수, <17세기 旅軒學派 형성과 학문적 성격의 재검토>, 『한국인물사연구』 13, 한국인물사연구회, 2010 참조.

126 權相一, 『清臺日記』, <1747年 3月 29日>.

127 『清臺日記』에 따르면, 그가 유람한 곳은 金剛山·妙香山·九月山을 비롯하여 안동의 河回[류성룡]·溪上[이황]·酉谷[권벌] 및 영남우도의 제 경승지 등 매우 광범위했다(權相一, 『清臺日記』, <1757年 6月 14日>, <1757年 11月 22日>).

128 權相一, 『清臺日記』, <1757年 6月 14日>.

② 1757년 11월 22일 이광국이 지나다 들렀다. … 성호에게 답장을 써서 부쳤다.[129]

③ 1758년 4월 11일. 이광국이 하도에서 왔다. 또 성호의 1일 편지를 전해 주었다.[130]

④ 1758년 11월 4일. 서울에서 이광국이 보러 왔다. 성호의 편지를 전해주었다.[131]

정운희와 이광국과의 관계는 단회적이거나 사소한 것일 수 있지만 권상일의 근기권 교유의 스펙트럼과 관련하여 시사하는 바가 크다.

6) 강해姜楷·강필신姜必愼 : 영남에서 발화한 근기권 학인과의 교계

근기 또는 호서 출신으로서 영남으로 이거했거나 우거寓居 기반을 두고 권상일과 긴밀한 교유관계를 형성했던 경우로는 진주강씨 일문을 들 수 있다.

이들은 강사안·사익·사상·사필의 후손들로 권상일의 주된 교유 대상은 강석필을 비롯하여 강박·강해, 강필응·필득·필신 등이었다. 강석필은 선대에 이미 상주 중모로 이거함으로써 권상일에게는 동향의 벗으로 받아들여졌고,[132] 강박은 환우이자 정치적 동지의 관계를 유지했다.[133] 강인의 후손으로

129 權相一, 『淸臺日記』, <1757年 11月 22日>.

130 權相一, 『淸臺日記』, <1758年 4月 1日>.

131 權相一, 『淸臺日記』, <1758年 1月 4日>.

132 권상일은 姜碩弼의 묘갈명에서 '商鄕高隱 昭代逸民', 제문에서 '並枕聯床, 論今討古.'라 표현하는 등 자신과의 친분 및 18세기 상주의 사림사회에서 점했던 강석필의 위상을 간결하면서도 적확하게 기술했다(權相一, 『淸臺集』 卷12, <松隱姜公墓碣銘> ; 卷10, <祭松窩姜公望文>).

133 권상일은 강박에게 공무의 여가에 학문에 전념할 것을 당부하고, 홍문록[瀛錄] 입록을 축하하는 등 깊은 관심을 피력한 바 있다(權相一, 『淸臺集』 卷7 <與姜子淳 樸>, "春間, 邂逅聯枕,

호서의 서천 일대에 기반을 두고 있었던 강필응·필득 형제 또한 작은 왕래와 서문書問을 통해 돈독한 관계를 유지했다.[134]

이 중에서도 본고에서 주목하고자 하는 대상은 강해姜楷(1680-1750)와 그 조카인 강필신姜必愼(1687-1756)이다. 감사를 지낸 강홍중의 증손인 강해는 이담명李聃命의 사위가 되어 칠곡 석전에서 췌거贅居하는 과정에서[135] 권상일 등 영남학인들과의 교유가 활발해졌다. 조카인 강필신은 48세 때인 1734년 숙부를 따라 석전으로 이거했고, 1748년 상주 소릉리[少陵里;開元]로 다시 이거함으로써 권상일과 공간적 근접성이 더욱 높아졌다.

진주강씨 가계도

詗	⇨永叔	⇨澮	⇨士安	⇨紳	: 姜樸 系統
			⇨士翼	⇨纘	: 姜碩弼 系統
		⇨溫	⇨士尙	⇨緖	
				⇨紳[出]	
				⇨絪	: 姜必應/必得 系統
				⇨紞	
			⇨士安[出]		
			⇨士弼	⇨綖	: 姜楷/必愼 系統

권상일과 강해의 만남이 이루어진 것은 1710년 6월 11일이었다. 당시 권상일은 과거를 위해 상경하여 6월 8일 시험을 치르고 15일에 있을 창방을 기다

幸遂平生之願, 別後戀嚮, 結在心曲. … 伏惟撫字有相, 政履珍衛 峽裏殘邑, 簿牒稀少, 三冬長夜, 想不虛過, 朱夫子所謂讀書優游. 此今日仕宦之最佳處, 正高明事, 而地遠無由往叩近來所得, 良可恨鬱, 但旣選瀛錄, 早晩當還朝, 似不得久有此吏隱之樂也.").

134 權相一, 『淸臺集』 卷3, <姜友兄弟 必應必得 寓居舒川鄕庄 已經數十年 新結小軒 爲朝暮湛樂之所 昨冬寄書來 請題咏 略以絶句三疊塞求>.

135 姜必愼, 『慕軒集』 卷5, <題寄軒先生贅土記後>, "寄軒先生旣定宅於石田之隟地, 則名其地曰贅土, 蓋用土俗方言也." ; 卷5, <寄軒小池記>.

리고 있던 중이었다.

> 1710년 6월 11일. 발길을 돌려 상사 이세원李世瑗을 찾아갔으나 만나지 못하고 그의 아우 세진世瑨 및 이기명李基命과 상사 강해姜楷 등을 서로 만나 보았다.[136]

이세원李世瑗[李聃命 조카]을 만나러 갔다가 강해姜楷를 조우하면서 교계가 맺어졌고,[137] 1712년 10월에는 강해가 권상일의 친상에 몸소 조문하는[138] 등 관계가 더욱 두터워졌다. 아래는 『청대일기』에 수록된 강해의 졸기인데, 권상일이 그를 어떻게 인식했는지를 잘 보여준다.

> 1750년 5월 21일. 들으니 참봉 강계범姜季範[姜楷]이 세상을 버렸다고 한다. 애통하기 그지없다. 한양에서 칠곡 석전石田으로 와 임시로 산 지가 벌써 여러 해이다. 강계범은 깨끗한 지조와 단아한 인망으로 선비와 벗에게 추중을 받았다. 그리고 머지 않아 사경思敬[姜必愼]의 새 별장으로 옮겨서 살려고 하였다는데, 미처 이루지 못하고 죽었으니, 더욱 참담하다.[139]

즉, 권상일은 그를 '깨끗한 지조에 단아한 인망'을 갖춘 벗으로 기억했는데, 실제 그는 호학의 선비이기도 했다. 그의 학자적 역할 가운데 주목할

---

136 權相一, 『淸臺日記』, <1710年 6月 11日>.

137 李世瑗의 증손이 영조-순조조 영남의 대표적 학자였던 李萬運이다. 이만운은 '寄軒姜先生遺事'에서 유년기에 강해에게 배운 사실을 언급하고 스스로를 '門下小子'라 칭했다. 강해의 석전 췌거가 이만운의 학자적 성장에도 영향을 미쳤음을 간파할 수 있는 대목이다(李萬運, 『默軒集』 卷12, <寄軒姜先生遺事>). 강해가 처부 李聃命의 행장을 찬술한 것 또한 주목할 만한 사실이다(李聃命, 『靜齋集』 卷8, 부록, <行狀>(姜楷撰)).

138 權相一, 『淸臺日記』, <1712年 10月 5日>.

139 權相一, 『淸臺日記』, <1750年 5月 21日>.

것은 『해동자경편海東自警編』의 편찬이었다. 이 책은 송나라 학자 조선료趙善璙가 송대宋代 명현들의 언행을 여덟 유형으로 분류하여 엮은 『자경편』의 체례를 따른 것이지만 조선 명현들의 언행을 대상으로 했다는 점에서 의의가 컸다. 권상일 또한 이 부분에 대해 호평하는 가운데 차람을 요청했을만큼 큰 관심을 보였다.[140] 그러나 강해 당대에는 차람이 이루어지지 못했고, 이 안건은 조카 강필신과의 관계로 넘겨지게 된다.

강필신은 권상일보다 8세 연하였지만 두 사람은 지기知己라해도 손색이 없을 정도로 관계가 긴밀했다. 1739년 3월 강필신의 방문 기별에 기쁨을 감추지 못했고, 강필신 또한 석전石田 생활의 고충을 털어놓는 등 양자 사이에는 은휘隱諱의 여지가 적어 보였다.

> 1739년 3월 3일. 오후에 장령 강사경姜必愼의 짧은 편지를 받아 보았다. 좌랑 강이직姜而直[姜杭]과 오늘 느지막이 존도촌存道村에 온다고 하니 놀랍고 기쁨을 이기지 못하여 곧바로 가 만나 보았다. … 저물녘에 사경과 함께 농청대弄淸臺에 갔다. 태고암太古巖의 생김새를 말하며 묘향산 단군대檀君臺와 흡사하다고 하였다. … 사경이 말하기를, 수년 전에 칠곡 석전石田에 정착하여 그의 삼촌 참봉공姜楷과 서로 의지하며 지냈으나, 다만 서울과 너무 멀어서 왕래하기가 아주 곤란하고, 또 이 마을이 광주이씨의 세거지이어서 가을이 되면 이주하려 한다고 하였다. 이 일이 만약 이루어진다면 아침저녁으로 서로 따르며 지낼 수 있을 것이니, 매우 다행이다.[141]

여기서의 이거 계획은 상주 소릉리로의 이주를 말하는데, 권상일의 선부

140 權相一, 『淸臺集』 卷7, <與姜季範楷>, "曾聞海東自警編, 留意輯成, 未知已卒業否. 如論禮論學諸書, 自宋迄今, 有無數說, 外此而別有著述, 則是求異求多, 而反害於道. 惟此編似不可無, 蓋國朝名賢碩輔, 嘉言善行之可師可法者, 無遜, 於宋朝也. 相距稍左, 無由一覽, 恐爲千載之恨爾."

141 權相一, 『淸臺日記』, <1739年 3月 3日>.

른 바람과는 달리 이것이 성사된 것은 이로부터 9년이 지난 1748년이었다.[142]

이후 권상일은 강필신과 회합 또는 서신을 통해 교유를 지속했는데, 1745년 12월에는 성호문인 신후담愼後聃에 대한 정보를 듣기도 했고, 1747-48년 무렵에는 상주 이거가 임박했음을 체감하게 된다.

① 1745년 12월 29일. 신후담은 성호의 고제인데, 지난번에 들으니 강사경이 이번 여름 서울에 있을 때 하룻밤 만나 이야기를 나누었다고 하였다. 또 저술을 좋아하여 평생 지은 문자가 헤아릴 수 없다고 한다.[143]

② 1747년 9월 6일. 관아에서 사람이 왔는데, 이는 사경이 며칠 전에 성서城西[少陵里] 새 별장에 와서 집을 수리하고 있어서이다.[144]

③ 1748년 10월 1일. 여용汝容이 말하기를 서천군수 강필신은 지난번 개원開元[少陵里]에 있는 새집에 와서 며칠 머무르고 돌아갔다. … 개원에 있는 새 집은 20여 칸으로 지었으나 크고 작은 쇠못은 모두 본가의 돈으로 상주 읍내의 장인에게서 산 것이라고 한다.[145]

강필신과의 교유에서 가장 요긴했던 관심사의 하나는 강해가 편찬한 『해동자경편』 원고의 차람이었다. 앞에서 잠시 언급한 바와 같이 권상일은 강해에게 차람 의사를 내비쳤지만 성사되지 못한 채 강해가 사망했고, 그 원고를

142 『淸臺日記』에 따르면, 강필신이 상주 少陵里에 새 거처[城西 別莊, 開元 新居 등으로 지칭]를 마련한 것은 1748년 경으로 파악된다. 이런 사실은 鄭象晋[姜必愼 외증손, 姜世晉 외손]이 어머니 행록에서 칠곡[石田]에서 상주[少陵里]로 이거한 시기를 戊辰年으로 기술한 것에서도 확인할 수 있다(鄭象晋, 『制菴集』 卷8, <先妣孺人晉山姜氏行錄>, "英宗乙卯九月日, 生於桼谷之石田寓舍, 先是世居漢城, 至甲寅王考掌令公, 盡室南下, 戊辰又徙尙州之少陵里.").

143 權相一, 『淸臺日記』, <1745年 12月 29日>.

144 權相一, 『淸臺日記』, <1747年 9月 6日>.

145 權相一, 『淸臺日記』, <1748年 10月 1日>.

강필신이 관리하게 되었다. 특히 1751년 이후 강필신이 상주에 정착하자 권상일의 차람 욕구는 더욱 구체화 되었다.

> 『자경편』 속록은 일찍이 선숙부께서 생존해 계실 때 한번 차람하겠다는 뜻을 편지에서 언급한 적이 있습니다. … 선숙부께서 남긴 고적을 더욱 완독하고 싶은 마음이 있고, 이미 형과는 거처도 서로 멀지 않는 바, 조만간 빌려 올 수 있을 듯 합니다.[146]

강필신이 『해동자경편』의 고본稿本을 관리한 것은 강해의 유명에 따른 것이었다. 강해는 강필신에게 '번다한 곳은 산절하고, 소략한 곳은 보충'하는 '산번증간刪繁增簡'의 권한을 주었고, 강필신은 홍중인과 상의하여 증산增刪 작업에 더해 책의 규모를 정하는 등 『해동자경편』의 정본화 작업에 박차를 가했던 것이다.

> 『자경속편自警續篇』은 선생께서 만년에 극도로 공을 들인 것이다. 성조 300년 이래 이런 책은 있지 않았다. … 일찍이 서울에 있을 때 홍중인 영공과 상의하여 규보를 대략 정했는데, 번다한 곳을 산절하고 소략한 곳을 보충할 때 조금이라도 적합하지 않게 해서 선생의 본의를 잃게 한 것이 있다면 나의 참람함이 크다.[147]

---

146 權相一, 『淸臺集』 卷8, <答姜思卿>, "自警編續錄, 曾於大阮老兄在世時, 一番借見之意. 及於書中, 卽今人事, 不禁存亡之淚, 而遺編古跡, 尤欲奉玩, 旣近在於兄所, 早晩可以借來也. 中間會晤之約久矣. 豈不欲一踐而畏蟄不能出門外一步, 良可慨歎."

147 姜必愼, 『慕軒集』 卷6, <重祭季父卿>, "自警續篇, 先生晩年極工也. 聖朝三百年來, 未有此書, 小子知此書必傳於後無疑, 而第書纔屬稿, 未及勘整, 就其繁簡處, 稍加增刪, 然後方可謂成書. 此則小子已聞命矣. 尙在洛下時, 與洪令亮卿商議, 略定規模, 而增刪之際, 或有一累黍不中者, 則有失先生本意, 小子之僭大矣. 然有勉弟在, 可以參校, 庶或無大悖也. 凡此數事, 皆先生家事, 而後死之責. 惟 小子當之, 小子中夜流涕, 思之不得, 思之不得, 輒復痛哭流涕."

한편 강필신은 권상일의 차람 요청에 이렇게 답한다.

> 선숙부께서 편집하신 『자경속편』 한 질이 있는데, 이는 볼만한 서적입니다. 수교讎校가 대략 끝나기를 기다렸다가 마땅히 공에게 가지고 가서 청재聽裁할 생각이며, 아울러 발문까지도 청할 요량입니다.[148]

한편 권상일의 『청대집』·『청대일기』 및 강필신의 『모헌집慕軒集』에서 『해동자경편』과 관련된 추가적인 기록은 확인할 수 없고, 강필신이 언급한 발문 또한 『청대집』에 실려 있지 않다. 따라서 더 이상의 추적은 불가능하지만 권상일과 강해·강필신 숙질의 교유에서 주목되는 것은 지식문화적 갈급이었다. 양측의 관계를 단순한 사교社交를 넘어 지식문화의 유통이라는 문화사적 틀 속에서 조명해야 하는 이유도 여기에 있다.

4. 맺음말

권상일과 근기권 학인과의 교유는 '정온과 이원익', '하홍도와 허목', '이현일과 정시한', '배상유와 유형원', '이만부와 이익'의 교유로 대변되는 '영남'과 '경남'의 학문적 소통과 연대의 계승 양상으로 포착이 되고, 그 배경으로서는 경향을 아울렀던 권상일의 광폭적 교유망에 더해 상주권의 지역적 개방성 또한 중요한 영향을 미쳤던 것으로 파악된다.

권상일이 교유했던 인사는 여주이씨李尙毅家·진주유씨柳命天家·청주한씨韓

148 姜必愼, 『慕軒集』 卷5, <與權副學台仲 相一>, "有先叔父所編輯自警續篇一帙. 此爲可觀書籍, 俟讎校略畢, 謹當抱往聽裁. 仍乞弁卷文字計耳."

浚謙家·진양강씨姜綖家·전주이씨李誠中家·전주이씨海原君家·전주이씨 李睟光家·전주이씨李玄錫·家·전주이씨李德馨·풍산홍씨洪履祥家·하동정씨鄭尙驥家·문화유씨柳馨遠家·한양조씨趙絅家 등 줄잡아 40가家에 이르는 근기남인[京南] 명망가의 자제들이었다. 특히 이익희李益熙·한광도韓光道·이맹휴李孟休·조숙 등은 이서李漵 또는 이익李瀷의 문인이었고, 그 외의 학인들 또한 이익과 지식문화적으로 깊은 연관성을 지닌 인물들이었다. 본고에서 권상일과 교유했던 근기권 인사들을 '성호학인星湖學人'으로 통칭한 이유도 여기에 있었다.

성호학인과의 교유는 권상일이 32세의 나이로 문과에 합격했던 1710년부터 본격화되었고, 주된 공간은 권상일의 본거인 상주와 사환기에 우거했던 서울이었다. 권상일은 학자인 동시에 관료라는 중층적 캐릭터를 갖고 있었지만 성호학인들과의 교유에서 시정時政 등과 관련된 정치사회적 주제는 매우 제한적인 반면 대부분의 화제는 지식문화적 영역으로 수렴되었다. 이는 18세기 중엽 남인학계에서 지니고 있었던 그의 학자적 역량과 위상을 반영하는 것이었다. 무엇보다 성호학인들은 권상일을 '퇴계학의 대변자'로 인식했던 것 같고, 그와의 지적知的 접촉을 영남학계와의 교유로 동일시하는 경향이 짙어 보였다.

교유의 내용은 방문 및 서신 왕래를 통한 지식정보의 전달과 교환, 학설에 대한 토론, 학문의 방향 및 출처에 대한 문답이 골자를 이루었다. 권상일은 유래柳徠를 통해 안산 청문당淸聞堂 소장의 『주자어류朱子語類』를 차람하는 등 다양한 인물과 경로를 통해 근기남인계의 지적 축적을 차람 또는 열람하는 기회를 얻었는데, 이맹휴의 '유소遺疏', 홍중인의 『아주잡록鵝洲雜錄』, 이현석의 『유재집游齋集』 및 『명사강목明史綱目』, 정항령의 『동국대지도東國大地圖』, 강해의 『해동자경편海東自警編』 등이 그 대표적 문헌들이다. 이런 문헌의 차람 또는 열람은 근기권 지식에 대한 관심을 넘어 권상일 자신의 지적 계발과 성장을 모색하는 계기가 되었다는 점에서 특별한 의미를 부여할 수 있다. 나아가 윤덕희尹德熙로부터 수증받은 도남서원道南書院, 반계서당磻溪書堂, 청대淸臺 신거新居 등의 편액글씨 11본本 또한 양측의 문화 교류의 유의미한 장면으로 포착된다.

근기권 성호학인과의 교유에서 주목해야할 정서는 공감이었다. 공감의 요체는 퇴계학적 후학의식後學意識이었고, 그 주된 대상은 이서李漵와 이익희李益熙였다. 정통 퇴계학인이었던 권상일의 학문적 딜레마 가운데 하나는 이기설理氣說에 있어 이익과의 의견 불일치였는데, 그런 고충을 해소함에 있어 지적 외원이 되어준 것이 이서와 이익희였던 것이다. 권상일이 이서를 통유通儒로 일컫는데 주저함이 없었던 것도 지적 공감에 따른 우호적 정서와 무관치 않았다.

성호학인과의 교유에 있어 간과할 수 없는 장면은 근기권 청대문인의 존재인데, 한광도가 바로 그 주인공이다. 한준겸의 6세손인 그는 12세 때인 1719년 명례방에서 청대문하에 입문한 이후 1736년 사망할 때까지 17년 종학한 인물이다. 이 과정에서 권상일은 서신 및 면대를 통해 '위기지학'에 힘쓸 것을 적극 권계하는 한편 성호문하 입문을 통해 학문의 외연 확대와 내적 심화를 권유하는 등 그를 학자의 길로 인도하는데 성력을 다했다. 현재까지 학계에서는 한광도를 성호문인으로만 파악하고 있으나 이 연구를 통해 그는 권상일이 육성한 근기권 문인임이 밝혀졌고, 이는 권상일의 학자적 영향력이 상주 등 영남에만 국한되지 않음을 설명하는 명거가 된다.

참고문헌

1. 원전

李萬敷, 『息山集』
許 傳, 『性齋集』
權 相一, 『淸臺日記』
『국역청대일기』(한국국학진흥원)
權相一, 『淸臺集』
李秉休, 『貞山雜著』
安鼎福, 『順菴集』
『국역순암집』(한국고전번역원)
李 瀷, 『星湖全集』
『국역성호전집』(한국고전번역원)
洪履祥, 『慕堂集』
朴世采, 『南溪集』
趙德鄰, 『玉川集』
李衡祥, 『甁窩集』
李 健, 『葵窓遺稿』
權尙夏, 『寒水齋集』
李玄錫, 『游齋集』
李孟休, 『蓮城東遊錄』
姜必慎, 『慕軒集』
李萬運, 『默軒集』
李匡師, 『圓嶠集』

2. 논저

정만조·이근수·정옥자·이성규, 『음애 이자와 기묘사림』, 지식산업사, 2004.
李奎相 지음, 임형택 외 역, 『18세기 조선인물지 : 幷世才彦錄』, 창작과 비평사, 1997.
강세구, 『성호학통 연구』, 혜안, 1999.
강세구, 『목재 이삼환과 호서지방 성호학통』, 혜안, 2016.
허권수, 『남인과 서인의 학문적 대립』, 법인문화사, 1993.

이영춘, 『조선후기 왕위계승 연구』, 집문당, 1998.

이우형·오상학, 「국립중앙박물과 소장 『조선지도』의 지도사적 의의」, 『문화역사지리』 16, 한국문화역사지리학회, 2004.

유경종 지음, 윤재환 옮김, 『국역성호선생언행록』, 성호박물관, 2019.

김학수, 「죽유 오운의 생애 - 학자·관료적 자취와 타자의 시선을 중심으로 - 」, 『죽유 오문』, 예문서원, 2018.

우인수, 「1749년(영조 25) 蔚山邑誌 《鶴城誌》의 편찬과 그 의미」, 『한국사연구』 117, 한국사연구회, 2002.

김학수, 「17세기 旅軒學派 형성과 학문적 성격의 재검토」, 『한국인물사연구』 13, 한국인물사연구회, 2010.

방현아, 「慵軒 黃士祐의 생애와 『慵軒日錄』의 자료적 고찰」, 『한문학보』 50, 우리한문학회, 2024.

김학수, 「安鼎福과 嶺南學人의 교유 - 18세기 중후반 '京南'과 '嶺南'의 지식문화적 交感 - 」, 『장서각』 48, 한국학중앙연구원 장서각, 2022.

노춘수, 「海原君 李健의 流配를 통해 본 조선후기 宗親의 존재 양상」, 『한국서원학보』 17, 한국서원학회, 2023.

김학수, 「진주유씨 청문당가淸聞堂家의 정치·사회·문화적 존재양상 : 조선 후기 근기남인가近畿南人家의 굴절과 명암」, 『성호학보』 21, 성호학회, 2019.

김학수, 「鄭逑(1543-1620) 文學의 創作現場과 遺跡에 대한 연구」, 『대동한문학』 29, 대동한문학회, 2008.

김학수, 「이원익李元翼의 학자, 관료적 삶과 조선후기 남인학통南人學統에서의 위상」, 『퇴계학보』 133, 퇴계학연구원, 2013.

김학수, 「桐溪 鄭蘊의 학맥」, 『남명학보』 4, 남명학회, 2005.

안병걸, 「성호 이익의 퇴계와 영남에 대한 관심 - 권상일과의 편지를 중심으로 - 」, 『한국실학연구』 18, 한국실학학회, 2009.

김학수, 「星湖 李瀷의 학문 연원」, 『성호학보』 1, 성호학회, 2005.

양보경, 『大東水經』 해제.

강세구, 「星湖門人錄 試案」, 『성호학보』 26, 성호학회, 2024.

홍원식, 「퇴계학파의 전개와 권상일의 성리설」, 『한국학논집』 64, 계명대학교 한국학연구원, 2016.

김정운, 「도남서원의 강회와 강학」, 『한국서원학보』 16, 한국서원학회, 2023.

한강학, 상주권 한강 문인들의 학문과 사상*

추제협(계명대학교 교수)

1. 머리말

'한강학寒岡學', 즉 정구의 학문에 대한 연구는 그동안 상당한 진전을 이룬 것으로 보인다.[1] 그의 학문 체계와 논리를 파악할 수 있는 자료가 그리 많지 않음에도 이러한 성과를 얻은 것은 낙동강 중류 지역의 유학에 대한 관심과 이에 따른 정체성 해명을 위한 고심의 흔적이 아닌가 한다. 그리고 그 흔적은 이제 어느 정도 퇴계학과 남명학의 자장 속에 '통합統合' 내지 '회통會通'의 학문적 흐름으로 자리매김되고 있는 듯하다.

다만 정구의 문인에 대한 연구는 여전히 미흡한 상태이다. 그의 문인록인 『회연급문제현록檜淵及門諸賢錄』에는 342명의 문인이 확인된다.[2] 이들은 성주

---

* 이 글은 기발표된 필자의 논문(「한강학, 상주권 한강 문인의 학문과 사상」, 『영남학』 92, 경북대학교 영남문화연구원, 2025, 111-147쪽)을 수정, 보완한 것이다.

1 남명학연구원 편, 『한강 정구』, 예문서원, 2011; 홍원식 외, 『조선중기의 '낙중학' - 한강 정구의 삶과 사상 -』, 계명대학교 출판부, 2016; 한강학연구원 외 편, 『한강 정구와 무흘문화』, 역락, 2018; 정우락 외, 『강안학이란 무엇인가』, 역락, 2023; 장윤수 외, 『대구권 강안학과 한강학파』, 역락, 2024.

2 김학수, 「한강학파의 형성과 전개」, 『낙중학, 조선시대 낙동강 중류 지역의 유학』, 계명대학

와 대구를 비롯한 안동, 경주, 진주, 서울 등 상당히 넓은 지역에 분포한다. 이는 당대 한강학파의 규모와 위상을 짐작할 수 있는 한편, 이 학파의 특징에 대해 온전히 이해하기 위해서는 지역적 확산에 따른 문인들의 분석이 필수적으로 요청됨을 의미한다. 즉 이들이 공유한 문제의식과 지역적 편차에 따른 대응의 차이를 살피는 작업이 뒤따라야 한다.

물론 지금까지 중심 거점이었던 성주, 대구, 칠곡 등 일부 지역 문인들에 대한 연구가 간헐적으로 이루어졌고, 그 성과 또한 없지 않았다.[3] 특히 한강학파의 전개 및 연계라는 관점에서 이들의 사상적 특징이 중요하게 검토되곤 했다. 그 결과 '회통성'과 '실천성', '자득성'과 '독창성' 등이 부각되었다. 대체로 낙동강 중류 지역 유학의 특징을 공유하는 바, 퇴계학과 남명학, 영남학과 기호학의 개방적 성격을 '회통성'으로, 의병 활동과 향약 시행 등 배움을 현실에 반영하고자 하는 노력을 '실천성' 내지 '실용성'으로, 그리고 자신의 마음으로 도를 깨닫는 학문 방법을 '자득성'으로, 세계에 대한 새로운 인식을 '독창성'으로 규정했다.[4]

흔히 '학'적 규정이란 그 학문이 가진 고유한 지향성에 기초한다. 여기에 '회통성'은 공감되는 바가 있으나 나머지 특징들은 유학의 본령과 다르지 않거나 한 학파의 학문에 한정하는 데 주저되는 바 없지 않다. 그렇기에 이것

교 출판부, 2012, 136쪽.

3 정우락, 「성주지역 도학의 착근과 강안학파의 성장」, 『영남학』 21, 경북대학교 영남문화연구원, 2012; 김학수, 「이천배, 천봉의 한강학 계승과 한강학파에서의 역할과 위상」, 『영남학』 28, 경북대학교 영남문화연구원, 2015; 최은주, 「동계 조형도의 문학교류와 인맥네트워크」, 『영남학』 28, 경북대학교 영남문화연구원, 2015; 추제협, 「조선중기 한강학파의 전개에서 본 대구지역 성리학의 특징」, 『국학연구』 36, 한국국학진흥원, 2018; 장인진, 「석담 이윤우의 한강학파 기반 조성」, 『영남학』 84, 경북대학교 영남문화연구원, 2023; 장인진, 「동호 이서의 생애와 한강학파 활동」, 『영남학』 91, 경북대학교 영남문화연구원, 2024.

4 장윤수, 『대구권 성리학의 지형도』, 심산, 2021, 32-45쪽; 정우락, 「낙동강의 서원과 '한강학풍'」, 『유교사상문화연구』 95, 한국유교학회, 2024.

만으로는 그 전모를 파악했다고 단정하기에는 아직 이르다. 무엇보다 제한된 지역과 문인을 통해 얻은 결과라는 점을 배제하기 어렵다. 따라서 이들 특징이 과연 '한강학'의 정체성으로 이해될 수 있을지, 그렇다면 그 구체적인 내용이 무엇인지에 대한 고민은 여전히 유효하다.

이러한 점에서 이 글은 상주권 한강 문인들의 학문과 사상을 시론적으로 검토하려고 한다. 상주권은 흔히 상주, 문경, 예천, 풍기, 의성 등을 포괄하며, 이들 지역은 퇴계학의 영향권 아래 류성룡의 서애학맥과 이상정의 대산학맥이 혼재되었던 곳이다. 여기에 정구의 한강학맥 또한 상당한 비중을 차지하는데, 이들의 분포와 사상적 특징에 대해 개괄적으로 살펴본다. 특히 선행 연구에서 제출된 한강학의 특징이 여기에도 그대로 나타나고 있는지, 그렇지 않다면 이 지역에 한강학의 특징은 무엇인지를 파악하는 데 중점을 두고자 한다.

2. 상주권 유학의 전통

영남嶺南은 죽령과 조령의 남쪽을 지칭한다. 이 지역은 1314년부터 경주와 상주를 합해 경상도慶尙道로 부르게 되었고, 조선 초기에는 이를 경주부, 안동대도호부, 상주목, 진주목으로 나누었다. 성종 때에는 대구도호부, 김해도호부가 성장하여 여섯 지역으로 확대되었다. 그러다 고종 때에는 진주부, 동래부, 대구부, 안동부로 나뉘었고, 1896년에 지금의 경상북도와 경상남도로 양분되었다. 다만 서울에서 낙동강을 기준으로 경상좌도와 경상우도로 나눈 것이 오랫동안 통용되었으며, 대시장권에 따라 다섯 권역인 안동권, 상주권, 경주권, 성주권, 진주권으로도 불렸다.

상주권은, 동쪽에 남북으로 종단하는 낙동강의 본류가 흐르고, 서쪽에는 소백산맥의 주맥인 속리산과 덕유산의 동쪽으로 험준한 산세를 형성한다. 이른바 동저서고東低西高의 지형적 요인으로 인해 동쪽에는 낙강선유洛江船遊가, 서쪽에는 동천구곡洞天九曲이 발달했으니, 이는 소통과 공유의 경계로 작용했다. 여기에는 대개 상주, 문경, 예천, 풍기, 의성이 속하는 바, 이들 지역을 중심으로 유학적 특징을 살펴보기로 한다.[5]

상주권 유학은 기본적으로 퇴계학의 자장 속에 있었다. 류성룡에게서 정경세로 이어지는 서애—우복학맥이 터잡고 김성일에게서 이상정으로 이어지는 학봉—대산학맥이 그 세를 확장하고 있었다. 그리고 강과 산이 둘러싼 지리적 환경으로 인해 기호학과 소통의 길이 열려 있었고, 남명학 또한 공유되고 있었던 터라 다양한 학문들이 통합할 수 있는 여건이 마련되었다.

우선, 상주尙州의 유학은 류성룡柳成龍(西厓, 1542-1607)이 상주목사로 부임한 전후로 나누어 볼 수 있다. 우선 부임 전인 992년 상주에 향교가 설립된다. 이는 고려 전기 전국에 12목牧을 두었는데, 상주에 목을 설치하면서 주와 군에 학사를 설치하라는 지시에 따른 것이었다. 이후 고려말 안향安珦이 상주판관(1275)으로, 안축安軸이 상주목사(1343-1344)로 있었으면서 유학 교육의 토대를 마련했다. 이어 1552년 상주목사 신잠申潛(靈川, 1491-1554)이 관할 내에 18개의 서당을 건립했다.[6] 그는 신숙주의 증손자로 2년간 재직하면서 상주에 선비들이 강학할 공간이 없음을 안타까워하여 배움의 공간을 마련했다고 한다.

---

5 국사편찬위원회 편, 『輿地圖書下』, 탐구당, 1973, 427쪽; 이중환, 노도양 역, 『擇里志』, 진명출판사, 1985, 97-103쪽.

6 18개의 서당은 修善書堂, 白華書堂, 鳳巖書堂, 竹林書堂, 松岩書堂, 霞谷書堂, 首陽書堂[玉成書院], 智川書堂[淵嶽書院], 鳳城書堂, 瀛濱書堂, 龍門書堂, 梅嶽書堂, 石門書堂, 魯東書堂, 梧山書堂, 孤峰書堂 등이다. 현재 이 중 용문서당 이하 세 곳은 터만 남아있고, 노동서당 이하 3곳은 정확한 장소를 알지 못하며, 1곳은 어디인지 불명확하다.

이러한 노력은 1580년 류성룡이 상주목사로 부임하면서 전환을 맞이한다. 그는 이황의 고제로 무엇보다 지역의 학풍을 진작시키고자 노력했다. 특히 "선비의 풍습이 경박해지는 것은 어릴 때 올바르게 가르치지 못한 때문이며, 풍속이 무너지는 것은 향약이 시행되지 않기 때문이다"[7]라고 하면서 학문 장려와 향약 시행에 힘썼다.

더불어 류성룡은 퇴계학을 충실히 계승하여 마음의 실천 공부에 매진했다. 특히 '본심本心'에 주재主宰의 문제를 제기한 것은 사욕의 제거를 통한 본성에 이르는 함양의 중요성을 나타내기 위함이었다. 이는 주자학의 존덕성尊德性으로 이해될 수 있으나 평소 양명학의 영향도 일정 부분 있었을 것으로 짐작된다.[8]

이러한 그의 학문적 경향은 가학을 전수하면서 불교 등 이학異學을 접하는 데 구애되지 않았던 상황과 무관하지 않다. 특히 양명학은, 17세에 우연히 접한 『양명집陽明集』이 계기가 되었으며, 노수신盧守愼의 만남은 공감되는 바 있었다. 물론 30세 이후 주자학으로 전향하는 듯 양명학에 대한 비판적 입장을 표하기도 하지만 노년에 이를수록 양명학적 성향은 더욱 짙어진 듯 보인다.

이러한 그의 학풍은 상주목사로 있던 9개월의 짧은 시기에도 강학을 통해 많은 제자들에게 오롯이 전수되고 있었다. 이때 대표 제자로는 김홍민金弘敏

---

7 柳成龍, 『西厓先生年譜』 권1, "八年庚辰[先生三十九歲] … 嘗謂士習之渝, 蒙養之不正也, 風俗之壞, 鄉約之不行也."

8 금장태와 김용재는 양명학에 관심을 보이다 주자학으로 전회한 것으로 본 반면, 이수건, 권오영, 안영상은 양명학에 일정 부분 영향을 받았다고 했다. 금장태, 「서애 류성룡의 철학사상」, 『퇴계학과 유교문화』 23, 경북대학교 퇴계연구소, 1995; 김용재, 「서애 류성룡의 양명학 이해와 비판에 관한 고찰」, 『양명학』 23, 한국양명학회, 2009; 이수건, 「서애 류성룡의 학문과 학맥」, 『퇴계학과 유교문화』 23, 경북대학교 퇴계연구소, 1995; 권오영, 「서애 류성룡 경학사상의 심학적 성향」, 이성무 외, 『류성룡의 학술과 경륜』, 태학사, 2008; 안영상, 「서애 류성룡의 양명학관에 대한 재검토」, 『양명학』 23, 한국양명학회, 2009.

(沙潭, 1540-1594), 김홍미金弘微(省克堂, 1557-1604), 이전李㙉(月澗, 1558-1648), 이준李埈(蒼石, 1560-1635), 한상韓瑺(杜谷, 1562-?), 강응철康應哲(南溪, 1562-1635), 정경세鄭經世(愚伏, 1563-1633), 전식全湜(沙西, 1563-1642), 조광벽趙光璧(北溪, 1566-1642), 한서韓瑞(佳村, 1568-?), 황뉴黃紐(槃澗, 1578-1626), 황시간黃時幹(七峰, 1558?-1642) 등이었다.

특히 정경세는 '서애학西厓學'을 잇는 핵심적 위치에 있었고, 그는 예학에 조예가 깊었다. 그런 연유로 기호의 김장생金長生과 교분이 두터웠으며, 그의 제자인 송준길宋浚吉을 사위로 삼았을 정도로 학파 간의 소통에도 열린 자세를 취했다. 그럼에도 이황의 학설에 대한 계승의식은 분명했던 것으로 보인다. 그 이유가 바로 '칠정리발설七情理發說'의 제기에 있는데, 이는 이황의 리발설理發說에 대한 리 우위적 경향을 더욱 강화하는 측면이 없지 않았다.[9]

한편 정경세는 1599년 향내 유림들과 함께 의료기관인 존애원存愛院을 설치하고 운영했다.[10] 여기서 '존애'란 "남을 사랑하는 데 마음을 둔다.[存心愛物]"라는 말에서 비롯되었으며, 처음에는 의국으로 시작했으나 차츰 향촌 활동 공간으로 이용되었다. 또한 그는 1606년 도남서원道南書院을 건립하는 데 주도적인 역할을 했다. 여기에 정몽주, 김굉필, 정여창, 이언적, 이황의 동방오현東方五賢을 제향함으로써 도통의식을 분명히 했다. 이어 13개의 서원이 더 건립되었다.[11]

이러한 정경세의 학문과 실천은 류성룡의 3남인 류진柳袗(修巖, 1582-1635)을

---

9 이상하, 「한국 성리학 칠정리발설의 계보 상에서의 응와 이원조」, 『퇴계학과 유교문화』 39, 경북대학교 퇴계연구소, 2006, 74-79쪽.

10 우인수, 「조선후기 상주 존애원의 설립과 의료 기능」, 『대구사학』 104, 대구사학회, 2011.

11 13개 서원은 다음과 같다. 興巖書院(1702), 玉洞書院(1580 : 白玉洞影堂, 1714), 玉城書院(1551 : 首陽書堂, 1631), 孝谷書院(1685 : 世德祠, 1735), 鳳山書院(1551 : 鳳山書堂, 1708), 臨湖書院(1590 : 儉巖書院, 1693), 淵嶽書院(1551 : 智川書堂, 1702), 淸巖書院(1752 : 景賢祠), 洛嵒書院(1796), 鳳崗書院(1817 : 敬德祠), 西山書院(1708 : 顯忠壇, 1713), 道安書院(1783 : 道安祠), 長川書院(1742 : 升谷里追遠堂).

통해 그의 손자인 정도응鄭道應(無忝齋, 1618-1667)으로 이어진다. 정도응은 정심鄭杺의 아들로, 정종로鄭宗魯(立齋, 1738-1816)의 고조가 된다. 정도응이 류진의 딸과 혼인하여 학맥과 함께 혼맥으로도 이어져 정석교鄭錫僑, 정주원鄭胄源, 정인모鄭仁模를 거쳐 정종로에 이르게 된다.

정종로는 어릴 때 숙부인 정의모鄭義模(滄州, ?-?), 정지모鄭智模(秋澗, 1716-1776)를 통해 가학의 전통을 이어받았고, 26세 때 황계희黃啓熙(호 審幾堂, 1727-1785)에게서 배웠다. 그의 학문이 이때 계발된 것이 많았다고 한다. 40세 때 '영남삼로嶺南三老'라고 하는 박손경朴孫慶(南野, 1713-1782), 이상정李象靖(大山, 1711-1781), 최흥원崔興遠(百弗庵, 1705-1786)을 찾아 가르침을 구했는데, 특히 이상정의 영향이 컸다고 한다.

이상정은 '소퇴계小退溪'로 불릴 정도로 이황의 적통으로 알려져 있는데, 이는 외조부인 이재李栽를 통해 김성일로부터 장흥효張興孝, 이현일李玄逸로 이어지는 학적 전통을 계승했기 때문이다. 그러나 그는 이이의 학설에도 매우 유연한 태도를 보였으며, 이러한 회통적 전통은 이후 문인 남한조에 이어 유치명柳致明으로 연결되는 학맥과 문인 김굉은 증손인 김도화에 이어 유인식으로 이어지는 학맥을 형성한다.

이러한 주맥에 이어 정종로를 통해 또 다른 학맥이 형성되었던 바, 그의 대표 제자로는 이원조李源祚(凝窩, 1792-1871), 류심춘柳尋春(江皐, 1762-1834), 남한호南漢皜(誠齋, 1760-1821) 등이 있었다. 이들은 또한 각기 다른 학적 흐름을 형성하게 되는데, 이원조는 유치명의 문하에도 출입했고, 이후 이진상李震相, 곽종석郭鍾錫, 김창숙金昌淑으로 이어진다. 류심춘은 류진의 6대손으로 가학을 전수했으며, 아들 류후조柳厚祚와 손자 류주목柳疇睦으로 이어진다. 남한호는 남한조, 정종로, 이상정의 문하에서 수학했다. 과거에 뜻을 두지 않고 평생을 성리학 공부에 몰두했으며, 그 과정에서 최흥원, 박손경, 김종덕, 류장원, 안정복, 유치명 등 당대의 여러 학자들과 학문적 교유를 이어갔다. 이러한 학풍은 황희黃喜의 후손인 황원선黃源善(藏園, 1798-1873)으로도 이어진다.

한편 이만부는 이조판서를 지낸 이관징李觀徵의 손자이자 이조참판을 지낸 이옥李沃의 아들이다. 외고조가 이수광李睟光이며, 처증조가 류성룡이다. 그는 가학의 전통을 이어받았고, 허목의 문하에서 본격적인 학문을 시작했다. 26세 때 과거를 그만두고 학문에만 전념할 결심을 한 뒤 34세 때 둘째 부인의 고향인 상주부 동쪽 노곡리로 내려온다.

그는 이곳에 식산정사息山精舍를 짓고 평생 학문에 전념한다. 성리학, 예학과 관련된 『도동편道東編』, 『사례종요四禮綜要』 등 여러 저작을 남겼고, 『만동사의萬東祠議』를 지어 만동묘에 명나라 신종 황제와 제후국의 신하 송시열을 함께 배향하는 것을 비판함으로써 기호 노론들과 대립한다. 그리고 그는 남인인 이현일, 정시한, 허목, 홍우원, 이익과 그의 형인 이잠과 이서 등 여러 인물과 교유했다. 또한 남명학의 본산인 덕천서원의 원장을 맡기도 했으며 노론계 조현명과도 관계를 형성했다. 특히 전자의 일은 그의 5대조 이주가 조식의 문인이었고, 고조 이창정 형제가 북인이었다는 점 등이 크게 작용했으며, 이는 1785년 채제공蔡濟恭이 덕천서원의 원장이 되는 계기가 되었다.[12]

문경聞慶의 유학은 근암서원이 중요한 구심점이 되었다. 원래 이곳은 조선후기 행정구역으로 상주목에 속했던 터라, 앞서 언급한 신잠이 세운 죽림서당이 모태가 되었다. 그러나 1593년에 임진왜란 때 소실되었다가 1665년 홍언충洪彦忠을 제향하면서 향현사로 이어졌고, 이후 1669년에 이덕형李德馨을 병향하면서 서원으로 승격되었다. 여기에 1693년 김홍민金弘敏과 홍여하洪汝河(木齋, 1620-1674)가, 1786년 이구李榘(活齋, 1613-1654), 이만부李萬敷(息山, 1664-

12 김학수(2015), 30-32쪽.

1732), 권상일權相一(淸臺, 1679-1759)이 추가 배향된다.

홍여하는 홍귀달洪貴達의 5대손이자 의병장 고경명高敬命의 외증손이다. 선대는 군위에 있었으나 홍귀달 대부터 문경의 율곡리를 세거지로 삼았다. 그는 아버지 홍호洪鎬(無住, 1586-1646)가 정경세의 제자였던 터라, 자연스레 류성룡의 학맥을 잇게 되었다. 더불어 정도응의 부친인 정심이 홍호에게 배웠고, 정도응의 둘째 아들인 석현錫玄이 그의 사위가 될 만큼 두 집안이 각별한 관계를 유지했다. 물론 장인인 김규金煃가 김성일의 증손이라 이휘일, 이현일과도 가까운 사이였다. 또한 그는 정구와 장현광의 문하에 있었던 허목과 김응조에게도 배움을 청했고, 서울에 있을 때는 이식, 조경 등과도 교유했다.

이구는 전주이씨全州李氏로 효령대군의 8대손이다. 부친은 공조정랑을 지낸 이광흡李光洽이고, 모친은 황시간黃時幹의 딸인 장수황씨長水黃氏이다. 태어난 곳은 충북 괴산이나 부친을 따라 서울에서 자랐다. 1636년 병자호란 이후 과거를 단념하고 외가가 있는 상주목 산양촌[현, 경상북도 문경시 산북면]으로 옮겨 살았다. 이곳에서 학문에 심취했는데, 특히 성리학에 전념하여 이황의 학설을 옹호하는 입장에서 이이와 장현광의 학설을 비판했다.

또한 홍여하, 권구, 남형회, 한극창, 이채李埰(蒙庵, 1616-1684), 신석번申碩蕃(百源, 1596-1675) 등과 교유했다. 권구와는 사돈 간으로 이구의 둘째 아들인 이주만이 권구의 딸을 아내로 맞이했고, 권구의 증손자가 권상일이다. 이채는 이언적의 현손이며 전식의 손녀사위가 된다. 신석번은 정경세와 이준의 문인으로 송시열, 송준길 등 서인과 가까이 지냈다. 또한 그 문하에 황시간의 손자인 황상중黃尙中(愚谷, 1619-1680)이 있었는데, 서인인 민정중閔鼎重(老峰, 1628-1692) 형제와 돈독한 사이였다.

권상일은 권대기의 6세손으로, 조부는 권이칭權以偁이다. 그는 상주목 산양현 근암리[현, 경상북도 문경시 산북면 서중리]에서 태어났다. 1710년 과거에 합격하여 승문원부정자, 예조좌랑 등을 역임했고, 1728년에 이인좌의 난에 공을 세웠다. 그는 1732년에 도산서원 원장을 맡았고, 『퇴계언행록退溪言行錄』에 교열 및 간행을 맡을 만큼 영남 남인 내에서 입지가 높았다. 1748년 그는 좌부승지를 끝으로 사직한 후, 학문에 전념하여 상주의 임호서원과 도남서원 등에서 강론하면서 많은 인물들과 교유했다. 남인으로는 이현일, 이재, 이만부, 권두경을 비롯해 고명부, 김성탁, 박민효, 오상원, 황익재, 김낙행, 이상정 등이 있었다. 또한 강박, 강필경, 이광덕 등 소론계 인물들도 있으며, 특히 근기 남인인 이익의 경우는 편지를 통해 다양한 학문적인 논쟁을 진행했다.

예천醴泉의 유학은 안동과 상주의 접경 지역으로 퇴계학이 강했다.[13] 인적으로 이황의 외가가 여기에 있었을 뿐만 아니라 많은 친척들이 터를 잡고 있었다. 그러다 보니 이황의 문인들이 예안과 안동 다음으로 많은 비중을 차지했다. 이 지역의 대표 인물로는 윤상과 권문해, 정탁을 들 수 있다. 윤상尹祥(別洞, 1373-1455)은 정몽주의 제자인 조용趙庸(松亭, ?-1424)의 문하에서 학문을 배웠다. 당시 조용은 이성계의 역성혁명에 반대하여 예천에 낙향해 있었던 터라 배움의 기회를 얻을 수 있었다. 그리고 그는 이후 김숙자金叔滋에게 『주역周易』을 가르쳤다고 하며 이는 김숙자의 아들인 김종직에게도 영향을 주었다고 하니, 이들을 통해 영남 사림의 또 다른 학맥을 짐작해 볼 수 있다.[14]

권문해權文海(草澗, 1534-1591)는 주로 가학을 계승했는데, 김종직의 문인인 증조부 권오복의 영향을 받았다. 이후 이황의 문하에 나아가 배움을 이어갔으며, 이황 사후 안동부사로 스승의 현창 사업에 앞장섰다. 그는 성리학 이론

---

13 장윤수, 「예천지역 성리학계의 지형도 - 16-17세기를 중심으로 -」, 『퇴계학과 유교문화』 59, 경북대학교 퇴계연구소, 2016; 정우락, 「16세기 예천지역의 학풍과 약포 정탁」, 『영남학』 89, 경북대학교 영남문화연구원, 2024.

14 추제협, 「송정 조용의 삶과 학문적 위상」, 『퇴계학논집』 36, 영남퇴계학연구원, 2025, 183쪽.

보다는 현실과 역사에 관심이 많았고, 상당히 개방적인 학문 경향을 보여준다. 이러한 점은 퇴계학만을 고수하지 않고 서경덕의 기론 등 다양한 학문을 수용한 데에 유리했다.

한편 정탁鄭琢(藥圃, 1526-1605)은 동문인 류성룡과 함께 평생을 관직에 있었다. 특히 임진왜란 때에는 이순신, 곽재우 등 국난의 상황에서 인재의 중요성을 인지하고 있었다. 그는 17세 때 이황의 문하에 나아갔고, 36세 때에는 조식과 사제의 연을 맺었는데, 진주향교의 교수로 부임할 때였다. 이때 그 문하에 있던 김우옹과 오건 등과는 평생의 교우로 지냈다. 학문에서도 경사뿐만 아니라 천문, 지리, 상수 등 다양한 분야에 관심이 많았으며, 특히 현실적이고 실용적인 학문을 추구하고자 했다. 이러한 점이 관직에 있을 때에도 유감없이 발휘되었다.

의성義城의 유학은 안동과 인접한 지리적 조건으로 인해 퇴계학의 다양한 흐름들이 혼입되었다. 우선 이황의 문인으로 신원록申元祿, 황위黃暐, 김사원金士元, 박제朴濟, 김기보金箕報 등이 자리잡고 있었다. 이어 류성룡의 제자인 김태金兌의 후손들이 의성군 비안면 산제리에 세거했으며, 정구의 제자인 권수경權守經, 장현광의 제자인 신달도申達道, 신홍망申弘望, 신채申埰, 신적도申適道, 김광악金光岳, 김치관金致寬, 임경윤任景尹, 이준성李俊成, 이산한李山漢 등이 이곳 출신이다.

한편 김종덕金宗德(川沙, 1724-1797)을 중심으로 대산학맥이 전파되기도 했다.[15] 김종덕은 김방경金方慶의 후손으로 류성룡의 외조부인 김광수金光粹의 10세손이자 이황의 문인인 김사원의 6세손이기도 하다. 이상정의 문하에서 정종로, 이종수와 호문삼종湖門三宗 또는 유장원, 이종수와 호문삼로湖門三老

15 추제협, 「천사 김종덕의 생애와 거경궁리설」, 『국학연구』 43, 한국국학진흥원, 2020, 246-252쪽.

로 불릴 만큼 고족高足이었다. 그의 동생인 종경, 종발, 종섭 모두 이상정의 문하에서 배웠다. 그는 36세 때 별과 향시에 합격했으나 "입신출세를 위한 과거 공부는 사람의 본심을 무너뜨린다."라고 하면서 과거를 포기하고 학문에 전념했다. 이후 스승을 따라 학문의 도를 구했으며, 특히 『심경강록간보心經講錄刊補』 편찬에 동생들과 함께 힘을 보탰다. 그리고 문인 이종수, 유장원, 유도원柳道源, 정종로, 이만운李萬運, 남한조, 채제공, 조술도趙述道 등과 교유하며 스승 사후 문집 등 유업을 정리하고 강학을 여는 데 주도적으로 참여했다. 64세에 유자정孺子亭을 지어 저술과 후진 양성에 힘썼는데, 이때 대표 제자로는 정박, 이야순, 정필규, 권득인, 서활, 이병운, 이병원, 류숭조 등이 있다.

3. 상주권 한강 문인들

『회연급문제현록』에 따르면, 상주권 한강 문인은 모두 15명이다. 상주에 8명, 의성에 4명, 예천에 3명이 있는 것으로 확인된다. 상주 문인으로는 정윤해鄭允諧(鋤歸子, 1553-1618), 조정趙靖(黔澗, 1555-1636), 이전李坱(月澗, 1558-1648), 황시간黃時幹(七峰, 初名 : 黃廷幹(道川), 1558-1642), 정경세鄭經世(愚伏, 1563-1633), 김정견金廷堅(菊園, 1576-1645), 전이성全以性(雲溪, 1578-1646), 황뉴黃紐(槃澗, 1578-1626)이며, 의성 문인으로는 신지제申之悌(梧峰, 1562-1624), 신적도申適道(虎溪, 1574-1663), 권수경權守經(自樂堂, 1584-1659), 김상원金尙瑗(南厓, 1598-1687)이다. 예천 문인으로는 정윤위鄭允偉(東湖, 1564-1605), 정윤목鄭允穆(淸風子, 1571-1629), 정시형鄭時亨(花坪子, 1585-1646)이다.

여기에 상주 문인으로 조정의 동생인 조익趙翊(可畦, 1556-1613), 김정견의 형인 김정룡金廷龍(月潭, 1561-1619)을, 예천 문인으로 정영후鄭榮後(梅塢, 1569-1641)

를 추가해야 한다. 이들은 비록 문인록에 수록되어 있지는 않지만 그들의 문집에 있는 「행장」과 「연보」, 「만사」 등의 기록에 사제 관계가 적시되어 있을 뿐만 아니라 선대의 내력과 혼인맥 등을 통한 충분한 개연성이 확보될 수 있다고 본다.[16] 그럼, 이상 18명 중 대표 문인들을 간략히 소개하면 다음과 같다.

우선 정윤해[17]는 정교鄭僑의 후손으로, 부친은 정련鄭璉이고 모친은 권종헌權宗憲의 딸인 안동권씨安東權氏이다. 정탁鄭琢의 장조카이며, 조목과 정구의 문하에서 수학했다. 조목에게는 『근사록』 한 질을 받아 직접 주註와 토吐를 붙이며 종신토록 익숙히 하는 데 힘썼다고 하며, 정구에게는 위기지학爲己之學의 가르침을 받았다고 했다.[18] 이때 정경세, 오윤겸吳允謙, 김령金坽, 홍호 등과 도의지교를 맺었다. 이후 정구의 추천으로 능사陵司와 재랑齋郞에 연이어 제수되었으나 모두 사양했다. 임진왜란 때 상주의진에 문서유사文書有司로 참여했으며, 정유재란 때 태조의 영정을 무사히 보관한 공로로 원종훈삼등原從勳三等에 봉해졌다. 그러나 광해군이 즉위한 후에는 정치적 혼란을 피해 세상과 단절된 삶을 살았다.

조정과 조익 형제는, 부친이 조광헌趙光憲이고 모친은 홍윤최洪胤崔의 딸인 남양홍씨南陽洪氏로, 그 사이에 4남 중 첫째와 둘째이다. 조정[19]은 1570년 정구의 문하에서 공부했다.[20] 당시 『소학』과 『심경』 등을 받아 향리지학向裏之學

16 조위는 『可畦先生文集』 권6, 「年譜」에, 정영후는 『梅塢先生遺稿』 권2 「家狀」, 권4 「拾遺」에서 확인되며, 김정룡은 김학수, 「남명·퇴계학의 교차와 절충 - 월담 김정룡과 국원 김정견 형제의 삶과 학문 - 」, 『청계사학』 22, 청계사학회, 2020, 103쪽 참조.

17 鄭允諧, 『鋤歸子先生遺稿』 권2, 「附錄, 鋤歸子先生鄭公行狀」.

18 鄭允諧, 『鋤歸子先生遺稿』 권2, 「附錄, 鋤歸子先生鄭公行狀」, "從月川趙先生學, 先生亟加奬許, 稱以恬靜之士, 授近思錄一帙, 公敬受之, 手加註吐, 終身誦. 又遊寒岡鄭先生之門, 得聞爲己之學."

19 趙靖, 『黔澗先生文集』 권3, 「年譜」; 권4, 「附錄, 行狀[李光庭]」.

20 趙靖, 『黔澗先生文集』 권3, 「年譜」, "四年庚午[先生十六歲]受學於寒岡鄭先生門."

에 몰두했다고 한다. 이어 1572년에 김극일金克一의 딸과 혼인한 인연으로, 처삼촌인 김성일의 문하에서 『주자서절요朱子書節要』를 배웠다고 했다. 1592년 임진왜란 때 권경호權景虎, 정경세, 이홍도李弘道 등과 함께 함창의 황령사黃嶺寺에서 의병을 결성하는 데에 참여하여 참모와 서기를 맡게 되었다. 또한 그는 1605년 과거에 합격한 이후 사헌부장평을 시작으로 예조좌랑, 대구판관, 해남현감 등을 역임했다. 광해군 때는 잠시 낙향했으나 인조반정 이후 김제군수로 다시 등용되었다. 1624년에 이괄의 난 때 임금을 공주까지 호종했으며, 1626년 형조정랑, 사섬시정 등을 거쳐 봉사사정奉常寺正에 올랐다. 임진왜란 때 겪은 일을 기록한 일기인 『임진일기』, 『남행록』, 『진사록』 등의 문헌이 전한다.

동생 조익[21]은 1570년 부친의 명으로 정구의 문하에서 공부했다.[22] 그 또한 형처럼 『소학』과 『심경』 등을 힘써 공부하여 학문하는 방법을 깨닫게 되었다고 한다. 1588년 과거에 합격하고 임진왜란이 일어나자, 보은 속리산에서 의병부대인 충보군을 결성하여 참모를 맡았다. 1599년에 진주사의 서장관으로 명나라에 다녀왔고, 1601년에는 체찰사 이덕형의 종사관으로 활동했다. 1589년에 시작된 기축옥사 때 최영경을 무고한 정철의 일을 문제 삼다 선조의 노여움을 받아 공주로 유배되었다. 1609년에 해배된 이후 1610년에 경상도도사慶尙道都事, 양산군수에 제수되었다. 그 또한 임진왜란의 기록인 『진사일기辰巳日記』를 남겼고, 1599년 진주겸하지사陳奏兼賀至使 서장관書狀官으로 북경을 다녀온 기록인 『조천록朝天錄』, 1601년 체찰사 이덕형의 종사관으로 영남을 다녀온 기록인 『영남록嶺南錄』 등이 전한다.

이전[23]은 이조년李兆年의 후손으로, 부친은 이수인李守仁이며, 모친은 신수

21 趙翊, 『可畦集』 권6, 「附錄, 年譜」; 「附錄, 行狀[李承延]」.
22 趙翊, 『可畦集』 권6, 「附錄, 年譜」, "[先生十六歲]以直長公命, 受學于寒岡鄭先生門."

경申守涇의 딸인 고령신씨高靈申氏이다. 1568년 그는 동생 이준李埈과 함께 김각金覺(石川, 1536-1610)의 문하에서 학문의 기초를 마련했다. 이어 1580년 류성룡의 문하에 나아가 『주자서절요』를 힘써 배웠는데, 이때의 인연으로 평생 주자학에 몰두했다.[24] 이후 정구의 문하에서도 수학했다. 만시에, 명리를 멀리 하고 진리를 추구하되 특히 예학을 부각했다. 선생의 죽음에 "상심은 덕문 앞 나그네에 통하였고, 외람되이 봄에 함께 했던 분을 다시 모시지 못하였네"[25]라며 가까이 모시지 못한 아쉬움을 토로했다. 1603년 생원시에 합격한 후 학행으로 천거되어 세자익위사세마, 평릉도찰방, 지례현감 등을 역임했다. 상주 유림의 대표로 1608년 동방오현의 문묘 종사를 청하는 상소의 소수疏首로 추대되었으며, 존애원 설립에 관여했다. 류성룡의 문집 간행을 주관했고, 1632년 말년에 체화당棣華堂을 지어 정경세, 조정 등과 교유하며 후학 양성에 매진했다.

황시간[26]은 황희의 7세손으로, 부친은 황빈黃斌이며, 초명은 정간廷幹이었다. 그는 1580년(23세)에 당시 상주목사로 있던 류성룡에게 수학했다. 이때 류성룡은 그의 시를 "청려淸麗하고 자법이 주완遒婉하여 시를 지음에 늘 귀신과 통하는 재주를 지녔다."[27]라고 칭찬했다. 이어 정구의 문하에서 정주의 글로 강학하여 위기지학을 핵심으로 이치를 통달하고 쌓은 경륜을 발휘하도록 했다.[28] 1629년 진사시에 합격했고, 1667년에 정우정淨友亭이라는 정자를 지어 학문에 전념했다. 1624년 이괄의 난 때 이원익의 추천으로 동빙고별제

23 李㙉, 『月澗先生文集』 권4, 「附錄, 行狀」.
24 李㙉, 『月澗先生文集』 권4, 「附錄, 行狀」, "二十九年辛丑先生四十四歲, … 受於退陶老先生, 朱書一部付之, 先生以不敢當辭. 西厓先生之所以傳付此書者, 寔出於傳道之意, …."
25 李㙉, 『月澗先生文集』 권1, 「詩, 挽鄭寒岡[逑]」, "傷心通德門前客, 無復叨陪一座春."
26 柳成龍, 『西厓先生門賢錄』 권2, 「黃廷幹」.
27 黃時幹, 『七峯遺稿』 권하, 「附錄, 年譜」.
28 黃時幹, 『七峯遺稿』 권하, 「附錄, 年譜」.

東氷庫別提에 제수되었다. 이어 상서원부직장, 사헌부감찰, 형조좌랑, 삼가현감 등을 역임했다. 1629년에 병으로 사직하고, 고향 서재에서 『심경』과 『근사록』 등을 읽으며 지냈다. 정경세, 전식, 이준과 교유했는데, 이들을 '상산사우商山四友'라고 부른다.

김정룡과 김정견[29] 형제는, 부친 김담수金聃壽(西溪, 1535-1603)와 모친 조몽길曺夢吉의 딸 창녕조씨昌寧曺氏 사이에 5남 중 맏이와 막내이다. 김담수는 성주목 윤동[현, 경상북도 성주군 수륜면 수륜리]에서 태어나 창녕조씨와 혼인하면서 처부를 통해 남명학과 인연을 맺는다. 그러다 성주교수(1555)였던 오건吳健과 성주목사(1560-1563)였던 황준량黃俊良에게 학문을 배웠으며, 동향이었던 김우옹, 정구와 교유했기에 퇴계학과도 연결되었다.[30] 1597년 정유재란 때 예안으로 피난을 가서 어머니가 죽자, 상주시 중동면 죽암리에 정착하게 됐다.

김정룡[31]은 어릴 때부터 이러한 가학을 이어받아 성리학에 조예가 깊었다. 여기에 부친의 인연으로 김우옹과 정구로부터 직접 학문을 배웠고, 이는 조목과 김부륜 등 퇴계학파 제현들의 학문에도 영향을 받는 계기가 되었다. 그는 평생 『소학』을 취해 그 의리와 핵심을 마음에 간직하여 잠시도 잊지 않았다고 한다.[32] 1585년 과거에 합격하여 성균관 학록을 시작으로 예안현감, 예조정랑, 병조정랑을 거쳐 영월군수, 풍기군수 등을 역임했다. 그 사이 1592년 임진왜란 때 명나라 군대의 업무를 지원하는 일을 했으며, 1596년에는 예안현감으로 군량미 수송에 공을 세웠다.

동생 김정견[33]은 형을 따라 가학을 이어받았고 이후 정구와 정경세를 스승

29 金廷龍·金廷堅, 『月潭菊園兩先生聯芳逸稿』.

30 김학수(2020), 92-97쪽.

31 金廷龍, 『月潭先生逸稿』 권3, 「附錄, 行狀」, "公自少嗜學, 旣承受家庭之訓. 而是時如寒岡東岡月川雪月諸先生, 皆在近地, 蓋覿德心醉者又多. 故其律己治心, 動皆慕效, 閬當顚沛危亂之際, 而未嘗少輟其工."

32 金廷龍, 『月潭先生逸稿』 권3, 「附錄, 行狀」, "尤得力於小學書, 晩年至爲之繕寫一部而服膺焉."

으로 삼아 훈도받은 바 컸다고 했다.[34] 특히 정구는 퇴남학을 이어받아 영남의 종사宗師로 심학과 예학의 대가라고 하면서 자신은 그에게서 위기지학을 배웠다고 했다. 1612년 사마시에 합격한 뒤 과거를 포기하고 평생 학문 탐구에 힘썼다. 임진왜란 때에도 경전 탐구를 게을리하지 않았으며, 후진 양성에도 노력했다.

전이성[35]은, 부친이 전위全緯[全緯]이고 모친은 진호秦浩의 딸인 영춘진씨永春秦氏이다. 그는 어릴 때 풍기군 노계리[현, 영주시 봉현면 노좌리]에 있던 한산두韓山斗(秋月堂, 1556-1627)에게 배웠고, 이후 정구의 문하에서 수학했다.[36] 낭시에 스스로 몸가짐을 조심하고 행동을 바르게 하여 남과 다른 원대함이 있었다고 한다. 1606년에 과거에 합격하여 예조좌랑, 병조좌랑 등을 역임했고, 광해군 때에 고향 예천으로 돌아와 학문에 전념했다. 인조반정 이후 종부시정과 춘추관 편수관을 겸직하여 『광해군일기光海君日記』 편찬에 참여했다. 1624년 이괄의 난 때 황해도 아사로 임명되어 난을 진압하는 데 공을 세워 진무원종공신에 녹훈되었다. 1630년 용성에 유배되었고, 10년 뒤에 해배되어 고향에서 말년을 보냈다.

황뉴[37]는 황희의 후손으로 증조부가 황효헌이고, 조부가 황증黃憕이다. 부친은 황준원黃俊元이며, 모친은 민사설閔師說의 딸인 여흥민씨驪興閔氏이다. 그에게는 네 명의 부인이 있었는데, 조희철趙希轍의 딸인 풍양조씨豊壤趙氏, 이희민李希閔의 딸인 연안이씨延安李氏, 허당許糖의 딸인 양천허씨陽川許氏, 한진韓璡의 딸인 청주한씨淸州韓氏이다. 이른바 혼맥을 통해 인적 네트워크를 넓혔다.

---

33 金廷堅, 『菊園先生逸稿』 권2, 「附錄, 行狀」.

34 金廷堅, 『菊園先生逸稿』 권2, 「附錄, 行狀」, "旣承學於家, 又嘗師事寒岡及先愚伏兩先生, 薰陶成就蓋, 不淺鮮焉."; 「附錄, 輓詞[申碩蕃]」, "岡翁函丈摳衣早, 愚老門兩墻見道明."

35 全以性, 『雲溪文集』 권2, 「附錄, 墓誌銘[井序]」.

36 全以性, 『雲溪文集』 권2, 「附錄, 墓誌銘[井序]」, "公少學於吾先祖文莊公, 又遊寒崗鄭先生門."

37 黃紐, 『槃澗先生文集』 권4, 「附錄, 行狀」.

그는 10세 때 정경세의 문하에서 수학했으며, 1613년 과거에 합격하여 승정원주서, 사헌부지평, 경성판관 등을 역임했다. 선조 황희를 제향한 백옥동白玉洞 영당影堂이 임진왜란 때 소실되어 재건하려고 노력했다. 그의 아들 황덕유黃德柔 또한 대를 이어 정경세에게 배웠으며, 기호 노론의 송시열, 송준길, 이서상 등과도 학문적 교류가 활발했다.

신지제[38]는 고려 때 안렴사按廉使를 지낸 신우申祐(退齋, ?-?)의 아들 신광귀申光貴의 후손이다. 부친은 신몽득申夢得이며, 모친은 박민수朴敏樹의 딸인 의령박씨義興朴氏이다. 그는 1574년 이황의 문인인 김언기金彦璣(惟一齋, 1520-1588)에게 배웠고, 김성일의 문하에서 수학하기도 했다. 김언기는 하루도 게을리하지 않는 그의 모습에 "이 아이는 언행이 공손하고 진중하며 학문에 독실함이 또한 이와 같으니, 훗날 반드시 큰 인재가 될 것이다."[39]라고 칭찬했다. 이때 김해金垓[近始齋], 최현崔晛[訒齋], 권태일權泰一[藏谷], 김용金涌[雲川] 등과 교유하게 된다. 그리고 1584년 조려趙旅의 후손인 조지趙址(望雲亭, 1541-1599)의 딸 함안조씨咸安趙氏와 혼인하게 되면서 처가의 여러 학자들과 교유했다. 가령, 조지의 아들인 조형도趙亨道(東溪, 1567-1637), 조순도趙純道(南浦, 1573-1653), 조준도趙遵道(方壺亭, 1576-1665), 조동도趙東道(芝嶽, 1578-1668)를 비롯해 조붕趙鵬(1534-1598)과 그의 조카 조응도趙凝道(松塢, 1555-1597), 조종도趙宗道(大笑軒, 1537-1597) 등이다. 이 중 조형도는 퇴계학과 남명학을 아우르는 인물로, 오운吳澐(竹牖, 1540-1617)의 사위이고, 오운의 장인 허사렴許士廉은 이황의 큰 처남이다. 이러한 가운데 그는 정구의 문하에서 배우고 이어 장현광을 따라 배움을 청하기도 했다.[40]

---

38 鄭逑, 『檜淵及門諸賢錄』 권2, 「申之悌」; 申之悌, 『梧峯先生文集』 권7, 「附錄上, 有明朝鮮國通政大夫承政院同副承旨知製敎兼經筵參贊官春秋館修撰官贈嘉善大夫吏曹參判兼同知經筵義禁府春秋館成均館事世子左副賓客梧峯申先生行狀」; 『梧峯先生別集』, 「梧峯先生年譜」.

39 申之悌, 『梧峯先生別集』, 「年譜」, "此兒謹重篤學又如此, 他日必成大器也."

한편 신지제는 1589년 과거에 합격하여 사섬시 직장, 성균관 전적을 거쳐 성균관직강 등을 두루 역임했다. 예안현감으로 있을 때는 늘 도산서원을 왕래하며 당시 이황의 원로 문인인 조목, 김부륜, 이덕홍, 금난수 등과 교유하며 정무를 협의하거나 경전을 강론하곤 했다. 임진왜란 때 예안, 안동의 겸관으로 의병을 모집하고 구휼에 힘썼으며 함양 화왕산성에서 곽재우와 동맹 창의했다. 전란이 끝나고 창원부사로 재직할 때 정구가 머물렀던 관해정觀海亭을 중수하고 이에 대한 시를 남겼으며, 이윤우와 함께 정구를 모시고 유람하기도 했다. 또한 명의 화적 정대립 등을 잡은 공로로 통정대부에 올랐다. 이후 낙향하여 1610년 장대서원藏待書院을 지어 인재 양성에 전념했다.

신적도[41]는 신광부申光富의 후손으로, 조부는 신원록申元祿이다. 신광부의 두 아들이 신사렴申士廉과 신사윤申士贇이며, 이 중 언양현감을 지낸 신사렴의 현손이 신원록이다. 부친은 신흘申仡이며, 모친은 박륜朴倫의 딸인 순천박씨順天朴氏이다. 동생은 신달도申達道, 신열도申悅道이다. 조부 신원록이 이황의 문인이었던 인연이 그에게로 이어져 25세 때 정구의 문하에서 수학했다. 임란을 겪고 난 후 위기지학에 뜻을 두어 정구에게 나아가 연원이 있는 학문을 배웠다고 하면서 "의리지변義理之辨과 명실지분名實之分을 듣고 우리의 학문에 내외와 대소의 구별이 있는 것을 대략 엿볼 수 있게 되었다."라고 했다.[42] 이후 그는 정구를 주자와 퇴계의 적전이며 우리의 도맥을 잇는 인물로 여겨 존숭했다.[43] 이어 30세 때 장현광이 의성에 부임한 계기로 그 문하에 나아가

---

40 『梧峯先生文集』의 서문을 쓴 이광정은 신지제가 퇴계학을 계승한 것으로 서술했다. 申之悌, 『梧峯先生文集』, 「梧峯先生文集序[李光庭]」.

41 鄭逑, 『檜淵及門諸賢錄』 권3, 「申適道」; 申適道, 『虎溪先生遺集』 권5, 「附錄, 行狀」.

42 申適道, 『虎溪先生遺集』 권5, 「附錄, 遺事」, "府君備經大亂, 猶留意於爲已之學, 就寒岡鄭先生, 而得聞淵源之學."; 권1, 「書, 上寒岡鄭先生」, "亦與聞於義理之辨, 名實之分. 而粗有管窺於吾人事業之, 有 內外大小之別者, 此莫非十數年提撕警責之賜, 而常患見之未的體之未切."

43 申適道, 『虎溪先生遺集』 권1, 「詩, 寒岡先生輓」, "嫡傳退老心, 悟解晦庵帙."

배움을 청했다. 그는 장현광에게 이해하기 어려운 물음을 질의하여 칭찬을 자주 들었다고 한다.

또한 신적도는 1606년 진사시에 합격한 후 1627년 정묘호란 때 의병 모집에 참여했고, 화의를 반대하는 상소를 올려 상운도찰방祥雲道察訪에 제수되었다. 1636년 병자호란 때에는 의성 의병장으로 활약했으며, 화의를 물리칠 것을 청하는 상소를 올리며 “화의를 배척함이 당당한 일임을 알 텐데, 어찌 화의하여 그 반대로 하였는가. 진실로 오랑캐 겁내어 화를 토로한 것일 뿐이니, 거꾸로 매달아 값을 매기는 데에 먼저 부합하려는 것과 같네.”[44]라고 읊었다. 말년에 의성군 옥산면 금학리의 학소대에 채미헌採薇軒을 지어 문을 닫고 단정히 앉아 『춘추春秋』를 읽으며 슬프고 한스러운 뜻을 기탁했다고 한다.

권수경[45]은, 부친이 의성 수성장으로 활약한 권희순權希舜이다. 그는 15세 때 정구의 문하에서 수학했으며, 특히 사장학詞章學에 뛰어났다.[46] 정묘호란 때 장현광의 천거로 의성 의병장 겸 좌도 의병도유사로 활동했다. 병자호란 때에도 의병장으로 참여했으나 청나라와 강화를 맺었다는 소식을 듣고 고향에 은거했다. 영귀서당을 재건하여 후진 양성에 힘썼다. 송시열이 그의 행적을 특계로 올려 가선대부嘉善大夫 동지돈녕부사同知敦寧府使에 추증되었다.

정윤위와 정윤목 형제는 정오鄭頫의 후손이다. 부친은 정탁이고 모친은 반충潘冲의 딸인 거제반씨巨濟潘氏이다. 그 슬하에 3남을 두었는데, 정윤저, 정윤위, 정윤목이다. 정윤위[47]는 3세 때 『십팔사략十八史略』을 외웠고 16세 때 향시에 합격했으나 과거에 뜻을 두지 않았다. 이후 류성룡과 정구의 문하

44 申適道, 『虎溪先生遺集』 권1, 「疏, 請斥和疏[丙子]」; 권1, 「詩, 廣陵城吟示同義諸公」, “斥和認是堂堂事, 胡爾講和相反之. 寔出㤝夷抒禍耳, 倒懸賈喩先符之.”

45 權守經, 『自樂堂先生遺集』 권2, 「附錄, 遺事」; 「附錄, 行狀」.

46 權守經, 『自樂堂先生遺集』 권2, 「附錄, 行狀」, “旣冠受業於寒岡鄭先生之門, 文學詞章出於輩流.”

47 鄭逑, 『檜淵及門諸賢錄』 권2, 「鄭允偉」; 柳成龍, 『西厓先生門賢錄』 권3, 「鄭允偉」.

에서 수학했는데, 특히 그는 정구에게서 학문하는 방법을 깨닫게 되었다고 하면서 스승의 예학이 공자에 이르러 더욱 빛난다고 칭송했다.[48] 임진왜란 때 모친을 모시고 양양襄陽[예천]의 고평高坪으로 피난 가서 그곳에 정착하게 되었다. 부친은 늘 그의 의로운 행동을 칭찬하면서 '경敬'으로 자신을 성찰하도록 당부했는데, 그는 이를 잊지 않고 면려했다.[49] 여러 차례 우관郵館[察訪]에 제수되었고, 만년에 주부主簿에 임명되었으나 오래 머무르지 않았다. 이어 호산湖山에 기거하면서 스스로를 '동호주인東湖主人'이라고 칭했다.

동생 정윤목[50]은 어릴 때 가학을 전수한 이후 1588년 정구와 류성룡 문하에서 수학했다. 성리학의 은미한 말과 심오한 뜻에 밝았으며, 시문을 비롯해 예학, 병법, 백가 등에도 두루 통했다.[51] 또한 그는 필법으로 유명했는데, 특히 초서와 예서에 뛰어났다. 정구가 글씨를 부탁하여 「병풍팔첩서屛風八帖書」를 올린 일이 있었다.[52] 1589년 부친이 사은사謝恩使로 가는 길에 동행하여 명나라에 다녀왔으며, 1616년에 천거로 소촌도찰방召村道察訪에 제수되고 1618년 통훈대부通訓大夫에 올랐다. 광해군 때 윤리와 기강이 무너지자 이에 실망하여 사직하고 말년에 예천의 노곡에 머물며 후진 양성에 힘썼다. 그는 스승 정구의 죽음에 "인간 세상에 지주砥柱 꺾이고, 천상에는 별자리 떨어졌네."라고 하면서 "삼천삼백 가지의 의례를 누가 전하리오."라고 하며 탄식했다.[53]

이상에서, 상주권 한강 문인들은 이미 이황의 문인들을 비롯해 다양한 문

---

48 鄭逑, 『檜淵及門諸賢錄』 권2, 「鄭允偉, 輓先生詩」.
49 鄭逑, 『檜淵及門諸賢錄』 권2, 「鄭允偉, 墓碣銘[李象靖]」.
50 鄭逑, 『檜淵及門諸賢錄』 권3, 「鄭允穆」; 鄭允穆, 『淸風子先生文集』 권4, 「淸風子先生年譜」.
51 鄭允穆, 『淸風子先生續集』 권2, 「附錄, 行狀[金是瓚]」, "旣天資超逸, 又從寒岡西厓二先生游, 大被器重. 凡性理淵源, 美辭奧旨, 他人不易會者, 輒迎刃而解. 諸子百氏, 以及陰陽卜筮兵家醫方說相談命之書, 亦靡不旁通."
52 鄭逑, 『寒岡先生續集』 권8, 「書, 答鄭穆如」.
53 鄭逑, 『檜淵及門諸賢錄』 권3, 「鄭允穆, 輓先生詩」, "吾宗老先生, 寒岡奄忽焉. 人間摧砥柱, 天上落星躔. 弟子失仁師, 邦家喪大賢. 三千與三百, 敢問更誰傳."

파에 출입하고 있었음을 알 수 있다. 특히 류성룡에게서 정경세로 이어지는 서애-우복 학맥은 중요한 거점이 되었으며, 가학이나 혼맥을 통해 남명학과 기호학의 유입도 일부 확인된다. 여기에 한강학의 전래는 어떤 사상적 특징으로 혼입되고 있는지 다음 장에서 살펴보기로 한다.

4. 한강 문인들의 학문과 사상

상주권 한강 문인들에게 류성룡의 '서애학'은 중심적 위치에 있었다. 그리고 그 흐름을 잇는 대표 문인인 정경세는 이상정의 문하에도 출입함으로써 퇴계학의 정맥을 오롯이 전수한 인물로 평가된다. 특히 그가 제기한 '칠정리발설'은 이황의 리발설을 더욱 강화한다는 점에서 그러하다. 이러한 학설은 리체기용理體氣用, 즉 천지의 조화는 리가 본이고, 기가 용이 되기에 사람의 성정도 리가 근본이 될 수밖에 없다는 주장으로, 이를 '리주기자理主氣資'로 본다면 칠정 또한 리발이 될 수 있다는 것이다.[54]

사실 '리주기자'는, 리가 동정의 주재가 되고 기는 동정하는 바탕이 된다는 뜻으로, 리와 기가 상호 의존적 관계에서 리에 동정이 있는 것도, 그렇다고 기에 제약되는 리도 아닌 것이 된다. 이는 리와 기의 관계인 불리不離와 부잡不雜을 대등하게 보며, 사단과 칠정의 분별 또한 그 발함은 같으나 '주리主理'와 '주기主氣'의 차이에서 비롯됨을 말하려는 것이다.[55] 정경세는 비록 이상정

---

54 鄭經世, 『愚伏先生文集』 권11, 「書, 答曹汝益[癸亥]」, "喜之理在中, 故發而爲喜, 怒之理在中, 故發而爲怒, 無其理則何以發乎. 理爲之本而氣爲之用, 乃天地陰陽造化之妙, 七情何獨不然." 이상하(2006), 74-76쪽.

55 최정묵, 「우복 정경세 성리설의 기본 입장과 율곡학 비판」, 『율곡사상연구』 14, 율곡학회, 2007, 108쪽; 나대용, 「대산 이상정의 리주기자와 혼륜이분개」, 『동양철학연구』 73, 동양철학연구회, 2013, 182쪽.

의 '리주기자'를 받아들이고는 있으나 전자를 의식한 의도로 보인다. 물론 이러한 주장은 매우 제한적으로 나타날 뿐만 아니라 오히려 정종로에게 이르면 이를 보다 적극적으로 해석함으로써 리발의 의미를 상쇄 및 통합하려는 경향으로 나타난다.[56]

이러한 점은 공부론에도 연결된다. 정경세는 '존양', 즉, 존심양성存心養性에 대해 기존의 주자학과 다른 입장을 취한다. 주자학에서 존양은 성찰省察과 구분하여 전자를 정시靜時에, 후자를 동시動時에 하는 공부로 보는 것이 일반적인데, 이를 보다 세밀히 보면 그렇지 않다고 했다. 그는 존양이 동시와 정시를 겸하는, 이른바 통체統體의 공부라는 것이다.[57] 이는 마치 이황이 경공부로 동정을 관류하는 것과 다르지 않아 보인다. 그러나 이 말은 동시의 성찰을 부정한다기보다 동시에도 정시의 함양이 전제되어야 한다는, "동하는 가운데 정한다[動中之靜]"는 뜻이 더 짙다. 이른바 마음을 보존하는 공부가 구체적인 현실 생활에서도 이루어져야 한다는 점을 강조한 것이다.[58] 이는 정구의 심학적 특징과 맞닿아 있기에,[59] 그의 학문은 이러한 구체성에서 비롯되며 예학의 관심도 여기에 근거한다고 하겠다.

또한 이러한 사유는 이론적 천착보다는 실천적 측면에 무게를 두도록 유도한다. 그리고 이는 마음과 현실의 문제에 초점을 맞추도록 하며, 학문에서도 매우 유연하고 열린 자세를 취하게 된다. 여기에는 류성룡으로부터 이어

---

56 추제협, 「입재 정종로의 성리설, 단설과 병설의 통합적 사유」, 『영남학』 78, 경북대학교 영남문화연구원, 2021, 120-123쪽.

57 鄭經世, 『愚伏先生文集』 권14, 「雜著, 金沙溪經書疑問辨論」, "然竊意分動靜是大綱說, 若細推之, 則存養實兼動靜. … 以此疑存養乃統體工夫."

58 장승구, 「우복 정경세의 철학과 경세론」, 『영남학』 50, 경북대학교 영남문화연구원, 2012, 10-12쪽.

59 추제협, 「심경발휘와 정구의 심학」, 『한국학논집』 51, 계명대학교 한국학연구원, 2013, 408-412쪽.

진 학문적 전통이 깊게 자리하고 있다고 하겠다. 가령 양명학에 대해, 류성룡은 "대개 굽은 것을 바로 잡으려다 곧음에 지나친 것 같다."[60]라고 했다. 여기서 '굽은 것'은 "양명이 송나라 말기에 문장의 뜻이나 새기는 폐단을 구제하려고 오로지 본심만을 일삼을 것을 설파하였으나, 그 말류의 폐단이 도리어 문장의 뜻만 새기는 것보다 심함이 있음을 알지 못하였다."[61]라는 말에서 "문장의 뜻이나 새기는 폐단"으로 본다면, 그는 구이지학의 폐단을 비판하고 실천적 학문을 강조하는 점에서 양명학과 공명되는 바가 없지 않았던 것이다.

이렇게 볼 때, 퇴계학맥은 도남학道南學과 호상학湖湘學의 전통이 공존하는 면모를 보여준다고 하겠다. 도남학은 정이程頤의 제자인 양시楊時에게서 나종언羅從彦, 이동李侗으로 이어지는 묵좌징심默坐澄心의 학문이라면, 호상학은 정호程顥의 제자인 사량좌謝良佐에게서 호굉胡宏, 장식張栻으로 이어지는 찰식단예察識端倪의 학문이다.[62] 이황은 말년에 『심경부주』를 깊이 있게 탐구했고, 특히 '미발未發'에 대해서는 고민이 깊었다. 이때 그는 이동의 『연평답문延平答問』을 통해 '구중체인설求中體認說', 즉 미발 때 천리의 중을 체득하는 것에 대해 상당히 심취했던 것으로 보인다. 아마도 마음공부의 중심점을 미발에 두고자 하는 의도가 아니었을까.[63]

그런데 문제는 주희가 이를 비판했다는 데 있다. 그는 이동을 직접 언급하지는 않았으나 같은 맥락으로 이해될 수 있는 양시의 '구중'을 불노佛老의 논리라며 배척했다. '체인'이란 사고의 활동을 전제로 하기에 이미 이발의

60 柳成龍, 『西厓先生文集』 권15, 「雜著, 知行合一說」, "盖矯枉而過直者也."

61 柳成龍, 『西厓先生文集』 권15, 「雜著, 王陽明」, "昔人見有困於火者, 卻敎投水, 水火雖異, 而其爲殺人則同. 陽明欲救宋末文義之弊, 而專爲本心之說, 不知其流弊, 反有甚於文義也."

62 주광호, 「중화신설, 방법에서 목적으로」, 『동양철학』 52, 한국동양철학회, 2019, 96쪽.

63 추제협, 「이황의 사단칠정론과 마음공부」, 『안동학』 13, 한국국학진흥원, 2014, 149-152쪽.

성찰과 다르지 않으니 미발일 수 없다는 것이다. 이는 성과 심을 미발과 이발로 엄격히 구별하고, 공부는 이발 때 찰식하는 데에서 그 단서를 찾아야 함을 말한다.

그런데 이는 호상학의 주장과 그리 다르지 않다. 물론 '적연부동寂然不動'에 대해 호상학의 이발과 달리 미발로 본다는 점, 따라서 찰식의 방법 또한 심의 상태와 변화, 성의 단서와 확충으로 달리 나타날 수밖에 없다.[64] 주희는 이러한 차이를 통해 새로운 입장[中和新說]을 개진하게 되는데, 그 내용을 간략하면 정리하면 이렇다. ①미발이란 이발이 아닌 평사시의 의식 상태를 말한다. ②심이 이발뿐만 아니라 미발에도 관련됨으로 미발에 지각이 없을 수 없으며 미발과 이발의 차이는 사려의 유무에 따른다. ③그렇기에 공부는 미발의 거경함양과 이발의 거경찰식 모두에 필요하다고 했다.[65]

이황은 이러한 입장을 기본적으로 견지하고 있으나 경중에 따라 미발공부에 더욱 힘을 실었다. 이는 도남학의 구중설에 가까워진 반면 호상학의 선찰식에는 멀어지는 결과로 이어진다. 달리 말하면, 현실의 왜곡된 상황에서 인간 본심의 단서를 찾아 이를 확충하기보다 그 드러나지 않은 인간 본성의 근원을 간직하여 잃지 않는 데에 더 중점을 둔 것으로 보인다. 그리고 이러한 특징은 퇴계학의 전통으로 강하게 유지되고 있다. 이현일을 거쳐 권상일로 이어지는 흐름은 이를 잘 보여준다. 다만 학맥의 지역적 확산은 이를 온전히 담아내기보다는 일정한 변모를 겪기 마련이다. 앞서 언급한 서애-우복학맥은 그런 점에서 호상학적 전통이 상대적으로 부각되는 측면이 없지 않다. 여기에 한강학의 유입은 이런 특징이 어느 정도 유지되면서도 이발의 심학적

---

64 김기현, 「주자학의 미발 개념 정립 과정」, 『양명학』 44, 한국양명학회, 2016, 176-179쪽.
65 김기현(2016), 180-190쪽; 최진덕, 「주자의 중화신설과 경의 공부론」, 『철학연구』 51, 철학연구회, 2000, 23-29쪽.

경향이 더욱 감미되는 면모를 보여준다고 하겠다.

다만 이러한 특징이 다른 상주권 한강 문인들에게서 확인하기란 쉽지 않다. 무엇보다 성리설에 대한 구체적인 논의를 볼 수 없기 때문이다. 이는 이론보다는 실천, 특히 현실에 대한 인식과 실천적 방안을 중요하게 모색한 데에 기인한다. 따라서 여기서는 그 편린을 확인할 수 있는 일부 문인들을 대상으로 대체적인 윤곽만을 짐작할 수 있을 뿐이다.

신적도는 성리설에 대한 글을 일부 남겼다. 다만 기존 학설에 대한 논쟁적 글이라기보다는 자신이 이해한 성리설을 간략히 정리하는 데 그쳤다. 그럼에도 이를 통해 그의 생각을 짐작해 본다면, 우선 그는 유학의 도통을 복희伏羲로 시작하여 요순堯舜과 우탕禹湯, 문무文武와 주공周公에 이어 공맹孔孟과 북송오자北宋五子를 거쳐 남송의 주희에 이른다고 했다. 이러한 흐름은 당연히 이황에게 닿을 것인데, 여기서 눈에 띄는 것은 정이와 주희의 사이에 이동을 가교로 언급되고 있다는 점이다.[66] 퇴계학의 전통이 주자학을 계승한, 특히 도남학의 계승에 있다는 점을 드러낸 것으로 보인다. 또한 그 전통은 '성학聖學', 즉 "성인됨의 학문"을 말하며 '존천리알인욕存天理遏人慾'으로 요약된다.

이를 신적도는 「무극이태극설無極而太極說」에서 주돈이의 "무극이태극"에 대한 해석을 통해 그 단서를 보여준다.[67] 즉 태극이 갖는 형이상학적인 면을 무극으로 표현했을 뿐, 태극과 무극은 "하나의 진실된 리[一箇眞實之理]"라고 했다. 이러한 리는 '유'가 아닌 '무'에서 비롯된다고 하여 유학의 우주 발생론적 측면에서는 다소 부합되지 않은 면이 있긴 하다. 그럼에도 그 '무'로 인해 소이연所以然과 소당연所當然의 이치가 있게 되었다고 본 바, 리가 천지 만물

---

66 申適道, 『虎溪先生遺集』 권2, 「箴銘, 西壁銘」, "好學程氏訂頑橫渠皇極堯, 夫延平繼開紫陽集大講明, 斯道煥然千載."

67 申適道, 『虎溪先生遺集』 권2, 「雜著, 無極而太極說」.

의 근원이며 인간의 당위 또한 여기에 근거하게 된다는 점에서는 그리 다르지 않다. 다만 그는 후자, 즉 인간의 도덕이 태극에 근원하고 있다는 점에 무게를 두는데, 이는 스승 장현광이 태극을 "도덕의 두로頭顱"로 표현한 것에 일정 부분 영향받았음을 짐작할 수 있다.[68]

이러한 맥락에서 그는 인간 심성心性의 의미뿐만 아니라 정情, 지志, 의意의 분별에도 상당한 관심을 가졌다. 먼저, 「성설性說」과 「심설心說」에서 심성의 내용을 보면, 그는, 심이 성과 지각이 합한 것이라고 했다.[69] 여기서 성은 하늘로부터 부여받은 천리이며, 지각은 이 천리를 품은 심의 작용을 말한다. 이렇게 심은 리와 기를 겸하고 있기에 적寂과 감感을 통해 동정과 체용을 갖추고 있으니 한 몸의 주인이자 수양의 주체가 된다고 했다. 다만 심은 '활물活物'이라 적연부동寂然不動할 때에는 맑고 바른 것이 명경지수明鏡止水와 같으나 외물에 이르러 감이수통感而遂通할 때에는 몸 밖으로 날아오르고 내달리는 것이 마치 사나운 말이나 빠른 수레와 같아 그 응대하는 즈음에 천리와 인욕의 나뉨이 있게 된다고 했다.

그런즉, 신적도는 마음공부란 바로 이 가름에서 이루어져야 한다고 강조한다. 물론 희노애락의 발출과 인의예지의 단서, 이목구비의 욕구가 모두 마음에서 비롯되기에 그 마음의 주재를 잡아 잃지 않는 것이 전제됨은 분명하다. 다만 그는 마음이 발현한 이후의 성찰 또한 중요하게 여겼다.[70] 그렇기에 정과 의, 지와 의에 대한 분별을 통해 이들의 관계를 명확히 해둘 필요가 있었던 것이다.

---

68 張顯光, 『性理說』 권3, 「太極說」, "愚今繼之, 曰太極者道德之頭顱."; 장숙필, 「여헌의 태극설에 나타난 도덕지향의식」, 『유교사상문화연구』 27, 한국유교학회, 2006, 123-130쪽.

69 申適道, 『虎溪先生遺集』 권2, 「雜著, 性說」; 「雜著, 心說」.

70 장숙필, 「호계 신적도의 의리사상과 그 사상적 토대」, 『동양고전연구』 33, 동양고전학회, 2008, 124-126쪽.

그는 이를 두 가지 비유로 설명한다.[71] 즉 성이 길이고, 심이 사람이라고 할 때 사람이 가는 길에 비유하면, '정'은 발이 움직여 길을 가는 것이라면 '지'는 발을 움직여 길을 가는 것이고, '의'는 길을 가는데 몇 리를 갈 것인지 헤아리는 것이라고 했다. 또한 성이 물이고, 심이 그릇이라고 할 때 그릇에 담긴 물에 비유하면, 정은 물이 그릇에서 흘러나오는 것이라면, '지'는 물이 흘러나와 땅에 붓는 것이고, '의'는 땅에 부은 물이 혹 동쪽으로 흐르고 혹 서쪽으로 흐르는 것이라고 했다.

이렇게 신적도는 '성발위정性發爲情'에서 정 자체가 불선한 것은 아니나, 이것이 발한 후 인간의 '의'와 '지'에 의해 선과 불선의 갈림이 있게 된다고 했다. 여기서 눈여겨봐야 할 것은 바로 '의'이며, 마음의 수양은 바로 이 '의'의 문제로 귀결됨을 알 수 있다. 또한 이는 이이의 문제의식과 맞닿아 있다는 점에서 주목된다.[72]

다만 이러한 주장에도 여전히 미발의 함양공부에 대한 중요성은 가볍지 않다. 정윤목은 성선의 근원이 리에 있음을 재확인한다. 그는 「정응음定凝吟」에서 "움직임이 멈추면 안정되고 안정되면 기가 응집되니, 응집하기를 아득히 오래하면 명덕明德이 해 오르는 듯하리."[73]와 「관물음觀物吟」에서 "만물을 누가 부리는가, 솔개 날고 물고기 연못에 뛰네. 조화의 이치 알아야 하니, 나의 천성 즐김이 귀하다네."[74]라고 하여 연비어약鳶飛魚躍으로 표현된 천리의 유행이 만물을 생성하니 인간의 선한 본성 또한 여기에 근원한다고 했다.

그런데 문제는 이러한 순선한 심성이 늘 물욕에 가려질 위험을 수반한다

---

71 申適道, 『虎溪先生遺集』 권2, 「雜著, 情意辨」; 「雜著, 志意辨」; 「雜著, 心性情志意辨」.

72 김형찬, 『율곡이 묻고 퇴계가 답하다』, 바다출판사, 2018, 209-210쪽.

73 鄭允穆, 『淸風子先生文集』 권1, 「詩, 定凝吟」, "動靜而歸定, 定而氣能凝. 凝而悠且久, 明德若日升."

74 鄭允穆, 『淸風子先生文集』 권1, 「詩, 觀物吟」, "萬物誰驅使, 鳶飛魚躍淵. 須知造化理, 貴在樂吾天."

는 점이다. 그럼 어떻게 이를 보존할 수 있는가. 그가 종형인 정윤해에게 보낸 시 「경보종형서귀자운敬步宗兄鋤歸子韻」에서 다음과 같이 답한다.[75] 즉, 물욕을 '뜬구름'에, 본심을 '일월'에 비유하여 물욕은 일시적으로 본심을 가리지만 본심의 환하고 깨끗한 본질은 변하지 않는다고 전제한다. 그리고 이를 한 폭의 그림처럼 표현했는데, "푸른 소나무에 흰 눈이 깃들고, 찬 매화나무에 밝은 달이 걸렸네. 이것을 마주하고 번뇌 씻는다면, 누가 맑은 풍골風骨 되지 않겠는가."라고 했다. 여기서 푸른 소나무에 흰 눈과 찬 매화에 밝은 달은 고결한 자연의 표상이자 청명淸明하고 쇄락灑落한 심지心地를 표현한 것으로, 마치 빙호추월氷壺秋月과 광풍제월光風霽月을 떠올리게 한다. 화자는 이렇게 맑은 자연의 모습처럼 인욕을 제어하고 천리를 회복한 마음 상태, 이른바 존심양성의 함양공부를 통해 자신의 본성을 회복하고자 했던 것이다.

이전은 일용공부의 핵심을 존양과 궁리로 보았다.[76] 그는 인간의 본성이 선의 근원이나 마음이 이끌리는 데에 천리와 인욕의 갈라짐이 있게 된다고 했다. 그런데 이 간극은 지극히 미미하여 쉽사리 분별되지 않는다. 인간 스스로 노력이 관철되어야 한다. 그 노력은 보존과 성찰로 마음공부와 경전공부를 병행하는 것이 중요한데, 전자는 '경'이, 후자는 경서, 특히 『사서』와 『주자서절요』가 중심이 된다고 했다. 다만 그는 보다 궁극적으로는 본원의 함양공부가 우선해야 한다고 했으며, 그렇기에 경공부가 경전공부의 바탕이 되어야 한다고 강조한다.[77]

---

75 鄭允穆, 『淸風子先生文集』 권1, 「詩, 敬步宗兄鋤歸子韻」, " 物欲似浮雲, 本心如日月. 誰能修此心, 明輝暎淸骨"; "蒼松棲白雪, 寒梅掛明月. 對此滌煩心, 誰能不淸骨."

76 李埈, 『月澗先生文集』 권3, 「箴, 自儆箴」, "惟其日用工夫, 不過曰存養窮理."; 『月澗先生文集』 권1, 「詩, 天理人欲分」, "天理人欲分, 不可差毫釐. …"

77 李埈, 『月澗先生文集』 권2, 「書, 答從子光圭」, "講學以涵養本原爲先, 講論經旨特以輔此而已."; 「書, 答從子光圭」, "朱夫子曰, '莊敬涵養之功至, 而無人欲之私以亂之, 則其未發也, 鏡明水止, 而其發也, 無不中節矣.' 此日用本領功夫, 至於隨事省察, 卽物推明亦必以是爲本云, 益見操心之

이러한 마음공부는 김정견에게도 비슷하게 나타난다. 비록 문헌이 부족하여 구체적이지 않지만 그를 위한 만사輓詞에서 "수기守己의 학문에 독실"[78]했으며 "고요하게 한 칸 방에서, 정좌하여 정신을 함양했네."[79]라는 말에서 본원의 함양공부를 했다는 사실을 확인할 수 있다. 물론 이는 그의 부친인 김담수의 영향이 없지 않았다. 김담수는 평소 아들들에게 본원의 함양공부를 중요한 지침으로 일러주곤 했다. 그 예로 둘째 아들인 정헌廷獻에게 보낸 시를 보면, "오래된 절 씁쓸하여 꿈이 드물겠지만, 글 읽는 재미는 시골 마을보다 나으리, 부귀는 모두 천명에 달렸음을 알 터이니, 다만 본성 함양에 공을 쏟기 바라노라."[80]라고 하여 부귀보다는 본성의 함양공부에 힘쓸 것을 당부하고 있다.

한편 조정은 수주數柱, 즉 기둥을 헤아림에 비유하여 마음의 수양을 말하고 있다. 그는 십 년 동안 마음 수양을 위해 탕왕湯王의 「반명盤銘」 등 여러 선현의 가르침에 따라 존심양성과 격물궁리格物窮理에 힘썼으나 그 뜻을 온전히 체득하기에 쉽지 않다며 다음의 사례를 들었다.

屬長廊之間坐	장곽長廓의 사이에 앉아서
瞻列柱之森立	늘어선 기둥들을 살펴보네.
默然澄心	조용히 맑은 마음으로
數之以意	속으로 세어 보네.
若十若百	열이나 백이나
其一其二	하나에서 둘까지

爲學者第一義也."

78 金廷堅, 『菊園先生逸稿』 권2, 「附錄, 祭文[梧山書堂堂儒]」, "守己之篤, 與人之忠."
79 金廷堅, 『菊園先生逸稿』 권2, 「附錄, 祭文[金聲直]」, "蕭然一室, 靜坐頤精."
80 金聃壽, 『西溪先生逸稿』 권1, 「詩, 寄仲兒」, "古刹荒凉客夢疎, 讀書滋味勝村居, 固知富貴皆由命, 只願輸功養性初."

灼乎無疑	밝고도 의심 없이
了若可記	분명히 기억했다네.
俄諦審之至再	얼마 후에 다시 살펴보니
忽參差而不一	갑자기 어긋나서 같지 않네.
眩心目而莫定	눈과 마음이 현란하여 안정이 안 되고
思愈煩而愈錯	생각이 더욱 번잡하여 착각이 되네.
費聲言於代手	다른 이를 시켜서 보게 하니
驗與初而相合	처음과 서로 합한 것을 알았네.
何彼柱只有此數	어찌 저 기둥에 이 수만 있는시
計前後之有異	전과 후의 헤아림이 다르네.
是由誤用其心官	이는 마음을 잘못 썼기 때문에
悟把捉之爲累	서로 얽혀 잘못됨을 깨달았네.
念方寸之虛明	마음이 텅 비고 밝아야
實主宰乎萬物	실로 만물을 주재할 수 있네.
任自然之知覺	저절로 그렇게 되는 지각에 맡기니
信妙用之回測	참으로 오묘한 용사用事는 헤아릴 수 없네.
…	…
貫動靜於一敬	동정 사이에 하나의 '경'으로 일관하여
合內外而交正	안과 밖이 모두 합당하게 하네.
戒懼乎不覩不聞	보지도 듣지 않는 곳에서도 경계하고 삼가며
省察乎所之所發	[마음이]가고 발하는 바를 살피네.
…	…
心兮本虛	마음은 본래 텅 빈 것
應物無跡	일에 대응하여 자취 없네.
操之有要	마음을 잡는 요령이 있으니
敬爲之則	경敬하는 바가 법칙이 되네.
…[81]	…

조정은 행곽行廓에 앉아 기둥의 수를 헤아려 보니 이전에는 분명했던 것이 지금은 맞지 않아 다른 이에게 확인하니 과거와 다르지 않았다. 이는 외물이 잘못된 것이 아닌 내 마음의 어긋남이 감각의 혼란을 야기하게 되었음을 알고, 마음의 주재가 얼마나 중요한지를 깨닫게 되었다는 내용이다. 결국 마음의 본원을 함양하는 것이 선행되어야 한다는 뜻을 말한 것으로, 여기에 그는 경공부를 언급하고 있다. 그리고 그 '경'은 동정을 일관하니, 미발의 존양을 통해 이발의 찰식에 이르는 것을 의미한다고 하겠다.

이렇게 상주권 한강 문인들은 성리설에 대한 구체적인 논의를 펴지는 않았지만 서애학에서 한강학으로 이어지면서 도남학과 호상학의 전통이 혼입되어 나타나고 있다. 특히 호상학의 유입은 마음의 미발과 이발에 모두 함양공부를 전제하되 이발의 성찰공부 또한 중요함을 상기시키고 있다.

여기에 주목해야 할 것이 바로 『소학』의 중시이다. 『소학』은, 주희가 "부모와 어른의 섬김에 대해 배우며, 그 일을 직접 알 수 있도록 한다."[82]라는 말에서 보듯 성리학의 실천적 지침서였다. 특히 『대학』을 통한 성리학적 이치를 탐구하기 전에 실천적 마음과 행위가 바탕이 되어야 함을 강조하는 데에도 필요했다. 그런데 이황의 문인들은 이러한 『소학』을 『사서』에 버금가는 경전으로 여겼고, 무엇보다 김굉필의 도학적 훈습에 실천적 공부의 중요한 일환으로 인식했다.

김정룡은 이러한 퇴남학의 전통을 고수하면서, 특히 『소학』에 강한 애착이 있었다. 그는 『소학』 발문에서 16세에 처음 『소학』을 접한 후 바쁜 관료생활로 관심을 두지 못하다 50세가 되어서야 비로소 이를 손수 베껴 책을 완성하여 종신토록 마음에 새기는 바탕으로 삼았다고 했다. 아마도 지난 경

81 趙靖, 『黔澗先生文集』 권1, 「賦, 數柱賦」.
82 朱熹, 『朱子語類』 7-10, "小學是學事親學事長, 且直理會那事."

험이 이 책을 재발견하도록 만들었던 듯하다. 그렇기에 후손들이 이를 보물처럼 간직하여 장차 여기에 힘쓰기를 바라는 마음을 덧붙였던 것이 아닐까 한다.[83]

이러한 점은 이전에게도 비슷하게 나타난다. 그 또한 "『소학』이란 책은 일상생활에 가장 절실한 것으로, 이는 실로 인도人道의 근본이며 사서四書의 계단과 사다리다."[84]라고 하며 강조했다. 당대의 선비 중에 『소학』을 읽지 않은 이는 없겠지만 과거 공부로 인해 도외시되어 마치 놀이에 빠져 돌아오지 않는 것과 같다고 비판했다. 그러니 다시 공부의 근본으로 돌아오라고 촉구한다. 물론 그는 『사서』를 더욱 중요시하여 『소학』이 이를 공부하기 위한 전제로 보지만 그렇다고 『소학』의 중요성이 훼손되는 것은 아니다.

문제는 이러한 『소학』의 중시가 미발과 이발 중 어디와 연결되는지가 논란이 될 수 있다.[85] 결론부터 말하면, 이발에 연결되는 측면이 더 크다. 『소학』의 지침들은 대개 일상생활에 실천해야 하는 사례들인데, 이는 본성 그대로를 구현하는 행위들이다. 그것을 '왜' 해야 하는지에 앞서 그냥 행하도록 하는 것이다. '효제충신孝弟忠信'이 그 대표적인 것으로, 이는 인간이라면 마땅히 해야 할 윤리적 덕목들이다. 이를 구체적으로 설명하기보다 그 덕목에 해당하는 행위를 그냥 하도록 가르치는 공부이다. 그러다 보면 이것이 너무나 당연한 것으로 체화되는 과정을 경험하게 된다는 것이다.[86]

---

83 金廷龍, 『月潭先生逸稿』 권2, 「雜著, 小學跋」, "某於舞象之年, 授讀小學一書, 心誠好之. 其後奔走 解業, 汨沒世路, 重經亂離, 簡籍湮滅, 久闕尋繹. 年迫知命, 始復溫習舊學, 信之篤, 悅之深, 手自繕寫成秩, 以爲終身服膺之資."

84 李埈, 『月澗先生文集』 권3, 「雜著, 諭約中文」, "小學一書, 尤切禦日用, 此實人道之根本, 四書之階梯."

85 김기현, 「소학 저술과 '미발 함양'공부의 상관관계」, 『도덕윤리와 교육』 57, 한국도덕윤리과교육학회, 2017, 194쪽.

86 정경훈, 「주자 소학 공부론에서 함양의 의미 연구」, 『동양한문학연구』 69, 동양한문학회, 2024, 262쪽.

『대학』은 바로 이러한 행위의 이유를 설명하는 공부에 해당한다. 자신의 행위에 대한 이론적 탐구 과정인 셈이다. 여기에 격물치지, 즉 경전 공부는 당연히 강조될 수밖에 없다. 어쩌면 『대학』을 비롯한 『사서』가 중요한 비중을 차지하며, 이전이 『사서』를 무엇보다 중요하게 여겼던 것도 이러한 맥락에 닿아있다. 다만 이는 오히려 당대의 학자들이 그 이론에 집착한 나머지 실천을 경시하는 폐단으로 작용할 수도 있다. 그렇기에 미발의 함양 공부가 함께 강조되어야 하며, 그럴수록 더욱 견고해질 수 있는 것이다.

아무튼 이러한 점은 이발, 즉 유사시에 주목하게 되고, 상대적으로 현실적 문제에 좀 더 다가가는 계기로 작용했다. 신지제는 성리설과 같은 이론적인 측면보다는 현실 세계에 더 관심을 기울였다. 이는 아마도 그의 오랜 벼슬 생활과 무관하지 않을 듯하다. 그런 점에서 현실 정치에 대한 신랄한 비판은 오히려 주목된다. 대표적으로, 지방 관료의 횡포로 인해 고을의 군정이 혼란함을 질타하는 내용을 다음과 같이 읊었다.

軍民膏血浚無餘　군사와 백성의 고혈 남김없이 짜내어
狗噬狼呑鷙鳥攫　개와 이리가 물고 사나운 새가 덮치네.
大棍杖頭練布來　대곤과 장두 차고 연포를 입고 와서
日夜庭中聲椓椓　밤낮으로 관청 뜰에서 탁탁 쳐대네.
賣田賣舍盡歸輸　밭도 팔고 집도 팔아 모두 넘기니
積之崒嵂如山嶽　재물이 높은 산처럼 우뚝이 쌓이네.
田舍盡後赤身走　밭과 집이 다 없어지면 맨몸으로 달아나니
但見荒村飛鳥雀[87]　황폐한 마을에 참새만이 날아갈 뿐이네.

87 申之悌, 『梧峯先生文集』 권5, 「龜堂漫錄, 兵使姓朴恃勢驕橫, 貪虐無狀, 鄕員軍正馱屍絡繹, 列郡軍丁合境流散邦紀解弛, 誅惡無期, 慨歎之餘, 信筆書之」.

이 시의 제목을 풀어 보면, 박씨 성을 가진 병마절도사가 권세를 믿고 횡포를 부리며 탐욕스럽게 하니 향원과 군정은 시신을 나르는 일이 계속 이어지고 여러 고을의 군정이 온 고을로 뿔뿔이 흩어져 나라의 기강이 해이해지는 등 죄악이 끝이 없기에 이를 개탄한 나머지 붓이 가는 대로 적는다는 말이다. 그 내용인 즉, 지금의 정치적 상황은 인재 등용의 폐단에서 드러나는 바, 영남의 절도사 대부분이 모질고 포악하여 악정을 서슴지 않는다고 했다. 가문에 힘입어 얻은 자리에 지식과 염치, 용기와 책략도 없이 그저 권세만 믿고 자신의 이득을 챙기는 모습에 백성들의 고통은 극심해져 급기야 유랑의 길을 떠나니 마을은 황폐해지고 말았다고 한탄한다. 그는 이러한 현실을 바로 잡고자 하나 꿈에서 상제를 통해 일시적으로 실현되는 것으로 만족해야 함을 보여주고 있다.

더불어 격변의 시대에 현실의 상황을 매우 사실적으로 전하기도 했다.[88] 임진왜란 때 조정의 뜻과 달리 명나라가 일본과 화의를 진행한 것에 대해 강한 비판을 표하거나 전란 이후 국토의 황폐함과 백성들의 고초를 전하면서 이를 근심하기도 했다. 정유재란 때에는 순찰사의 종사관이 되어 팔공산성을 지키고자 했던 관찰사 이용순李用淳을 비롯한 의성현령 여대로呂大老, 의흥현감 이대기李大期, 경산현령 조형도趙亨道 등과 합심했고, 이어 화왕산성을 방어하고 있던 곽재우와 동맹하여 의병 활동을 전개하면서 당시의 급박하고 안타까운 상황을 전했다. 또한 이후 후금이 중국을 침탈한 대외적 변화에 대해 군신들이 적절히 대처하지 못하는 상황에 대해서도 안타까워했다.

이렇듯 그는 대외적 격변과 현실의 부조리, 이를 현명하게 대처하지 못하는 현직 관료의 무능함 사이에 안타까워하는 충정의 마음을 진솔하게 드러내

88 申之悌, 『梧峯先生文集』 권7, 「拾遺, 奉呈雪月丈寄憤」; 권1, 「詩, 病中漫述」; 권3, 「詩, 合浦感懷 七十韻」권5, 「詩, 聞王參政 領舟師二萬到鴨綠江. …」.

고 있다.[89] 그래서일까. 그가 시 창작에 두보杜甫의 시를 자주 원용한 것은 이와 무관하지 않아 보인다.[90]

이러한 점은 같은 시기를 공유한 황시간에게도 비슷하게 나타난다. 그는 「유회有懷」라는 시에서 3월의 늦은 봄 궁궐에는 가지 가득 푸름을 더하는데, "갯버들에 부질없이 공부工部의 눈물을 더하고, 강산은 속절없이 백인伯仁의 슬픔을 전하네. 의관과 문물도 옛 모습 아니며, 성시와 백성도 지난날과 다르네. 팽원彭原의 오랑캐가 물러갔다 들었는데, 무슨 일로 임금께서 더디 오는지 모르겠네."[91]라고 하여 자연의 변화와 아름다움이 전란으로 슬픔만 더한다고 했다. 그러니 이렇게 모든 것이 변한 상황에 바삐 돌아와 이를 회복해야 할 군신은 왜 아직 오지 않는지 원망 어린 마음이 더욱 크게 느껴진다.

그런데 신지제는 이러한 현실적 문제에 민감하게 반응하면서도 그 근본에는 여전히 수기修己의 학문이 자리하고 있었다. 1598년 일찍이 그는 금난수琴蘭秀에게 베껴 달라고 부탁한 『고경중마방古鏡重磨方』을 받은 사실이 확인된다.[92] 이 책은 이황이 탕왕의 「반명」을 비롯한 여러 성현들의 잠箴, 명銘, 찬贊 77편을 모은 것으로, 마음 수양에 대한 가르침에 해당하는 내용이다. 그는 평소 이황을 흠모하여 직접 배우지 못함을 한탄하곤 했는데, 이 책이 이런 아쉬움을 대신하여 항상 지니며 마음 수양에 힘썼다고 한다.

이런 마음 때문이었을까. 1605년, 그가 사헌부 지평에 있었을 때, 선조가

---

89 김기엽, 「오봉 신지제의 생애와 시에 표출된 鬱結의 양상」, 『한국한문학연구』 76, 한국한문학회, 2019, 362-368쪽.

90 황만기, 「오봉 신지제의 학문경향과 삶의 제 양상」, 『영남학』 69, 경북대 영남문화연구원, 2019, 185-186쪽.

91 黃時幹, 『道川詩稿草』, 「有懷」, "… 蒲柳謾添工部淚, 山河空寄伯仁悲. 衣冠文物非前日, 城市人民異昔時. 聞道彭原封豕退, 不知何事翠華遲."

92 申之悌, 『梧峯先生別集』, 「梧峯先生年譜」, "二十六年戊戌[先生三十七歲], … 秋惺惺齋琴公寫送古鏡重磨方."

풍수의 재해를 해결하기 위한 방도를 구하니 차자로 답하기를, '성학'에 힘쓸 것을 강조하고 있다. 천지의 변괴가 생기는 것은 인사가 제대로 이루어지지 않기 때문이며, 그 인사의 중심에는 군주가 있기에 스스로 큰 근본을 세우고 큰 강령을 보일 필요가 있다고 했다.

> 임금이 먼저 그 마음을 바르게 하는 것은 마치 거울이 밝아지고 저울대가 평형을 이루는 것과 같아서, 현명한 이와 사특한 이가 혼동되지 않고 공과 사가 섞이지 않게 되어 사소한 규례에 얽매이지 않고 여러 사람들의 말에 현혹되지 않습니다. 하나의 마음이 주재가 되면 백 개의 몸이 명령을 따르는 법이어서, 비유하면 나무에 뿌리가 있으면 천 줄기와 만 가지가 저절로 쑥쑥 뻗어나가는 것과 같으니, 그렇게 되면 나라는 굳이 다스릴 것도 없습니다.[93]

물론 신지제는 군주가 성학을 따르는 것만을 강조하지는 않았다. 여기에 이를 온전히 실행하기 위한 재상의 뒷받침이 필요하다고 했다. 그는 인용문에 이어 "전하께서 보위에 오른 뒤로 지금까지 40년 동안 격치성정格致誠正의 학문과 참찬위육參贊位育의 공부, 강유중정剛柔中正의 법도를 오래도록 익히고 편안하게 행하지 않은 적이 없습니다. 하지만 한두 사람의 어진 재상이 있어서 처음부터 끝까지 한결같은 마음으로 나라를 위해 힘썼다는 말은 듣지 못했습니다"라고 한 언급을 보면, 지금까지 군주가 성학에 노력하지 않은 바 아니나 이를 온전히 실현할 수 없었던 것은 결국 인재 등용의 문제라는 것, 즉 일에 합당한 인물을 찾아 책임을 다하게 하는 것이 급선무라고 했다. 이른바 군신공치君臣共治의 이상을 제시한 것이다.

---

93 申之悌, 『梧峯先生文集』 권7, 「箚, 憲府箚子」, "人君先正其心, 如鑑之明, 如衡之平, 使賢邪無所亂, 公私無所雜, 近規無所狃滯, 衆口無所遷惑. 一心作宰, 百體從令, 比如樹木之有根本, 千條萬枝, 自然暢達, 而邦國不足治也."

5. 맺음말

'한강학'에 대한 연구가 지속적으로 이루어지는 것은 의미 있는 일이다. 정구와 그의 문인들을 둘러싼 다양한 사실들, 즉 생애와 행적, 학문과 사상, 문화와 공간 등에 대해 새롭게 재조명될 뿐만 아니라 그동안 도외시되었던 낙동강 중류 지역의 유학에 대한 폭넓은 관심과 연동되어 한국유학사를 더욱 풍부하게 할 수 있기 때문이다.

특히 최근의 연구에서 한강학을 비롯한 이 지역의 사상적 특징을 '회통성'과 '실천성', '자득성'과 '독창성'으로 정리한 것은 이러한 성과의 대표적인 사례라고 하겠다. 다만 이 특징들이 하나의 '학'적 정체성으로 온전히 정립되기 위해서는 그 구체적인 내용이 무엇인가에 대해 답하지 않을 수 없다. 사실 이 명명들은 여기에만 호응되는 것이 아닌, 그리 차별적이지 않아 보인다. 이른바 퇴계학과 율곡학에도 충분히 언급될 수 있는 여지가 없지 않다. 따라서 그 내용인즉, 차별성을 확보하기 위해서는 지금의 연구를 확대하고 보다 깊은 분석과 논의가 뒤따라야 할 것이다.

그런 점에서 이 글은 상주권의 한강 문인들에 대한 개괄적인 윤곽을 살펴보고자 했다. 상주권은 동저서고의 지형으로, 동쪽으로는 낙동강을, 서쪽으로는 속리산과 덕유산이 험준한 산세를 이룬다. 이 사이에 상주를 비롯한 문경, 예천, 풍기, 의성 등이 자리하고 있는데, 이 지역은 모두 퇴계학의 자장 속에 있다. 특히 류성룡에게서 정경세로 이어지는 서애－우복학맥이 중심에 자리하되 김성일에게서 이상정으로 이어지는 학봉－대산학맥이 그 세를 확장하고 있었다. 여기에 산과 강으로 어우러진 지리적 환경으로 인해 기호학과의 소통이 열려 있었고, 남명학의 전래 또한 이루어져, 이른바 다양한 학문이 통합할 수 있는 여건이 마련된 셈이다.

여기에 한강 문인은 모두 18명이 확인되는데, 상주에 정윤해, 조정, 황시간 등 10명으로 가장 많고, 의성에 신지제, 권수경 등 4명, 예천에 정윤위, 정윤목 등 4명이 있었다. 이들은 정구의 문하에만 나아간 것이 아닌 앞서 언급한 다양한 문파에 출입하며 학문적 교유를 했던 것으로 확인된다. 따라서 이들의 학문이 단순히 퇴계학 내지 한강학의 계승으로 단정하기에는 무리가 있어 보인다.

실제로 퇴계학 또한 그 본령에 이견이 없지 않으며, 이를 차치하더라도 여러 학인들의 지역적 확산을 통해 그들이 계승하고 있는 전통이 일관될 수 없다. 더욱이 상주권의 경우 여러 학문적 유입으로 인해 퇴계학의 변모는 불가피함을 볼 때, 이들의 학문 또한 단선적으로 파악하기는 어렵다. 그런 점에서 이 지역 유학의 특징은 기존의 '회통성'과 '실천성'을 전제로 하되 퇴계학이 가진 도남학적 전통보다는 호상학적 색채가 더욱 강하게 나타난다고 할 수 있다. 여기에 한강학의 유입은 동시動時, 즉 유사시有事時의 함양에 '경敬'을 통한 심학적 경향을 보다 짙게 드러내는 계기가 되었음을 확인할 수 있었다.

물론 이러한 언급은 이들 문인들의 학문적 특징을 보다 면밀하게 검토한 후 확정되어야 할 결론이기에 조심스러운 측면이 없지 않다. 차후 여기에 언급된 문인들의 개별 연구를 진행하여 이러한 특징이 재검토되기를 기대한다.

참고문헌

1. 원전

『輿地圖書下』
『擇里志』
朱 熹, 『朱子語類』
權守經, 『自樂堂先生遺集』
金聃壽, 『西溪先生逸稿』
金廷龍 外, 『月潭菊園兩先生聯芳逸稿』
柳成龍, 『西厓先生文集』
申適道, 『虎溪先生遺集』
申之悌, 『梧峯先生文集』
李 埈, 『月澗先生文集』
鄭 逑, 『寒岡先生文集』
鄭 逑, 『檜淵及門諸賢錄』
鄭允穆, 『淸風子先生文集』
趙 靖, 『黔澗先生文集』
黃時榦, 『道川詩稿草』

2. 논저

金聃壽, 박미경 역, 『국역 서계선생일고』, 한국국학진흥원, 2011.
金廷龍·金廷堅, 김홍영 외 역, 『국역 월담국원양선생연방일고』, 한솔사, 2015.
申之悌, 김기엽 외 역, 『국역 오봉집』, 한국국학진흥원, 2019.
鄭允穆, 김정기 역, 『국역 청풍자집』, 한국국학진흥원, 2020.

권오영, 「서애 류성룡 경학사상의 심학적 성향」, 이성무 외, 『류성룡의 학술과 경륜』, 태학사, 2008.
김형찬, 『율곡이 묻고 퇴계가 답하다』, 바다출판사, 2018.
남명학연구원 편, 『한강 정구』, 예문서원, 2011.
장윤수, 『대구권 성리학의 지형도』, 심산, 2021.
한강학연구원 외 편, 『한강 정구와 무흘문화』, 역락, 2018.

홍원식 외, 『조선중기의 '낙중학' - 한강 정구의 삶과 사상 - 』, 계명대학교 출판부, 2016.

금장태, 「서애 류성룡의 哲學思想」, 『퇴계학과 유교문화』 23, 경북대학교 퇴계연구소, 1995.
김기엽, 「오봉 신지제의 생애와 시에 표출된 鬱結의 양상」, 『한국한문학연구』 76, 한국한문학회, 2019.
김기현, 「소학 저술과 '미발 함양'공부의 상관관계」, 『도덕윤리와 교육』 57, 한국도덕윤리과교육학회, 2017.
김기현, 「주자학의 미발 개념 정립 과정」, 『양명학』 44, 한국양명학회, 2016.
김용재, 「서애 류성룡의 양명학 이해와 비판에 관한 고찰」, 『양명학』 23, 한국양명학회, 2009.
김학수, 「이천배, 천봉의 한강학 계승과 한강학파에서의 역할과 위상」, 『영남학』 28, 경북대학교 영남문화연구원, 2015.
김학수, 「조선중기 한강학파의 등장과 전개」, 『낙중학, 조선시대 낙동강 중류 지역의 유학』, 계명대학교 출판부, 2012.
김학수, 「남명·퇴계학의 교차와 절충 - 월담 김정룡과 국원 김정견 형제의 삶과 학문 - 」, 『청계사학』 22, 청계사학회, 2020.
나대용, 「대산 이상정의 理主氣資와 渾淪而分開」, 『동양철학연구』 73, 동양철학연구회, 2013.
안영상, 「서애 류성룡의 양명학관에 대한 재검토」, 『양명학』 23, 한국양명학회, 2009.
이상하, 「한국 성리학 칠정리발설의 계보 상에서의 응와 이원조」, 『퇴계학과 유교문화』 39, 경북대학교 퇴계연구소, 2006.
이수건, 「서애 류성룡의 학문과 학맥」, 『퇴계학과 유교문화』 23, 경북대학교 퇴계연구소, 1995.
장숙필, 「호계 신적도의 의리사상과 그 사상적 토대」, 『동양고전연구』 33, 동양고전학회, 2008.
장숙필, 「여헌의 태극설에 나타난 도덕지향의식」, 『유교사상문화연구』 27, 한국유교학회, 2006.
장승구, 「우복 정경세의 철학과 경세론」, 『영남학』 50, 경북대학교 영남문화연구원, 2012.
장윤수, 「예천지역 성리학계의 지형도 - 16-17세기를 중심으로 - 」, 『퇴계학과 유교문화』 59, 경북대학교 퇴계연구소, 2016.
장인진, 「석담 이윤우의 한강학파 기반 조성」, 『영남학』 84, 경북대학교 영남문화연구원, 2023.
정경훈, 「주자 소학 공부론에서 함양의 의미 연구」, 『동양한문학연구』 69, 동양한문학회, 2024.
정우락, 「16세기 예천지역의 학풍과 약포 정탁」, 『영남학』 89, 경북대학교 영남문화연구원, 2024.
정우락, 「성주지역 도학의 착근과 강안학파의 성장」, 『영남학』 21, 경북대학교 영남문화연구원, 2012.

최은주, 「동계 조형도의 문학교류와 인맥네트워크」, 『영남학』 28, 경북대학교 영남문화연구원, 2015.
최은주, 「월간 이전, 창석 이준 형제의 전쟁체험과 애민정신, 그리고 존애원」, 『국학연구』 30, 한국국학진흥원, 2016.
최정묵, 「우복 정경세 성리설의 기본 입장과 율곡학 비판」, 『율곡사상연구』 14, (사)율곡학회, 2007.
추제협, 「송정 조용의 삶과 학문적 위상」, 『퇴계학논집』 36, 영남퇴계학연구원, 2025.
추제협, 「이황의 사단칠정론과 마음공부」, 『안동학』 13, 한국국학진흥원, 2014.
추제협, 「입재 정종로의 성리설, 단설과 병설의 통합적 사유」, 『영남학』 78, 경북대학교 영남문화연구원, 2021.
추제협, 「조선중기 한강학파의 전개에서 본 대구지역 성리학의 특징」, 『국학연구』 36, 한국국학진흥원, 2018.
추제협, 「천사 김종덕의 생애와 거경궁리설」, 『국학연구』 43, 한국국학진흥원, 2020.
황만기, 「오봉 신지제의 학문 경향과 삶의 제 양상」, 『영남학』 69, 경북대학교 영남문화연구원, 2019.
주광호, 「중화신설, 방법에서 목적으로」, 『동양철학』 52, 한국동양철학회, 2019.
최진덕, 「주자의 중화신설과 경의 공부론」, 『철학연구』 51, 철학연구회, 2000.

16-17세기 선비들의 낙동강문화洛東江文化와 그 의미*

— 정구, 장현광, 정경세의 문학 작품을 중심으로 —

김종구(경북대학교 퇴계연구소 전임연구원)

1. 머리말

16-17세기 영남의 선비들은 불안한 정국에 각자의 처신을 했다. 출사의 기회가 자유롭지 못했고, 출사를 하더라도 당대 붕당 정치로 인해 자신의 뜻을 마음껏 펼치지 못했다. 그러므로 당대 선비들은 자신의 고향의 산수에서 선비로서의 역량을 키워나가고 있었다. 그중 산과 강이 이들의 주요 생활 공간이었다. 게다가 대외적으로는 사화와 전쟁[1]으로 인해 더욱 혼란을 가중시키고 있었다.

특히 조선시대의 낙동강은 영남 지역의 강이었기에 영남인의 삶의 터전이

---

* 이 글은 기발표된 필자의 논문(「16-17세기 선비들의 낙동강문화와 그 의미 - 정구, 장현광, 정경세의 문학 작품을 중심으로 -」, 『한국학논집』 88, 계명대학교 한국학연구원, 2022, 31-68쪽)을 수정, 보완한 것이다.

1 16세기 후반부터 17세기에 일어난 국난은 대표적으로 기축옥사(선조 22, 1589)·임진왜란(선조 25, 1592)·광해군의 등극(1608)·계축옥사(광해군 5, 1613)·인조반정(1623)·정묘호란(인조 5, 1627)·병자호란(인조 14, 1636) 등이 있다. 본 논의 인물들은 이 시대 즈음에 태어나 활동하며, 혼란한 정국을 헤쳐나가고 있었다. 특히 퇴계 사후, 그의 제자들이 이뤄낸 학문적 성과뿐만 아니라, 그들의 놀이문화·풍류문화, 즉 일상과 생활에도 관심을 가져야 한다.

자, 동서남북으로 문화를 교류하며 무역상과 사신 등의 교통수단 기능도 하고 있었다. 조선의 선비들에게 낙동강은 더욱 중요한 의미의 강으로 작용한다. 기호학파와 영남학파, 퇴계학파와 남명학파 사이에 있었던 경쟁과 갈등[2]이 그것이다. 낙동강을 통해 왜적들이 자주 침입하고, 전쟁으로 이어지기도 해, 영남의 선비들에게 심각한 공간으로도 작용했다.

우리 선현은 산수山水가 삶의 터전이자, 풍류를 즐기는 공간이었다. 낙동강은 생명의 근원인 물을 소유하고 있기에 다양한 문화를 만들어내고 있었다. 본 논의의 정구·장현광·정경세는 퇴계, 남명 사후 영남의 학파를 이끌은 주요한 인물이다. 이들이 인식한 낙동강을 파악한다면, 16-17세기 영남 선비들의 낙동강문화를 짐작할 수 있다. 이들은 낙동강과 관련된 다양한 문학작품을 남기고 있다. 우선 낙동강에 대한 지정학적 위치와 총체적 관점을 살펴보자.

> (가) 묘향산妙香山이 북쪽의 진산鎭山이 되어 있고 구월산九月山이 서쪽에 높이 솟아 있고 금강산金剛山이 동쪽에 빼어나고 지리산智異山이 남쪽에 웅장하고 태화산太華山이 중앙에 서리고 있으니, 이것이 곧 오악五嶽이며, 낙동강이 남해南海로 들어가고 한수漢水와 대동강大同江과 압록강鴨綠江이 서해로 들어가니 이것이 곧 사독四瀆이다.[3]

> (나) 황지黃池는 우보 서쪽 10리 지점에 있는데, 산중의 물과 합하여 서남쪽으로 흘러서 백석평 20리를 지나고 산의 바위를 뚫고서 남쪽으로 흘러

---

2 이에 관해서는 정우락의 「朝鮮中期 江岸地域의 文學活動과 그 性格 - 낙동강 중류 지역을 중심으로 한 하나의 시론 - 」(『한국학논집』 40, 계명대학교 한국학연구원, 2010, 203-257쪽)을 참고할 수 있다.

3 장현광, 『여헌속집』 4, 「青邱圖에 대한 설」, "若乃妙香之北鎭, 九月之西聳, 金剛之東秀, 智異之南雄 太華之中盤者, 其五嶽也. 洛流之宗于南海, 漢水, 大同, 鴨綠之朝于西海者, 其四瀆也."

낙동강의 근원이 되니, 이를 천천穿川이라고 한다. 옛날에 제전祭田을 두어 홍수나 가뭄이 들었을 때 이곳에 제사 지냈다.[4]

낙동강은 사독四瀆 중 동독東瀆으로 영남을 관통하며 흐르는 강이다. 낙동강을 통해 경상좌·우도를 나뉘며 교류와 협력, 갈등을 일으키고 있었다. 특히 (나)에서 알 수 있듯이 영남인의 젖줄이었다. 홍수와 가뭄은 우리의 삶의 지속과 안정을 빼앗아가기 때문이다. 그리고 16-17세기의 걸출한 유학자 역시 낙동강을 통해 삶과 학문을 영위하고 있었다.

낙동강에 관한 연구는 강안학·낙중학·낙동강문화 등으로 나뉠 수 있다. 강안학에 대한 논의는 정우락의 「조선중기朝鮮中期 강안지역江岸地域의 문학활동文學活動과 그 성격性格 - 낙동강 중류 지역을 중심으로 한 하나의 시론 - 」[5]이 시사하는 바가 크다. 특히 중류의 상주·의성·구미·김천·칠곡·성

---

4 허목, 『기언』 28, 「太白山記」, "黃池在虞甫西十里, 與山中之水合而西南流, 過百石坪二十里, 穿山石南流爲洛東源, 曰穿川, 前古置祭田, 水旱祀之."(본 논의의 국역은 한국고전종합 DB를 참조하여, 수정·보완하였다.)

5 본 논의는 강안학의 개념을 정립시킨 정우락의 구체적 실상과 낙동강 문화를 탐색하고자 마련되었다. 낙동강과 강안학 및 물에 관한 논의는 다음의 선행연구가 있다. 본 논의는 아래의 선행연구에 힘입어, 그 구체적인 문화와 논의를 확장하고자 함을 밝혀둔다. 즉 낙동강 강안에서 일어난, 당대 선비들의 행위에 대한 구체적인 실상과 교류 및 그 문화를 탐색, 분석하고자 한다.

정우락, 「朝鮮中期 江岸地域의 文學活動과 그 性格 - 낙동강 중류 지역을 중심으로 한 하나의 시론 - 」, 『한국학논집』 40, 계명대학교 한국학연구원, 2010, 203-257쪽.

정우락, 「강안학, 하나의 영남학을 위하여」, 경북대신문, 2008년 4월 7일자.

정우락, 「낙동강과 그 연안지역의 공간 감성과 문학적 소통」, 『한국한문학』 52, 한국학문학회, 2014, 173-213쪽.

정우락, 「남명 조식의 '물' 인식과 인문정신」, 『영남학』 26, 경북대학교 영남문화연구원, 2014, 165-202쪽.

정우락, 「동계 조형도 시에 나타난 '물'에 대하여」, 『영남학』 28, 경북대학교 영남문화연구원, 2015, 145-184쪽.

정우락, 「물의 철학, 물의 문화」, 『향토와 문화 : 물』 74, 대구은행, 2015.

정우락, 「「봉산욕행록」에 대한 문화론적 독해」, 『한국고전문학과 문화어문학』, 역락, 2018.

주·대구·고령·합천지역의 대구권은 낙중학 연구와 이론을 연계할 수 있다. 상류는 안동권, 하류는 부산권이다. 그 외 성주의 강안학 연구[6]와 강안학 시론에 관한 연구[7]가 있다. 최근 『낙동강과 문화어문학』[8]의 총서가 의미가 있다. 그중 김소연[9]의 「간송 조임도의 문학에 나타난 낙동강 연안과 그 의미」를 주목할 수 있다. 이 논의는 간송 조임도[10]가 낙동강과 금강이 합류 지점에

정우락, 「이황과 조식의 문학적 상상력, 그 동이의 문제」, 『한국사상과문화』 40, 한국사상문화학회, 2007, 7-44쪽.

정우락, 「정몽주 시에 나타난 공간 상상력 - 물 이미지와 관련하여 - 」, 『포은학연구』 16, 포은학회, 2015, 189-225쪽.

정우락, 「주자 무이구곡의 한국적 전개와 구곡원림의 인문학적 의미」, 『자연에서 찾은 이상향 구곡문화』, 울산대곡박물관, 2010.

정우락, 「한국문학에 나타난 물 이미지의 이항대립과 그 의미」, 『퇴계학과 유교문화』 48, 경북대 퇴계연구소, 2011, 69-114쪽.

정우락, 「형재 이직의 한시에 나타난 '물'에 관한 상상력」, 『동양한문학연구』 39, 동양한문학회, 2014, 317-352쪽.

정우락, 『모순의 힘 : 한국문학과 물에 관한 상상력』, 경북대학교출판부, 2019.

6 정우락, 「성주지역 道學의 착근과 江岸學派의 성장」, 『嶺南學』 21, 경북대학교 영남문화연구원, 2012, 45-78쪽.

7 정우락, 「강안학과 고령 유학에 대한 시론」, 『퇴계학과 한국문화』 43, 경북대학교 퇴계연구소, 2008, 39-94쪽.

정우락, 「한국한문학의 지역 간 교섭과 문화의 역동적 생성 : 낙동강과 그 연안지역의 공간감성과 문학적 소통」, 『韓國漢文學研究』 53, 한국한문학회, 2014, 173-213쪽.

8 이 총서는 경북대학교 국어국문학과 BK21(정우락 외, 『낙동강과 문화어문학』, 역락, 2022)에서 기획한 낙동강 주변의 문화어문학 탐구이다. 강안학을 중심으로 한 낙동강문화 영역의 확장과 주변의 영역을 탐색하고 있다. 즉 논제의 키워드만 제시하면, 상주, 영남루, 관수루, 현대시의 수계 지역, 경북 하위 방언 관련, 퇴계 뱃놀이, 용화동범, 여성의 낙동강 선유, 영남 구곡원림, 대구 구곡, 하외구곡, 망우정, 장혁주 초기 소설의 낙동강 표상 등이 있다. 이 책은 낙동강을 문화로 읽어 내려고 시도하고 있다. 아직 낙동강에 대한 문화사 기술은 시작 단계에 불과하다. 이미 제시한 논의들은 총론에 불과한 것이다. 구체적인 지점과 인물 시대를 아우르며, 논의를 진전시킬 필요가 있다. 본 논의는 그 출발점에서 퇴계, 남명 사후 가장 중심이 되는 인물과 시대, 낙동강의 상류 및 중류를 중심으로 논의를 진전시켜 나갈 것이다.

9 김소연, 「간송 조임도의 문학에 나타난 낙동강 연안과 그 의미」, 『한국문학논총』 84, 한국문학회, 2020, 107-140쪽 참조.

10 본 논의는 이미 낙동강 하류 지점인 김소연의 합강정사 논의와 김종구의 망우정(「망우당 곽재우의 한시를 통해 본 閒酬酢의 情趣와 그 의미」, 『영남학』 74, 경북대학교 영남문화연

있는 합강정사를 중심으로 그 강에서 일어난 문화적 측면을 논의했다.

철학 및 사상과 관련된 낙중학에 관한 논의는 홍원식의 「영남 유학과 '낙중학'」[11]을 시작으로 지금까지 꾸준히 이어오고 있다. 그는 낙동강의 중류 일대가 유교조선을 만든, 정몽주·길재·정구·장현광·이진상·허전·장복추 등에 대한 논의가 필요하다고 보고 있다. 그래서 한려학파 및 한강학파·정구·장현광·서사원의 연구[12]가 지속적으로 나오고 있다. 한편 낙중학과 관련된 소논문과 총서[13]가 꾸준히 나오고 있다.

본 논의에서는 16-17세기에 활동한 한강 정구(1543 1620)·여헌 장현광

구원, 2020, 72-101쪽 참조) 논의가 있어서, 이 부분은 보조자료로 삼고, 낙동강 상류 지점과 중류 지점의 문화를 집중적으로 분석하고자 한다. 아직 구체적인 실상을 집중 조명한 논의가 많지 않기에, 본 논의는 그 출발점 선상에 자리하고 있다. 이러한 논의가 많이 나온다면, 낙동강 문화의 실체를 정확히 파악할 수 있을 뿐만 아니라, 한강·섬진강·압록강 등 기타 강문화와의 그 동이성을 밝힐 수 있으리라 기대된다.

11 홍원식, 「영남 유학과 '낙중학'」, 『한국학논집』 40, 계명대학교 한국학연구원, 2010, 7-29쪽.

12 관련 대표적 논의는 다음과 같다.
홍원식 외, 『한강 정구의 삶과 사상 : 조선 중기의 '낙중학'』, 계명대학교출판부, 2017.
김학수, 「船遊를 통해 본 洛江 연안지역 선비들의 집단의식 - 17세기 寒旅學人을 중심으로 -」, 『嶺南學』 18, 경북대학교 영남문화연구원, 2010, 41-98쪽.
추제협, 「'한려학파'와 '여헌학'」, 『한국학논집』 52, 계명대학교 학국학연구원, 2013, 59-88쪽.
홍원식 외, 『(조선 후기)'낙중학'의 전개와 '한려학파'』, 계명대학교 출판부, 2018.
홍원식 외, 『여헌 장현광의 삶과 사상 : 조선 중기의 '洛中學'』, 계명대학교출판부, 2017.
추제협, 「조선중기 한강학파의 전개에서 본 대구지역 성리학의 특징 - 郭再謙·徐思遠·孫處訥을 중심으로 -」, 『국학연구』 36, 한국국학진흥원, 2018, 231-271쪽.

13 본 논의는 이러한 철학적 선행연구를 바탕으로 삼아, 문화적인 측면에 관심을 가지고 접근하고자 한다. 문학을 통해 낙동강을 읽어 내면서, 그곳에 담긴 문화사적인 의미를 유추하고자 한다. 즉 낙동강문화의 구체적인 실상을 확인할 수 있다. 이를 위해선 우선 총체적으로 '낙동강'이라는 키워드를 추출해 그 의미를 밝힐 필요가 있다. 구체적으로 낙동강이라는 제목으로 나타나는 경우는 본 논의에서 추출한 것 이외에는 작품이 거의 없다. 낙동강 인근이 창작 공간, 배경 등은 미뤄 짐작할 수밖에 없는 한계가 있다. 그러므로 표제로 제시되는 부분을 먼저 확인하고자 한다. 즉, 선현들이 낙동강을 직접 사용한 경우를 먼저 살펴보고자 한다. 추후 논의에서 그 배경과 창작 공간이 된 낙동강을 살펴, 개개인의 문집을 통해 밝힐 필요가 있다. 그런 측면에서, 본 논의는 시론적인 논의임을 밝힌다.

(1554-1637)·우복 정경세(1563-1633)를 중심으로, 이들이 어떻게 낙동강을 인식하며 문학으로 창작하고 있는지, 그 동이성同異性을 중심으로 문화론적[14]으로 살펴보고자 한다. 나아가 당대에 학단을 형성해 영남을 이끌어 갔던 대표적 유학자들을 통해 16-17세기 영남 선비들의 낙동강문화를 고찰하고 그 의미를 유추할 수 있다. 그리고 낙동강문화의 전망과 과제를 제언할 수 있다.

2. 낙동강 인식과 문학 양상

일찍이 성호 이익은 성호사설에서, "대저 영남의 큰물은 낙동강인데, 사방의 크고 작은 하천이 일제히 모여들어 물 한 점도 밖으로 새어 나가는 것이 없다. 그 물이 이와 같으면 그 산도 알 수 있다. 이것이 바로 여러 인심이 한데 뭉치어 부름이 있으면 반드시 화답하고, 일을 당하면 힘을 합하는 이치이다. 게다가 유현儒賢이 대대로 일어나 스스로 성교聲教를 이루어서 고치고 변할 수 없는 것이다."[15]라고 하면서, 영남의 선현을 칭송한 바 있다.

본 논의에서 관심을 가지는 낙동강 중 그 중류는 정몽주·길재·김종직·김굉필·정구·장현광·이진상 등 도학과 유학을 주도한 유현[16]들이 많았다. 게다가 이익은 「영남오륜」에서, 퇴계·남명·서애·한강·우복·여헌을 언급하며 영남에서 오륜이 전개되는 점을 칭송하고 있었다. 본 논의는 16-17세기에 활동

14 낙동강와 관련된 문화적 인소와 그 통태를 파악하며, 융합적 측면에서 낙동강을 바라보고자 한다. 문화어문학에 관한 연구 방법론 제시(정우락·백두현, 「문화어문학 : 어문학에 대한 문화론적 혁신」, 『문화어문학이란 무엇인가』, 커뮤니케이션북스, 2015 참조)와 그 구체적 후속 연구는 경북대학교 국어국문학과 BK21플러스 사업단에서 꾸준히 이뤄가고 있다.

15 이익, 『星湖僿說』 13, 「嶺南五倫」, "凡嶺南之大水曰, 洛東, 四圍羣川, 鉅流微淙一齊合同, 無一點外泄, 其水如此, 其山可知, 此為衆情萃聚有倡必和, 當事則併力, 加之儒賢代興, 自為聲教不可以嬗變也."

16 홍원식 외, 『낙중학, 조선시대 낙동강 중류지역의 유학』, 계명대학교 출판부, 2012.

한 정구·장현광·정경세의 문학 작품을 통해 낙동강을 어떻게 인식하고 문화화하는지 살펴보는 것이다. 다음의 표는 현재, 한국고전종합 DB에서 낙동강[17]으로 검색된 부분을 도표화 한 것이다.

[표 1] 정구의 낙동강 인식과 문학 양상

순번	작품명	갈래 및 관련 내용	비고[산수山水, 동인同人, 기타 등]
1	박군신朴君信 정번廷璠의 죽음을 애도한 만사	만사, 풍류	박정번, 야천, 학암정사 부래정사
2	서행보徐行甫 사원思遠에게 답함 계묘년	서, 풍류[욕기浴沂, 무우대]	서사원, 청아 즐거움
3	서행보에게 보냄	서, 강학처	서사원, 문하[제자]
4	성중진成仲珍 경침景琛에게 답함	서, 선경처, 소요처	성경침, 문인
5	금오서원金烏書院 원생들과의 문답	서, 문답	서원지,
6	『함주지咸州志』 서문	서, 송별연, 풍류	후한때의 명사인 이응과 곽태 고사
7	한훤당 김 선생 사당에 고한 봉안문	축문, 낙동강 정기	대니산, 한훤당 김굉필
8	도동서원에 한훤당 김 선생을 봉안하는 글	축문, 은거지	대니산, 도동서원
9	존도사尊道祠를 중건하고 위판을 봉안할 때 먼저 그 사유를 고한 글	축문, 성원 유직, 사당, 이황 위판	여강서원, 1576(선조 9)
10	박대암朴大菴 성惺에 대한 제문 정미년(1607)	제문, 풍류, 동인지락	스승, 동인, 제자, 박성
11	낙동강 뱃놀이 '만경창파욕모천萬頃蒼波欲暮天'의 시구로 운자를 나누어 '파波' 자를 얻었다.	시, 뱃놀이, 이계욱, 박성	46세, 1588(선조 21) 7월, 함안군수
12	안의지安宜之 극가克家의 죽음을 애도하며	시, 교유[만남의 장소]	안극가, 삼가현감
13	박군신朴君信 정번廷璠에 대한 제문	제문, 풍류	뱃놀이

17 본 논의의 텍스트는 한국고전종합 DB의 『한강집』, 『여헌집』, 『우복집』의 국역을 중심으로 수정, 보완을 하였다. 그 외 문집 인용 역시 한국고전종합 DB를 참조했다. 여기서 洛江, 洛水, 洛東 등은 낙동강으로 번역되고 있다. 여기서는 표면적으로 드러난 낙동강, 즉 洛江[낙동강]만을 다루기로 한다. 표제에 洛江이 드러나지 않더라도, 내용으로 짐작 가능한 부분은 추후 논의에서 구체적, 상세한 논의를 하기로 한다.

순번	작품명	갈래 및 관련 내용	비고[산수山水, 동인同人, 기타 등]
14	정자명鄭子明 사성士誠에게 올린 제문	제문, 경계[서울, 낙동강]	이황 문인, 2년 연하, 1607년 졸
15	유명조선국有明朝鮮國 가선대부嘉善大夫 … 김공金公 행장	행장, 공부처, 임란 시 전쟁터 및 경계	김성일(1587), 석문정사
16	정약포鄭藥圃 탁琢에게 보냄	서, 경상좌, 우도의 경계	정탁, 61세 1603년(선조 36) 겨울
17	황명皇明 … 한강寒岡 정선생 행장[장현광]	행장, 소미성과 낙동강의 정기와 진액을 타고남	성현의 도 실천
18	예관을 보내 치제할 때의 제문 인조조[이준]	제문, 소미성, 낙동강[앞에 여헌 차용]	소미성 정기, 낙동강 진액 성현의 도
19	사림제문[장현광]	제문, 욕기, 무우대 풍류	공자, 증점의 풍류
20	또[신식]	제문, 낙동강 정기	가야산 정기
21	또[이수광]	만장, 도학처	만년
22	논시사論時事[손처눌 등]	유편, 제자의 선유공간, 강학처, 유람공간	도동, 가야사
23	잡기[이서 등]	유편, 노곡노인	사양정사

위의 표는 정구의 문집에 낙동강으로 기록된 작품명과 그와 관련된 내용이다. 그의 문집에 나타난 낙동강 인식은 다음과 같다. 우선, 작품 갈래별로 살펴보면 제문 6편, 시 4편, 서 6편, 축문 3편, 행장, 유편, 만장 등이다. 정구와 선비를 기리거나, 낙동강에서 창작된 내용, 한훤당을 추모하고, 편지를 주고받는 것과 관련된 부분이 있다.

다음으로, 구체적 내용을 살펴보면, 낙동강은 풍류의 공간이다. 그 풍류는 공자와 증점의 기상을 함의하는 것이다. 즉, 욕기와 무우대의 풍류이다. 그리고 정구가 소요를 하거나 뱃놀이를 하는 공간으로 작용한다. 낙동강은 만남과 이별의 장소로도 활용되고 있음을 알 수 있다. 정구의 제자의 뱃놀이와 유람공간으로도 활용되고 있다.

또한, 낙동강은 은일처와 도학처로 작용하고 있다. 정구는 은일을 하여 도학을 함양하며 성현의 학문을 하고자 했다. 한훤당과 관련된 글에서 그의 마음을 알 수 있다. 정구 스스로 노곡노인이 되어 만년의 제자 육성과 학문 탐구에 노력하고 있는 것을 확인할 수 있다. 즉, 성현의 도道를 실천하고 있었다.

마지막으로, 기타 경상좌·우도의 경계이자, 임란 시에는 낙동강이 전쟁터임을 알 수 있는 대목도 있다. 정구가 낙동강의 정기를 타고난 것을 문학적으로 형상화되고 있다. 여기에는 소미성, 가야산의 정기 또한 정구를 낳게 했다고 보고 있다. 그리고 삶과 죽음을 애도하는 것으로 낙동강의 공간을 제시하기도 했다.

[표 2] 장현광의 낙동강 인식과 문학 양상

순번	작품명	갈래 및 관련 내용	비고[산수山水, 동인同人, 기타 등]
1	금수굴에 대한 고풍시 세 편	시, 정확한 고증	금오산, 월파정
2	동강 김선생에 대한 만장挽章	만장, 가야산, 낙동강 정기	성주
3	부지암정사에 대한 기문	기, 이수, 낙수, 은일처	수수洙水, 사수泗水, 야은冶隱
4	야은선생문집 발문	발, 백이·숙제	지주중류砥柱中流, 도맥
5	오산서원의 사우祠宇를 중건한 상량문	상량문, 낙동강, 정기	선산, 길재 충절
6	오산서원을 중건하고 봉안할 때의 축문	축문, 금오산	절의, 낙동강, 도의
7	한강 정선생에 대한 제문	제문, 욕기, 풍류	부지암재
8	세마 정군섭에 대한 제문	제문	부지암재, 배로 왕래
9	노생 경임에 대한 제문	제문, 도학지교, 왕래	부지암재, 배로 왕래
10	한훤당 김선생의 신도비명 병서	비명, 도학 함양·강학처	낙동강이 산을 감음
11	처사 장군의 묘갈명	묘갈, 오산서원	낙동강, 선영
12	한강 정선생 행장	행장, 소미성, 낙동강 정기	
13	대암 박공의 행장	행장, 임란 경계	김성일, 전쟁
14	의소擬疏	소, 오악과 사독	낙동강 동독

순번	작품명	갈래 및 관련 내용	비고[산수山水, 동인同人, 기타 등]
15	권강재, 손길보, 정여섭, 정군섭에게 줌	서, 서재	낙동강 선경
16	농암 김 선생에 대한 제문	제문, 농암 고택,	낙동강 가 월암
17	본교를 중수한 설	잡저, 인동부 향교	낙동강, 금오산
18	인의방에 대한 설	잡저, 부지암	위치, 선경
19	마을의 이름에 대한 설	잡저, 지역애	금오산, 낙동강
20	청구도靑邱圖에 대한 설	잡저, 사독, 고증	낙동강, 남해
21	마을 앞을 가리는 숲[차수遮藪]을 다시 세울 것을 의논한 글	잡저, 풍수지리	천성산, 금오산, 낙동강 띠처럼
22	배문록-문인 신열도	배문록, 공자의 기상	욕기 풍류
23	추정록-아들 응일	추정록, 학문 풍류 공간	문도, 부지암
24	정종조 사제문 정종이 친히 지으신 것이다.	제문, 학문 지속성	서원, 영원
25	사림의 제문-문인 신홍망	제문, 기상	낙동강 금오산
26	사림의 제문-김효가	제문, 기상, 유풍	낙동강 금오산
27	사림의 제문-문인 김광계	제문, 은일, 학문 탐구	부지암

위의 표는 장현광의 문집에 낙동강으로 기록된 작품명과 그와 관련된 내용이다. 그의 문집에 나타난 낙동강 인식은 다음과 같다. 우선, 작품 갈래별로 살펴보면, 제문·잡저·시·만장·기·발·상량문·축문·비명·묘갈·행장·소·서·배문록·추정록 등 다양하게 나타나고 있다. 동강·한훤당·한강·농암 등 다양한 유현이 등장한다.

다음으로, 구체적 내용을 살펴보면, 장현광 역시 낙동강은 풍류의 공간으로 인식하고 있다. 그 풍류도 공자와 증점의 기상이다. 욕기와 무우대의 풍류는 정구뿐만 아니라, 그에게도 나타난다. 특히 부지암정사를 사이에 두고 뱃놀이를 하면서, 서로 왕래하고 있었다. 장현광은 낙동강이 동인과 함께 거주하며 풍류를 즐기는 공간이었다.

또한, 낙동강은 장현광 역시 은일처와 도학처로 작용하고 있다. 그 중심은 부지암정사이다. 그는 성리학의 연원을 낙동강과 비유를 하고 있으며, 야은 길재를 통해 구체화 시키고 있다. 장현광은 한훤당을 언급하며, 은일과 도학 함양을 문학적으로 형상화하고 있다. 특히 낙동강을 이야기하면서 항상 금오산을 언급하고 있다.

마지막으로, 풍수 지리과 지역에 대한 고증을 정확히 하고 있다. 금수굴·인동부 향교·마을·부지암정사 등 정확한 풍수에 대한 설과 아름다운 선경을 표현하고 있다. 장현광은 고향에 대한 애착과 자부심을 드러내고 있었다. 기타 낙동강은 임란 때의 경계 지역으로 작동하고 있음을 인식하고 있다.

[표 3] 정경세의 낙동강 인식과 문학 양상

순번	작품명	갈래 및 관련 내용	비고[산수山水, 동인同人, 기타 등]
1	봄날에 고향으로 돌아가길 생각하다.	시, 고향	낙동강, 상주
2	김목사 상용 에게 올린 정문	정문, 회합, 서원 설립	1605(선조 38)
3	유방백 영순 에게 올린 정문	정문, 장수유식 공간	본주 유생
4	이한음 덕형에게 보낸 편지	서, 사액 청	도남서원
5	도남서원을 건립하기 위해 보낸 통문	통문, 서원의 적합지	1605(선조 38)
6	김초유사 성일에게 올리는 계	계啓, 군사 요충지, 상주	1592(선조 25)
7	도남서원 상량문	상량문, 도맥	1606(선조 39)
8	병산서원에 서애선생를 봉안하는 제문	제문, 낙동강 정기	화신, 1614(광해군 6)
9	소재 선생을 오현묘에 종향하는 제문	제문, 도남서원 제향	소재 노수신
10	유명…김공성일의 신도비명 병서	비명, 전쟁, 정사[재실]	청성산 석문정사
11	쌍절비명 병서	비명, 여성, 절의	유인 한씨, 정씨
12	김감사 우굉에 대한 만사	만사, 소요처, 풍류공간	낙동강 가 정자
13	고취병 응척에 대한 만사	만사, 귀거래처	낙동강, 뱃놀이
14	연보	연보, 정사, 서원 터	봉양 산수유람
15	언행록	언행록, 사우처	도남서원
16	증贈…정공의 묘지명[이준]	묘지명, 낙동강 기운	상주 도남서원
17	증…우복 정선생의 묘표[권유]	묘표, 도맥, 서원건립	우복산, 도맥 전승
18	유명…정선생의 행장[송준길]	행장, 도통의 정맥 전승	오현 합사

순번	작품명	갈래 및 관련 내용	비고[산수山水, 동인同人, 기타 등]
19	제문[이전]	제문, 은자의 귀의처	경사, 송죽 은일
20	제문[이준]	제문, 이준, 은일처	분수, 검호 배 왕래
21	또[문인 류진]	제문, 도맥의 연속성	낙동강 비유, 연속성
22	또[문인 이원규·이광규]	제문, 독락원	은일
23	또[김기·김기·김보·김승 등]	제문, 산수에 비유	선경
24	또[문하생 강교년]	제문, 은일처	낙동강 가, 우복산
25	또[이준]	제문, 낙동강 정기	산수, 희성希聖
26	또[김세렴]	제문, 풍류처, 놀이 공간	상산
27	또[오숙]	제문, 은일처, 은일지사	낙동강 가, 상안
28	또[이원규]	제문, 은일, 욕기 풍류	도학 함양

위의 표는 정경세의 문집에 낙동강으로 기록된 작품명과 그와 관련된 내용이다. 그의 문집에 나타난 낙동강 인식은 다음과 같다. 우선, 작품 갈래별로 살펴보면, 제문, 시, 정문, 서, 통문, 계, 상량문, 비명, 만사, 연보, 언행록, 묘지명, 묘표, 행장 등 다양하게 나타나고 있다. 제문과 관련된 것이 많아, 정경세의 정확한 낙동강 인식을 확인할 수 있다.

다음으로, 구체적 내용을 살펴보면, 정경세 역시 낙동강을 풍류의 공간으로 인식하고 있다. 풍류와 놀이공간으로 작동하고 있다. 정경세는 아름다운 선경을 소요를 하며, 낚시질을 하기도 하고, 홀로 산수를 즐기기도 한다. 상산, 우복산 인근의 낙동강을 노닐며, 분수·검호가에서 뱃놀이도 즐기고 있었다.

또한, 낙동강은 정경세에게도 역시 은일처와 도학처로 작용하고 있다. 그는 고향에 은일하여 도학을 함양하고 있었다. 세상의 시끄러운 소리를 잠시 잊고, 강호의 은자가 되기도 했다. 특히 도남서원 건립에 많은 노력을 가했으며, 낙동강 가의 도남서원은 장수유식하는 공간이자, 오현을 합사하여 도맥이 흐르도록 노력했다.

마지막으로, 기타 낙동강에서 절의를 지킨 여성에 관심을 가졌고, 전쟁과 관련된 이야기가 나온다. 상주 인근 낙동강이 지정학적으로 중요한 곳이다고 설파하며, 전쟁뿐만 아니라 서울 문화와 지방 문화를 잘 교류할 수 있는 곳으로 생각하고 있다. 물론 낙동강이 있어서 주장할 수 있는 논지인 것이다.

정구, 장현광, 정경세는 대체적으로 유사하게 낙동강[18]을 인식하고 있었다. 우선 놀이와 선유船遊의 공간으로 활용하며, 풍류를 즐기고 있었다. 낙동강가에서 소요를 하는 즐거움과 달밤에 뱃놀이를 즐기며 풍류를 만끽하고 있었다. 다음으로 전대의 도학자를 생각하고 있었다. 낙동강은 길재, 김굉필, 퇴계학파 등 도학자를 추숭하고 있었다. 마지막으로 낙동강에 은일하여, 이들 역시 구도求道를 지향하며 학문과 성정 함양에 힘을 쏟고 있었다. 다음 장에서 구체적 낙동강문화의 실상을 파악하기로 한다.

3. 16-17세기 선비들의 낙동강문화

1) 선유船遊 및 풍류 문회

선유船遊, 뱃놀이는 소동파의 적벽선유赤壁船遊를 통해, 조선의 많은 선비들이 그 문화를 수용했다. 하지만, 우리의 선현들은 나름 자기화하여 뱃놀이를 즐기고 있었다. 특히 낙동강 일대에서 일어난 선유船遊와 그 기록이 많이 차지한다는 것을 주목해야 한다. 낙동강의 수려한 아름다움과 그 물길이 풍

18 이는 낙동강을 중심으로 도맥이 흐른다고 생각했기에 그러하다. 예컨대 한강과 섬진강의 경우에는 놀이와 풍류, 은일 공간으로 작용하지만, 구도를 지향하는 경향은 낙동강에 비해 소략하다. 이를 위해 앞으로 구체적인 실상을 파악하고자 한다.

류문화를 양상하기에 충분했다. 정구, 장현광, 정경세가 노닌 낙동강의 지점이 주변의 다른 강이 합류하거나, 아름다운 절벽과 산들이 공존했기에 선유문화船遊文化를 형성하고 있었던 것이다. 순차적으로 그 문화를 살펴보자.

(가)	平生何事最爲多	인생살이 평생에 무슨 일이 으뜸인고
	今日船遊亦可歌	오늘 우리 뱃놀이도 노래할 만하여라
	邂逅良朋仍共醉	좋은 벗 마침 만나 술 함께 취했는데
	斜陽倒影照平波[19]	물속 잠긴 석양빛 너른 물결 비추네

(나) 내가 군수직을 그만두고 돌아온 때는 마침 무자년(1588, 선조 21) 중원일(7월 15일)이었는데 낙강洛江에 배를 띄워 물길을 거슬러서 올라왔다. 하늘이 높고 물은 맑은데 단풍나무와 국화가 강기슭에 널려 있고 하얀 달이 빛을 뿌려 흥취가 진진하였다. 나는 고을 사람들에게 전송하는 것을 허락하지 않았으나 평소에 상종하던 많은 사우들이 강가에 나와서 작별하였는데, 술잔을 기울이며 시를 짓기도 하고 혹은 노래를 불러 석별의 정을 드러내기도 하였다. 또 지리산 구경길에 나선 이계욱과 박덕응을 만났는데, 이들은 산으로 놀러가느라 그 행색이 나의 모습과는 서로 달랐지만 외적인 사물을 잊고 산천에 마음을 부쳐 그 속에서의 낙을 즐기는 점에서는 서로 다르다고 말할 수 없었다. 하루종일 배를 함께 타고 이곽이 남긴 기풍을 상상하였으니, 이 일이 후일에는 반드시 『함주지』의 고사가 안 되지는 않을 것이다.[20]

---

19 정구, 『한강집 속집』 1, 「洛江 뱃놀이 '萬頃蒼波欲暮天'의 시구로 운자를 나누어 '波' 자를 얻었다.」(이미 밝혔듯이, 『한강집』은 한국고전종합 DB의 국역을 참조하여, 수정·보완했다. 그리고 『여헌집』, 『우복집』 등 기타 문집 역시 한국고전종합 DB의 국역을 참조하여, 수정·보완했다. 이하 생략.)

20 정구, 『한강집』 10, 「『咸州志』 서문」, "余歸適在戊子中元之日, 泛舟東洛, 泝流而來, 天高水清, 楓菊滿岸, 素月揚輝, 思致渺然, 不許郡人之相送, 而平日相從士友, 猶多來別於江上, 把酒賦詩, 或詠歌以道其懷, 又値李季郁, 朴德凝頭流之行, 尋山問路, 行色自異, 而其忘形寓懷, 樂其所以爲樂, 則不可謂不同也. 盡日同舟, 共與追想乎李郭之遺風, 此事他時亦未必不爲咸州志之故事矣."

위의 시 (가)는 정구의 「낙동강 뱃놀이 '만경창파욕모천萬頃蒼波欲暮天'의 시구로 운자를 나누어 '파波' 자를 얻었다.」이다. 정구가 46세, 1588년(선조 21)에 지은 것이다.[21] 그는 함안군수를 그만두고 고향으로 돌아가던 길이었다. 그때 지리산을 유람하러 가던, 벗인 이계욱과 박성을 만나 낙동강에서 뱃놀이를 하며 놀았다. 이러한 사실이 (나)의 「『함주지』 서문」에 자세히 기록되어 있다. 정구는 전국에 부임하는 곳마다 읍지를 만들며, 그 고장의 산수에 대해 관심이 많았다. 그는 고향인 성주 및 가야산 일대에서도 항상 물을 가까이하며, 천리를 말하고 있었다. 무흘정사와 대구 인근의 여러 정사에서도 그러한 경향이 드러나고 있었다. 이 시는 당대의 정국, 업무를 벗어나 자연에 합일하고자 한 성향이 잘 나타나고 있다.

이 시를 지은 당대 정구는 함안군수 직을 두 번이나 거절하며 사양했지만, 군수 시절 함안의 척박한 토지와 순후하지 못한 인심을 제쳐두고, 군수직을 잘 수행했다. 특히 현존하는 읍지 중 가장 오래된 『함주지』를 만들었다. 읍지 편찬은 이여선·박제인·이정·오운 등이 함께했다. 이 읍지는 후대의 읍지편찬의 모범이 되었다. 정구는 퇴계와 남명의 제자일뿐만 아니라, 스스로 이미 당대 저명한 학자이었다. 『함주지』처럼, 부임해 가는 곳마다 읍지를 만들며 국토에 대한 애착이 남달랐다.

그는 이 시에서 세상에서 가장 아름다운 풍류를 뱃놀이라고 자부하고 있다. 뱃놀이를 하면서 느끼는 산수에 대한 낭만적 서정과 좋은 벗과 술이 있으

---

21 1588년 정구 46세 8월에 병으로 사직하고 집으로 돌아온 기록이 「연보」에 보인다. 고을 사람들은 비석을 세워 공덕을 기리며, "侯 오심 어이 저리 더디셨으며, 후 가심 어이 이리 이르단 말가. 가뭄 끝 구름 일어 단비 뿌리고, 맑고 밝은 정사는 얼음이요 달빛. 끼치신 은택 받은 고을 백성들, 가슴속 길이길이 간직하리라."[侯來何遲, 侯去何疾, 沛雲甘雨, 淸氷皓月, 民受其賜, 永懷無射."라고 한 기록이 있다.(이상 정구, 『한강집』, 「한강 연보」 1을 참조하여 기술.)

니, 인생의 최고의 일이라고 표현하고 있다. 이러한 감흥은 (나)의 『함주지』 서문에 밝혀, 오랜 추억으로 남기고 후인들의 풍류에 길잡이가 되게끔 했다. 이어서 정구와 동인의 문화는 서사원, 장현광 23명[22] 등의 문인에게 전승된다. 이들은 1601년 3월 23일에 뱃놀이의 풍류를 즐긴다. 이들은 금호강에서 뱃놀이를 하면서 시회, 「금호동주영琴湖同舟詠」을 열었던 것이다. 다음의 자료를 좀 더 살펴보자.

(가) 배 한 척이 새로 만들어진 이때 장마가 끝나고 못물이 맑아졌으니, 형은 아마도 낙동강을 오르내리며 관동들과 함께 즐거움을 누리리라 생각됩니다. 그러나 병이 깊은 이 몸은 그 사이에 스스로 끼어 함께 그 청아한 즐거움을 누릴 길이 없으므로 아쉬움만 간절하니, 어찌하겠습니까. 지금 욕기도와 무이산도를 얻어 내 몸이 마치 무우대 아래에 들어가 있고 주자의 무이도가 부르는 소리를 귀로 직접 듣는 것만 같으니, 이 또한 모두 우리 존형께서 준 선물입니다.[23]

(나)	每於拜接之時	매양 절하고 뵈올 때면
	語必及於不知巖齋之靜謐	반드시 부지암재의 조용하고 편안함을 언급하시며
	而曰吾待得此病少安	말씀하기를 내 병이 다소 편안해지고
	詩節稍平	시절이 다소 평화로워지며

22 23인은 다음과 같다. 徐思遠, 呂大老, 張顯光, 李天培, 郭大德, 李奎文, 宋後昌, 張乃範, 鄭四震, 李宗文, 鄭鏞, 徐思進, 都聖兪, 鄭錀, 鄭錘, 都汝兪, 徐恒, 鄭鋋, 鄭銑, 徐思選, 李興雨, 朴曾孝, 金克銘 등이다.(이에 관해서는 정우락의 『영남 한문학과 물의 문화학』(역락, 2022)을 참조하여 기술함)

23 정구, 『한강집』 3, 「徐行甫 思遠에게 답함 계묘년」, "新艇初成, 潦盡潭淸, 竊想泛洛沿洄, 冠童共樂 病癈之身, 無由自致於其間, 得共淸歡, 第勤瞻遡, 奈何奈何. 今得浴沂武夷之圖, 宛然身入舞雩之下, 親聆櫂歌之聲, 亦無非吾賢兄之賜."

方春流微漲	봄에 흐르는 물이 다소 불어나거나
或秋波澄潏	혹 가을에 물결이 깨끗해지거든
卽不煩外客	외객들을 번거롭게 동원하지 않고
擕此間冠童六七	이 사이의 관동 육칠 명을 데리고
發片舟於琴灘	조그마한 배를 금호강琴湖江에서 출발시켜
泝洛江而引繂	낙동강을 거슬러 올라가 밧줄을 이끌고
止繫於不知巖畔	부지암 언덕에 배를 매어 놓은 다음
坐虛堂而鳴點瑟[24]	빈 집에 앉아 증점의 비파를 울리겠다 하였으며

(가)는 정구가 62세 때인 1604년(선조 37)에 문하 서사원에게 보낸 편지, 「서행보 사원에게 답함 계묘년」이다. (나)는 장현광이 정구의 제문을 쓴, 「한강 정선생에 대한 제문」이다. (가)와 (나)를 통해 정구의 이상향이 무엇인지 분명히 알 수 있는 부분이다. 정구는 서사원에게 공자와 증점의 기상과 풍류를 향유하고자 하는 뜻을 보였다. 즉 욕기의 고사를 따르고자 한 것이다.

당대 선비들의 기수와 무우대는 상상의 공간이다. 하지만 정구는 그림을 통해 공자와 제자가 노닌 풍류를 상상하게 되며, 그들 또한 따르고자 했다. 또 주자학을 이어받은 정구는 무이산도를 보며 주자의 무이도가 노랫소리를 상상하고 있다. 그의 이러한 경향은 무흘구곡, 사양정사, 사창서당 등 정구가 경영한 구곡, 서당, 재사를 통해 확인할 수 있다.

(나)에서는 이러한 정신이 구체적으로 드러나고 있다. 장현광이 바라본 정구는 앞서 언급한 공자와 증점의 풍류를 이어나가는 정신을 형성하고 있었던 것이다. 정구가 고요하고 아름다운 산수의 여러 곳에서 생활했듯이, 낙동강 가에 있던 장현광의 부지암재를 그리워했던 것이다. 장현광은 정구를 '소

24 장현광, 『여헌집』 11, 「寒岡 鄭先生에 대한 제문」

미성이 정기를 내리고, 맑은 낙동강이 진액을 모았도다'[25]라고 하며, 낙동강의 정기를 타고난 인물이라고 칭송했다.

(가) 이곳에서 건축하고 있는 작은 집은 어제 이미 개와蓋瓦를 이었소. 이곳은 밝으면서도 궁벽하고 넓으면서도 그윽하며 강이 흐르면서도 산이 솟아 있고 조용하면서도 탁 트였으니, 보는 자들이 모두 낙동강 가의 제일 좋은 구역이라고들 말하오.[26]

(나) 지방 사람들이 선생을 위하여 작은 서재를 건축하였는데 위치가 양지바른 곳이어서 겨울철에도 항상 따뜻하였으며, 서재의 서쪽에는 대가 있었는데 소나무와 대나무, 회화나무와 버드나무가 두르고 있어서 비록 무더운 여름철이라도 서늘한 기운이 사람을 엄습하였다.

선생은 때로 이곳에 고요히 머무시어 혹은 열흘이 지나기도 하고 한 달이 지나기도 하였는바, 언제나 봄에 날씨가 따뜻하고 여름에 날이 개면 관동을 데리고 물가에 가서 노닐었으며, 혹 배를 타고 강물을 거슬러 올라가 술을 마시고 시를 읊고 돌아오시니, 기수에서 목욕하는 기상과 방불한 듯하였다.[27]

(다) 1 : 선생께서 일찍이 여헌과 망우당, 광서, 간송당 등과 함께 낙동강의 용화산에서 함께 뱃놀이 하였다.[28]

(다) 2 : 정미년(1607) 봄에 한강 정선생과 장여헌, 곽망우, 이외재 제현이

25 장현광, 『여헌집』 13, 「황명 조선국 고 가선대부 사헌부대사헌 겸 세자보양관 증 자헌대부 이조판서 겸 지의금부사 寒岡 鄭先生 행장」, "原夫小微降精, 淸洛鍾液."

26 장현광, 『여헌속집』 2, 「권강재, 손길보, 정여섭, 정군섭에게 줌」, "此中所搆小舍, 昨已蓋瓦, 其爲地也. 敞而僻, 寬而幽, 江而山, 寂而曠, 見之者皆以爲洛濱第一區."

27 장현광, 『여헌속집』 9, 「拜門錄-문인 申悅道」, "鄕人爲先生構小齋, 厥位面陽, 冬月恒暖, 齋西有臺 環以松竹槐柳, 雖盛夏, 凉氣逼人, 先生有時靜棲, 或經旬月, 每春暖夏晴, 攜冠童, 臨流消遙, 或駕舟沿泝, 觴詠而歸, 悅然有浴沂氣象."

28 이상정, 『沂洛編芳』, 「沂洛編芳序」, "先生, 嘗與旅軒忘憂匡西澗松堂諸公, 同泛於龍華洛水之上."

용화후산 아래에서 뱃놀이를 할 때 공이 따라갔는데, 『용화동범록龍華同泛錄』이 전해지고 있다.[29]

장현광은 부지암을 1610년(광해군 2)에 완성하고 기문을 남기고 있다. 부지암은 바위, 사방 모두 선경, 뱃놀이하기 좋은 곳, 먼 산악과 숲, 흰 모래, 구름, 새와 물고기, 밝은 달이 비추는 밤[30] 등 아름다운 산수와 광경을 자랑한다. (가)는 부지암이 완성되기 전, 개와를 이은 장면이다. 장현광은 권강재, 손길보, 정여섭, 정군섭에게 편지를 보내 왕림하길 기대하고 있다. 그리고 인동, 성주 등을 함께 유람하자고 청하고 있다.

장현광은 훗날 부지암에서 배를 띄워 놀며, "위에는 하늘이 있고 아래에는 땅이 없으니, 이 어느 세계인가 인간 세상 초월하였네, 세상 사이의 수많은 소식들, 구름 너머 한 기러기 스스로 한가로워라."[31]라고 읊기도 했다. 부지암에서 행한 풍류는 (나)의 기록을 통해 잘 알 수 있다. 1617년 문인 신열도 형제는 척숙인 최현과 함께 스승 장현광을 뵙고, 스승과 부지암에 가서 이틀 동안 머물며 모셨다. 이때 장현광이 오언시 절구를 짓고 화답을 하기도 했다.

신열도가 기억하는 스승 장현광의 형상은 부지암에 오래 기거하며, 주변의 산수에서 소요하는 모습이다. 특히 봄과 여름, 좋은 날씨에는 관동을 데리고 물가에 노닐며, 배를 타고 강을 거슬러 오르며 시를 읊조린다는 것이다. 바로 공자와 증점의 기수에서 목욕하고 무우대에서 바람을 쐬는 기상이다. 즉 공자과 그 제자의 풍류를 만끽하고 있는 것이다. 장현광은 부귀공명에

29 이현일, 『葛庵集 별집』 6, 「工曹佐郎贈司憲府持平澗松趙公行狀」, "丁未春, 寒岡鄭先生與張旅軒, 郭忘憂, 李畏齋諸賢, 泛舟龍華山下, 時公實從之, 有龍華同泛錄行于世."

30 장현광의 「不知巖精舍에 대한 기문」(『여헌집』 9)에 부지암 주변 산수의 정경이 자세히 묘사되어 있다. 참조 바람.

31 장현광, 『여헌속집』 1, 「不知巖에 배를 띄우고 놀다」, "上有天下無地, 是何界超世間, 世間幾般消息, 雲外一鴻自閒."

뜻하지 않고 자연을 즐기며 제자 및 동류들과 풍류를 즐기고 있었다.

(다)의 자료에서 알 수 있듯이, 정구는 안동부사로 부임하기 직전인 64세(1607) 1월 28일에 곽재우·장현광·박충후 등과 함께 용화산 아래에서 뱃놀이[32]를 하고 있었다. 이는 이상정과 이현일의 기록과 조임도의 기록으로 부각되며, 이후 문화가 형성된다. 조임도[33]는 정구를 배알하고 함께 뱃놀이를 즐기고 있었다. 특히 이상정은 정구의 뱃놀이가 퇴계에게서 계승되고 있다고 생가하고 있었다. 이후 이현일, 장현광의 후손 장복추 역시 이곳에서 뱃놀이를 즐기는 문화를 형성하고 있다.[34]

> (가) 봉양鳳陽의 강과 산을 탐방하였다. 봉양은 주에서 동남쪽으로 40리가량 되는 곳의 낙동강 가에 있는데, 강과 산의 경치가 아주 좋았으므로 선생이 사랑하여 그곳에다가 별장을 짓고는 항상 오갔는데, 정사를 짓고자 하였으나 끝내 짓지 못하였다.[35]

> (나) 何大音之寡諧　　어쩌리오 대음 아는 자 없는 데야
> 遭讒口之交詆　　참소꾼들 돌아가며 헐뜯었다네
> 乃收無涅之身　　더러운 물 들지 않은 몸을 거두어
> 高臥有洛之渚[36]　　낙동강 가 돌아와서 누워 지냈네

---

32 「龍華山下同泛錄」에 기록된 이는, 鄭逑, 郭再祐, 張顯光, 朴忠後, 李佶, 成景琛, 辛礎, 趙埴, 李道由, 朴震英, 李明憖, 李明念, 辛膺, 李明慜, 李明悆, 安侹, 李潚, 盧克弘, 辛邦楫, 趙埛, 李厚慶, 羅翼南, 李道孜, 兪諧, 李明恴, 李時馠, 郭瀅, 李道一, 李蘭貴, 柳武龍, 趙任道, 李道輔, 李瀡, 李忠民등 34명이다. 『沂洛編芳』에는 崔門柱가 더해져 총 35명이다.(정우락 외, 『낙동강과 문화어문학』, 역락, 2022)

33 조임도, 『간송집』, 「연보」, 「35년(1607, 선조 40) 정미 선생 23세」에 상세히 나온다.

34 용화산 아래 뱃놀이에 관해서는, 『낙동강과 문화어문학』(정우락 외, 역락, 2022)의 저서에서 손대현의 논의가 상세하고, 정우락은 대략적 기술을 하고, 김종구 역시 언급하고 있다. 이를 참고하여 재서술함.

35 정경세, 『우복집 별집』 5, 「年譜」, "訪鳳陽江山, 在州東南三十里許洛江之濱, 江山絶勝, 先生愛之. 作別業常往來, 欲築精舍未果."

(다)	勉以同歸	둘이 함께 전원으로 돌아온 뒤엔
	追和軸薖	서로 간에 오가면서 축과하였지
	晩築一室	말년 들어 한 칸의 집 새로 짓고는
	有洛之涯	낙동강 가에서 숨어 살았지
	汾湖兩地	분수 가와 검호 가에 떨어져 살며
	往來一舸	쪽배 한 척 마련해서 서로 오갔지
	釣月之竿	달을 낚는 낚시대를 드리웠었고
	耕雨之蓑[37]	빗속에서 도롱이를 입고 김맸지

정경세는 45세인 1607년(선조 40) 1월에 도남서원에서 배를 타고 봉양을 방문하고, 55세인 1617년(광해 9)에 봉양의 강과 산을 유람하였다. 이때는 정인홍 정파의 사간원 탄핵으로 해직되고 석방(54세, 1616)된 지 얼마 되지 않은 시기이다. 정경세는 봉양 주변의 산수를 사랑했으며 풍류처로 인식하고 있었다. 하지만 정사를 짓지 못하는 아쉬움이 있었다.

그는 고향 상주의 낙동강 인근에서 소요하면서 불안한 정국을 지내고 있었다. 이로 인해 출사와 은일을 번갈아 했기에 정경세는 더욱 낙동강에서 풍류를 즐기고 싶었다. (나)의 이전(1558-1648)[38]의 「제문」이 이를 증명한다. 이전은 정경세보다 선배이면서, 그의 삶을 지켜봤기에 더욱 안타깝고, 낙동강 가에 사는 정경세를 잘 이해했을 것이다.

(다)는 이준(1560-1635)[39]의 「제문」이다. 이준은 이전의 동생이다. 이준이

36 정경세, 『우복집 별집』 12, 「祭文[李㙉]」
37 정경세, 『우복집 별집』 12, 「祭文[李埈]」
38 1616년(광해 8)에 삭직 석방된 후, 이전에게 가서 매화를 감상하며, 「분매가 활짝 피었기에 여러 벗들과 함께 가서 감상하다.[盆梅盛開與諸友往賞]」와 「觀梅酬唱序」의 시를 짓기도 한다.
39 이준은 정경세와 함께 서애 류성룡의 학문을 이어받아 학계에 중요한 지점을 차지하고 있다.

정경세와 함께 고향으로 돌아온 계기는 1611년(광해군 3) 정인홍이 이황과 이이를 비난하자, 그에 맞서다 벼슬을 버리고 고향으로 돌아온 일이다. 정경세는 검호에서 뱃놀이를 하며 달을 감상하기도 했다. 낙동강 가에서 오가면서 뱃놀이를 하고, 낚시를 하며, 김을 매는 모습은 강호의 지극한 풍류인 것이다.

특히 정경세는 1626년 4월에 한강에 사는 장현광을 방문한다. 그리고 6월 16일에는 한강에서 뱃놀이를 하기도 한다. 한강에 사는 장현광과 뱃놀이를 했는지는 기록이 남아 있지 않지만, 강가에 사는 장현광과의 교유를 확인할 수 있다. 정경세의 소소한 뱃놀이는 이준에 의해 문화로 형성된다. 즉 상주 낙동강에서 일어난 뱃놀이 및 시회는 이준 등에 의해 본격화되고 있었다. 이 시회는 1607년부터 1778년까지 171년 동안 총 8회 시행되고 있었다. 이 시회의 기록이 『임술범월록壬戌泛月錄』이다.

정구, 장현광, 정경세는 공자의 기상을 함양하고 풍류를 즐기고 있었다. 즉 욕기의 고사와 뱃놀이를 함께 즐기고 있었다. 이들은 동인과 물가에 노닐기도 하고, 배를 타고 강에서 노닐며 달구경도 하며 시를 읊조리기도 했다. 공자와 증점이 기수에서 목욕하고 무우대에서 바람을 쐬는 기상과 뱃놀이 문화가 함께 작용하고 있었다. 이들은 낙동강 상 중 하류를 오르고 내리며, 당대 동인들과 함께 뱃놀이를 즐기고 있었던 것이다. 다른 선비들 또한 뱃놀이를 즐기지 않은 건 아니지만, 이들의 뱃놀이는 그 주변의 동인과 특색에 맞게 후인들에게 전승되고 있었다.

2) 은일 지향과 도학 함양

낙동강에서는 자연과 인간의 소통, 인간과 인간의 소통이 일어나고 있었다. 기호와 영남, 영남의 좌, 우가 소통되고 있었다. 소통이 부재할 경우, 사회

감성이 발생된다. 영남 사림파의 성장과 낙동강은 밀접한 연관성이 있다. 영남 사림파의 영수 김종직은 여기에서 사회적 불평등을 인식하고 있었다.[40] 그 이전 낙동강 인근에 야은 길재의 은일처가 있었고, 그 이후 한훤당 김굉필의 은일처[41]가 존재하고 있는 점도 주목해야 한다.

특히 16-17세기는 외세의 침략으로 인한 전쟁과 조선의 정국이 점차 붕당으로 이어지는 불안한 시대이었다. 이로 인해 영남의 선비들은 원활한 출사를 하지 못했다. 출사를 하더라도 정국의 소용돌이에 휘말려 퇴처를 하는 경우가 많았다. 그러므로 은일을 하여, 학문 탐구와 성정 함양을 하는 문화가 형성된다. 정구와 장현광 그리고 정경세 역시 예외는 아니었다. 영남 남인이 그러했지만, 학문은 더욱 깊어지고 성장하는 계기가 된다.

(가) 戴尼崇崇　　대니산이 높디높고
清洛沄沄　　낙동강은 넘실넘실
中有精廬　　그 가운데 서원 있어
廟貌攸尊　　사당 모습 엄숙하네
昔日雙溪　　지난날의 쌍계 터는
城市湫喧　　시끄러운 저잣거리

40 정우락, 『영남 한문학과 물의 문화학』, 역락, 2022를 참조하여 재서술. 정우락은 여기서 다음과 같이 논의를 전개하고 있었다. "낙동강은 뱃길로 영남의 물자 조달로 중요한 곳이다. 하지만, 김종직은 관수루에서 본, 官船들은 천만 량의 남쪽 백성들에게 가렴주구 한 것이라 비판하며, <낙동요>를 창작하고 있다." 정우락은 『세종실록』의 기록과 尹鉉(1514-1578)의 <嶺南歎>(『菊磵集』 권中)을 가져와 김종직의 사회감성을 뒷받침하고 있었다. 즉, 낙동강은 서울과 지방 그리고 관리과 백성이라는 관계를 형성하며, 결국 경제적 및 신분적 불평등을 적나라하게 드러내고 있는 공간으로 작동하고 있었다.

41 吉再는 금오산에 은거하며, 강안의 독자적인 사림파 도맥을 형성한다. 이후 金叔滋, 金宗直에게 이어져, 대구 달성 金宏弼에게 도통을 전하게 된다.(정우락, 『영남 한문학과 물의 문화학』, 역락, 2022에서도 언급하고 있다) 본 논의의 인물들은 낙동강 강안의 이들 도맥을 항상 생각하고 있으며, 정경세는 퇴계로 이어진 도맥을 자신이 이어가고자 노력한 인물이다.

茲焉移卜　　여기 옮겨 터잡은 곳
密邇丘園[42]　　은거지와 가깝다네

(나) 선생은 만년에 낙동강 가 노곡 마을에 터를 잡아 집을 짓고 스스로 노곡노인이라 불렀다. 그곳에서 산 지 몇 해 뒤에 화재를 당하여 가옥과 서책이 모두 재가 되어 버렸는데, 선생이 저술한 문자와 편지 등이 남김없이 다 사라졌다. 마침내 사수 들녘으로 살터를 옮겼는데, 이곳은 평야가 널리 펼쳐져 있고 뭇 산이 사방을 둘러 에워쌌으며 금호 일대가 눈앞에 가로 놓여 있다. 선생은 그 이름을 사랑하여 – 신안 서쪽에는 이천이 있는데 동쪽으로 흘러 낙동강으로 들어가고 달성 북쪽에는 사수가 있는데 서쪽으로 흘러 낙동강으로 들어간다. 옛날 어떤 사람이 성산 향교의 누각에 시를 쓰기를, "섬돌 아래 이천은 사수와 잇닿았네.[階下伊川連泗水]" 하였다. – 마침내 늙은 뒤 물러나 은거할 거처로 정하고 집을 지어 살면서 그 집의 편액을 사양정사라 하였다.[43]

(가)는 정구의 축문, 「도동서원에 한훤당 김 선생을 봉안하는 글」이다. 한훤당 김굉필은 서울 태생이었지만, 19세인 1472년(성종 3)부터 37세까지 처가가 있는 합천군 야로현에 살았다. 그리고 다시 서울에서 4년을 살다, 합천과 인접한 현풍현에 내려와 살았다. 도동서원은 경상북도 달성군 구지면 도동리에 있는 서원이다. 김굉필의 학문과 덕행을 추모하기 위해 1605년에 지방 유림의 공의로 창건했다. 이때 사액을 받고 위판을 봉안하는 의식을 행했다.

---

42 정구, 『한강집』 11, 「道東書院에 한훤당 김 선생을 봉안하는 글」

43 정구, 『한강언행록』 3, 「類編」 「雜記[李簭 등]」, "先生晩年, 卜築洛江之上蘆谷之村, 自號蘆谷老人, 居數歲, 遭回祿之災, 家舍書冊, 盡為灰燼, 先生所著文字筆札, 並無遺焉. 逐移卜於泗水之原, 平野逶迤 羣山周圍, 琴湖一帶, 撗截眼前, 先生愛其名, 新安之西, 有伊川, 東流入于洛江, 達城之北, 有泗水, 西流會于洛江, 昔有人題星山校樓曰, 階下伊川連泗水, 遂定菟裘之計, 築室以居, 而扁其室, 曰, 泗陽精舍."

정구는 1607년(선조 40) 65세에 이 글을 지었다. 또 축문, 「한훤당 김 선생 사당에 고한 봉안문 본 고을 수령을 대신하여 지은 것이다.」의 글도 있다.

정구는 경상도 현풍현의 쌍계 지역은 속세의 저자거리라서, 은일하여 도학을 함양하기가 적당치 않다고 보았다. 대니산은 현풍면과 구지면의 경계에 있는 산이다. 낙동강은 대니산의 북, 서, 남쪽을 둘러 흐르고 있어 아름다운 선경을 자랑한다. 원래 금사산金寺山이라고 불렸다. 하지만 김굉필이 이 산에 살면서 니구산尼丘山, 즉 공자의 어머니 안씨가 이 산에 기도하여 공자를 낳았다는 기리기 위해 대니산戴尼山이라고 불렀다. 이처럼 대니산과 낙동강의 정기로 가득한 도동서원은 김굉필의 도학정신의 위상을 높혀 주고, 널리 퍼질 수 있다고 보았다. 후대의 선비들도 은일하여 도학을 함양할 수 있는 곳으로 보고 있다.

(나)는 정구의 이러한 생각을 엿볼 수 있다. 그도 낙동강 가 노곡에 은일하여 도학을 함양하며 학문에 침잠했다. 정인홍과의 갈등과 세속의 시끄러운 소리를 피해 낙동강 가에 은일했던 것이다. 아쉽게 불이 나서 학문적 성과의 저술들이 불타버렸다. 그렇지만 정구는 낙동강을 완전히 떠나지 않고, 이천과 사수가 낙동강으로 유입되고 그 근원을 아름답게 여겨 사양정사를 짓게 된다. 사수는 공자의 강학처이었고, 정호와 정이가 제자를 기른 곳이 이수와 낙수이었다. 주자는 이러한 학문을 이어받아 성리학을 집대성했다. 그러므로 정구는 만년에 은일하여 도학을 함양했던 곳이 사양정사인 것이다. 이수광이 쓴 정구 만장 가운데, '낙동강 외진 곳 늙어가면서, 도리 깨쳐 몸 비록 평온했으나, 나이 많아 앓는 병 낫지 않았네'[44]가 이를 증명한다.

---

44 정구, 『한강집』 「輓章 또 [이수광]」 "白首洛東偏, 理勝身雖旺, 年高病未痊."

(가)	咸仰正學	모두 올바른 학문을 우러러
	愈久彌光	더욱 오랠수록 더욱 빛나네
	松林之原	송림의 언덕은
	洛流縈岡	낙동강이 산을 감고 도네
	幽宅在是	유택이 이 곳에 있으니
	鐫賁無疆[45]	비석을 새겨 무궁한 후세에 남기네

(나) 내가 들으니, 중하의 절의를 사모하는 자들이 지주중류라는 네 글자를 백이, 숙제의 사당 아래 흐르는 물가에 우뚝이 솟아 있는 돌에 크게 새겼는데, 우리 동방의 절의를 사모하는 자들이 또 그 네 글자를 모사하여 선생의 묘소 아래인 낙동강의 강안에 비석을 세우고 이것을 새겨 걸었다 한다. 이는 진실로 천하의 큰 한계를 세우고 만세의 강상을 보전한 것이 중하에는 백이이고 우리 동방에는 선생이기 때문이다.[46]

(다)	有巖斗起	한 바위가 우뚝이 솟아
	于洛之干	낙동강 가에 있었습니다
	不知其名	그 이름은 부지암인데
	考槃之寬	한가로이 은거하시기에 적당하였으며
	泌之洋洋	졸졸 흐르는 샘물은
	可以樂飢	굶주림을 달래며 즐기실 수 있었습니다
	左圖右書	좌우에는 도서를 쌓아놓고
	俯讀仰思	굽어보아 읽고 우러러 생각하셨습니다
	千載默契	천년 전의 일을 묵묵히 생각하시니

45 장현광, 『여헌집』 12, 「寒暄堂 金先生의 神道碑銘 幷序」
46 장현광, 『여헌집』 10, 「冶隱先生文集」, "聞中夏之慕節義者, 刻砥柱中流四大字於夷齊廟之下抗流之石 而又吾東之慕節義者, 摹其四字, 立碣刻揭于先生墓下洛江之岸, 則誠以立天下之大閑, 存萬世之綱常者, 中夏而伯夷, 我東而先生也."

先天後天	선천과 후천의 학문이었습니다
羹墻周孔	국그릇을 대하든 담장을 대하든 주공과 공자였고
寤寐羲文[47]	자나 깨나 복희와 문왕을 생각하셨습니다

(가)는 장현광의 「한훤당 김선생의 신도비명 병서」이다. 장현광 역시 낙동강을 김굉필과 연관시켜 논하고 있다. 그는 '회옹의 소학이, 성인이 되는 기본이네, 광풍제월의 기상이 모두 이 책에 있다 하니, 스승은 나를 속이지 않았네.'[48]라고 하면서, 김굉필이 낙동강 가에서 도학을 실천하는 스승으로 보고 있다. 김굉필은 주돈이, 정호·정이 등 송나라 유현을 통해 공맹에게 올라가는 학문을 했다고 칭송한다. 장현광은 낙동강 가는 현자가 은일하여 도학을 함양하는 공간으로 생각하고 있는 것이다.

이러한 경향은 (나)의 「야은선생문집 발문」에서 확연히 드러나고 있다. 이 글에서 장현광은 낙동강이 후인들이 야은 길재의 도학정신을 본받기 위해 그 비를 묘소 아래 강안에 세운 것이다. 장현광은 "금오산은 아득히 높고, 낙동강은 유유히 흐르니, 도가 마땅히 함께 높고, 가르침이 마땅히 함께 흐를 것입니다."[49]라고 하면서 길재의 도학이 금오산과 낙동강처럼 높고 멀리 전해지길 기원하고 있다. 그는 「오산서원의 사우를 중건한 상량문」에서도 낙동강처럼 길게 이어지길 기원했다. 장현광은 낙동강의 문화가 도학을 기리고, 함양하는 공간이 되어야 한다고 강조하고 있다.

장현광이 낙동강에서 문화를 형성한 구체적인 사례를 (다)의 「사림의 제

47 장현광, 『여헌속집』 10, 「士林의 제문-문인 金光繼」
48 장현광, 『여헌집』 12, 「寒暄堂 金先生의 神道碑銘 幷序」, "晦翁有書, 作聖之基, 光風霽月, 師不我欺."
49 장현광, 『여헌집』 11, 「吳山書院을 重建하고 奉安할 때의 축문」, "烏嶽崇崇, 洛水悠悠, 道宜共隆, 教宜同流."

문-문인 김광계」에서 확인할 수 있다. 그는 낙동강 가에 부지암정사를 지어 은거하며, 수많은 책을 보며 학문을 탐구하고, 성인의 기상을 함양하고자 했다. 장현광을 따르는 제자 및 동류는 아예 그의 부지암정사 인근 낙동강 가에 작은 재를 지어, 배로 왕래하며 교유하며 학문을 배우고 도학 함양을 함께하고 있었다. 세마 정군섭과 노생 경임이 그러했다. 장현광은 이들의 죽음을 더욱 안타까워하며 제문들[50]을 짓고 있었다.

(가) 옛날에 장정수가 의춘에 염계와 두 정씨의 사당을 세웠는데, 주자께서 기문을 지어 그 일을 칭송하였습니다. 무릇 염계와 두 정씨는 그곳 사람이 아니었는데도 오히려 사당을 세워서 향사한 것은 참으로 지난날의 성현들을 위하고 끊어진 학문을 이었으며 후세의 학자들을 위하여 사람의 법도를 세웠으니 그 덕과 그 공을 잊어서는 안 되기 때문이었습니다. 더구나 우리 고장은 영남의 위쪽에 있으면서 영남의 거읍이 되는데, 영남의 유현들을 합사하여 영남의 진신들을 이끌기에는 이곳보다 더 좋은 곳은 없습니다. 이에 드디어 서로 더불어서 재목을 모으고 힘을 합하여 낙동강 가에 터를 잡아서 7월에 일을 시작하여 12월 12일에 상량식을 올렸습니다. 묘는 모두 3칸이고, 당은 9칸이며, 이름을 도남서원이라고 하였습니다. 그 나머지 재사재사와 주고廚庫는 모두 힘이 달려서 미처 지을 겨를이 없었습니다.[51]

---

50 장현광, 『여헌집』 11, 「洗馬 鄭君燮에 대한 제문」, "어찌 다만 죽은 벗을 슬퍼하여 통곡하는 떳떳한 정일 뿐이겠는가, 군은 평소 항상 함께 거처하지 못함을 한으로 여겨, 영구히 서로 따를 계책을 하려고 하였다, 그리하여 낙동강 가에 땅을 사고, 모재 몇 칸을 건축하여, 반드시 나의 부지암에 있는 서재와 서로 마주보게 하고, 조그만 배로 왕래하여, 멀리 떨어지지 않으려 한 것이, 그 뜻이었는데."(亦豈但哭友之常情而已哉, 君常以同處之不能常爲恨, 欲以爲永久相從之計, 則買地於洛江之濱, 構一茅齋數間, 必與吾不知巖齋相對, 片舟往來, 不相離遠者其志也.)
장현광, 『여헌집』 11, 「盧甥 更任 에 대한 제문」, "군은 모로촌에 새 터를 잡으니, 나의 부지암의 서재와 서로 바라다 보였으며, 군은 洛江 강가의 작은 정자를 지으니, 나의 원당의 寓居와 서로 마주하였다."(君營慕魯村之新卜, 與我不知巖之齋相望矣, 君構洛江岸之小亭, 與吾元堂之寓相對矣.)

(나) 零落煙霞　안개 속에 묻혀 점점 영락해 갔네
樂哉斯丘　삶 즐기며 늘그막을 보낼 언덕이
有洛之涯　낙동강 가 우복산의 기슭에 있네
聿來新築　드디어 와 새로이 집 얽어 지으니
我所爰得　선생께서 살 곳 이에 얻게 되었네
寓跡江湖[52]　강호에다 자취 숨겨 숨어 지내며

(다) 知妙發天機　지혜 깊어 천기 묘함 드러내었네
久矣常居洛　오랫동안 낙동강 가 숨어 살면서
超然似浴沂　기수에서 목욕하듯 초연하였네
謙虛藏道德[53]　도와 덕을 속에 감춰 겸허하였고

정경세는 낙동강문화를 보다 적극적으로 행하고 있었다. 그것은 도남서원의 창건이다. 그는, "또 일찍이 포은 정몽주, 한훤 김굉필, 일두 정여창, 회재 이언적, 도산 이황 등 다섯 선생들이 전후로 영남 지방 수백 리 안에서 출생하였으며, 그중에서도 상주가 또 영남의 위쪽에 있는 하나의 큰 도회지라고 하여, 드디어 낙동강 가에 서원을 세우고는 도남서원이라 불렀다. 그러고는 이 다섯 분의 선생을 나란히 향사하여 배우는 자들로 하여금 도맥이 이곳에 있음을 알게 하였다."[54]라고 하였다. 정경세는 상주에 공자, 주렴계, 정이·정

51 정경세, 『우복집』 9, 「李漢陰 德馨에게 보낸 편지」, "昔張定叟立濂溪兩程之祠於宜春, 而朱子作記以美其事, 夫以濂溪兩程非其土之人, 而猶且立祠以祀之者, 誠以爲往聖繼絶學, 爲後世立人極, 其德其功 爲不可忘也. 況以吾鄕居嶺之上遊, 爲嶺之巨邑, 而合祀嶺之儒賢, 以表率嶺之搢紳, 宜無善於此者, 遂相與鳩材合力, 選地于洛水之上, 以七月始事, 十二月十二日上樑, 廟凡三間, 堂凡五間, 號曰道南書院 其餘齋舍廚庫, 則皆以力綿未遑焉."

52 정경세, 『우복집 별집』 12, 「또[문하생 康喬年]」

53 정경세, 『우복집 별집』 12, 「또[李元圭]」

54 정경세, 『우복집 별집』 9, 「贈 崇政大夫 議政府左贊成兼判義禁府事世子貳師知經筵春秋館成均館事弘文館大提學藝文館大提學 行 正憲大夫 吏曹判書兼知經筵義禁府春秋館成均館事弘文

호, 주자로부터 이어온 우리 오현의 도맥이 형성되길 바라며 낙동강 가에 도남서원을 건립한 것이다.

도남은 송 양시楊時가 정호程顥에게 배우고 고향으로 돌아갈 때, 정호가 좌객들에게 '우리의 도가 남으로 가는군.[吾道南矣]'라고 한데서 유래하였다.[55] (가)는 도남서원 건립에 관해 자세한 내용을 제시하고 있다. 그리고 한음 이덕형에게 도남서원 사액을 정중히 청하고 승낙을 받기 위해 편지를 보내고 있는 것이다. 이러한 노력으로 이후, 1616년(광해군 8) 노수신·류성룡, 1635년(인조 13) 정경세를 추가 배향하고, 1677년(숙종 3) '도남道南'이라고 사액서원으로 승격하게 된다. 정경세는 낙동강 가의 도남서원을 도학을 함양하는 문화 공간으로 만들고 있었던 것이다.

(가)는 전체를 위한 경우이고, (나)와 (다)는 정경세 자신을 위한 경우이다. 정경세는 홀로 은일을 하여, 도학을 함양했던 모습을 확인할 수 있다. (나)는 그의 제자가 쓴, 「제문[문하생 강교년]」이다. 정경세는 낙동강 가 우복산의 기슭에 은일하여, 도학을 함양하며 제자를 양성하고 있었다. (다) 역시 제자가 쓴 제문, 「또 [이원규]」이다. 제자의 모습에 비친 정경세의 모습은 은일을 하여 산수를 벗하며, 공자의 기상을 함양하고, 도와 덕을 겸비해 겸손한 사표가 된 것이다. 낙동강 가는 정경세의 은일처, 도학처[56]가 되어 제자들과 함께

館大提學藝文館大提學世子左賓客 愚伏 鄭先生의 墓表[權愈]」, "又嘗謂圃隱, 寒暄, 一蠹, 晦齋, 陶山五先生, 前後生於嶺南數百里之內, 尙又嶺之上流一都會也, 遂建書院於洛濱, 號道南, 幷享五先生, 使學者知道脈之在此云."

55 『宋史』 428, 「楊時列傳」, "程顥與弟頤, 講孔孟絶學于熙豐之際, 河洛之士, 翕然, 師之時調官不赴, 以師禮見顥, 於潁昌相得甚懽其歸也. 顥目送之曰, 吾道南矣." 참조.

56 정경세의 은일과 도학은 그의 호에서도 잘 드러나고 있다. 이러한 생각이 잘 드러난 시, "고졸한 성질은 세속의 좋아함과 어긋나, 엎드려 사는 것이 이치에 마땅하네, 이 궁벽한 곳에 은거해 사니, 바람과 냇물 소리를 들으며 마음을 씻네, 안개와 구름 서로 어울려 아름답고, 거문고와 서책 또한 고요하고 편안하네, 일찍이 원하던 것 다행히 어긋남이 없으니, 늘그막을 애오라지 연장할 수 있겠네."(정경세, 『우복집』 1, 「次寄題草堂詩韻」, "拙性乖俗好, 潛伏理宜然, 考槃此僻境, 洗心聆風泉, 煙雲互明媚, 琴書亦靜便, 夙願幸無違, 頹齡聊可延.")에서

낙동강문화를 만들어 가고 있었던 것이다.

俗離之東山似甕	속리산 동편에 산이 항아리 같아
古稱中藏牛腹洞	예로부터 그 속에 우복동이 있다고 했네
峯回磵抱千百曲	산봉우리 시냇물이 천 겹 백 겹 둘러싸서
衽交褶疊無綻縫	여민 옷섶 겹친 주름 터진 곳이 없는 듯하네
飛泉怒瀑恣喧豗	나는 시내 성난 폭포 시끄러운데
壽藤亂刺相牽控	다래넝쿨과 가시나무가 얼기설기 길을 막고 있네
洞門一竇小如管	동문은 대롱 같은 작은 구멍 하나
牛子腹地纔入峒	송아지가 배를 깔아야 겨우 들어갈 수 있다네
始入峭壁猶昏黑	막 들어서면 가파른 절벽이 오히려 어둑하지만
稍深日月舒光色[57]	조금 깊이 들어가면 해와 달이 그 빛을 비추네

위의 시는 정약용의 「우복동가」이다. 그는 현실 속의 이상향으로 간주되는 우복동을 부정하기 위해 이 시를 지었지만[58], 당대 정경세가 은일하여 도학을 함양하기에는 넉넉한 공간임을 확인할 수 있다. 그는 낙동강 가, 시내와 산기슭에 둘러싸여 속세와 인연이 끊어진 듯한 곳에서 성정 함양과 학문 탐구를 했던 것이다. 정경세가 낙동강 상류에서 문화를 만들었다면, 장현광과 정구는 낙동강 중류에서 자신만의 학문과 실천을 형성하고 있었다.

여기에는 길재와 김종직, 김굉필이 지향한 학문 및 공간 그리고 도학성의 영향이 지대했다. 즉 구체적인 목표가 있었고, 당대 사림의 구심점[59]을

그가 낙동강 인근에서 은일해 성정을 함양 및 수양하며, 도학을 실천하고자 했던 것이다.

57 정약용, 『다산시문집』 5, 「牛腹洞歌」

58 정우락, 『영남 한문학과 물의 문화학』, 역락, 2022.

59 이러한 내용은 강안학에 관한 정우락의 논의(『영남 한문학과 물의 문화학』, 역락, 2022)에 동참하며, 본고는 구체적인 실상과 그 문화를 확인하는 작업으로 수행했다.

형성하고 있었던 것이다. 이 역시 낙동강이 없었더라면, 불가능한 처사였다. 정구의 경우 그의 실용성이 허목에게 이어져, 근기 남인의 실학으로 전개되고 있었다. 물론 대구지역의 서사원 등 문인에게 기친 영향도 지대하다. 장현광의 경우 정구와 관련된 여러 글과 성주의 여러 문인들과 자연스러운 교유가 일어났고, 한려학파를 형성 주변에 전개시키기도 한다. 이는 낙동강 가에서 일어난 도학이 실천되어, 그 강을 오르내리며 도학[60]이 전승되고 있는 것이다.

정구, 장현광, 정경세는 낙동강 가의 아름다운 산수 공간에 은일을 한다. 이들은 자신의 학문 탐구와 성정 함양뿐만 아니라, 그 명성으로 동인과 제자들이 왕래하고 있었다. 아예 이들 가까이에 집을 마련해 항상 가까이에서 그들의 학문과 가르침을 받고자 했다. 낙동강 가의 산수를 벗하며, 공자의 기상을 함양하고, 도와 덕을 겸비하고자 했다. 낙동강 가는 은일처, 도학처가 되어 동인 및 제자들과 함께 낙동강문화를 형성하고 있었다. 즉 도맥이 낙동강에 흐르고 있다고 생각하며, 후인들의 모범이 되는 문화를 만들어 나가고 있었던 것이다. 이는 조선의 다른 강에 비유를 하면, 더욱 정확하게 나타나고 각인되어져 가고 있다.

4. 맺음말

정구, 장현광, 정경세의 낙동강문화는 어느 정도 차이점은 있지만, 공통점

60 이에 관해 정우락은 『영남 한문학과 물의 문화학』에서 이상정의 「沂洛編芳序」, 趙天經의 「洛江泛月續遊詩序」, 정사현, 정경세, 尹拯, 장현광 등 예를 들어 낙동강과 도학 정신의 관계 및 계승을 잘 표명하고 있다. 본 논의는 그 구체적 실상을 한강, 여헌, 우복의 경우를 통해, 그 문학을 분석해 문화사의 한 단면을 고찰한 것이다.

을 함의하며 다음과 같은 의미를 지닌다. 첫째, 구도求道와 풍류 문화를 형성하고 있었다. 즉, 이 두 문화가 혼융되어 반복되고 있었던 것이다. 이들은 구도를 지향하며, 놀이문화를 즐기고 있는 습합된 모습을 확인할 수 있다. 도통을 중요시하여 길재, 김굉필에 대한 관심을 가지고 있었다. 이들은 낙동강을 통해 도맥이 흐른다고 생각하고 있다. 풍류는 뱃놀이, 소요 등으로 문화를 형성했다. 산수의 아름다운 선경을 혼자 독락하기도 했지만, 동인과 함께 즐기기도 했다.

둘째, 좁게는 학단을 형성하고 넓게는 도맥[학파]을 형성해 전승하고 있었다. 정구는 대구 인근에서 장현광은 구미에서 정경세는 상주의 낙동강에서 제자를 양성하고 있었다. 정구와 장현광은 한려학파를 형성한 인물이고 정경세는 퇴계와 서애학맥을 잘 계승하고 후손인 입재 정종로에게 가학을 전수하기도 한다. 특히 정경세는 상주지역에 퇴계학을 수용하고 정착시키고자 했다. 낙동강의 도남서원 건립이 바로 그러하다.

앞으로 낙동강문화에 관한 연구과제와 전망은 다음과 같다. 우선, 낙동강의 문학인식과 문화연구가 필요하다. 대구 중심의 산수와 관련된 유산, 선유, 구곡, 누정 문화를 총체적으로 분석해야 한다. 이들은 모두 낙동강 중류의 낙동강문화가 될 수 있는 부분이다. 대구지역 인근은 도학자와 명현들이 많기 때문에 이를 중심으로 확장시킬 수 있는 것이다.

다음으로, 범위를 넓혀 낙동강 상, 중, 하류와 인접한 산수문화를 비교 연구해야 한다. 안동권, 대구권, 부산권의 낙동강문화는 역사와 전통을 달리해 다른 문화가 존재할 것이다. 대구만 하더라도 금호강과 낙동강이 합류하는 지점에는 다양한 문화가 존재한다. 즉 구곡문화와 누정문화가 낙동강과 혼융되어 문화현상으로 나타나기 때문이다.

또한, 조선부터 근대전환기까지 시대별 연구가 필요하다. 고려는 기록이 부족하기에 문헌상 연구는 힘들더라도, 기존의 문헌을 통해 살펴보는 것도 중요하다. 전쟁과 외세의 침략이 있었던 즈음의 낙동강문화는 평범한 일상과 다르게 체험되고 인식된다. 그 접점도 잘 살펴야 할 것이다.

마지막으로 기타 갈래와 교섭연구[한문학, 민요, 고전소설, 현대문학, 문화예술전분야]가 필요하다. 앞서 언급한 것처럼 한문학 분야에서도 해야 할 연구가 많지만, 다른 갈래와 함께 살펴봐야 제대로 된 낙동강문화를 파악할 수 있는 것이다. 특히 여성과 관련된 향랑 관련 설화[산유화가 등]가 선산 인근 낙동강에 존재하고, 정경세의 「쌍절비명雙節碑銘」도 여성의 절의와 관련 있다. 다양한 분야에 투영된 낙동강문화를 고찰할 필요가 있다.

참고문헌

1. 원전

이상정, 『沂洛編芳』

이현일, 『葛庵集』

장현광, 『여헌속집』

장현광, 『여헌집』

정 구, 『한강언행록』

정 구, 『한강집 속집』

정 구, 『한강집』

정경세, 『우복집 별집』

정경세, 『우복집』

정약용, 『다산시문집』

조임도, 『간송집』

허 목, 『기언』

『宋史』

2. 논저

김소연, 「간송 조임도의 문학에 나타난 낙동강 연안과 그 의미」, 『한국문학논총』 84, 한국문학회, 2020.

김학수, 「船遊를 통해 본 洛江 연안지역 선비들의 집단의식 - 17세기 寒旅學人을 중심으로 -」, 『嶺南學』 18, 경북대학교 영남문화연구원, 2010.

정우락·백두현, 「문화어문학 : 어문학에 대한 문화론적 혁신」, 『문화어문학이란 무엇인가』, 커뮤니케이션북스, 2015.

정우락 외, 『낙동강과 문화어문학』, 역락, 2022.

정우락, 「「봉산욕행록」에 대한 문화론적 독해」, 『한국고전문학과 문화어문학』, 역락, 2018.

정우락, 「강안학, 하나의 영남학을 위하여」, 경북대신문, 2008년 4월 7일자.

정우락, 「강안학과 고령 유학에 대한 시론」, 『퇴계학과 한국문화』 43, 경북대학교 퇴계연구소, 2008.

정우락, 「낙동강과 그 연안지역의 공간 감성과 문학적 소통」, 『한국한문학』 52, 한국학문학회, 2014.

정우락, 「남명 조식의 '물' 인식과 인문정신」, 『영남학』 26, 경북대학교 영남문화연구원, 2014.

정우락, 「동계 조형도 시에 나타난 '물'에 대하여」, 『영남학』 28, 경북대학교 영남문화연구원, 2015.

정우락, 「물의 철학, 물의 문화」, 『향토와 문화 : 물』 74, 대구은행, 2015.

정우락, 「성주지역 道學의 착근과 江岸學派의 성장」, 『嶺南學』 21, 경북대학교 영남문화연구원, 2012.

정우락, 「이황과 조식의 문학적 상상력, 그 동이의 문제」, 『한국사상과문화』 40, 한국사상문화학회, 2007.

정우락, 「정몽주 시에 나타난 공간 상상력 - 물 이미지와 관련하여 -」, 『포은학연구』 16, 포은학회, 2015.

정우락, 「朝鮮中期 江岸地域의 文學活動과 그 性格 - 낙동강 중류 지역을 중심으로 한 하나의 시론 -」, 『한국학논집』 40, 계명대학교 한국학연구원, 2010.

정우락, 「주자 무이구곡의 한국적 전개와 구곡원림의 인문학적 의미」, 『자연에서 찾은 이상향 구곡문화』, 울산대곡박물관, 2010.

정우락, 「한국문학에 나타난 물 이미지의 이항대립과 그 의미」, 『퇴계학과 유교문화』 48, 경북대 퇴계연구소, 2011.

정우락, 「한국한문학의 지역 간 교섭과 문화의 역동적 생성 : 낙동강과 그 연안지역의 공간 감성과 문학적 소통」, 『韓國漢文學硏究』 53, 한국한문학회, 2014.

정우락, 「형재 이직의 한시에 나타난 '물'에 관한 상상력」, 『동양한문학연구』 39, 동양한문학회, 2014.

정우락, 『모순의 힘 : 한국문학과 물에 관한 상상력』, 경북대학교출판부, 2019.

정우락, 『영남 한문학과 물의 문화학』, 역락, 2022.

추제협, 「'한려학파'와 '여헌학'」, 『한국학논집』 52, 계명대학교 학국학연구원, 2013.

추제협, 「조선중기 한강학파의 전개에서 본 대구지역 성리학의 특징 - 郭再謙·徐思遠·孫處訥을 중심으로 -」, 『국학연구』 36, 한국국학진흥원, 2018.

홍원식 외, 『(조선 후기)'낙중학'의 전개와 '한려학파'』, 계명대학교 출판부, 2018.

홍원식 외, 『낙중학, 조선시대 낙동강 중류지역의 유학』, 계명대학교 출판부, 2012.

홍원식 외, 『여헌 장현광의 삶과 사상 : 조선 중기의 '洛中學'』, 계명대학교출판부, 2017.

홍원식 외, 『한강 정구의 삶과 사상 : 조선 중기의 '낙중학'』, 계명대학교출판부, 2017.

홍원식, 「영남 유학과 '낙중학'」, 『한국학논집』 40, 계명대학교 한국학연구원, 2010.

한국고전종합 DB https:b.itkc.or.kr/

17세기 상주 사족의 강안江岸 활동의 일면*

— 의성김씨의 상주 이거와 정착 —

송석현(경북대학교 강사)

1. 머리말

조선 후기 향촌 사회는 사족士族이 중심이 되어 움직이고 있었다. 중앙에서는 관료로서 왕과 함께 조선을 이끌어 갔으며 지방에서는 수령과 함께 지방 사회를 움직이는 핵심 계층이었다. 따라서 사족에 대한 연구는 다방면으로 이루어지고 있다. 그 가운데 사족들의 교유 관계에 대한 연구는 사족들의 활동과 생활을 가장 잘 보여준다고 할 수 있다. 교유는 학문, 혼인, 관직 등 다양한 요소를 통해 이루어지고 복합적으로 작용한다. 한 세대에서 이루어진 사족들의 교유 관계는 다양한 형태로 계승, 확대되기도 한다.[1]

조선시대 교유의 양상은 관직과 같은 특별한 요인이 작용하지 않는 이상 거주, 활동 지역의 범주에서 크게 벗어나기 어렵다. 영남 사족의 교유는 영남

---

* 이 글은 기발표된 필자의 논문(「17세기 의성김씨의 상주 이거와 정착」, 『영남학』 92호, 경북대학교 영남문화연구원, 2025, 149-181쪽)을 수정, 보완한 것이다.

1 김정운, 「17세기 예안 사족 김령의 교유 양상」, 『조선시대사학보』 70, 2014.

에 한정되는 경우가 많으며 영남 사족들의 관직 진출이 점차 어려워지며 이러한 현상은 더욱 선명해진다. 전근대 시대 교통이 발달하지 못한 상황에서 인간의 활동 영역은 국한되어 있었다. 따라서 교유 관계는 범위도 한정적이었다. 하지만 한정적 활동은 강을 통해 확장할 수 있었다. 조선 후기 사족들 역시 강을 통한 활동이 매우 중요한 역할을 하였으며 이를 주목하여 각 지역 사족의 교유 관계를 규명하려는 노력이 이루어졌다.

사족의 교유 양상을 파악할 수 있는 현상은 혼인과 학문이다. 특히 조선은 학문을 통한 사승관계師承關係의 형성이 매우 중요하였다. 특히 조선 후기 붕당의 영향력이 커지며 학문적 정체성이 강조되었다. 영남에서는 퇴계 이황과 남명 조식을 중심으로 영남학파嶺南學派의 형성과 변화를 바라보는 관점이 있었다.[2] 이후 이원적인 구분에서 벗어나 다양한 학문적 정체성을 가진 사족들에 대한 연구가 이루어졌고 양측의 학문을 함께 수용하며 독특한 학문적 정체성을 확립하는 강안학江岸學이라는 시각도 등장하였다.[3]

강안학의 관점에서 볼 때 사족 교류의 핵심은 강, 곧 하천이다. 하천은 지역을 구분하는 경계로서 단절의 기능도 하지만 수로를 통한 소통을 상징하기도 한다. 특히 17세기 초반 한강寒岡 정구鄭逑(1543-1620)는 성주를 기반으로 낙동강을 통하여 교류하며 학문적 정체성을 확립하고 전파하였다. 이러한 관점은 조선시대 사족들의 교유에 대한 분석에서 중요한 요소라고 생각한다. 특히 영남에서 낙동강 연안의 지역은 강을 통한 교류라는 면을 빼놓고는 생각할 수 없으며, 이는 낙동강 주변의 지류로 확대되기도 한다.

이러한 시각에서 볼 때 영남에서 낙동강을 통한 교류를 상징하는 지역은

---

2 이수건, 『嶺南士林派의 形成과 展開』, 일조각, 1995.

3 정우락, 「강안학과 고령 유학에 대한 시론」, 『퇴계학과 한국문화』 43, 2008; 홍원식 외, 『낙중학 : 조선시대 낙동강 중류 지역의 유학』, 계명대학교 출판부, 2012.

상주라고 할 수 있다. 낙동강이라는 이름 자체가 상주를 부르는 낙양洛陽의 동쪽이라는 의미에서 붙여졌다고 한다.[4] 하지만 지금까지 강안학 연구에서 상주 지역에 대한 연구는 다른 지역에 견주어 많이 이루어지지 않았다. 자료의 부족 등 다양한 요인이 있겠지만 강안학 연구의 핵심인 한강 정구의 영향력이 영남의 다른 지역과 비교하여 분명하지 않다는 것도 하나의 이유라 생각된다. 하지만 강을 통한 교류와 독창적인 지역 정체성의 확립이라는 의미에서 상주는 더욱 주목해야 하는 지역이라고 생각한다.

16세기 후반 정구와 그 문인들을 중심으로 성리학에 대한 이해와 적용이라는 학문적 면에서 영남의 두 주류인 이황과 조식의 영향을 통합하여 강안학이라 부를 수 있는 일면을 이루었다. 17세기 전반의 상주는 지리적 위치로 인해 다양한 성격을 함축한 사족들의 정착과 이주가 이루어졌다. 이를 통해 학문의 융합과 함께 서로 다른 정치적 입장도 포용할 수 있었다. 영남에서는 퇴계학을 주도하는 인물에 따라 성리학적 헤게모니를 선도하는 지역이 변화하였다. 17세기 초반 정구와 장현광을 거쳐 정경세, 이현일을 거치며 영남학파의 정체성과 주류가 변화했다.[5] 상주는 영남대로가 지나는 영남의 중요 교통로이자 낙동강을 통해 영남의 남북으로 이어지는 지역이다. 육로를 통해서는 인접한 호서지역의 사족들이 이주하고 교류하였으며, 강을 통해서는 영남 내부의 다양한 성격을 지닌 사족들과 교류할 수 있었다. 상주는 영남의 학문적 헤게모니를 주도하는 집단들과의 교유 관계가 지속적으로 유지되었고, 퇴계학과는 다른 학문의 영향력도 유지되는 지역이었다.

---

4 상주의 별칭은 商山, 上洛, 洛陽 등 다양하게 나타난다. 『新增東國輿地勝覽』, 「尙州牧」, <山川>에서 낙동강은 주 동쪽 36리에 있으며 여기서부터 바다에 들어가기까지 비록 지역에 따라 이름은 다르나 총괄하여 낙동강이라고 부른다고 하였다.("自此至入海, 雖隨地異名, 而摠稱洛東江.")

5 김학수, 「17세기 嶺南學派 연구」, 한국학중앙연구원 박사학위논문, 2008.

이 글에서는 상주 사족들의 다양한 교류 가운데 강을 통한 이주와 교유 양상을 상주의 의성김씨를 중심으로 살펴보고자 한다. 상주의 의성김씨는 개암 김우굉金宇宏(1524-1590) 계열과 서계 김담수金聃壽(1535-1603) 계열로 나눠진다. 김우굉과 김담수는 성주 출신으로 가까운 친족 관계이면서 강안학의 중심인 정구와도 친밀한 관계라는 점을 공유하고 있다. 김우굉과 김담수가 16세기 후반 상주에 정착한 이후 후손들은 상주의 기반을 유지하면서도 강을 통하여 안동 등 다른 지역으로 거주지를 확대하였고, 이에 따라 교유 관계도 변화하는 모습이 보인다. 따라서 17세기 초반 상주에서 강을 통한 교유의 양상을 잘 보여줄 수 있다고 생각된다.

두 계열의 상주 정착과 다른 지역으로의 확대, 그리고 교유의 양상을 이 시기 인물들의 활동과 혼인 관계 등을 통해 정리해 보도록 하겠다. 부족한 자료와 일부 가문에 한정되었다는 한계가 있으나 향후 상주권 사족들의 연구에 있어 강을 통한 교류의 일면을 제시한다는 면에서 의미가 있다고 생각한다.

2. 상주의 지리적 특성과 사족 이거

1) 상주의 지리적 특징

상주지역은 고대부터 읍치邑治와 가까운 청리靑里, 낙동洛東 지역의 주변으로 사람들이 정착하였다. 신라에 의해 사벌국이 병합되어 군현으로 편성된 이후에도 행정적, 군사적 거점으로 중요시되어 상주上州, 상락군上洛君으로 편제되었다. 고려에 들어와서 상주목尙州牧으로 속군 7개, 속현 17개, 부곡

17개, 영읍 2개가 소속되며 경주와 함께 영남의 중심이 되었다.[6] 고려말 상주의 행정권 범위는 현재의 옥천·영동·보은 등 충청도 일부와 의성, 문경 등의 일부를 포함하고 있었다.

조선이 건국되면서 경주에 있던 감영이 상주에 설치되어 1408년(태종 8)부터 경상감사가 상주목사를 겸하게 되었다. 지방통치기구의 정비에 따라 1413년(태종 13) 전국을 8도 체제로 정비하면서 상주목 관할이었던 옥천·황간·영동·청산·보은을 분리하여 충청도로 내속시켰다. 그럼에도 상주는 7개의 속현과 임내任內의 하나인 부곡이 셋이나 존재하였고, 속현의 하나인 공성현功城縣까지도 평안平安이란 부곡 1개를 거느리고 있는 큰 군현이자 영남의 중심이었다. 18세기 제작된 <해동지도海東地圖>의 상주지역을 보면 조선시대 상주목의 관할 구역은 현재의 상주시 전체와 의성군 단밀면과 단북면, 문경시 산양면, 영순면 일부, 산북면 대부분을 포함하는 광범위한 지역이었다.

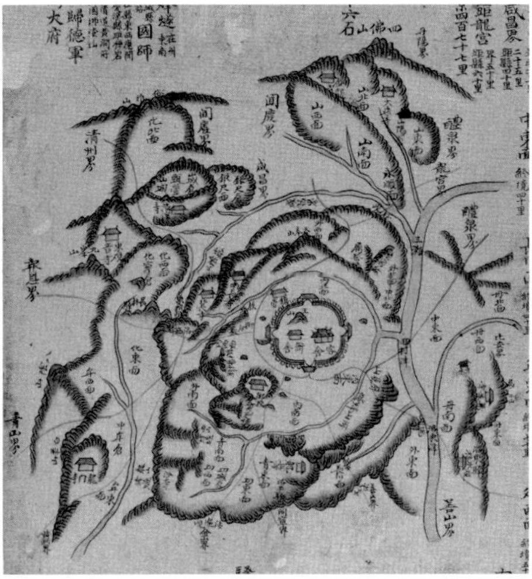

<해동지도, 규장각 古大4709-41-v.1-8>

조선시대 상주는 영남의 북부에 위치하여 영남대로와 낙동강이 통과하는 교통의 요지이자 행정의 중심지였다. 이중환은 다음과 같이 상주의 지리적 특징을 설명하였다.

6 『新增東國輿地勝覽』 권18, 「尙州牧」.

> 상주의 다른 명칭은 낙양이며, 조령 밑에 있는 하나의 큰 도회지로서 산이 웅장하고 들이 넓다. 북쪽으로는 조령과 가까워 충청도, 경기도와 통하고, 동쪽으로는 낙동강에 임하여 김해, 동래와 통한다. 운반하는 말과 짐을 실은 배가 남쪽과 북쪽에서 물길과 육로로 모여드는데, 이것은 무역하기에 편리한 까닭이다.[7]

지형적으로는 상주의 읍치를 중심으로 북쪽과 서쪽으로는 태백산맥과 소백산맥의 큰 산들로 둘러싸여 충청도 지역과 경계를 접하고 있고, 동쪽으로는 낙동강이 흘러들어와 남쪽으로 흘러가며 상주의 하천들이 합류하여 경상도의 군현들과 소통하는 형세이다. 따라서 상주의 서쪽 지역은 육로를 통해 호서지역, 더 멀리는 경기지역과의 교류가 활발하였고, 동쪽의 낙동강 접경 지역은 영남 북부의 안동권과 영남 남부의 경주권, 진주권과의 교류가 활발하였다.

이러한 구분을 행정적으로 분류하면 화령化寧, 중모中牟 지역이 전자에 해당하고, 산양山陽, 영순永順, 매호梅湖, 낙동洛東, 중동中東, 단밀丹密 지역이 후자인 강안 지역이라고 할 수 있다. 상주의 중심인 읍치와 남쪽에 있는 청리青里, 공성功成은 양쪽을 모두 융합하는 성격이라고 할 수 있다. 조선 후기 속현들이 폐지되는 상황에서도 상주목의 화령현·중모현·산양현·단밀현은 속현의 성격을 유지하는 것 역시 각 지역의 특성이 반영된 것이라 볼 수 있다.

지형적 특성은 상주에서 생활하는 사족들의 교유와 학문, 정치적 성향에도 많은 영향을 주었다. 상주의 대표적인 서인계 사족 가문과 서원은 읍치의 서쪽인 화령지역을 중심으로 자리 잡고 있다.[8] 이와는 달리 동쪽 지역은 지역

7 『擇里志』, 「卜居總論」.

8 상주의 대표적인 서인계 사족 가문인 창녕성씨의 기반은 읍치의 서쪽인 화령이 중심이고, 서인계 서원인 흥암서원, 서산서원도 주변에 분포하고 있다.

적으로 가깝고 낙동강을 통한 교류가 가능한 안동권, 성주권과의 교류가 두드러진다. 이러한 특성은 각 지역에 거주하는 사족들의 활동과 교유에도 영향을 미쳐 상주의 사족들은 영남의 다른 지역과 비교한다면 호서, 경기와의 교류가 활발하였다.

다양한 지역과의 교류를 바탕으로 형성된 상주의 학풍에 대해서는 융합, 회통의 경향을 강조하기도 한다. 퇴계학과 남명학이 지역의 학문을 주도하는 것이 아닌 양명학의 영향이 강하고, 율곡학이나 화담학파와의 융통을 지향하는 학사들이 지역의 학풍을 주도하였다. 나아가 율곡계열이 지역 학맥을 형성하는 등 다양한 학문 경향이 병존하였다.[9]

상주에서 낙동강은 중요한 교통로이자 지역적 특성을 구분하는 강이라고 할 수 있다. 낙동강은 지류들이 유입하여 형성되며 상주에서도 많은 하천들이 합류하며 큰 강을 이룬다. 상주에서는 북쪽에서부터 산양 지역의 산양천山陽川, 함창과 영순 지역을 거치는 영수潁水, 상주 읍치에서 북천北川과 합류하는 병성천屛城川,[10] 낙동 지역의 장천長川, 군위와 의성을 거치는 위수渭水가 차례로 낙동강과 합류한다. 낙동강을 넘기 위한 나루 역시 북쪽에서부터 삼탄진三灘津, 회동진檜洞津, 비란진飛鸞津, 죽암진竹岩津, 낙동진洛東津 등이 있다.

낙동강에 대해 상주 사족들은 '낙동강의 수원은 안동 태백산 황지潢池에서 시작되나 수백 리를 흘러 상주의 경계에 들어오면서부터 낙동강이라 불리니 상락上洛으로 들어와서 동쪽으로 흐르기 때문'이라고 하여 상주가 실질적인 본류라는 인식을 보여준다.[11] 그리고 낙동강은 교유와 활동에서 중요한 역할

9 김성윤, 「영남의 유교문화권과 지역학파의 전개 - 안동권·상주권·성주권을 통해 본 영남학파 사유체계의 지역적 특징과 그 전승과정에 나타난 문화 양상을 중심으로 -」, 『朝鮮時代史學報』 37, 2006.

10 『商山誌』에는 남천南川, 『輿地圖書』에는 이수伊水로 기록되어 있다. 상주 읍치 남쪽의 여러 하천을 합한 후에 병성마을 앞에서 낙동강에 합류하기 때문에 병성천이라고 부른 것으로 보인다.

을 하였다. 후술하겠지만 최초의 서원을 낙동강 옆에 건립한 것이나 '낙강시회洛江詩會'와 같은 강을 배경으로 하는 모임이 오랜 기간 내려온 것에서 이러한 면모가 잘 드러난다. 상주에서 낙동강은 영남의 군현들과 교류하는 소통의 창구이자 육로를 중심으로 경기, 호서와의 교류가 활발한 서북지역과의 차이를 만들어 내기도 한다.

2) 16세기 사족의 이거 양상

조선 중기 이후 중앙과 향촌 사회에서 사족들이 지배층으로 성장하였다. 이는 상주지역에서도 이루어졌으나 15세기까지 상주의 토성土姓 출신 사족은 상산김씨 계열에 불과하였다. 영남의 다른 군현들과 비교해도 군현의 규모에 비해서는 상대적으로 적은 편이었다. 상주박씨, 상주주씨, 상주황씨는 사족으로 성장하였으나 상산김씨와는 달리 상주에 정착하지 못하거나 활동이 미비하였다. 따라서 상주는 다른 지역에서 옮겨 온 사족이 많았다.[12]

15세기 이후 다른 군현에서 상주로 이주한 사족들은 순천김씨, 풍산김씨, 풍양조씨, 동래정씨, 장수황씨, 나주정씨, 남양홍씨, 청주한씨, 진양정씨, 진양강씨, 광주노씨, 흥양이씨, 영산김씨, 여산송씨, 옥천전씨, 신천강씨 등이다.[13]

이들의 이주는 상주의 토성사족인 상산김씨와의 혼인을 통해 이루어지는 경우가 많았다. 혼인, 학문을 통해 관계망을 형성하고 계를 통하여 결속하여 향촌 활동을 주도하였다. 임진왜란 이후에는 의병 활동을 주도한 낙사계洛社稧 사족들이 향안의 중수, 의료기관인 존애원存愛院과 상주 최초의 서원인

11 『商山誌』「山川」.

12 李樹健, 『嶺南士林派의 形成』, 영남대학교 출판부, 1979, 92-95쪽 참조.

13 『商山誌』「祖先」, 「人物」.

도남서원道南書院의 건립을 주도하는 등 상주 사족 사회의 중심으로 활동하였다. 낙사계 사족들은 읍치를 중심으로 그 주변인 청리, 공성, 낙동을 기반으로 하고 있으며, 혼인, 학문을 통한 중첩적인 관계를 대를 이어 형성하였다.[14]

학문적으로는 16세기 중반 탄수灘叟 이연경李延慶(1484-1548) 연원의 노수신盧守愼(1515-1590)·강복성康復誠(1550-1634) 계열, 학풍에 있어 남명·화담학파와 가까웠던 김범金範(1512-1566) 계열, 조광조趙光祖(1482-1519)에 연원을 둔 김옹金顒·김충金冲(1513-1572) 계열, 이황·조식과 두루 소통했던 김언건金彦健(1511-1571)·김각金覺(1536-1610) 계열 등이 병존하였다.[15] 하지만 유성룡이 상주 목사로 부임하여 학문을 진작시키고, 사제 관계를 형성한 정경세鄭經世(1563-1633), 이전李㙉(1558-1648), 이준李埈(1560-1635) 등이 관직에 진출하며 17세기 초반에는 향촌 사회의 활동을 서애계가 주도하게 되었다.

17세기 이후에도 사족들의 유입이 이어졌다. 이들 역시 혼인을 통한 정착 방식이 주를 이루었으나, 선대에 마련한 터전을 기반으로 하여 이거하는 경우도 있었다. 정착의 기반은 상주 읍치 주변을 벗어나 상주목 전 지역으로 확장되었고, 특히 낙동강을 인접한 지역으로 이거하는 경우가 주목된다. 이 시기에 상주로 이거한 가문을 살펴보면 안동권씨, 안동김씨, 의성김씨, 창녕성씨, 경주손씨, 창녕조씨 등이 있다. 이 가운데 창녕성씨를 제외하면 낙동강과 그 주변의 하천 지역에 자리 잡는 경향을 보인다.

창녕성씨는 성람成灠(1556-1620)이 임진왜란 이후 처가인 남양홍씨를 따라 상주로 이거하였다. 성람은 이이·성혼 문하로 상주 화령과 접한 보은 출신이었으나 처가의 기반과 정경세와의 친분을 통해 상주 사족으로 정착할 수 있었다. 의학에도 뛰어난 성람은 상주로 이거한 이후 의국인 존애원의 운영

14 송석현, 「17세기 상주지역 사족의 동향」, 『嶺南學』 27, 2015, 328-333쪽.
15 김학수, 앞의 논문, 2008.

에 참여하면서 낙사계 사족들과 교유할 수 있었으며 이를 통해 창녕성씨는 상주에 기반을 확대할 수 있었다.

창녕조씨는 조우인曺友仁(1561-1625)이 상주 매호리에 정착하면서 입향하였다. 조우인은 1621년 제술관으로 있으면서 지은 시가 광해군의 잘못을 풍자하였다는 무고로 인해 친국을 당하고 감옥에 갇혔다.[16] 1623년 인조반정 이후 석방되자 사벌지역의 매호리에 매호정사梅湖精舍를 세우고 「매호별곡梅湖別曲」을 지으며 은거하였다.

경주손씨는 예안 지역에서 살던 손당孫塘이 정경세의 종숙부인 정국성의 딸과 혼인을 하며 상주 율리에 터전을 마련할 수 있었다. 손당은 존애원 운영과 도남서원의 건립에도 참여하였다. 그러나 경주손씨의 상주 기반은 손당의 선대인 손등 시기에 마련되었다. 손등이 상주의 호장 박시우의 딸과 혼인을 하며 처가인 상주의 중동에 거주하였고 이후 후손들이 분화하여 영남의 여러 지역으로 이주하였다. 강안 지역인 중동과 단밀에는 경주손씨의 묘역이 계속 조성되었고, 18세기에는 재사인 정곡재사鼎谷齋舍가 건립되는 것으로 보아 그 기반은 계속 유지되었다고 생각된다. 손등은 『상산지』 「인물」조에도 경주손씨로는 처음으로 등재되어 입향조의 위상을 갖고 있다.[17]

안동권씨와 안동김씨는 17세기 중반 권구權坵와 김해金楷(1633-1716)가 안동에서 산양으로 이거하였다. 의성김씨는 16세기 말 성주에서 개암 김우굉(1524-1590)과 서계 김담수(1535-1603)가 중동 지역으로 이거하며 기반을 마련하였다.[18]

상주의 사족들은 16세기부터 형성되었으며 혼인 등의 관계망을 통해 지속

16 『澤堂集』, 별집 6권, 「墓誌」, <右副承旨梅湖曹公墓誌銘 幷序>.
17 송석현, 「경주손씨의 상주 정착과 손만웅의 활동」, 『한국서원학보』 18, 2024, 239쪽.
18 『商山誌』 「祖先」, 「人物」.

적으로 유입되었다. 임진왜란을 전후하여 상주에 입향한 사족들은 안동김씨, 안동권씨, 의성김씨 등이 대표적이며 이들은 강을 통한 교류를 기반으로 유입되어 낙동강 주변의 지역에 터전을 마련하였다. 정착한 이후에도 출신 지역과의 교류는 계속되어 산양 지역에 정착한 안동김씨, 안동권씨는 그 기반이 남아 있는 안동권과의 교류가 활발하였고, 중동 지역에 이거한 의성김씨는 성주권과의 교류가 활발하였다.

의성김씨는 낙동강과 인접한 중동 지역에 거주하며 강을 통한 교류가 특히 두드러졌다. 성주의 정구가 강을 통한 활동을 적극적으로 하였으나 그 중심은 성주권 남쪽의 낙동강 중·하류 지역이었다.[19] 마찬가지로 의성김씨도 합천, 진주 등의 지역 활동에 대해서만 주목하였다. 그러나 16세기 후반 의성김씨는 낙동강 북쪽으로 활동 영역을 확장하여 상주를 거쳐 안동권의 예안, 내성, 영주 지역으로 교류가 확대되었다. 따라서 상주에 정착한 의성김씨의 활동은 강안학의 확장이라는 점과 상주 지역 사족들의 강을 통한 교류의 일면을 확인할 수 있다는 면에서 주목할 필요가 있다.

상주의 의성김씨는 김우굉과 김담수 두 계열이 존재한다. 김우굉의 5대조 김종사金宗師가 김담수의 고조로 두 사람은 가까운 친척이며, 성주에서 상주로 옮겨왔다는 공통점이 있다. 김우굉은 16세기 중반 혼인을 통한 기반으로 이거하였고, 김담수는 16세기 후반에 선영을 기반으로 하였다는 점에서 차이를 보인다. 이는 김우굉과 김담수 및 후손들이 상주 사족으로 정착하기 위한 활동에서 다른 모습을 보이게 되었다.

---

19 정우락 외, 『강안학이란 무엇인가』, 역락, 2003.

3. 개암 김우굉 계열의 상주 이거와 확장

1) 혼인을 통한 이거

김우굉과 김담수 가운데 먼저 상주에 정착한 인물은 김우굉이다. 김우굉의 자는 경부敬夫이고, 부친은 칠봉七峯 김희삼金希參(1497-1560), 모친은 청주곽씨 곽인화郭人和의 딸로 1524년 경상도 성주 사월리沙月里에서 태어났다. 형은 김우홍金宇弘, 동생은 김우용金宇容, 김우옹金宇顒(1540-1603)이다.

〈의성김씨 김우굉 계열의 계보〉

致精-希參-宇弘[伊溪, 광주목사]
⇨宇宏-得可-瑮-秋任-聲直[승지 조우인의 딸]
⇨聲廓[정랑 권성오의 딸]
⇨聲翼[교관 朴敏行의 딸]
⇨聲弼[현감 南烜의 딸]
⇨秋吉-聲厚[김종연의 딸, 김륵 후손]
⇨聲久[권목의 딸, 권벌 후손]
⇨聲裕[권홍의 딸, 권벌 후손]
⇨郭再周
⇨金宗灝
⇨黃昌達
⇨全省三
⇨秋一
⇨李擘
⇨李一奎[李坱의 장남]
⇨權樞經
⇨達可
⇨柳成龜
⇨宇容-孝可[出]
⇨宇顒-孝可[入]
⇨李應命

김우굉은 1562년 상주 중동의 개암開巖 주변에 별서를 짓고 호를 '개암'으로 삼았다. 1566년 문과에 합격한 이후 홍문관 부제학, 청송부사 등의 관직을 역임하고 물러나면서 개암으로 돌아왔다. 1590년 개암의 별서에서 죽고 개암 동쪽에 장사를 지냈다.[20]

김우굉이 상주로 이거할 수 있는 연고는 처가였다.[21] 1542년 남양홍씨 홍윤최洪胤崔의 딸과 혼인을 하였다. 홍윤최는 찰방을 지냈으며 조부는 현감을 지낸 홍영효, 부친은 홍부洪頫, 모친은 청송심씨이다. 창석본 『상산지』 인물조와 상주의 향안인 『상산향언록商山鄉彦錄』에 등재되어 있다.

홍윤최의 아들 홍약창洪約昌(1535-1592)은 상주에서 태어나 임진왜란이 일어나자 정경세, 조정 등과 함께 황령사에서 의병을 일으켰으나 1592년 외남에서 공성으로 가는 길목인 안령에서 전투 중 전사하였다. 홍윤최의 딸들은 김우굉과 풍양조씨 조광헌趙光憲과 혼인을 하였다. 조광헌의 아들이 검간黔澗 조정趙靖(1555-1636)과 가규可畦 조익趙翊으로 김우굉은 이들 형제와 동서 관계이다.

홍윤최에 대해서는 남겨진 기록이 적고, 사위인 김우굉과 조광헌의 묘도문자에서도 그 세계나 활동에 대한 설명이 없어 자세한 활동을 파악할 수는 없다. 오히려 주목되는 것은 홍윤최의 모친이 우암寓菴 홍언충洪彦忠(1473-1508)의 딸인 부림홍씨라는 것이다. 부림홍씨는 상주 산양 지역의 사족 가문으로 홍언충은 무과에 합격하고 관직을 지내던 중 사화로 유배되었고, 부친인 홍귀달洪貴達(1438-1504)은 이조판서, 좌참찬 등을 역임하였으나 연산군에 의해 유배되던 중 교살되었다. 중앙에서 관직을 지낸 사림파 인물과의 혼인은 남

---

20 『開巖集』, 「年譜」.

21 『蒼石集』 권16, 「墓碣」, <通政大夫弘文館副提學知製敎兼經筵參贊官春秋館修撰官金公墓碣銘>, '以鸞鳳之緣來尙州, 開別墅於洛江開巖之上'

양홍씨에게 있어 상주의 중요한 기반이 되었을 것이며 이는 사위인 김우굉에도 영향을 미쳤을 것이다.

조광헌의 아들인 조정은 본관이 풍양으로 자는 안중安中이며 동생인 조익과 임진왜란 의병 활동, 도남서원 건립 등에 참여하였다. 풍양조씨는 『상산지』에 따르면 고려말 조운흘趙云仡(1332-1404)이 상산김씨 김득배와의 혼인을 통해 입향하였다. 선대에 서울로 옮겼으나 조광헌 대에 다시 상주로 돌아오면서 홍윤최의 연고가 있는 중동 지역에 자리 잡은 것으로 보인다.[22]

16세기 후반 상주 사족 사회를 주도하던 낙사계 사족들이 대부분 유성룡의 제자로 인식되는 반면 조정은 김성일의 형인 김극일의 사위로 김성일의 제자로 인식되고 있었다. 상주 내 지역적 기반과 학문적 연원에서 다른 면이 있었고, 이후 조정은 정경세의 동료와 문인들이 중심이 되어 추진된 정경세의 도남서원 추향을 향촌 내에서 반대하는 여론을 대표하는 인물로 여겨지기도 하였다.[23]

김우굉에게 있어 남양홍씨와 혼인은 상주의 기반을 확보하는 동시에 상주 사족들과 교유를 확장할 수 있는 계기가 되었다. 장인을 통해 부림홍씨와 이어지고, 동서인 조정은 상주 사족들과의 교유뿐만이 아니라 안동권 사족들과의 교유에서도 영향을 준 것으로 생각된다. 다만 낙사계 사족과는 다른 계열이 교유의 중심이 되었다고 할 수 있다.

김우굉의 상주에서의 활동에 대해서는 사료가 많지 않아 자세히 알 수 없다. 문집인 『개암집』에 실려 있는 일부 글들과 향촌 자료, 그리고 자손들의 혼인 관계를 통해 유추할 뿐이다. 문집에 실려 있는 시는 상주에서의 활동과

---

22 송석현, 앞의 논문, 2015. 『開巖集』 연보에는 "巖在尙州治之東洛江上"라고 하여 개암의 위치를 상주 치소의 동쪽 낙동강변이라고 하였고, 『商山誌』에서 중동의 우암牛巖에 대해 조정의 구업舊業이라고 설명을 하고 있다.

23 『溪巖日錄』, 「을해 10월 1일」

관련된 것이 대부분이나 전체 숫자가 적고, 조식, 유중영, 유희춘, 오운, 노진을 위해 지은 만시가 실려 있다. 소량의 편지와 제문은 스승이자 선배들이라고 할 수 있는 이황, 노수신, 유희춘에게 보낸 것이다.

묘도문자는 발문 1편과 묘문 1편이 실려 있는데 모두 처가와 관련 있는 상주 인물들이다. 장인인 홍윤최의 묘문과 장모의 부친인 홍언충의 문집 발문이다. 특히 홍언충의 문집인 『우암집』은 김우굉이 간행하였다. 김우굉은 충청도 관찰사로 재임하던 1582년 장모 남양홍씨의 간곡한 부탁으로 수집된 홍언충의 글을 바탕으로 자신이 발문을 붙이고, 청주 목사 김중로金仲老에게 일을 맡겨서 『우암집』을 간행하였다.[24]

김우굉에게 처가는 상주로 이거하는 고리이자 정착할 수 있는 기반이 되었다. 김우굉이 자리 잡은 개암이 있는 중동면이 처가의 터전으로 보이며, 혼인 이후에도 지속적으로 상속을 하여 도움이 되었다.[25] 장인 홍윤최는 전처인 남원양씨 사이에 아들 세 명이 있었으나 모두 후사가 없었고, 후처인 부림홍씨와는 아들이 없고 딸만 3명이었다. 홍씨를 모시는 일은 막내 사위인 조광헌의 아들 조익이 하고 있었다고 한다. 이후 7촌 조카인 홍약창을 후사로 삼았다. 결국 맏사위이자 문과에 합격하여 관직 생활을 하고 있는 김우굉이 처가에 많은 영향을 미친 것으로 보이며, 김우굉은 자신에게 있어 상주 기반의 중요한 인물인 장인의 묘도문자 작성과 장모 부친의 문집 간행에 적극적으로 나선 것으로 생각된다.

김우굉은 상주에 정착한 이후 향촌 활동에도 참여하였다. 1565년(명종 20) 문정대비가 사망하자 전국의 유생들이 승려 보우普雨(1509-1565)의 참형을 주

24 『開巖集』 권3, 「跋」, <寓菴集跋>.

25 『開巖集』, 「年譜」에는 1566년 문과에 합격하고 고향에 돌아가서 장모에게 인사를 하니 따로 별급을 후하게 내려주었으나 사양하였다는 기록이 있다.

장하는 상소를 끊임없이 올렸다. 1년 동안 『명종실록』에서 확인되는 유생 상소만 16건에 이르고, 연소는 66차례나 행해졌다고 한다.[26] 김우굉은 이 상소문을 직접 작성하고 소두疏頭로서 300여 명에 이르는 경상도 유생을 대표하고 있다.[27]

이후 향촌에서의 활동 모습이 보이지 않는데 이는 이듬해인 1566년 문과에 합격하며 관직 생활을 시작했기 때문으로 생각된다. 1585년 상주 개암으로 돌아올 때까지 일시적으로 파직되기도 하였으나 20여 년간 관직이 끊이지 않았다. 따라서 향촌에서의 활동보다는 중앙 조정과 지방 수령으로서의 활동에 집중될 수밖에 없었다.

16세기 후반 상주 남촌 사족들이 계의 조직, 과거 합격 등을 통해 결집하며 활동 영역을 확대하는 상황에서 김우굉의 지속적인 관직 생활은 그들과 학문, 혼인 등의 교유를 이어가기 어렵게 한 것으로 생각된다. 김우굉의 상주 사족과의 교유는 『개암집』의 부록에서 일부 나타난다. 김우굉의 죽음에 정경세, 권문해, 고상안, 오운, 김우옹이 만사를 지어 보냈다. 이 가운데 오운과 동생인 김우옹은 선대 기반인 성주권 인물들이고 정경세, 권문해, 고상안은 상주 인물들이다.[28] 상주를 대표하는 정경세가 포함되어 있으나 권문해, 고상안은 모두 경북 북부 지역의 인물이다.

자식들의 혼인은 더욱 안동권 사족들과 결합하는 모습을 보인다. 이는 이황의 학문적 영향과 함께 그의 제자들이 본격적으로 관직에 진출하며 이어진 것으로 생각된다. 동시에 김우굉의 거주지인 상주 중동과 안동권의 풍산,

26 설석규, 『조선시대 유생상소와 공론정치』, 선인, 2002, 129쪽.

27 『明宗實錄』 권31, 명종 20년 8월 4일 무진; 『開巖集』 권3, 「雜著」, <西行日記> 을축 7월 24일, "二十三日晴, 齊會于司馬所, 錄疏下姓名三百人, 疏頭金敬夫也."

28 권문해는 예천 출신이지만 『草間日記』를 보면 처가인 상주에 기반이 있으며 상주 사족들의 계에 참여하기도 하였다.

예안 지역은 낙동강으로 이어져 교류가 편하다는 점도 작용하였을 것이다.

김우굉은 성주 출신으로 혼인을 통하여 상주로 이거하며 기반을 확보할 수 있었고, 낙동강을 통한 교류와 관직 생활은 상주를 벗어나 영남 북부까지 교유 관계가 확대되는 계기가 되었다. 그의 활동 기반과 교유 관계는 후손들에게 전승되었고, 임진왜란이라는 전쟁을 겪으며 더욱 다양하게 변하게 된다.

2) 거주지 이동과 상주 기반의 정비

김우굉이 형성한 상주의 기반과 교유 관계는 그의 후손들에게 전승되고 확장되었으며 이 역시 낙동강을 중심으로 이루어지는 모습을 보인다. 그 양상을 후손들의 거주지 이전과 혼인 관계를 통해 살펴보도록 하겠다.

김우굉은 처 남양홍씨와의 사이에서 2남 1녀를 두었다. 장남 김득가金得可(1547-1591)의 자는 대중大中 호는 주봉柱峯으로 진성이씨 이빙李憑과 혼인하였다. 이빙은 이황의 숙부인 송재松齋 이우李堣의 후손이다. 둘째 김달가金達可는 자가 사행士行으로 충주박씨와 혼인하였고, 딸은 풍산유씨 유성구柳成龜와 혼인하였다.

임진왜란이 일어나며 김우굉이 경영한 상주 개암의 터전은 한동안 버려지게 되었다. 김득가의 아들인 김율金瑮(1568-1651)은 임진왜란이 일어나자 어머니 진성이씨를 모시고 외가인 예안의 도산면으로 잠시 피신했다가 다시 봉화 용담으로 옮겼다. 봉화는 이모부 풍천임씨 용담龍潭 임흘任屹(1557-1620)이 세거하던 지역이었다. 임진왜란이 끝나자 장남인 김추임金秋任(1592-1654)은 상주로 돌아가고 차남인 김추길金秋吉(1603-1686)은 봉화에 남아 용담의 건너편에 자리를 잡으며 해저마을 의성김씨의 기틀을 마련하였다.[29]

김우굉의 후손들은 혼인을 통하여 근거지를 경북 북부인 안동, 예안, 영주 등지로 확장하였다. 김율은 봉화금씨 금이琴怡의 딸과 혼인을 하였고, 김율의 첫째 아들인 김추임은 풍산유씨 유기柳裿의 딸과 혼인하였는데 유기는 유성룡의 형인 유운룡의 손자이다. 둘째 김추길은 전주유씨와 혼인을 하였다. 딸들은 진성이씨 이람李擥, 홍양이씨 이일규李一圭, 안동권씨 권추경權樞經과 혼인하였다.

김우굉의 손자들이 영남 북부권을 중심으로 활동하며 교유 관계가 형성된 것은 임진왜란으로 인한 피란이 크게 작용하였다. 김율은 모친의 고향인 예안에서 피란 생활을 하며 17세기 초반까지 활동하였다. 김율은 조부 김우굉의 막내 동생인 김우옹(1540-1603)이 안동부사로 재직하며 건립한 삼계서원三溪書院의 원장을 지냈고,[30] 예안의 안동김씨 김중청金中清(1567-1629)과 교류하며 모친의 그에게 묘갈을 부탁하기도 하였다.

김율과 김추임, 김추길의 활동은 김령의 『계암일록』을 통해서도 볼 수 있다.[31] 김율은 김령을 자주 방문하고, 특히 유성룡의 아들인 유진柳袗과 함께 어울리는 모습이 보인다. 김추임은 상주를 왕복하거나 매제인 이일규와 함께 김령을 방문하는 등 상주와의 연고가 보인다. 김추길은 김령의 아들과 자주 어울리며 함께 도산서원 재임으로 선출되거나, 상재上齋를 맡는 등 안동권에 정착했음을 알 수 있다.[32]

상주 기반의 재정비는 전쟁이 끝나고도 30여 년이 지난 후 김추임에 의해 이루어졌다. 김율은 첫째 아들인 김추임에게 먼저 돌아가서 옛 터전을 수습할 것을 명하였고, 김추임은 동문 외곽에 정착했다가 중동 개암으로 옮겨

29 김미영, 『숭정처사의 삶을 살다, 봉화 팔오헌 김성구 종가』, 경북대학교 출판부, 2019, 26쪽.
30 『溪巖日錄』 계축년(1613) 1월 4일.
31 김령의 고모부인 이빙이 김율의 장인이다.
32 『溪巖日錄』 무진년(1628) 1월 5일; 병자년(1636) 6월 12일.

선대의 기반을 정비하였다.[33] 김추임이 개암 지역의 풍광을 읊은 『개호잡영開湖雜詠』의 서문에는 상주로 복귀한 당시의 모습이 다음과 같이 묘사되어 있다.

> 선생[김우굉]께서 세상을 떠나시고 곧 섬나라 오랑캐의 난이 일어나 자손이 강좌江左를 떠돌며 40여 년이나 돌아오지 못했다. 옛 정사는 변하여 거친 풀에 꿩과 토끼가 번갈아 밟은 자취만 남고, 갈매기와 백로는 강산이 빛을 잃고 풍월만 맑은 것을 서로 조상하게 되었다. 나는 전쟁 후에 태어나 오고 가면서 이를 보고 마음이 애통하였다. 갑술년(1634)에 비로소 이곳으로 오게 되어 옛터에 풀집을 짓고자 하여 물새에게 거듭 맹세하여 옛날의 자취를 이으려 하였다. 다만 전쟁 후 가업이 가난하여 종들조차 옛날의 종이 아니니 산수山水를 맡은들 누가 선대가 노닌 자취를 이루겠는가?[34]

전쟁 후 황폐해진 터전을 정비하고 김추임은 개암에 거처를 마련하며 거실을 외서畏棲라 이름 짓고 호로 삼았다. 이후 김추임 계열은 상주를 기반으로 활동하게 되고, 경북 북부의 터전은 김추길 계열의 기반이 된다. 하지만 김추임은 죽기 직전에 동생과 아들, 매제 등이 모인 자리에서 상주의 터전을 동생에게도 상속하며 안동 내성의 터전에서 나오는 수입은 제수로 사용할 것을 당부하였다.[35]

김추임, 김추길 형제의 지역적 기반의 차이는 다음 대의 혼인에서도 잘 드러난다. 김추임의 아들인 김성직金聲直은 조우인의 딸, 김성곽金聲廓은 안동 권성오의 딸, 김성익金聲翼은 박민행朴敏行의 딸, 김성필金聲弼은 남훤南喧의 딸

33 『聞韶世稿』 권9, 「畏棲菴逸稿」, <附錄>, 行狀.
34 『聞韶世稿』 권9, 「畏棲菴逸稿」, <開湖雜詠 九節 並序>.
35 『聞韶世稿』 권9, 「畏棲菴逸稿」, <附錄>, 行狀.

과 혼인을 하였다. 김추길의 아들 김성후金聲厚는 김종연金宗衍의 딸, 김성구金聲久(1641-1707)는 권목權霂의 딸, 김성유金聲裕는 권홍權弘의 딸과 혼인을 하였다. 김추임 계열이 상주권 인물과의 혼인이 중심이 된다면, 김추길 계열은 경북 북부 안동권에서 영향력이 큰 백암柏巖 김륵金玏(1540-1616), 충재冲齋 권벌權橃(1478-1548)의 후손들과 혼인을 하며 안동권에서의 기반을 바탕으로 이루어지고 있다.

김추임 계열과 김추길 계열의 지역적 기반의 차이는 향촌 사회에서의 활동에서도 차이를 가져왔다. 상주의 읍지인 청대본 『상산지』에 등재된 의성김씨 김우굉 계열은 김우굉, 김득가, 김달가, 김율, 김추임 5명이다. 이들은 상주의 사족 명부인 향안에도 등재되어 있어 상주 사족으로서 정체성을 보여준다. 김추임의 아들은 네 명 가운데 요절한 셋째를 제외하고 모두 등재되어 있으나 김추길의 후손들은 확인되지 않는다. 상주의 기반을 계승한 김추임 후손인 김경렴金景濂, 김경연金景淵, 김경준金景濬 등은 향안에 등재되었을 뿐만 아니라 도남서원의 재임으로도 활동하여 17세기 중반 상주 향촌 사회에서 의성김씨의 위상을 보여준다.

주 활동 지역을 경상도 북부 지역으로 옮겼어도 상주 사족으로서 존재하던 김우굉의 후손들은 김추임, 김추길 형제에 와서 지역적 기반이 나뉘며 지역 사족으로서의 정체성도 갈라졌다고 할 수 있다.

의성김씨의 상주 사족으로 위상은 18세기 중반 입향조인 김우굉을 속수서원涑水書院에 제향하는 것에서 드러난다. 중동의 동쪽, 의성과 경계를 접하고 있는 단밀 지역에 위치한 속수서원은 상주목사를 지낸 손중돈孫仲暾(1463-1529)을 기린 경현사로 시작하였다. 1703년 여말선초 인물인 신우申祐를 함께 제향하며 서원으로 승원한다. 이후 1730년 김우굉과 조정을 함께 추향하고 19세기에는 조익의 추향도 이루어진다.[36]

속수서원에 제향된 손중돈, 김우굉, 조정, 조익은 상주의 단밀, 중동, 낙동 지역을 기반으로 활동하였으며 상주 인물들 가운데 낙동강을 통한 교유가 눈에 띄는 인물들이다. 손중돈의 선대는 예안에 있으며 자신은 상주를 기반으로 예안과 경주를 오가며 활동하였다. 김우굉의 선대는 성주, 후손은 상주와 안동권을 활동 기반으로 삼았다. 조정, 조익 역시 안동권의 김성일, 성주권의 정구와의 교류가 주목되는 인물들이다. 신우는 아주신씨로 단밀과 인접한 의성을 기반으로 활동하며 역시 정구, 장현광 계열과의 교류가 활발하다.

속수서원의 운영은 풍양조씨가 중심이 되었다. 김우굉과 조정이 추향이 동시에 이루어졌다는 점에서 인척 관계인 두 사람의 교유가 후대로 계승되었고, 의성김씨 김우굉 계열의 기반이 유지되고 있음을 보여준다. 다만 여러 인물을 공동 제향하였다는 점에서 상주에서의 기반과 한계를 동시에 보여준다고 할 수 있다. 의성김씨 김우굉 계열의 상주 이거와 활동을 통한 교유 관계는 상주 사족들 가운데 낙동강을 통한 교류의 양상을 잘 보여준다. 그리고 이는 그 터전인 중동, 낙동 지역의 특징이라고도 할 수 있다.

4. 서계 김담수 계열의 상주 이거와 정착

1) 선영을 통한 기반의 확보

김담수는 자가 태수台叟, 호는 서계이다. 부친은 김관석金關石, 모친은 순천 박씨 박탄朴坦의 딸로 성주 수륜면 윤동마을에서 태어났다. 형은 김담노金聃老, 김담년金聃年이고, 동생은 김담기金聃祺이다.

36 송석현, 「조선시대 상주지역 서원의 동향」, 민족문화논총 81, 2022, 11-12쪽.

〈의성김씨 김담수 계열의 계보〉

錫--龍庇--華[和]-宗師-貴孫-允鼇
⇨允迪-關石-聃老
⇨聃年
⇨聃壽-廷龍-以元
⇨以亨
⇨以利
⇨以貞
⇨廷獻-以郁
⇨以彬
⇨廷稷-以泰
⇨以謙
⇨廷契-以潤
⇨以重
⇨廷堅-以健
⇨以載
⇨以命
⇨成撥
⇨洪裕承
⇨聃祺
⇨尹殷衡

김담수는 어려서 성주에 유배 온 묵재 이문건李文楗(1494-1567)에게 학문을 배웠으며, 20세가 넘으면서 성주 목사로 부임한 이황의 제자 금계 황준량黃俊良(1517-1563)과 성주 향교의 교관으로 조식의 제자 덕계 오건吳健(1521-1574)에게 학문적 영향을 받았다. 김담수의 학문적 성격은 창녕조씨 조몽길曺夢吉의 딸과 혼인을 하며 조식의 영향을 더욱 강하게 받게 된다.

처부 조몽길은 조식·이희안과 함께 세칭 '영중삼고嶺中三高'의 한 사람인 신계성申季誠의 사위였다. 즉, 김담수는 조식의 벗으로 김해 신산서원新山書院

에 제향된 신계성의 외손서가 되면서 남명학파의 영향을 크게 받게 된다.[37]

김담수의 교유 관계는 성주권이라는 지역과 의성김씨라는 가문이 강하게 작용하였다. 정경세의 후손인 입재立齋 정종로鄭宗魯(1738-1816)가 지은 행장에는 '동강 선생과는 종친척으로 많은 도움을 받았으며 한강 정구 선생과는 도의道義로 사귀었다'고 하였다.[38] 김담수의 남은 글들을 정리한 『서계일고』에는 김우옹에게 보낸 시가 몇 편 수록되어 있으며, 정구와는 아들 김정룡이 부친 묘지명의 찬술을 부탁할 정도로 깊은 관계였다.

성주를 중심으로 합천 등 경상도 중남부를 중심으로 활동하던 김담수의 생활은 임진왜란이 일어나며 크게 변화한다.[39] 노모를 모시고 가야산으로 피신하여 어머니를 지극히 봉양하였으며, 정유재란이 일어나자 다시 맏아들 김정룡金廷龍(1561-1619)이 수령으로 있는 예안 인근의 안동 임하현으로 피난하였다. 모친은 아들 김정룡에게 맡기고 안동의 임하현 정정리鼎井里에 정착하여 예안을 왕래하며 봉양하였다.[40] 1598년 노모가 돌아가시자 상례를 치르고, 아직 전쟁이 끝나지 않아 상주 위수 북쪽의 중동면에 임시로 묘를 썼다. 3년상을 마치고 김담수는 여막을 세웠던 자리인 죽암촌竹巖村에 그대로 살았다. 1602년 성주 선산에 성묘를 갔다가 사망하자 상주 사벌의 선영에 묻혔다.[41]

김담수에게 있어 안동, 예안에서의 피난 생활은 짧은 기간이었지만 교유의 확장에서 큰 영향을 주었다. 이황의 제자인 예안의 월천月川 조목趙穆(1524-1606), 설월당雪月堂 김부륜金富倫(1531-1598), 성재惺齋 금난수琴蘭秀(1530-

37 김학수, 「南冥·退溪學의 교차와 절충 - 月潭 金廷龍과 菊園 金廷堅 형제의 삶과 학문 -」, 『청계사학』 22, 2020, 22쪽.

38 『西溪逸稿』 권3, 「附錄」, <行狀>.

39 김담수는 혼인 이후 1562년 장인 신계성이 죽자 약 10여 년간 합천 처가에서 생활하였다. (고혜령, 「西溪 金聃壽의 尙州 정착과 삶」, 『嶺南學』 62, 2017, 15-16쪽)

40 『西溪逸稿』 권2, 「宣城雜詠序」.

41 『西溪逸稿』 권3, 「附錄」, <墓誌>.

1604) 등과 교류할 수 있었으며, 결과적으로 남명학과 퇴계학을 함께 받아들이는 계기가 되었다.

김담수가 어떠한 연고로 상주에 정착할 수 있었는지는 정확하지 않다. 1598년에는 같은 의성김씨인 김우굉이 개암에 터전을 마련한 후였으나 앞서 설명한 것과 같이 김우굉의 후손들 역시 경북 북부 지역으로 피난 중이었다. 다만 모친의 묘를 상주 사벌의 선영에 묻었다는 것으로 보아 김담수 선대에서 분묘를 포함한 기반이 있었을 것으로 생각된다.

김담수의 교유 관계는 성주권과 예안 지역의 인물들이 중심을 이룬다. 그의 활동은 대부분 성주와 합천 등지였고, 후반에는 안동과 예안에서 이루어졌다. 따라서 문집인 『서계일고』에 수록된 대부분의 글은 안동, 예안의 흔적들이다. 성주에서의 글은 남아 있지 않고, 상주에서는 활동 기간이 짧았기 때문이다. 문집에는 만사와 제문을 지은 조응인曺應仁을 제외하면 상주권 인물의 글이 없으며, 상주에서 지은 시도 후반의 「상성제영商星諸詠」에 포함된 일부이다.

김담수는 같은 가문의 김우굉의 뒤를 이어 상주의 같은 지역에 정착하였다. 하지만 상주에 완전히 터전을 내리고 기반을 쌓은 김우굉과 달리 김담수는 상주에서의 기반이 명확하지 않고 생활 기간도 짧았다. 교유의 중심은 성주와 안동권이었으며 본인은 성주의 지역적 정체성이 더 강하였다.[42] 그러나 짧은 생활 동안 그의 자식들은 상주 인물들과 다양한 형태로 교유할 수 있었고, 자신도 상주에 묻히면서 후손들에게 상주의 기반을 계승할 수 있는 터전을 마련해 주었다. 김담수의 후손들은 이러한 교유 관계를 계승하면서도 상주의 기반을 통하여 지역 사회의 교유를 확장해 갔다.

---

42 상주의 향안에 등재된 김우굉과 달리 김담수는 성주 향안에 등재되어 있다.(한국학자료센터 영남권역센터, 상주향교 소장 『商山鄕彦錄』 上; 성주향교 소장 星州鄕案)

2) 혼인과 학문을 통한 교유의 확장

김담수의 기반과 교유는 후손들에게 계승되었다. 김담수는 상주에서의 지역적 기반이 적고, 관직이나 학문적 영향도 크지 않았다. 짧은 상주 생활과 맞물려 상주 인물들과의 교유는 잘 드러나지 않는다. 그러나 후손들의 혼인과 교유를 보면 짧은 상주 생활 동안 기반을 닦고 교유를 확장한 모습이 나타난다.

고향인 성주권에서부터 유지된 교유와 예안, 안동에서 피난 생활을 하며 형성된 교유가 중심이 된 가운데 만년에 생활한 상주에서 형성된 교유의 영향이 자식들의 혼인에서 드러난다. 김담수는 아들 5명과 딸 2명을 두었다. 『의성김씨대동보義城金氏大同譜』에 의하면 첫째인 김정룡, 둘째인 김정헌金廷獻, 막내 김정견은 상주 지역에 터전을 마련하였고, 셋째 김정직金廷稷은 숙부인 김정기의 양자로 들어가 김산金山 상리上里에서 세거하였고, 넷째 김정설金廷契은 성주 윤동에 정착한 것으로 나온다.

첫째 김정룡은 1561년 성주 수륜에서 태어났다. 어려서 부친에게 가학을 계승하고 김우옹과 정구의 문하를 왕래하며 학문을 쌓았다. 1585년 문과에 합격하여 관직에 진출할 때에도 동방 12명 가운데 정구 문하인 황여일黃汝一(1556-1622), 동향이자 김우옹, 정구에게 수학한 송광정宋光庭이 포함되었다.[43]

관직 생활에서 가장 중요한 시기는 예안에서 수령으로 재직한 때이다. 1596년 전쟁 도중에 예안 현감으로 부임하며 부친 김담수와 조모가 안동, 예안 지역으로 피난할 수 있게 하였고, 부친의 교유 관계가 확대되는 계기가 되었다.

김담수의 문집에는 아들 김정룡과 주고받은 편지가 큰 비중을 차지한다.

43 김학수, 앞의 논문, 2020, 103쪽.

김담수는 전쟁에 대한 정보의 제공, 전쟁의 상황, 명군과 관군에 대한 불만 등의 정보를 제공하고 있다. 김담수는 부임 초기 김정룡에게 보낸 편지에서 조목을 찾아가 인사하고 조언을 받기를 거듭 권하고 있다.[44] 이 시기 김담수가 만형과 함께 지내고 있는 넷째 아들 김정계에게 보낸 편지에는 김정룡이 주변 사람들에게 비방을 받는 것에 대한 걱정과 조언을 하고 있다.[45] 김정룡은 부친 김담수에 비해서 예안 사족들과의 교유가 깊지 않다고 여겨진다.[46]

김정룡의 활동에서는 상주와의 관련성이 잘 나타나지 않는다. 1561년생인 김정룡은 상주에 정착하기 이전에 태어나 선산에 기반을 둔 선산김씨 김취련金就鍊의 딸을 처로 맞이하였다. 학문적 스승과 동문, 혼인을 통한 교유가 모두 성주권에서 형성되었다. 관직 생활까지 하던 상황에서 부친의 짧은 상주 체류 기간 동안 새로운 교유를 적극적으로 확장하기는 어려웠을 것으로 생각된다. 다만 상주 남촌 사족인 영산김씨 김언건金彦健(1511-1571)의 상례에 만사를 보낸 것으로 보아 상주 사족들과의 교류가 전혀 없지는 않았다.[47]

하지만 그의 동생과 후손들은 상주권 사족과의 교유, 혼인 관계가 확대되었다. 김정헌은 전주이씨 이절李節, 김정견은 청주한씨 한상韓瑺의 딸과 혼인하였다. 특히 막내인 김정견은 1576년에 태어나 만형인 김정룡과 15년 차이가 난다. 따라서 형을 통하여 부친인 김담수의 가학을 계승하면서 동시에 정구에게까지 사승 관계를 확대하였고, 상주 이거 후에는 정경세에게 입문하며 예학에 특별한 관심을 보였다. 상주 사족을 대표하는 정경세와의 사승관계 형성은 김정견, 나아가서는 의성김씨 김담수 계열의 정체성과 위상의 확

44 『西溪逸稿』 권1, 「書」, <答子廷龍 爲禮安倅 丙申>, <又>.
45 『西溪逸稿』 권1, 「書」, <答子廷契>.
46 『月潭逸稿』 권1, <宣城官舍有感>에서 김정룡은 통치의 어려움을 토로하고 있다.
47 『芸亭遺集』 권2, 「附錄」, <又門下金廷龍>. '문하'라는 표현으로 보아 학문적 교류가 있었을 것으로 생각되지만 김언건이 죽을 당시 김정룡은 11세로 오랫동안 유지되지는 못했을 것으로 생각된다.

립에서 매우 중요한 사건이었다. 김정견이 정구와 정경세 두 사람의 문인인 것은 17세기 영남 사람들에게는 매우 익숙한 사실이었다.[48]

김정견의 처부인 한상은 동생인 한서韓瑞, 성람, 손당 등과 함께 존애원 운영에 참여한 인물이다. 청주한씨는 15세기 초 한렴韓廉이 상주목사로 부임한 이후 상주에 세거하였으며 향사당 건립, 의병 활동에도 참여하였다. 임진왜란 때 불에 타서 사라진 상주 향청을 다시 중건한 인물도 한상의 사촌인 한진韓進이었다.

김정견은 그의 혼인이나 학문적 연원에서 상주 인물들과의 관계가 분명해지고 있다. 김담수가 모친을 상주에 임시 매장하고 머무르는 시기에 정경세 역시 향촌에 머무르며 존애원에서 강학을 하고, 도남서원의 건립을 주도하고 있었다.[49] 김정견은 이 시기 정경세에게 학문을 배운 것으로 생각된다.

정경세 문인으로서 상주 사회에서 김정견의 위상은 도남서원의 원장을 역임하는 것에도 드러난다. 김정견은 정경세가 죽자 한극술, 정영세와 함께 일부 상주 사족의 반대에도 불구하고 빠르게 정경세의 도남서원 추향을 추진한다.[50]

김담수 후손들의 교유에서 특히 상주의 창녕성씨 성람 계열과의 혼인이 주목된다. 김정룡의 장남 金以元은 성람의 차남 성여백成汝栢의 장남인 성진승成震昇을 사위로 맞고, 김정헌의 딸은 성람의 장남 성여송의 아들 성진병成震丙과 혼인을 하였다. 성여송은 김정직의 둘째 아들인 김이겸을 사위로 맞아 두 집안은 중첩적인 혼인 관계를 이루었다.[51]

---

48 『商山誌』「人物」 조에서 김정룡에 대해서는 가학을 계승하고 정구를 사사하였다고 하였고, 김정견에 대해서는 가학을 계승하고, 정구와 정경세의 문인으로 설명하고 있다.

49 『愚伏集』 別集 권4, 「年譜」, <壬寅>.

50 『溪巖日錄』, 「乙亥 10月 1日」.

51 『義城金氏大同譜』, 『昌寧成氏文孝公派譜』.

〈김담수 계열과 성람 계열의 혼인 관계〉

成灠-成汝松-成震丙[김정헌의 딸]
⇨成震井
⇨成震慶
⇨成震命
⇨金以謙[김정직의 차남]
⇨成汝栢-成震昇[김이원의 딸]
⇨成汝櫄

창녕성씨 상주 입향조인 성람은 정경세와의 친분으로 존애원 운영에 참여하였다.[52] 김정견의 처가인 청주한씨와 함께 창녕성씨는 남촌 사족 가운데 존애원과 낙사계에 뒤늦게 참여한 인물들이다. 이들과의 혼인과 정경세의 문인이라는 점은 선대의 기반이 약한 김정견이 상주에 정착하는데 큰 역할을 하였으며 도남서원의 원장까지도 역임할 수 있었다.

김정헌과 김정견 형제는 상주에서의 기반을 바탕으로 교유 관계를 더욱 넓혀갔다. 상주에서는 전통적으로 낙동강에서 배를 띄우고 시회를 하였다. 특히 1622년에는 5월과 7월 두 번의 시회가 있었다. 김정룡 형제는 두 번째 시회인 7월 모임에 참석하였고, 이 모임에는 조우신趙又新, 이전, 이준, 전식, 강응철康應哲, 조정, 유진, 김지복金知復, 김혜金惠, 이휘성李希聖, 이대규李大圭, 한극례韓克禮, 김기金墍, 이원규李元圭, 이문규李文圭, 이신규李身圭, 우처공禹處恭, 구산립丘山立, 손윤업孫胤業, 전극항全克恒, 전극념全克恬, 조광령趙光靈이 함께하며 17세기 초반 상주의 대표적인 사족들이 참여하였다.[53]

---

52 창녕성씨는 영남의 대표적인 서인계 가문이며, 특히 성여백은 영남 내 기호학맥의 확산 계기를 마련한 인물이지만 17세기 초반까지는 이러한 분립이 명확하지 않았다.(김학수, 앞의 논문, 2008, 289쪽)

53 『柏潭遺集』 권1 詩, <天啓二年壬戌七月旣望>; 『黔澗集』 권1, 詩, <壬戌七月旣望>.

상주의 인물들을 수록한 청대본 『상산지』에도 김담수, 김정룡, 김정견, 김이원, 김도빈, 김이재, 김이겸이 등재되어 있으며, 상주 향안에는 김정룡, 김정헌, 김정견 형제와 그 후손들이 입록되어 있어 상주에서의 기반이 김정룡, 김정헌, 김정견 계열을 중심으로 확대되었음을 확인할 수 있다.

이러한 기반을 바탕으로 의성김씨는 1745년 중동면 죽암리에 김담수, 김정룡, 김정견을 제향하는 낙암서원洛巖書院을 건립하였다.[54] 낙암서원의 상량문은 정경세의 후손인 정종로가 짓고, 봉안문은 남필석南必錫, 상향축은 식산息山 이만부李萬敷(1664-1732)의 손자인 이승연李承延(1720 1806)이 지었다. 18세기 상주 지역을 대표하는 인물들이 서원의 행사에 참여한 것이다.

의성김씨 김담수 계열은 김담수 본인이 상주의 기반을 굳게 확립하지 못하였으나 후손들의 혼인 관계와 학문을 통하여 교유를 확장하면서 향촌에서 적극적인 활동을 하였고, 이를 통해 상주 사족으로서 정착할 수 있었다.

5. 맺음말

조선후기 상주의 의성김씨는 김우굉과 김담수가 이거를 하면서 터전을 마련하였다. 김우굉과 김담수는 성주 출신으로 가까운 친족 사이이며 학문적으로는 조식에 연원을 두면서도 이황의 영향도 수용하는 공통점이 있었다. 하지만 상주에 기반을 마련하는 계기와 이주 시기에는 차이가 있었다. 김우굉은 혼인을 통해 형성된 처가의 기반으로 안정적인 터전과 교유 관계를 마련하였으며 상주에서 적극적으로 활동할 수 있었다. 김담수는 선영을 기반

54 『商山誌』에 의하면 낙암서원의 건립은 1745년이다. 상량문을 지은 정종로는 1738년생, 상향축을 지은 이승연은 1720년생으로 건립연대에 대해서는 세밀한 분석이 필요하다.

으로 활동하며 거주 시기도 짧았다. 이들의 기반과 정체성의 차이는 향안 입록에서 분명하여 김우굉은 상주 향안에 입록되고 김담수는 성주 향안에 입록되었다.

이는 김우굉과 김담수 및 후손들이 상주 사족으로 정착하기 위한 활동에서도 다른 모습으로 나타났다. 김우굉의 후손은 상주를 기반으로 혼인을 통하여 경북 북부로 활동 지역을 확장하였고, 17세기 중반에는 영남 사림을 대표하는 인물 중 한 명인 김성구金聲久(1641-1707)가 등장하였다.

하지만 임진왜란 피난 과정에서 상주의 터전을 관리하지 못하였고, 전쟁이 끝난 후 상주에 정착한 김추임 계열은 상주에서 기반과 교유 관계를 확장하지 못하고 경북 북부의 해저로 옮기면서 상주 사족으로서의 활동과 교유는 중동 지역에 국한되는 모습을 보인다. 김우굉의 속수서원 제향은 의성김씨 김우굉 계열의 기반과 한계를 동시에 보여준다고 할 수 있다.

김담수 본인은 상주에서의 터전이 미약했으나 후손들의 학문적 사승과 혼인을 통하여 상주 사족의 기반과 교유를 확장할 수 있었다. 낙사계 사족들과의 적극적인 혼인과 정경세의 문인이라는 상징성을 통하여 상주 사족으로서의 정체성과 기반을 확립한 결과 18세기에는 가문의 인물들을 배향하는 낙암서원을 건립하기에 이른다.

의성김씨 두 계열의 활동은 낙동강을 활용하여 인접 군현을 중심으로 이루어졌다. 강을 통한 교유로 남명학과 퇴계학을 받아들이고 전할 수 있었으며 다양한 성격의 융합이라는 조선후기 상주의 특성에 일정한 면모를 보여준다고 생각된다. 동시에 이거와 정착 과정에서의 활동에 따라서 지역에서의 정체성과 위상에 차이가 있음도 볼 수 있다. 이는 향후 상주 강안 지역 사족들의 활동을 규명할 때 하나의 전례로 활용할 수 있을 것이다.

참고문헌

1. 원전

『開巖集』

『聞韶世稿』

『柏潭遺集』

『西溪逸稿』

『澤堂集』

『蒼石集』

『商山誌』

『商山鄕彦錄』

『義城金氏大同譜』

『昌寧成氏文孝公派譜』

2. 논저

설석규,『조선시대 유생상소와 공론정치』, 선인, 2002.

이수건,『嶺南士林派의 形成과 展開』, 일조각, 1995.

정우락 외,『강안학이란 무엇인가』, 역락, 2003.

홍원식 외,『낙중학 : 조선시대 낙동강 중류 지역의 유학』, 계명대학교 출판부, 2012.

고혜령,「西溪 金聃壽의 尙州 정착과 삶」,『嶺南學』 62, 경북대학교 영남문화연구원, 2017.

김미영,『숭정처사의 삶을 살다, 봉화 팔오헌 김성구 종가』, 경북대학교 출판부, 2019.

김성윤,「영남의 유교문화권과 지역학파의 전개 - 안동권·상주권·성주권을 통해 본 영남학파 사유체계의 지역적 특징과 그 전승과정에 나타난 문화 양상을 중심으로 -」,『朝鮮時代史學報』 37, 조선시대사학회, 2006.

김정운,「17세기 예안 사족 김령의 교유 양상」,『조선시대사학보』 70, 조선시대사학회, 2014.

김학수,「17세기 嶺南學派 연구」, 한국학중앙연구원 박사학위논문, 2008.

김학수,「南冥·退溪學의 교차와 절충 - 月潭 金廷龍과 菊園 金廷堅 형제의 삶과 학문 -」,『청계사학』 22, 청계사학회, 2020.

설석규,「강안학파의 실학적 풍모를 지킨 徵士-西溪 金聃壽」,『선비문화』 12, 남명학연구원, 2008.

송석현,「17세기 상주지역 사족의 동향」,『嶺南學』 27, 경북대학교 영남문화연구원, 2015.

송석현, 「조선시대 상주지역 서원의 동향」, 『민족문화논총』 81, 영남대학교 민족문화연구소, 2022.

송석현, 「경주손씨의 상주 정착과 손만웅의 활동」, 『한국서원학보』 18, 한국서원학회, 2024.

정우락, 「강안학과 고령 유학에 대한 시론」, 『퇴계학과 한국문화』 43, 경북대학교 퇴계연구소, 2008.

정우락, 「서계 김담수 문학에 나타난 '가족'과 그 의미」, 『嶺南學』 62, 경북대학교 영남문화연구원, 2017.

정우락, 「서계 김담수의 전쟁체험과 그 문학적 대응」, 『嶺南學』 10, 경북대학교 영남문화연구원, 2006.

도남서원道南書院의 강회講會와 강학講學*

김정운(경북대학교 HK연구교수)

1. 머리말

조선시대 서원은 공부하는 공간이다. 조선시대의 서원은 중종 때 경상도 풍기에 군수로 있던 주세붕周世鵬(1495-1554)이 세운 백운동서원을 시작으로 하며, 선현을 제사지내고 강학하기 위한 목적에서 만들어졌다. 백운동서원은 주희朱熹(1130-1200)가 제시한 백록동규를 기반으로 학규를 마련하면서 강학을 중심으로 하는 서원 운영의 원칙이 마련되었다. 백운동서원의 사례는 이후 경상도를 중심으로 전국으로 서원이 확대되어 가는 과정에서 기준이 되었다.

서원에서는 무슨 공부를 하였나. 조선시대의 공부는 그 범위가 넓고 다양하였다. 그야말로 전인교육이다. 과거시험에 대비하기 위한 공부부터 일상영역에서 사람의 역할을 궁리하고 탐구하며, 선현의 학문을 이해하고 그들을 닮아가기 위해 수양하는 것까지 공부의 범위는 넓었다. 이런 공부를 하기

---

* 이 글은 기발표된 필자의 논문(「도남서원道南書院의 강회講會와 강학講學」, 『한국서원학보』 16, 한국서원학회, 2023, 7-40쪽)을 수정, 보완한 것이다.

위해서 서원을 세웠다. 그러니 서원은 강학하고, 선현에 향사하는 공간을 중심으로 구성되었으며, 구성원은 함께 머물면서, 독서하고 토론하였다. 서원에서 이루어지는 모든 활동은 학문을 탐구하기 위한 것으로 귀결되었다.

도남서원은 상주에 생긴 최초의 서원이다. 그러면서도 상주를 대표하는 서원이다. 상주에 많은 서원이 있지만 그 가운에 단연 으뜸이라는 말이다. 그러니 도남서원은 상주 지역 사대부들의 학문적 성향을 보여주는 중요한 무대이다.

상주는 조선시대 영남지역에서 가장 번화한 지역이었다. 1789년 『호구총수』를 기준으로 하면, 경상도에서 가장 인구가 많은 고을이다.[1] 어떤 이유 때문인가. 18세기 전국을 둘러보고 사대부가 살기에 적절한 곳을 탐색하였던 학자 이중환李重煥(1690-1756)은 '상주의 다른 이름은 낙양洛陽이며, 조령 밑에 있는 하나의 큰 도회지로서 산이 웅장하고 들이 넓다. 북쪽으로 조령과 가까워 충청도 — 경기도와 통하고 동쪽은 낙동강에 임해서 김해 — 동래와 통한다. 운반하는 말과 짐 실은 배가 남쪽과 북쪽에서 물길과 육로로 모이는데, 이것은 무역하기 편리하기 때문이다.'라고 상주의 환경을 설명하였다.[2] 이렇게 상주는 영남대로와 낙동강 수로가 교차하는 곳으로 무역하기 편리하였기 때문에 물산이 풍부하였고, 일찍부터 사대부가 살기에 더 없이 좋은 곳이라고 평가받았다.

이런 상주에 목사로 왔던 신잠申潛(1491-1554)은 각 면에 서숙을 만들었고, 사대부들이 공부할 수 있는 거점이 되도록 하였다. 이후 상주 사대부들은 지역에 서원을 세우기 위해 논의를 이어갔다. 그런 가운데 전란이 일어났고, 서원을 건립하기 위한 논의는 잠시 미루어지게 되었다. 전란이 끝나고 사회

1 『戶口總數』 경상도 상주.
2 이중환, 『택리지』, 팔도론 경상도, 안대회 역, 휴머니스트, 2018.

가 안정되어 가던 17세기 초반에 정경세鄭經世(1563-1633)는 지역에서 서원의 필요성을 역설하였다. 정경세는 선비들이 학문을 하는 데에 있어 가장 유익한 방법이 함께 강학하는 것이기 때문에 서원을 설립해야 한다고 주장하였다. 서원은 학문을 하기 위한 공간이라는 것이라고 하였다.

지금까지 도남서원에 대한 연구는 다양하게 이루어져 왔다. 선행연구는 도남서원을 운영하였던 사람들에 대한 연구가 대부분을 이루었다. 17세기 후반부터 18세기까지 도남서원의 원장을 지냈던 사람들의 명단을 확인하고, 서원을 주도적으로 운영하였던 사람들의 특징을 밝힌 연구가 있다.[3] 또, 도남서원을 중심으로 열었던 시회의 운영 방식을 통해서 도남서원을 매개로 한 상주 사대부들의 연대와 결속의 실상을 확인한 연구도 있다.[4] 이를 확대하여 상주에 있었던 여러 서원 가운데 도남서원의 위상을 확인한 연구도 있다.[5] 대체로 선행연구는 상주 지역의 사대부 사회에서 도남서원의 역할을 설명하는 데에 초점을 맞추었다. 요약하면 사회적·정치적 입장에서 도남서원의 역할을 고민하였다. 이런 연구들 가운데 18세기 전반 도남서원의 원장을 지냈던 권상일權相一(1679-1759)의 서원 활동을 중심으로 도남서원의 교육 활동을 확인한 연구가 있다.[6] 이 연구는 도남서원에서 이루어진 교육에 관한 활동을 다루었다는 점이 주목된다.

본고는 선행연구를 토대로 하면서, 서원은 공부하는 공간이라는 점에 주목하였다. 서원이 만들어질 당시에 이를 주도하였던 인물은 정경세이다. 그가 설계한 도남서원의 학문적 지향은 무엇이며, 어떤 방식으로 공부하도록

3 송석현, 「17세기 후반-18세기 초반 도남서원의 운영과 상주 사족의 동향」, 『조선시대사학보』 79, 2016 ; 박소희, 「17-18세기 상주지역 남인·노론계 서원의 인적구성 분석」, 『민족문화논총』 81, 2022.

4 채광수, 「서원의 지식 네트워크 활동의 실제」, 『한국서원학보』 12, 2021.

5 송석현, 「조선시대 상주지역 서원의 동향」, 『민족문화논총』 81, 2022.

6 이수환, 「『청대일기』를 통해 본 권상일의 서원활동」, 『민족문화논총』 62, 2016.

설계하였는지 확인해 본다. 그리고 이런 설계는 18세기에 서원을 운영하던 과정에서 구체적으로 어떻게 실현되었고, 또 변화하였는지 권상일의 활동을 통해서 확인해 보고자 한다. 그리고 18세기 말 서원은 새로운 시대의 환경에 맞추어 변화해야할 상황에 처하게 되었다. 이런 변화한 사회에서 서원을 운영하였던 사람들은 도남서원이 설립될 당시에 지향했던 학문 정체성을 확인하고, 시대가 요청하는 방식으로 서원을 운영하고자 노력하였다. 이 역할은 정경세의 후손 정종로鄭宗魯(1738-1816)가 주도하였다. 정종로가 다시 천명한 도남서원의 학문 지향과 이를 위해 설계한 공부 방식을 살펴보려고 한다. 이것으로 조선시대 지역 사회에서 서원의 역할을 실제적으로 확인하고자 한다.

2. 사대부와 지방관의 협력과 강학

교통이 편리하고 물산이 풍부한 상주에 기반을 가지고 있던 사대부들의 학문 성향은 어떠하였을까. 그것에는 분명 상주의 지리적 환경이 반영되었을 것이다. 그런 상주 사대부들의 학문 성향이 집약되어 있는 곳이 도남서원이다. 도남서원은 1606년에 설립되었다. 상주 사대부들의 열망을 담아 당시 지역을 대표하는 학자이자 관료로 활동하던 정경세가 주도하였다. 상주는 전란의 피해가 극심한 지역이었고, 전쟁의 기억이 차츰 잦아들고 있는 때였다.

상주 사대부들이 서원을 설립하려던 것은 전쟁 이전부터 해 오던 일이었다. 1552년 상주목사에 부임해 온 신잠申潛은 각 면에 서숙書塾을 두고 지역 사대부들과 함께 강론하기 위한 공간을 마련하였다.[7] 정경세는 서원을 세우기 위해 상주목사에게 협조를 요청하면서, 앞서 서숙을 운영하였던 신잠의 이력을 언급하였다.[8] 이 이야기를 통해서 정경세는 지역에서 사대부들이 함께 공부할 수 있는 기반이 필요하며, 여기에 지방관의 역할이 매우 크다는 것을 환기시켰다. 정경세는 서원이 필요한 이유를 다음과 같이 설명하였다.

> 사자士子가 학문을 진보시키기 위한 공부를 함에 있어서는 여럿이 모여 함께 강습하는 것보다 더 유익한 것이 없고, 후생들이 도道를 높이 떠받드는 전례에 있어서는 선현先賢들을 존숭하여 섬기는 것보다 더 중대한 것이 없습니다. 이것이 바로 서원書院을 설립하는 까닭이며, 옛날이나 지금이나 공통된 바입니다.[9]

정경세는 선비가 공부할 때 여럿이 모여 함께 강습하는 것 보다 유익한 것이 없다고 생각하였고, 이것이 그가 주장하는 서원이 있어야 하는 이유였다. 정경세는 지역 사대부들에게 통문을 돌려 각 면 단위로 유사를 정하고, 옥성동玉成洞 서당에서 모여 회의를 진행하였다. 그리고 상주목사에게 지역 사대부들을 대표해서 글을 올렸다. 서원을 설립하려고 하므로 관에서 도움을 달라는 것이었다. 이보다 앞서 인근 고을에서 서원을 만든 사례를 보면, 지역 사대부들이 발의하고, 지방관이 지원하거나 혹은 수령이 주도해서 만들었다. 백운동서원이 그러하였고, 상주목사 신잠이 각 면에 세운 서숙 역시 같은 방식이었다. 이런 맥락에서 정경세가 수령에게 요청한 내용은 다음과 같다.[10]

---

7 『明宗實錄』 卷13, 1552년 4월 25일, “申潛爲尙州牧使.”

8 『愚伏集』 卷8, 「呈文 呈金牧使尙容文 乙巳爲本州儒生作」, “粤昔申侯潛之來莅玆土也. 謂治邑之道莫先於興學. 廣治書塾於各面. 以課蒙士. 至今吾尙之人粗知絃誦之習. 禮讓之風者. 秋毫皆其賜也. 厥後衆議咸欲中州而建一書院. 使一邦士子咸聚群居. 以爲觀善之地. 而廟享先賢. 以隆尊師崇道之典. 或因謀始不審. 或因卜地未定. 遷延歲月. 事未集而壬辰之亂作. … ”

9 『愚伏集』 卷14, 「雜著 道南建院通文 乙巳」, “士子進學之功. 莫甚益於群居講習. 後生崇道之典. 莫甚大於尊事先賢. 此書院之所以設. 而今古之所共由也. … ”

1. 신잠申潛의 지원과 서숙의 운영 : 각 면에 서숙을 설립하고 어린 선비를 교육하였다.
2. 서원 설립 발의 : 서원을 설립하고자 논의하는 가운데 임진왜란으로 중단되었다.
3. 1605년 서원 설립 추진 : 이달 초이렛날(1605년 5월 7일)에 고을 사람들을 두루 불러 모아서 전에 하려던 일을 함께 모의하여, 25일에 낙동강 가에 있는 좋은 지역을 선정하고, 가을이 되면 재목을 모을 계획을 하였다.
4. 관의 협조 요청 : 관가官家의 물력物力이 다 떨어져 완전히 고갈되었으니, 비록 성주城主도 힘을 써 볼 도리가 없다는 것을 잘 알고 있다. 그러나 규모를 정하고 조처하는 따위의 모든 일은 반드시 수령께서 지휘해 주어야 한다.

정경세의 요청을 받은 상주목사는 김상용金尙容(1561-1637)이었다. 정경세는 앞서 목사 신잠의 후원으로 각 면에 서숙이 운영되었던 사실을 강조하면서 지역 사대부들이 학문을 하고자 하는 열망을 관에서 지원해 주기를 요청하였다. 정경세는 서원은 지역 사대부들의 바람과 관의 경제적 지원을 결합해서 만들어야 한다고 여겼다. 그리고 같은 내용을 경상감사 유영순柳永詢(1552-1630)에게도 보내고, 지원을 요청하였다. 정경세는 다음과 같이 설명하였다.

삼가 생각건대, 우리 유도儒道가 동방東方으로 전해져 온 지가 이미 오래되었습니다. 정 포은[정몽주鄭夢周]에게서 창시되어 이 퇴도[이황李滉]에게서 집대성되었습니다. 그 중간에 김 한훤[김굉필金宏弼], 정 일두[정여창鄭汝昌], 이 회재[이언적李彦迪] 등 여러 선생들이 서로 잇달아 수백 년 사이에 나왔는데,

10 『愚伏集』 卷8, 「呈文 呈金牧使尙容文 乙巳爲本州儒生作」.

> 모두 수백 리 안에서 부쩍 일어나 정학正學을 강론하여 밝히고 후인後人들을 열어 주었습니다. … 이제 고을 복판에 하나의 큰 서원을 세워 다섯 현인을 합사合祀하여 여럿이 모여 강습하는 곳으로 삼고, 갱장羹墻을 보면서 추모하는 마음을 붙이고자 합니다.[11]

정경세는 정학正學이 동방으로 전해지고 정몽주로부터 시작되어 김굉필, 정여창, 이언적을 거쳐 이황에게서 집대성되었다고 하였다. 이것이 우리가 해야 할 학문이고, 이들 선현을 향사하면서 강학을 통해서 그들의 학문을 이어 가기 위해서 서원을 건립하겠다는 것이다. 정경세와 상주 사대부들은 상주는 영남에서 첫 번째 고을이라는 자부심이 있었다. 그러니 상주에 들어설 서원은 영남을 대표하는 서원이어야 하고, 나아가 조선을 대표하는 서원이 되어야 한다는 자부심이 있었다.

정경세는 서원 건물이 완성되자, 서원에서 공부하는 사람들이 가져야 할 마음가짐을 말하였다.[12]

> 고생해서 알고 억지로 힘써서 행하는 것은 그 성공에 이르게 되면 같은 것이니 기질은 학문으로 변화시킬 수 있다. 진실이 확립되고 밝음이 통하는 것은 반드시 마음을 길러서 얻게 되는 것이니 성현이 어찌 모두 천성에서 나온 것이겠는가.
>
> 진실로 자신을 닦는 데 스스로 힘을 쓰지 않는다면, 말해 보라. 무슨 면목

---

11 정경세, 『愚伏集』 卷8, 「呈文 呈柳方伯永詢文 爲本州儒生作」, "竊惟吾道之東久矣. 倡始於鄭圃隱. 集成於李退陶. 中間若金寒暄, 鄭一蠹, 李晦齋諸先生相繼於數百年之間. 蔚興於數百里之內. 講明正學. 啓佑後人. 我東儒賢之出. 於是爲盛. 而我嶺南所以爲我東之閩洛也. 高山景仰. 秉彝所同. 雖無間於遠邇. 想像欣慕之情. 尤切於耳目濡染之地. 吾尙適在嶺之上游. 爲一道大邑. 冠章甫衣縫掖者. 亦不爲不多. 今欲中州而立一大書院. 合祀五賢. 以爲群居講習之所. 以寓羹墻追慕之懷."

12 『愚伏集』 卷16, 「上樑文 道南書院廟上樑文 丙午」.

> 으로 이 자리에 앉아 있겠는가. 오늘 배우지 않아도 내일이 있다고 말하지 말라. 여러분들은 응당 짧은 시간을 아껴야 할 것이다. 작은 허물이 무슨 해가 되겠느냐고 말하지 말라. 작은 행실이 끝내 큰 덕에 누가 되는 법이다. 오직 조금씩 쌓아 가는 것을 게을리 하지 말아야만 높은 산과 큰 길에 미칠 수 있는 법이다. 이것이 바로 우리들이 본디 도모해야 할 일이니, 제군들과 더불어 함께 힘쓰기를 바라노라.[13]

정경세는 완공된 서원에서 선현들의 자취를 언급하면서 도남서원이 지향할 학문의 방향을 제시하였다. 그것은 인仁을 근본적인 토대로 삼아서 도道를 실천하는 것이었다. 학문은 주희朱熹에 근본을 두었고, 가까이는 다섯 선현을 닮으라고 하였다. 그렇게 하기 위해서 매일 쉬지 않고 공부해야 한다고 강조하였다. 정경세가 강조한 지점은 '실천'에 있었다. 일상에서 세상을 관찰하고, 깊이 이해하고 또 실천하라는 것이었다.

그리고 학문은 누구나 노력해서 성취할 수 있는 일이었다. 성현이 되는 것은 타고난 기질에서 비롯되는 것이 아니고, 끊임없이 공부하고 수양하는 데에서 이루어질 수 있다고 말하였다. 이 가치는 이후 도남서원이 지향하는 학문의 방향이 되었고, 후학들은 여기에서 출발하여 끊임없는 자기반성과 학습을 통해서 성현의 길을 가고자 노력하였다. 그러니 일상에서 공부가 생활이 되어야 하고, 끊임없이 노력해야 한다고 여겼다.

그러면 일상에서 공부는 어떤 방식으로 해야 하나. 정경세는 공부하는 이들이 일상에서 지켜야 할 태도와 공부할 때의 방식을 정리하여 제시하였다.

---

13 『愚伏集』 卷16, 「上樑文 道南書院廟上樑文 丙午」, " … 困知勉行其成功則同. 氣質可以學變. 誠立明通必養心而至. 賢聖豈皆性生. 苟不自力于治躬. 且道何面於當坐. 勿謂今日不學. 衆人當惜分陰. 毋曰小過何傷. 細行終累大德. 惟寸積銖累之不怠. 或高山景行之可幾. 是爲吾輩本圖. 願與諸君共勉. … "

먼저 스승에게 수업을 받을 때는 다음과 같은 자세로 임하라고 하였다.

> 스승에게 수업을 받을 경우는 반드시 연장자에게 앞자리를 양보하며, 나이의 순서에 따라서 나아간다. 수업을 마친 뒤에는 읍을 하고서 물러난다. 수업한 것 가운데 간혹 확실하게 깨치지 못한 부분이 있는 경우는 마땅히 먼저 연장자에게 물어보아야 하며, 곧바로 스승에게 번거롭게 물어 보아서는 안 된다. 반드시 스승에게 물어보아야 할 것이 있을 경우에는 마땅히 옷을 단정하게 입고 용모를 단정하게 한 다음 자리에서 일어나 고하기를, "제가 아무 일에 대해서 분명하게 모르겠으며, 아무 책과 아무 말에 대해서 알지 못하겠기에 감히 여쭈고자 합니다." 한다. 선생이 답하실 경우에는 마땅히 주의를 기울여서 들어야 하며, 다 듣고 난 다음에는 원래의 자리로 돌아와 앉는다.[14]

정경세는 양정편養正篇의 수업受業 항목에서 이렇게 설명하였다. 양정편은 1606년에 지은 것으로 알려져 있으니, 도남서원을 설립하는 가운데 지은 글이다. 먼저 스승에게 수업을 받을 때에는 연장자부터 순서대로 자리에 앉는다. 공부하는 일상에서 위계를 체득하라는 것이다.

수업하는 가운데 알지 못하는 부분이 있으면, 스승에게 바로 묻기보다 먼저 함께 수업 듣는 연장자에게 물어 보는 것이 좋다고 하였다. 이 역시 연장자에 대한 우대와 위계를 강조하는 지점이다. 그래도 이해할 수 없는 부분이 있다면, 반드시 스승에게 물어 의문을 해소해야 한다. 수업할 때는 단정한 용모와 자세를 갖추도록 하였다. 이렇게 일상에서 공부하는 동안 위계와 절

14 『愚伏集』 別集 卷2, 「養正篇 受業」, "受業於師, 必讓年長者居先,序齒而進, 受畢, 肅揖而退. 所受業或未通曉, 當先扣之年長, 不可遽瀆問於師. 如必請問, 當整衣斂容. 離席而告曰, 某於某事未明, 某書某言未通, 敢請. 先生有答, 宜傾心聽受, 畢復原位."

차를 익히도록 하였다.

정경세는 여럿이 모여 공부할 때 가장 유익하다고 생각하였다. 그러니 공부하기 위해서 서로 만날 때에는 예를 다하여야 한다. 이를테면 "매일 맑은 첫 새벽에 그날 숙직 가운데 한 사람이 판板을 치면 모두 일어나서 세수를 하고 머리를 빗고 의관을 갖추어 입는다. 두 번째 판을 치면 당堂 위에 올라가서 순서대로 서 있으면서 사장師長이 나와 자리에 앉기를 기다렸다가 읍한다. 그런 다음에 양쪽으로 나누어 서서 서로 읍하고 물러난다. 밤이 되어 침소에 들 때에는 판을 치면 모여서 읍하기를 아침에 한 것처럼 한다. 회강會講을 하거나 회식會食을 할 때에도 모두 판을 친다. 초하루나 보름의 경우에는 사장이 자리에 나와서 서 있으면 모두 재배再拜한다."라고 절차를 설명하였다.[15] 대체로 서원에서 강학할 때를 상정해서 설명한 것이다.

정경세는 서원은 설립부터 운영까지 사대부와 지방관이 협력해야 하고, 이렇게 설립된 서원은 공적인 영역이라고 보았다. 그러니 절차와 위계가 무엇보다 중요하였다. 서원이나 서당에 머물러 있을 때에는 "단정한 자세로 바르게 앉아 있어야 하며, 서책書冊이나 붓, 벼루 등의 물품도 모두 일정한 장소에 잘 정돈해 놓았다가 읽을 서책이나 써야 할 물품을 그때그때 조용히 꺼내 와야 하며, 어지럽게 해서는 안 된다. 읽거나 쓰기를 마친 다음에는 제자리에 도로 가져다 놓되, 뒤섞이지 않도록" 해야 하고[16], 책을 읽을 때에는 "몸가짐을 바르게 하고 뜻을 차분하게 한 다음 글자를 보고 구절을 끊어 읽되, 천천히 읽으면서 뜻을 완미하여 글자마다 분명하게 해석하기를 힘써야

15 『愚伏集』 別集 卷2, 「養正篇 會揖」, "每日淸晨. 直日一人擊板. 咸起盥櫛衣冠. 再擊. 升堂序立. 俟師長出座肅揖. 次分兩序. 相揖而退. 至夜將寢. 擊板會揖如朝. 其會講會食皆擊板. 朔望則師長就座立皆再拜."

16 『愚伏集』 別集 卷2, 「養正篇 居處」, "端身正坐. 書冊硯筆等物. 皆頓放有常所. 其當讀之書. 當用之物. 隨時從容取出. 毋得翻亂. 讀用畢. 還置原所. 毋使錯雜."

한다. 눈으로 다른 곳을 쳐다보거나 손으로 다른 물건을 만지작거려서는 안 된다. 모름지기 충분히 읽고 뜻을 환하게 꿰도록 해야 한다. 또한 날마다 배운 것을 정리하고 복습하며, 열흘마다 통독通讀하여 종신토록 잊지 않도록"[17]하고, 글을 쓸 때에는 "마음을 오로지해 붓을 잡아서 되도록 자획字畫을 엄정하게 하고, 경솔하게 하거나 엉성하게 써서 글자가 삐뚤어지거나 빠뜨려지지 않도록 해야 한다. 먹을 갈고 붓을 놓을 때는 소리가 나거나 먹이 튀지 않도록 한다. 또한 벼루 위나 책상 위에 장난삼아 글씨를 쓰는 것은 아주 아름답지 못한 짓이니, 절대로 그러지 않도록 경계하라."[18]라고 하였다.

정경세는 스승을 대하고, 함께 모여 강습하고, 책 읽고 글씨 쓰는 데에까지 바른 몸가짐을 하도록 가르쳤다. 서원은 사적인 공간이 아니었고, 국가와 지역 지식인들이 함께 만들어가는 공적인 영역이었다. 그래서 서원에서는 서로 예로써 만나고, 엄격하게 자기 관리를 하도록 하였다.

도남서원을 설립한 이듬 해 1607년 5월 정경세는 다시 관직에 나아갔다. 대구부사에 부임한 정경세는 지방관으로서 또 한 사람의 학자로서 부임한 지역의 지식인들과 마주하였다. 자신의 고장인 상주에서 서원을 세우고 강학하던 일은 수령이 되었기 때문에 이제 대구에서 실천하였다. 대구에 부임하고, 두 달이 지난 윤 6월 15일 정경세는 대구 연경서원으로 갔다. 정경세는 서원에서 밤이 늦도록 선비들과 함께 글을 읽고 논의하였다.[19] 이날 자리에 함께 하였던 손처눌孫處訥(1553-1634)이 기억하는 그날 정경세의 모습은 다음과 같았다.

---

17 『愚伏集』 別集 卷2, 「養正篇 讀書」, "整容定志. 看字斷句. 玩味徐讀. 務要字字分明. 毋得目視他處. 手弄他物. 須熟讀貫誦. 又必逐日溫理. 逐旬通讀. 以求終身不忘."

18 『愚伏集』 別集 卷2, 「養正篇 寫字」, "專心把筆. 務求字畫嚴整. 毋得輕易草率. 致令欹斜脫落. 研墨放筆. 毋使有聲及濺汚于外. 其戲書硯面及几案. 最爲不雅. 切宜戒之."

19 『慕堂日記』 1607년 윤6월 15일, "謁 先祠. 行望參如儀. 午向研經. 徐行甫先來. 初昏城主乘月來. 論文夜分乃休."

> 1607년 윤6월 16일 이른 아침에 선성先聖과 선사先師의 상像에 배알하였다. 서로 읍례揖禮를 하였다. 독법讀法과 청강聽講에 대한 규칙을 세웠다. 오후에 고강考講과 제술製述을 시행하였다. 별이 뜬 뒤에 고을 수령이 관아로 돌아갔다. 학문에 밝고 규칙을 실천하니 참으로 어진 대부이다.[20]

이날 정경세는 서원에서 사당에 배알하고, 읍례를 시행해 보였다. 정경세는 도남서원에서와 마찬가지로 수업할 때는 연장자부터 나란히 앉고, 서로 예를 갖추어 마주하도록 하였을 것이다. 그리고 서원에서 독서하는 원칙과 강학에 대한 규정을 마련하였다. 이 역시 도남서원에서 했던 방식과 다르지 않았을 것이다. 40대 중반의 학자이자 관료였던 정경세는 서원에 구성원을 조직하고, 정연하게 규칙을 만들어서 운영하는 데에 탁월한 능력을 보여주었다. 그리고 같은 날 고강과 제술을 시행하였다. 학자의 시각에서 공부할 수 있는 기반을 마련하였고, 고강과 제술을 통해서 과거科擧를 준비하는 과정도 서원에서 이루어질 수 있도록 마련해 두었다. 그러니 지역 사대부들의 입장에서는 '어진 대부'로 칭송이 자자할 수밖에 없었다.

정경세는 강학하는 장소를 서원에 한정하지 않았다. 연경서원에 다녀온 한 달 후에 선사재仙査齋에서 이틀 동안 머물면서 강학을 하였다.[21] 강학을 마친 후에는 선비들과 함께 뱃놀이를 하였다. 선사재는 서사원徐思遠(1550-1615)의 개인 공간이었다. 그리고 다음 달에는 향교에서 강학을 하였다. 손처눌이 향교에 갔더니, 서사원을 비롯한 여러 선배들이 먼저 와 있었다.[22] 늦게 합류한 손처눌은 그들과 함께 향교에서 묵었고, 다음날 부사 정경세가 와서

---

20 『慕堂日記』 1607년 윤6월 16일, "早朝謁 先聖先師像. 行相揖禮. 設讀法聽講. 午後考製星城主還官. 講明文學. 踐履[規矩]規矩. 眞賢大夫也."

21 『慕堂日記』 1607년 7월 16일, "謁 先祠. 早朝向仙查. 城主昨已來. 始講矣. 夕乘舟待月入樂齋. 以氣愆. 未偕舟上先入."

22 『慕堂日記』 1607년 8월 19일, "謁 先祠. 入校. 徐行甫郭益甫柳聖兪僉兄先來矣."

직접 강론을 진행하였다. 비가 조금 내리는 날이었고, 손처눌은 정경세의 강의를 들으면서 부사의 너그럽고 온화한 인품과 설명에 다시 한 번 탄식하였다.[23]

대구부사로 있는 동안 정경세는 연경서원과 선사재, 대구향교에서 강학하였다. 공무를 보는 가운데 강학을 해야 하니 늦은 시간에 서원에서 강론하기도 하고, 여유가 있을 때에는 며칠을 머물며 강론하는 경우도 있었다. 정경세는 서원에서 강학하는 규칙을 마련하고, 지속적으로 공부할 수 있는 토대를 마련하였다. 정경세는 공부에 진심이었고, 지역에서 뜻이 있는 선비들이 공부할 수 있도록 기반을 마련하는 데에 지방관이 재정 지원은 물론이고 강학과 학규제정 등에도 역할을 해야 한다고 여겼다. 지방관과 지역 사대부들이 협력해서 서원을 세우고, 함께 강학하는 것이 그가 설계한 서원을 운영하는 방식이었다.

3. 원생의 세분화와 거재居齋 강화

시간이 지나 도남서원은 설립한 지 100여 년을 바라보게 되었다. 설립할 때의 구상은 시대의 변화에 맞추어 어떻게 변화하고 있었을까. 18세기 전반 도남서원의 운영에 변화를 가져온 사람은 권상일權相一(1679-1759)이 있다. 권상일은 1723년부터 2년 동안 도남서원의 원장을 지냈다.[24]

권상일은 학문을 진흥하고 인재를 기르는 것[興學養士]은 선배들이 서원을 설립한 가장 중요한 목적이라고 생각하였다. 그래서 서원에서 사용하는 각종

23 『慕堂日記』 1607년 8월 20일, “夜小雨. 城主來講於淳復. 聽而不厭. 眞溫厚愷悌人. 乘昏還[當]官.”

24 이수환, 「『청대일기』를 통해 본 권상일의 서원활동」, 『민족문화논총』 62, 2016.

의 비용을 줄여서 인재를 기르는 데에 힘을 쏟아야 한다고 하였다. 인재를 기른다는 것은 어떤 것을 말하는 것인가. 권상일은 서원에는 거재居齋유생이 머물면서 학문을 탐구하는 일을 전적으로 하고 있는 상태가 유지되어야 한다고 여겼다. 이 상태가 서원이 제 역할을 하는 것을 증명하는 것이라고 여겼다. 그러니 서원은 거재유생을 운영하기 위해서 서원에 들어가는 각종의 비용을 줄여서 여기에 사용해야 한다는 것이다. 그렇다 보니 거재유생이 지켜야할 규정은 엄격하였다.

권상일은 이런 서원 운영 방침을 세우고 도남서원의 강학 규약을 새롭게 마련하였다. 권상일이 정리한 도남서원의 운영 원칙은 대략 다음과 같다.[25]

1. 거재유생은 한결같이 이산서원의 원규를 따른다.
2. 이산원규는 거재를 중요하게 여기는데, 지금은 거재하는 사람도 과거공부에 매진한다. 이는 스승의 본래 뜻에서 어긋난다. 거재유생은 모여서 글 읽고, 의리를 강론하는 것에 더욱 매진해야 한다.
3. 거재유생의 수는 서원의 재정 사정에 따라 결정하며, 대략 5인 내외로 한다.

25 『淸臺集』卷10, 「雜著, 道院條約」, "本院, 是諸老先生奉安之所, 斯文重地, 無過於此. 凡院任及入院儒生, 激勵感發, 持心行事, 專用義理, 言動擧止, 惟遵禮法, 毋得毫髮放過, 而朱夫子服先生之服, 言先生之言, 行先生之行等語, 尤當服膺事. 興學養士, 是第一件事, 先輩立院之意, 秖此爲重. 凡干浮費, 一切減損, 使院中物力贍足, 得以專意致力於養士事. 居齋儒生, 一依伊山院規, 若不遵奉而任意恣行者, 院任及齋中, 論罰規警事. 院任來時, 與居齋儒生, 講論經旨外, 不得閒雜說話事. 伊山院規, 以居齋爲重, 而近來儒生, 着力專心於文詞及科擧, 雖居齋讀書, 而秖欲文詞之用, 科擧之需而已. 大有違於老先生立規勸士之本意, 雖不可全廢, 而齊會通讀, 講論義理, 尤爲緊切事. 居齋額數, 每年隨院用豐歉加損議定, 而多不過五員事. 院任, 每於春秋和暖時, 奉請斯文諸長老及有志願學之士, 通讀講論, 而不限日數, 究竟一冊後, 乃罷事. 應講及製述儒生, 不許留院做工事, 院中些小會集時, 亦勿閒談浪過. 出院中書冊, 講讀討論事. 勸士以科擧之文, 非學宮本意, 白日場, 切勿設行事. 本院連値凶荒, 蕩殘特甚, 仍以庶事頹廢, 有難收拾, 鄙等承乏任席, 而才識短拙, 無以盡一日之責. 然竊見院任, 遞易無常. 且不得頻數往來, 隨事撿飭, 故因徇放過, 至於此境. 良可慨然, 爲雜細節目, 書之一冊, 使任員常常玫閱, 以備忽忘, 而又爲條約如右. 此等事, 亦涉僭妄, 而第於培根本振頹廢之道, 不能無小補云爾."

4. 원임은 봄가을에 날이 좋을 때 지역의 장로들과 학문을 하려는 인재들을 모아서 강론을 하는데, 날짜를 제한하지 않고 책 하나를 모두 읽고 마친다.
5. 응강과 제술유생이 서원에 머물며 공부하는 것은 허락하지 않고, 서원의 모임에서 지나치게 한담을 나누는 것을 허락하지 않는다.
6. 서원의 책은 강독 토론할 때만 꺼낸다.
7. 과거를 준비하는 것은 본래 학궁이 지향하는 것이 아니므로, 서원에서 백일장을 설행하지 않는다.

권상일이 마련한 도남서원의 규약이다. 앞서 정경세가 서원을 설립할 때, 운영 전반에 관해 언급하였던 것과 비교하면 매우 상세하고, 구체적이다. 지난 100년 동안 세상은 변화하였고, 공부하는 분위기도 많이 달라졌다. 대부분의 선비들은 과거공부를 가장 중요하게 여겼다. 권상일은 이것을 금지할 수는 없지만, 서원에서 과거 준비에 집중하는 것은 서원의 본래 기능에서 벗어나는 일이라고 생각하였다. 과거공부는 각자 할 수 있기 때문에 서원은 본래의 취지에 맞게 남기를 바랐다. 그래서 서원을 설립한 본래 취지를 다시 돌아보고 도남서원의 규약을 만들었다.

권상일은 이산서원의 학규를 모범으로 하였다. 이산서원 원규는 이황李滉(1501-1570)이 주희의 백록동규에 바탕을 두고 마련한 것이었다. 권상일은 도남서원에 이산서원 원규를 가져왔다. 이산서원 원규에서 이황이 강조한 지점은 무엇인가? 바로 거재유생을 두는 일이었다. 서원의 재정 형편은 어렵지만, 여러 비용을 줄이더라도 거재유생은 있어야 서원이 제 기능을 하고 있는 것이라고 여겼다. 거재유생은 서원에 머물면서 이산서원 원규를 기준으로 하여 규칙을 지키면서 잡담하지 말고 엄격하게 공부해야 한다.

그러면서 원생을 세분화 하여 거재유생 이외에 응강應講유생과 제술製述유생을 두었다. 강학을 듣기 위해서 서원에 오거나, 제술을 연습하기 위해서 서원에 오는 유생들은 거재유생과 이름을 달리 하였다. 이들은 서원에 머물러 기숙하면서 공부할 수 없다. 제술유생은 서원에 와서 과제를 받아 가서 글을 지은 후에 제출하고, 응강유생은 강학이 있을 때 서원에 와서 듣고 돌아가도록 하였다. 이들은 강학과 제술을 통해서 과거공부에 매진하더라도 서원은 논란할 것이 없었다. 다만 거재유생은 이들과 다른 역할이 있었다. 거재유생은 의리를 탐구하는 학문에 매진해야 한다. 권상일은 거재유생을 운영할 수 있어야 서원이 본래 기능에 충실할 수 있다고 여겼다.

강학도 중요한 요소였다. 원임은 봄과 가을에 선비들을 모아서 통독과 강론을 해야 한다. 강론할 때에는 날짜에 구애되지 않고, 책 하나를 모두 읽은 후에 마치도록 하였다. 이와 함께 서원에서는 과거를 준비하기 위해 시행하는 백일장은 설행할 수 없도록 하였다. 이런 권상일의 규약은 이황李滉 이후에 하나의 형태로 자리잡은 서원의 본래 기능을 회복하는 데에 초점을 맞추었다. 서원은 유생이 거재하며 성리학의 본질을 탐구하는 곳이었다. 그렇다고 현실의 요구를 외면할 수는 없었다. 서원은 제술과 응강을 원하는 유생들에게 그들의 바람에 부합하는 역할도 할 수 있도록 조치하였다. 원칙을 지키면서도 현실을 고려한 변화였다.

권상일의 일상생활에서 서원은 중요한 활동 공간이었다. 권상일이 처음 도남서원에 간 것은 1703년이었다. 10월 1일 여러 친구들에 이끌려 서원에 처음 갔다.[26] 이로부터 권상일은 알묘謁廟, 향사享祀, 봉안제 참석, 거재, 강학 등 다양한 이유로 서원에 갔다. 이것이 아니어도 주변 사람들과 만나기 위해

26 『淸臺日記』 1703년 10월 1일, "晴. 爲諸友所挽. 往道南書院. 會員十餘人."

서 서원에 가는 경우도 있었다. 권상일은 1710년 32세에 대과에 합격하고 관직 생활을 시작하였는데, 관직으로 상주를 떠나 있는 기간을 제외하면, 상주에서 활동은 대체로 서원에서 하였다. 권상일은 1723년 7월 45세에 도남서원의 원장이 되었다.[27] 1725년 6월까지 2년 동안 원장에 있을 때는 물론이고, 이후에도 서원 운영에 적극적으로 참여하였으며, 노년에는 서원에 자주 방문하지 못하더라도 서원의 사정은 잘 파악하고 있었다. 다음은 그가 원장으로 있던 때에 도남서원의 사정을 볼 수 있는 대목이다.

> 1723년 7월 8일 서당에서 서당과 서원 두 곳에서 입접入接하기로 하였는데, 날짜는 11일로 정하였다. 11일 아침밥을 먹기 전에 도남서원의 재임齋任이 청좌請坐하는 일로 다녀갔다. 들으니 서당의 거접居接은 이석爾錫의 초상 때문에 13일로 물려 정하였다고 한다. 홍이석이 현재 서당의 임원이기 때문이다. 13일 비가 내렸다. 거접유생 20여 인이 와서 모였다고 한다. 15일 거접 유생이 지은 글 30여 장을 보내와서 채점하였는데, 장원은 채식蔡湜을 뽑았다. 도남서원에 제출하였던 사임 단자에 원임原任의 발문을 받아 왔는데, 체임이 허락되지 않아 두 번째 사임 단자를 써서 보냈다. 16일 거접 유생이 제술한 것을 또 보내와서 채점하였다. 17일 서당과 서원에 거접한 유생은 도합 50여 인이라고 한다.[28]

권상일은 1723년 7월 1일 도남서원 원장에 추천되었다. 며칠 후에 사양하는 뜻으로 단자를 써서 보냈는데 허락받지 못하자 재차 사양하는 글을 써서

27 『淸臺日記』 1723년 7월 1일, "晴. 道南薦紙來. 副末則李天如黃道源."

28 『淸臺日記』 1723년 7월 8일, "自堂入接於堂院兩所. 定以十一日. 11일 朝前道南齋任. 以請坐事來見而去. 聞堂接以爾錫喪. 退定於十三日. 以方爲堂任故也. 13일雨. 接儒二十餘人來會云. 15일 快晴. 接製三十餘張來考. 壯元出蔡湜. 道院單子受跋於原任而來. 不許遞. 修送再單. 16일 接製又來考. 17일 聞堂院接儒合五十餘人云."

보냈다. 권상일은 원장 직임을 사양하는 중에도 서원의 거접 날짜와 참여한 인원의 수를 확인 하였다. 며칠 후에 거접유생의 글을 채점하였다. 권상일이 원장이 되면서 가장 먼저 한 일이 서원의 거접 일정과 거접유생의 글을 채점하는 것이었다. 권상일이 거접 유생을 관리하면서 한편으로는 강학을 준비하였다. 당시 도남서원의 강학은 다음에서 볼 수 있다.

> 1724년 1월 22일 『성리대전性理大全』 「천지天地」 권을 강하고 토론하였다. 김천장金天章도 왔다. 26일 … 목사가 "이번 걸음은 실로 경내의 사민士民들과 더불어 조용히 강담講談하고자 함이오. 길을 나설 때 향교의 구실아치가 와서 고하기를, 재임齋任이 출타 중이어서 각 서당에 소식을 전하지 못하였다고 하니, 몹시 서운하오. 지금 두 협실夾室을 보니, 경재敬齋·의재義齋라고 이름을 붙였는데, 이는 긴요하고 절실하니 강을 해볼 만하오."라고 말하고는 곧바로 서원 안에 있는 『심경心經』을 꺼내 오도록 하여 「곤괘坤卦」의 육이六二에 대한 '경이직내장敬以直內章'을 스스로 한 번 읽고, 부주附註의 마지막 편까지는 또 나에게 읽도록 하였으며, 또 김천장에게 읽어 마치도록 하고, 그에 따라 그 장의 의심스러운 뜻을 강론하였다. 또 "과문科文은 유가의 글을 벗어나지 않소. 마치 맹자孟子가 인의仁義만을 말하고 이利를 구한 적이 없으나 저절로 이利 아님이 없었던 것과 같소. 선비가 유가의 글을 읽는 것이 일찍이 과거를 보기 위한 계책은 아니었지만 과거 길이 저절로 다가와서 끊어지지 않았소." 라고 말하였다. 또 『성리대전』 너덧 곳 및 이기理氣의 여러 설을 논하고 마쳤다. …[29]

---

29 『清臺日記』 1724년 1월 22일, "講討性理大全天地卷. 金天章亦來. 24일 見主倅下帖. 以今二十六日馳進本院. 瞻拜先正後. 因與院長講討經旨. 因會通經之士. 論難而歸云云. 此是好意. 而昧識不敢當不敢當. 且日急. 接待一欵似難模様. 可悶. 書請直淸來. 26일 金聖源金大任金天章從兄弟. 凡五六人來會. 俄而城主來臨. 出迎於第三階下. 禮當出大門相迎. 而享祀時祇迎祭物於此階. 故不得出門. 由東西階竝行. 而吾由西階. 稍後坐定. 會員納刺進謁. 因謁 廟. 定執事二人. … 城主曰. 今行實欲與境內士民. 從容講談. 臨發校吏來告. 齋任出外. 不及發通於各書堂云. 極可欠歎.

1724년 1월 상주목사 송인명宋寅明(1689-1746)은 도남서원에 선비들과 강론하러 오겠다고 연락하였다. 권상일은 반가운 한편, 부담이 컸다. 며칠 후에 목사가 서원에 도착하자 권상일은 예로써 맞이하였고, 사당에 참배한 후에 강론을 진행하였다. 이날 『성리대전』과 『심경』을 강론하였다. 목사는 도남서원에 이어 윤4월에는 옥성서원에서 『심경』을 강론하였다. 이때 40여 명이 참석하였는데, 권상일은 사정이 여의치 않아서 참석하지 않았다. 서원에서 진행하는 강론에 고을 수령이 참석하여 함께 하는 장면은 정경세가 대구부사로 있던 때와 다르지 않았다.

권상일은 서원의 거재를 관리하면서, 강학을 진행하였다. 이렇게 서원을 운영하는 방식은 이황이 마련한 이산서원 원규에서 가져왔다. 그는 순수 학문 연구기관으로 서원의 역할을 상정하였다. 그런데 문제는 당시 선비들의 분위기였다. 상주 사대부들은 과거로 관직에 나아가기 위해 공부하는 분위기가 지배적인 시대였다. 권상일이 구상한 서원의 운영 방법은 어쩌면 현실의 요구와 거리가 있었다. 원생을 세분화 하여 거재유생을 두는 것으로 서원의 본래 기능을 간직하려고 하였다. 그리고 응강과 제술유생을 두고 지역 사대부들의 요구에 부응하려고 하였다. 그러나 서원의 재정은 넉넉하지 못하였다. 권상일의 방법이 오래 유지될 수 있었을까.

今見兩夾室. 名以敬義. 此是緊切可講. 卽出院中心經. 坤之六二. 敬以直內章. 自讀一過. 至附註末篇. 又使余讀之. 又使金天章讀之訖. 因論難其章疑義. 又曰科文無過於儒家書. 猶孟子言仁義未嘗求利. 而自無不利. 士之讀儒家書未嘗爲科學計. 而科擧自至縷縷不已. 且論性理大全四五處及理氣諸說而罷.”

4. 강회의 다양화와 강학의 일상화

도남서원은 1660년[顯宗, 庚子] 불의의 사고로 불이 나서 일관당一貫堂이 불타버리게 되었다. 이에 류천지柳千之(1616-1689)가 나서 건물을 다시 세웠고, 서재 두 칸을 지어 모습을 갖추었다. 이런 모습으로 유지되던 도남서원은 1783년 류천지의 증손자 류성림柳聖霖(1711-1790)이 묘우와 학궁 및 문루를 다시 세워서 중흥의 기반을 마련하였다. 그리고 이경유李敬儒(1750-1821)가 원장이 되면서 다시 서원을 정비하였다. 이때 참여한 이들이 조학수, 강종흠, 김구범 등 이었다. 정종로는 이렇게 정리된 서원을 보고서 '비로소 옛 모습을 회복하였다.'고 감탄하였다.[30]

정종로는 다시 모습을 갖춘 도남서원의 각 건물에 이름을 정하였다. 정종로는 『대학』의 원리를 탐구하는 것을 학문의 시작이자 근본으로 하고, 이 학문을 하는 공간이 바로 도남서원이 되도록 하였다. 정종로는 서원으로 들어가는 입구에 '입덕문'을 세운 것은 서원이 『대학』의 원리를 익히는 공간이라는 것을 강조하기 위한 것이고, 서재를 손학遜學이라고 한 것은 그 뜻을 겸손하게 배우라는 뜻이고, 민구敏求는 민첩하게 구하라는 말이며, 문루를 정허靜虛라고 한 것은 그 마음의 본체를 곧바로 가리켜 욕심이 없어야 이것을 얻을 수 있다는 의미라고 설명하였다. 『대학』을 근본으로 강조하는 학문적 관념은 정경세부터 이어온 도남서원이 지향하는 가치였다. 같은 시기에 류성룡의 학문을 담아내었던 병산서원의 그것과도 같은 맥락을 볼 수 있는 지점이다.

이렇게 중수한 도남서원에서 정종로와 상주 사대부들은 시대에 맞게 서원을 운영할 방법을 고민하였다. 먼저 학문의 계통을 정리해야 했다. 정종로는

---

30 『立齋集』 卷29, 「記, 靜虛樓重修記」.

다음과 같이 설명하였다.

> 우리 동방의 이학은 포은 선생에게서 창시되어 퇴도 선생에게서 집대성되었는데 그 중간에 한훤, 일두, 회재 세 선생이 있어 그 아름다움을 잇고 그 은미함을 밝혔다. 그 뒤에는 소재 선생과 퇴도 선생 같은 분이 나란히 대대로 추존을 받았다. 서애와 나의 선조 우복 두 선생은 퇴도에게서 비록 직접 배우거나 사숙한 차이가 있으나 모두 그 적전을 얻었다. 이 여덟 선생이 모두 우리 영남의 같은 도 안에서 나와서 도정사 가운데 함께 배향되었으니, 아 성대하도다. 이 때문에 본 서원이 영남의 으뜸가는 학궁이 되었다.[31]

정종로의 시대에 도남서원은 처음 세울 때와 비교해서 규모가 확대되었다. 처음 다섯 선현으로 시작한 제향 인물은 여덟으로 늘었고, 그만큼 서원에 담아야 할 내용이 많아졌다. 그래서 정종로는 제향하는 인물들을 중심으로 도남서원의 학문 계보를 다시 정리하였다. 그리고 처음으로 돌아가서 서원의 본래 의미를 확인하였다. 그들에게 서원은 어떤 곳인가. 정종로는 두 가지를 강조하였다.

> 우리들이 이 서원에 대해 건물을 보존하여 지키는 도는 이에 이미 극진하지만, 당초에 창건한 바의 의미는 '현인을 존숭함'과 '도를 강론함' 이 두 가지에서 벗어나지 않는다.[32]

---

31 『立齋集』 卷29, 「記, 道南書院一貫堂重修記」, "我東理學. 倡始於圃隱先生. 集成於退陶先生. 而中間則有如寒暄, 一蠹, 晦齋三先生. 繼其徽闡其微. 後來則有如穌齋先生與退陶並世見推. 而西厓及吾先祖愚伏兩先生. 於退陶雖親炙私淑之異. 俱得其嫡傳. 而是八先生皆出於吾南一道之內. 同享於道正一祠之中. 猗歟盛哉. 用是本院爲大嶺首學宮. … "

32 『立齋集』 卷29, 「記, 道南書院一貫堂重修記」, " … 而復之曰吾輩之於本院. 其保守屋宇之道. 則斯已盡矣. 而乃若當初所以刱建之意. 不越乎尊賢講道二者之外."

정종로는 서원의 건물을 다시 세우고 지키는 것으로도 역할을 한 것이지만, 근본적으로 서원을 세우는 이유는 존현講道과 강도講道라고 하였다. 18세기 도남서원은 새로운 학문 풍토와 사회 변화에 직면하였다. 정종로는 서원을 세우고 유지하는 데에 있어서 핵심은 '현인을 존숭함[尊賢]'과 '도를 강론함[講道]'에 있다고 하였다.[33] 여기서 존현尊賢에 대한 것은 봄과 가을에 석채舍菜하고 초하루와 보름에 향사하며, 지나갈 때 우러러 배알하며 제사 지낼 때 엄숙하고 공경하는 것이 그 형식과 방법이라고 하였다. 문제는 강학에 있었다. 강학은 그 범위가 넓고, 지속적으로 이루어져야 했다. 서원이라면 강학을 제대로 시행하는 것이 관건이라고 보았다.[34] 정종로는 강학을 활성화하기 위해서 각 동리에 통문을 돌리고, 강학하는 방식을 제시하였다.[35] 정종로가 제시한 원칙은 4가지이다. 첫 번째는 다음과 같다.

> 하나. 현실적인 방법을 만들어 경經과 사史를 막론하고 각자 읽던 책을 가지고 와서 강학하도록 하는 것이 좋겠다. 그런 뒤에라야 바야흐로 강학에 빠질 근심이 없고, 모두 권학의 과정 안에 있게 할 수 있다.[36]

---

33 『立齋集』 卷29, 「記, 道南書院一貫堂重修記」, " … 而復之曰吾輩之於本院. 其保守屋宇之道. 則斯已盡矣. 而乃若當初所以刱建之意. 不越乎尊賢講道二者之外. 蓋以尊賢言之則舍菜於春秋. 焚香於朔望. 瞻謁於經過之時. 肅敬於拜跪之間者. 尊賢之文也. 誦其詩讀其書. 論其世得其心. 至誠欽慕. 必欲效法者. 尊賢之實也. 若徒有其文而無其實. 豈可謂尊賢. … "

34 『立齋集』 卷29, 「記, 道南書院一貫堂重修記」, " … 以講道言之. 八先生之道. 卽千古聖賢相傳之道. 而是道也自中國則東矣. 自我國則南矣. 故院以道南爲號. 而祠之號道正. 亦以是焉. 夫以千古聖賢相傳之道. 擧四海曠百世莫能與. 而褊小如我國. 一隅如吾南者. 不過數百年之間. 八先生相繼而得之. 斯豈非天下之大幸. 然道之不講與講之不能善也久矣. 若徒有講道之名而無講道之實. 又豈可謂之講道乎. … "

35 『立齋集』 卷25, 「雜著 爲講學事通各書堂文」.

36 『立齋集』 卷25, 「雜著 爲講學事通各書堂文」, "一. 向來講學. 一依考亭法門. 旣講大學. 以及論語. 則爲今之計. 只將論語中未講之卷. 使之來講. 固是不易之序. 而但念如此則人之讀他書者. 似未肯遽舍所讀. 而必此之讀而來講者無幾. 故莫若變而通之. 更爲活法. 無論經史. 使各以所讀來講. 然後方無遺漏之患. 而學在勸課中矣. 或者以雜亂無序爲慮. 然此亦處之有術. 如方讀大學. 卽令了此後. 始讀論語. 方讀論語. 卽令了此後始讀孟子. 以至六經以下許多宜讀之書. 皆如此讀之.

정종로는 강학을 다시 활성하기 위해서 무엇보다 중요한 것이 지금 당장 강학을 시작하는 것이라고 보았다. 당장 강학을 시작하기 위해서는 강학에 참여하는 사람들에게 들어올 수 있는 문턱을 낮추어야 했다. 우선 강학하는 순서를 유연하게 하였다. 책을 읽는 데에도 순서가 있다. 정종로는 그것을 잘 알고 있었다. 『대학』을 읽은 후에 『논어』로 나아가는 것이 순조로운 순서였다. 그러나 이 원칙을 강조하면 강학에 참여할 사람의 수가 현저히 줄어든다. 독서하는 선비들은 책을 읽는 순서가 제각각이었다. 먼저 읽은 사람, 아직 미루고 있는 사람, 경서보다 역사를 읽고 있는 사람 등 다양한 상황이었다. 각자 자신의 진도에 맞추어 독서하고 있는 사람들에게 서원의 원칙을 앞세워 정해진 순서대로 강학하겠다고 한다면 어떻게 될 것인가. '염려하건대 이와 같이 하면 다른 책을 읽고 있는 사람은 아마 읽던 책을 갑자기 놔두려 하지 않을 것이니, 반드시 이렇게 읽고 와서 강학할 사람이 거의 없을 것'이었다. 그러니 변통이 필요하였다.

정종로는 현실적인 대안을 제시하였다. 각자 읽고 있는 책을 가지고 와서 강학에 참여하도록 하였다. 그렇다고 공부하는 분위기가 흐트러질 것을 염려할 필요는 없었다. 이를테면, 『대학』을 읽고 있는 사람은 다 읽은 후에 『논어』를 읽도록 하고, 『논어』를 읽고 있는 사람은 다 읽은 후에 『맹자』를 읽으면 되기 때문이었다. 그렇게 해서 꼭 읽어야 할 육경六經 이하의 많은 책을 모두 읽으면 되는 것이었다. 강학이라는 집단 학습의 장점을 취하면서도, 각자의 역량을 고려하여 순차적으로 학습할 수 있는 여유를 주어서 뜻이 있는 사람들은 누구나 부담을 갖지 않고 강학에 참여할 수 있도록 하였다.

이렇게 해서 강학의 분위기가 조성되면, 다음으로 강학에 참여하는 사람

則是亦未始不整齊有序. 而無復雜亂之患矣. 如何如何."

들을 체계적으로 관리해야 한다. 정종로가 제시한 두 번째는 방법은 체계적인 원생 관리에 관한 것이었다. 먼저 각 면面에서 강안講案을 수정하고 정리하여 그 지역에서 글을 읽는 선비의 성명과 나이 및 읽고 있는 책을 모두 적어서, 하나는 해당 서숙書塾에 비치하고, 하나는 도남서원에 알리도록 하였다. 구체적인 내용은 다음과 같다.

> 하나. 문목問目에 대비하라는 뜻을 각각 해당 면의 강학하는 유자儒者에게 알려 주고, 이미 익숙하고 정밀한지를 헤아려 먼저 본 서숙에 모여 회강會講하며, 그 가운데 문의文義에 가장 밝고 대어對語가 가장 좋은 자를 그 문목과 아울러 도남서원에 보고한다. 그러면 나아가 질정할 곳이 저절로 절도가 있게 되고, 또 한가한 시간에 도남서원에 일제히 모여 함께 강론하고 토론할 수 있을 것이다.[37]

먼저 각 면을 단위로 강회를 조직하도록 하였다. 앞서 신잠申潛이 각 면에 서숙을 만들어서 운영하던 것과 같은 방식이었다. 이렇게 면을 단위로 조직된 강회에 문목問目을 나누어 주고, 각자가 익숙해질 수 있도록 공부하도록 하였다. 그 후에 함께 모여서 강학한다. 이 강회를 운영하는 방식은 각 면을 단위로 조직하고, 그 가운데 학문의 성취가 나은 사람을 중심으로 모여 공부하고, 그 후에 도남서원에 모두 모여서 회강할 때 함께 논의하도록 하였다. 이렇게 하면 각 면을 단위로 다양한 강회가 마련된다. 그리고 이 강회에서

37 『立齋集』卷25,「雜著 爲講學事通各書堂文」, "一. 各以所讀來講之法. 果爲可行. 則自各面爲先修整講案. 凡厥讀書之士. 皆書其姓名年歲及其所讀之書. 而一置本塾. 一送道院. 使知某讀某書. 然後又以熟讀精思. 以待問目之意. 各各知委於該面講儒. 度其已熟已精. 而先爲會講於本塾. 其中文義最明. 對語最善者. 並其問目而報於道院. 則如愚淺見. 雖不足以知其得失. 然今日就正. 自有其所. 又於閒暇之時. 齊會道院. 大家講討. 種種如是. 歲以爲常. 則其於勸學之道. 庶有著實之效. 如何如何."

스스로 공부할 수 있기 때문에 일상생활을 하는 범위에서 누구나 공부할 수 있는 기반이 마련된다. 그리고 나아가 원생들은 일정하게 학습이 이루어졌기 때문에 서원에서 진행하는 강회는 일정한 수준을 유지할 수 있었다.

서원은 스승과 여러 구성원들이 함께 강학하는 자리이므로 공식적인 공간이었다. 그러니 서원 강학에 앞서 이에 대비하는 소규모 강회를 운영하도록 한 것이다. 정종로의 방식은 앞서 정경세가 제시한 수업 방법을 시대에 맞게 변용한 것이었다. 정경세는 독서하는 가운데 의문이 나는 곳이 있으면, 먼저 함께 공부하는 연장자에게 묻고, 그래도 해소되지 않은 점이 있으면 스승에게 나아가 문의하라고 하였다.[38] 이렇게 하면 함께 독서하는 사람들 사이에서 자연스럽게 유대가 형성이 되면서 자율적인 학습 분위기가 이루어질 수 있고, 또 서원에서 이루어지는 강학은 일정한 수준을 유지할 수 있다고 판단하였다.

게다가 서원 거재는 많은 비용이 소요되기 때문에 운영하는 데에 부담이 컸다. 정종로는 이런 이유 때문에 서원에서 일상적으로 공부가 이루어지지 않게 되면서 서원이 본래 기능을 상실하게 되었다고 판단하였다. 그러므로 각 면을 단위로 자율적인 공부 모임을 운영하고, 이 조직과 서원을 연계하면 일상적으로 공부하는 서원의 기능은 유지하면서, 서원이 부담하는 비용을 줄일 수 있도록 구상하였다.

다음은 서원에서 강학할 때의 방법을 말하였다. 정종로는 서원은 공부하는 사람들에게 '상시개방' 상태로 유지하도록 하였다. 그의 말은 다음과 같다.

> 하나. 꼭 일제히 모이기를 기다릴 필요는 없고, 각자 읽던 책의 내용에서 문목을 만들어 해당 유자儒者에게 돌려 보이고, 해당 유자 또한 모두 답을

---

38 『愚伏集』 別集 卷2, 「養正篇 受業」.

> 만들어 본 서숙으로 보내서, 본 서숙에서 도남서원에 보내는 자료로 삼는다면, 묻는 사람이나 대답하는 사람 모두 조용하게 생각을 지극히 할 수 있어서 아마 참으로 드러내 밝히는 이익이 있고, 일 또한 편하고 마땅하여 영구히 행할 수 있다.[39]

공부를 하다 보면, 의문이 생길 때가 있다. 의문은 독서하는 가운데 스스로 해소될 수도 있지만, 오래 고민해도 분명한 답을 얻지 못하는 경우도 있다. 질문은 스스로 궁리하며 답을 찾아가는 과정이 필요하지만 길어지면 집중력이 흐트러질 수 있는 것을 정종로는 잘 알고 있었다. 그래서 강학이 활발하게 이루어지기 위해서 서원은 항상 문을 열어 두도록 하였다. 서원에서 회강會講할 때를 기다려 질의하는 것도 중요하지만, 회강을 진행하는 것도 결코 쉬운 일이 아니었다. 비용 문제로 회강이 원활하지 못할 경우도 있고, 각자의 일정 때문에 성사된 회강에 참석하지 못하는 경우도 있게 마련이었다. 그러니 정종로는 각자가 공부하면서 기록한 문목問目은 각 동리를 단위로 조직된 서숙에서 함께 고민해 보고, 서숙을 단위로 문목을 정리하고, 스스로 궁리하여 정리한 후에 문답을 모두 도남서원으로 보내도록 하였다. 이 문답의 내용은 서원 회강 때 함께 논의하였다. 이렇게 하면 스스로 문제를 해결하려는 과정을 충분히 가지면서 함께 공부하는 이로움을 얻을 수 있기 때문이었다.

이제 가장 중요한 문제가 남았다. 과연 서원에서는 무엇을 공부해야 하나. 어떤 질문을 해야 하며, 공부하는 방향은 어디에 향해 있어야 하나. 이에

---

39 『立齋集』 卷25, 「雜著 爲講學事通各書堂文」, "一. 問目待會講時固好. 而但念各有事故. 齊會未必. 又以支供之難. 不過數日而罷. 則紛擾忙迫之中. 問者對者. 俱未暇致詳. 實不無草草之恨. 故愚意不必待其齊會. 而各就所讀之書. 發爲問目. 輪示該儒. 該儒亦皆作對. 送之本塾. 以爲自本塾送道院之地. 則問者對者. 俱得從容致思. 庶有眞箇發明之益. 而事亦便宜. 可以永久行之. 如何如何."

대해 정종로는 당시 사회의 분위기에 대한 문제를 지적하는 데서 말을 시작하였다. 그는 요사이에 '강학講學이라는 것은 단지 본분상의 명목名目으로 원래 이상하거나 별다른 일이 아닌데도, 지금 사람들이 으레 이 이름을 피하고, 뜻을 지닌 향당鄕黨의 선비들이 혹 그사이에 따라 행하고자 하지 않는' 상황을 지적하였다. 서원 강학이 무엇이 문제인가. 왜 기피하는가. 정종로는 원인이 바로 공부에 대한 생각이 잘못되었기 때문이라고 보았다.

정종로는 선비가 학문을 익히는 것은 농부가 농사를 짓는 것과 같은 이치라고 하였다. 그러니 '지금 우리[吾黨] 선비들은 학문하는 사람이 아닌 이가 없으니, 그 누가 의관을 차려입고서 생활하지 않겠으며, 그 누가 집에서 효도하고 공경하지 않겠으며, 그 누가 향당에 충신忠信하고 그 언행을 삼가 미덥게 하지 않겠는가'라고 하였다. 그러면서 국가가 과거科擧를 마련하여 선비를 선발할 때 사서의四書疑와 오경의五經義로 시험해 왔던 것은 결국 선비들이 지향해야할 학문과 과거科擧의 내용이 결코 다르지 않기 때문이라고 하였다. 이런 문제제기에서 시작하여 정종로가 말하는 공부는 다음과 같다.

> 하나. 사부詞賦와 문장文章 또한 도술道術 밖의 기예의 학업이 아니므로, 비록 그 공부하는 것이 각각 다르고 뜻을 세우는 것이 같지 않더라도, 요컨대 모두 이 학문[此學]에 포함된 것이기 때문에 둘로 보아서는 안 된다.[40]

40 『立齋集』 卷25, 「雜著 爲講學事通各書堂文, "一. 講學二字. 只是本分上名目. 元非異常別件物事. 而今人例避是名. 鄕黨有志之士. 或不欲隨行於其間. 則此恐錯料之甚. 夫爲士而講學. 何以異於爲農而說農理乎. 凡今吾黨之士. 無非學問之人也. 其孰不衣冠而處乎. 其孰不孝悌于家乎. 其孰不忠信於鄕黨. 而謹信其言行乎. 聖賢之學. 不過欲使人盡分於此等處而已. 第令少加之意. 則思過半矣. 國家之設科取士. 亦未嘗不以四書疑五經義者. 其意亦待之以此學也. 詞賦文章. 亦非道術外藝業. 則雖其用工各異. 立志不同. 要皆此學之所包. 而不可以二視之. 苟有作人之術而盡其導率之方. 亦何難於與之共學而偕至於大道乎. 此物雖非其人. 而僉執事則想必綽然而有裕. 故尤願今日讀書之士. 一一皆書於講案. 而無一毫或遺也. 如何如何."

공부하는 목적을 어디에 두어야 하는가. 많은 사대부들이 과거를 통해 관직에 나아가기를 희망하였다. 그러면서도 과거에 매진하는 이들에 대해 비판적인 인식도 있었다. 한편으로는 서원 강학은 과거응시에 도움이 되지 않는다고 여기고, 다른 한편으로는 과거공부는 말단이라고 여겼다. 그러니 서원 강학이 제대로 이루어질 수가 없었다.

과거 공부는 학자가 추구할 바가 아니며, 서원에서는 과거 공부를 해서는 안 되는가. 정종로는 그렇지 않다고 하였다. 어느 때부터 과거를 위한 공부는 말단으로 언급되기도 하는데, 이런 시각은 문제라고 하였다. 국가에서 인재를 선발하는 방법을 마련할 때는 그 공부를 통해서 진정한 학문에 도달할 수 있다고 판단했기 때문에 사서와 오경을 시험하였던 것이다. 그런데 이것을 추구하는 것이 무엇이 문제이겠는가. 정종로는 과거 공부는 조금도 문제가 되지 않는다고 하였다. 앞서 권상일이 과거를 준비를 하는 일체의 활동을 서원에서 하지 말도록 한 것과 대비되는 지점이다.

정종로는 평소 후학들에게 과거 공부를 격려하였다. 어느 날 류의목柳懿睦(1785-1833)이 안부 편지와 함께 보낸 시詩의 구절에서 과거 공부를 그만 두겠다는 뜻을 읽을 수 있었다. 정종로는 답장에서 과거 공부를 그만 둘 요량을 거두라고 하면서 '예로부터 선배들 가운데 경륜에 뜻을 둔 이가 과거로 출신해서 세상에 포부를 펼칠 수 있었던 일 또한 헤아릴 만 하니, 우선 머리를 숙이고 과거에 응시하여 한편으로는 어머님의 바람에 부응하고, 한편으로는 집안 어른들의 가르침을 따르는 것이 바로 당면한 도리이다.'라고 하였다.[41]

41 『立齋集』 卷21, 「書, 答柳彝好」, "審有廢擧之意. 至形於詩句. 固知足下志尙素高. 於向上事. 得味又深. 其不欲隨衆作一例忙者. 非不超然出於塵俗之外. 而聖學眞工. 從此可專一做去. 但奉老之下. 便能謝絶旣未易. 又況諸父兄長上咸欲其依舊從事. 以就科第. 則必不許無端坐停. 亦何能堅執己見耶. 且以賢史之文識. 其於功令之業. 所成就計已不淺. 而古來先輩之抱負經綸者. 由科目出身而得展布於世. 亦可指數. 則姑且俛首應擧. 一以副慈闈之望. 一以順門老之敎. 亦是面前道理. 以愚策之. 未見其爲不可."

재능이 있는 후학이 과거를 통해서 세상에 나아가 뜻을 펼치는 것은 무엇보다 중요한 일이라고 여겼다.

정종로는 매년 수계사에서 강학을 하였다. 70여 세의 나이에도 여러 날 동안 강학을 진행하면서 일찍 일어나서 관대를 갖추어 입고 여러 학생들과 함께 읍례를 행하고 강학을 시작하였다.[42] 강학에 대한 정종로의 열정은 지극하여 '상喪을 치르는 틈에도 강학을 멈추지 않았고, 또 학업을 청하는 학생이 있으면 가르치는 일을 게을리 하지 않았다.'고 한다.[43] 정종로의 일상은 여러 사람들과 글 읽고 강론하는 것이었다.

1816년(丙子) 봄에 정종로는 도남서원에서 『중용中庸』을 강의하였다. 앞서 1815년 봄에 서원의 임원이 교체되었다. 원장은 이경유李敬儒였고, 재임은 류식조柳軾祚·남한모南漢模·금정한琴楨漢이며, 그 해 가을에 재임으로 강세림姜世霖·송규철宋奎喆이 더해졌다.[44] 이들은 정종로가 도남서원에서 강학할 수 있도록 준비하였다. 강학은 도남서원 일관당에서 진행되었는데, 3일 동안 진행된 강회에 모인 사람들이 삼백 명이었다고 한다.[45]

정종로가 강학한 기록은 사후에 후학들이 정리하였고, 회록으로 만들었다. 1816년 도남서원의 재임이 된 정상리鄭象履(1774-1848)는 정종로가 도남서원에서 『중용』을 강학하였고, 그 내용은 황반로黃磻老(1766-1840)가 정리하였다고 기록해 두었다.[46] 정상리는 정종로의 족질이고 제자였다. 『우복별집』을 간행

42 『立齋集』 別集 卷9, 「附錄 言行錄」, "每年於修禊社設講學. 遠近學者多會. 時先生年七十餘矣. 連日早起冠帶. 與諸生行庭揖. 禮畢因開講. 端坐終日. 論難不倦. 傍人請暫停休息. 曰我自樂此. 不爲疲也."

43 『立齋集』 別集 卷9, 「附錄 言行錄」, "讀禮之暇. 不輟講學. 亦有諸生請業者. 則敎授不倦."

44 『尋院錄』, 상주박물관 소장본.

45 『立齋集』 別集 卷9, 「附錄 言行錄」, "丙子春. 道南洞主邀致先生. 設講學於一貫堂. 道內聞風而會者殆三百人. 先生以八耋大老. 秉拂主席. 韶華不減. 爲諸生講論滾滾不倦. 凡三日乃罷. 因泛舟洛江. 沿流上下. 與諸名勝作聯句唱和. 薄暮還院中. 諸人多有困憊不振. 而先生整飭衣冠. 談話至夜深."

하고, 정종로의 글을 정리하여 『입재집』을 간행하는 일을 담당하였다.[47] 여기서 정종로가 말년까지 공부하는 선비들과 함께 강론하는 것을 가장 중요한 업으로 삼아 왔던 것을 볼 수 있다.

5. 맺음말

조선시대 서원은 사대부들이 모여 함께 공부하는 곳이었다. 조선시대의 공부는 그 범위가 넓고 다양하였다. 그야말로 전인교육이었다. 과거시험을 대비하기 위한 공부부터 일상 영역에서 사람이 지향해야할 가치를 연마하고 탐구하며, 선현을 이해하고 그들을 닮아가기 위해 수양하는 것까지 공부의 범위는 넓었다. 이것을 하기 위한 곳이 서원이었다. 그러니 서원은 강학하고, 선현에 향사하는 공간을 중심으로 유생들이 함께 기숙하고, 토의하는 할 수 있도록 구성하였다. 서원에서 이루어지는 모든 활동은 학문을 하기 위한 것으로 귀결된다.

도남서원은 상주에 생긴 최초의 서원이고, 상주를 대표하는 서원이다. 상주에 많은 서원이 있지만 그 가운에 단연 으뜸이다. 그러니 도남서원은 상주의 지식인 사회를 볼 수 있는 중요한 지점이다. 도남서원은 1605년 정경세가 주도하여 지역 사대부들의 의견을 모으고, 상주목사와 경상감사의 지원을 받아서 낙동강 가에 설립되었다. 정경세는 사대부가 공부하는 데에 함께 하는 것이 가장 이롭기 때문에 서원이 필요하다고 하였다. 정경세는 서원을 설립하자는 논의는 지역의 사대부들이 일으키지만, 설립하는 과정에서 구체

---

46 『制庵集』 권6, 「道院講會錄跋」, "往者道院之講中庸. 寔我宗父立齋先生易簀前數月事. 而會錄之在亂紙者. 後十七年壬辰春. 白下黃公始克手自淨寫, 以備院中之古籍. … "

47 『制庵集』 권8, 「行錄」.

적인 조치는 지방관이 지원해야 한다고 생각하였다. 이렇게 해서 도남서원이 설립되었다.

도남서원은 이후 시대의 요구에 맞추어 운영방식이 변화하였다. 도남서원이 설립되고 100여 년이 지난 18세기 전반 도남서원은 공부의 방향과 운영에서 변화가 있었다. 이를 주도한 것은 권상일이었다. 권상일은 1710년에 과거에 합격하고 관직 생활을 하던 가운데 1723년에 도남서원 원장이 되었다. 그가 원장으로 있는 동안 도남서원에서 가장 큰 변화는 이산서원의 원규를 적용하여 운영하였다는 점이다.

이산서원은 이황이 설계하였고, 거재유생을 중심으로 서원을 운영하도록 하였다. 권상일은 이것을 도남서원에 적용하여 서원에 거재유생을 두고 학문하도록 하였다. 그리고 거재유생과 별도로 응강과 제술유생을 두었다. 다만 응강과 제술유생은 서원에서 머물며 공부할 수 없도록 하였다. 원생을 세분화 하면서 서원의 기능을 다양하게 하였다. 무엇보다 서원은 순수 학문을 지향하는 공간으로 정체성을 유지하면서, 현실의 요구를 수용한 변화였다.

이후 도남서원의 강학은 기능이 약화되었던 것으로 보인다. 아마도 현실에서 유생들이 지향하는 공부에 대한 인식이 중요한 이유였을 것이다. 또 거재유생을 지속적으로 두기 위해 들어가는 비용 역시 서원에 적지 않은 부담이 되었을 것이다. 이런 분위기를 돌려 강회를 다양하게 조직해서 일상적으로 공부할 수 있는 분위기를 만든 것은 정종로였다.

19세기 전반 정종로는 서원은 강학이 활발하게 이루어져야 한다는 것을 강조하면서, 강학 규칙을 새로 제정하였다. 각 면을 단위로 강회를 조직하고, 우수한 학생을 중심으로 스스로 논의하고 문목을 작성하여 고민하도록 하였다. 동시에 각 면에서 조직한 강회의 주요한 논의는 서원으로 가져와서 회강 때 함께 논의하도록 하였다. 서원은 강학이 일상적으로 이루어지는 데서 존재 이유를 찾을 수 있다고 보았다. 이것은 정경세가 서원을 설립할 때, 설계했던 근본적인 문제의식과 닿아 있었다. 도남서원은 설립할 때부터 19세기까지 강학하고 토론하는 것을 가장 중요한 가치라고 여겼다.

참고문헌

1. 원전

『도남서원강학계안』, 상주박물관 소장본

도남서원, 『심원록』, 상주박물관 소장본

『우복집愚伏集』, 한국문집총간

『입재집立齋集』, 한국문집총간

『백하집白下集』, 한국문집총간

『제암집制庵集』, 한국문집총간

『청대집淸臺集』, 한국문집총간

『청대일기淸臺日記』, 한국국학진흥원 소장본

『모당일기慕堂日記』, 한국국학진흥원 소장본

2. 논저

김명자, 「임진왜란 이후 류성룡과 그의 문인들의 의료 활동과 그 의미」, 『민족문화논총』 70, 2018.

김학수, 「17세기 嶺南學派 연구」, 한국학중앙연구원 박사학위논문, 2008.

김학수, 「정경세·이준의 소재관」, 『영남학』 71, 2019.

김형수, 「임란직후 상주 지역질서의 재편과 존애원」, 『국학연구』 30, 2016.

김형수, 「17세기 초 서애학단과 상주지역 사회의 재건」, 『민족문화연구』 69, 2015.

박소희, 「17-18세기 상주지역 남인·노론계 서원의 인적구성 분석」, 『민족문화논총』 81, 2022.

송석현, 「17세기 상주지역 사족의 동향」, 『영남학』 27, 2015.

송석현, 「17세기 후반-18세기 초반 도남서원의 운영과 상주 사족의 동향」, 『조선시대사학보』 79, 2016.

송석현, 「조선시대 상주지역 서원의 동향」, 『민족문화논총』 81, 2022.

우인수, 「조선후기 상주 존애원의 설립과 의료 기능」, 『대구사학』 104, 2011.

우인수, 「입재 정종로의 영남남인 학계내의 위상과 그의 현실대응」, 『동방한문학』 25, 2003.

유기선, 「17-18세기 상주향교의 청금유생」, 『한국서원학보』 5, 2017.

이병훈, 「16-18세기 문경 근암서원의 변천」, 『영남학』 71, 2019.

이세동, 「입재 정종로의 경학과 경학관」, 『동방한문학』 25, 2003.

이수환, 「『청대일기』를 통해 본 권상일의 서원활동」, 『민족문화논총』 62, 2016.

정호훈, 「17세기 전반 류성룡 후학의 활동과 학문 세계 : 정경세·이준」, 『역사와 실학』 55, 2014.
채광수, 「서원의 지식 네트워크 활동의 실제」, 『한국서원학보』 12, 2021.
채광수, 「우복학단의 성격과 계보학적 갈래」, 『한국계보연구』 10, 2020.
최은주, 「월간 이전·창석 이준 형제의 전쟁체험과 애민정신, 그리고 존애원」, 『국학연구』 30, 2016.
최재목, 「입재 정종로의 생애, 성리사상, 문제의식」, 『동방한문학』 25, 2003.

조선 후기 상주지역 시회詩會의 전통과 강안학江岸學

최은주(한국국학진흥원 책임연구위원)

1. 머리말

상주 지역의 시회詩會는 비교적 일정한 틀 속에서 다양한 모습과 방식으로 이어져 왔다. 오랜 시간에 걸쳐 지속된 만큼 개최 장소와 시기 그리고 참여 인물에 따라 전통을 만들고 역사적 맥락을 형성했다. 시흥詩興을 겸비한 단순한 일회성 모임으로 그치지 않고 지역의 명문 사족들이 대를 이어가며 집단적으로 참여했다는 점에서 상주 지역의 시회詩會는 일차적으로 그 특징적 현상이 뚜렷하다. 나아가 상주라는 제한된 지역 안에서 이루어진 '시회'는 지역의 시간과 공간을 아우를 뿐 아니라 지역 내 혈연과 혼맥 그리고 학맥까지 복잡하게 교차하며 얽혀 있다는 측면에서 상주만의 특색을 만들어냈다. 상주 지역의 시회가 이렇게 오랜 전통을 형성하게 된 배경과 원동력에서 낙동강 물길의 영향은 절대적이다.

현재를 기준으로 낙동강의 상주시 구간은 상주시의 동쪽 가장자리를 따라 오른쪽 기슭으로 사벌국면과 낙동면, 왼쪽 기슭으로 중동면을 가로지르며 북쪽에서 남쪽으로 흐른다. 문경시에서 남류하는 낙동강은 사벌국면 퇴강리에서 영강, 병성동에서 병성천, 낙동면 분황리에서 장천, 중동면 우물리에서 위천과 합류해 남쪽으로 방향을 틀어 곡류한다. 그 물길에 도남서원이 있었고, 1622년(광해군 14) 서원을 거점으로 대규모 낙강범월시회가 개최되면서 이후 뱃놀이를 겸한 크고 작은 시회가 지속적으로 개최되었던 것이다.

본고의 목적은 상주 지역 시회의 역사적 맥락과 전통을 종합적으로 검토하면서 그 장소적 배경의 구체적 양상을 포착하기 위함이다. 강안학의 시각에서 문학적 소통의 종적인 지속성과 횡적인 확장성이 어떻게 형성될 수 있는지 하나의 사례로서 검토해 보는 것이 궁극이 목적이다. 상주 지역의 시회에 대해서는 많은 연구가 축적되었다.[1] 본고는 기왕의 연구 성과들에 힘입은 바 크다. 시회의 역사적 맥락을 정리 분석하기 전에 앞서 논거의 토대가 되는 시회 관련 문헌의 제작과 전승 경위를 전반적으로 살펴보았다. 그리고 마지막으로 시회의 전개 양상과 지리적 정보가 어떻게 연결되었는지 그 결과에 대해 시각적인 측면에서 접근해 보았다.

1 권태을, 「낙강범월시회의 사적 고찰」, 『상주산업대 논문집』 32집, 상주산업대학, 1990 ; 권태을, 「낙강시회 연구 - 상주권 낙동강 중심으로 - 」, 『상주문화연구』 2집, 경북대 상주문화연구소, 1992 ; 권태을, 「상산시사(추수사, 죽우사)의 죽우사시집 영인본」, 『상주문화』 7집, 상주문화원, 1998 ; 권태을, 「상산시사(추수사, 죽우사) 소개」, 『상주한문학연구』, 문창사, 2005 ; 권태을, 『역주 낙강범월시』(이구의 해제), 아세아문화사, 2007 ; 손유진, 「<임술범월록>에 나타난 공간 인식의 양상과 의미」, 경북대 석사학위논문, 2011 ; 손유진, 「상주 지역 문인들의 공동 창작의 전통과 문화적 기반 - 17세기 전반기 우복愚伏과 창석蒼石 시대의 활동을 중심으로 - 」, 『어문논총』 59호, 한국문학언어학회, 2013 ; 방현아, 「芝園 姜世綸의 詩文學 硏究」, 성균관대 박사학위논문, 2020 ; 채광수, 「서원의 지식 네트워크 활동의 실제 - 상주 도남서원의 시회를 중심으로 - 」, 『한국서원학보』 12호, 한국서원학회, 2021 ; 이구의, 「상주 연악서원과 구곡문화」, 『민족문화논총』 81호, 영남대 민족문화연구소, 2022 ; 김주부, 「상주지역 시사조직과 진주강씨 문중의 시학전통」, 『국포강박선생문집논총』, 진주강씨대사간공파종중, 2022 ; 방현아, 「尙州지역 詩社의 전통과 그 史的 전개양상 - 秋水社, 竹雨社, 悅雲社와 「洛遊帖」을 중심으로 - 」, 『한문학보』 47호, 우리한문학회, 2022 ; 방현아, 「18-19세기 남인 시단의 시적 특징의 일면 - 菊圃의 시맥과 상주지역의 洛江 船遊를 중심으로 - 」, 『동방한문학』 97호, 동방한문학회, 2023

2. 상주지역 시회詩會 관련 문헌의 제작과 전승

오랜 시간에 걸쳐 이루어진 상주지역 시회詩會들이 온전한 모습으로 기억될 수 있는 데에는 남아있는 문헌의 힘이 절대적이다. 언제 어디에서 어떤 인물들이 참여해 어떤 작품을 남겼는지 관련한 정보들이 모두 기록되어 있으므로, 당시 시회의 실제 풍경에 초근접이 가능하기 때문이다. 문인들의 개인 저술에서도 시회와 관련해 파편적인 흔적들을 발견할 수 있지만, 이러한 정보만으로는 시회의 온전한 모습을 파악하기가 쉽지 않다. 그러한 측면에서 상주 지역의 시회가 기록된 문헌들은 그 자체로 가치와 의미가 높다.

단독 문헌으로 존재하는 것은 모두 5종이다. 기록된 내용으로 시회 자체의 면모를 파악하는 것도 중요하지만 문헌의 생산 배경과 전존 과정을 함께 살펴볼 필요가 있다. 이러한 정보는 상주지역의 시회들이 종적인 시간대와 횡적인 지역 범위 내에서 어떤 그룹에 의해 어떤 양상으로 전개되었는지를 파악하는 데 있어 매우 유용하다.

먼저 『연악문회록』이다.[2] 이 책은 1926년에 간행된 목판본이다.[3] 33장 1책으로 간행하였는데, 마지막에 인쇄 당시 이시좌李時佐가 쓴 후지後誌가 있어 책의 간행 경위에 대한 파악이 가능하다. 당시 연악서원에 보관되어 있던 문회록이 오랜 시간이 지나면서 훼손이 심해진 탓에 책으로 찍어 내어 보존하자는 결의가 있었고, 도중에 중단 위기가 있었지만 마침내 1926년 간행을 완성할 수 있었던 것이다. 아래 그림을 보면 이 책은 작성 당시 생산한 필사 원본을 그대로 판각해 영인한 후 고서 형태로 제작했음을 알 수 있다.

---

2 2009년 상주박물관에서 『연악문회록』(김정찬 역)의 탈초·국역본을 발간했다. 이 책에 원본 이미지가 영인 수록되어 있다.

3 책 끝부분에 '大正十五年(1926)五月十五日印刷'라는 간기가 기록되어 있으며, 상주에서 인쇄했다.

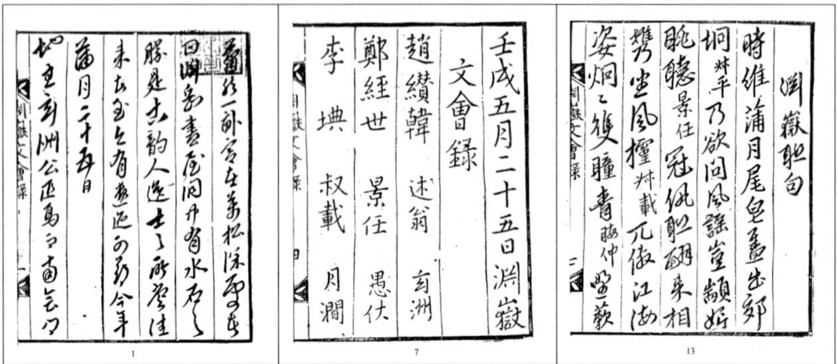

서문(이준 作)의 첫 부분	회원 명단 첫 부분	연구시 첫 부분

[그림 1] 『연악문회록』의 형태

『연악문회록』의 내용은 ① 이준李埈의 서문(1622.5.28 작作), ② 참여 회원 명단(15명의 성명·자字·호號), ③ 연구시聯句詩(10명 참여), ④ 분운시分韻詩(10명[4]의 작품), ⑤ 조찬한趙纘韓의 각 분운시에 대한 화답시 10수(1622.6.2.), ⑥ 황정간黃廷幹의 「제연악승유록후題淵岳勝遊錄後」(1638 가을) ⑦ 이시좌의 「경서문회록권후敬書文會錄卷後」(1926 봄)으로 구성되어 있다. ①번부터 ④번까지는 1622년(광해군 14) 5월 22일부터 26일까지 연악산에서 개최된 문회에서 생산된 작품들이고, ⑤번은 바쁜 공무 때문에 일찍 돌아갔던 조찬한이 며칠 뒤에 화답한 작품이며, ⑥번은 모임에 참여했던 황정간이 16년이 지났을 때쯤 당시의 시문들을 기록한 '연악승유록'을 발견하고 추억에 젖어 감회를 기록한 것이다. ①-⑤의 내용이 담긴 '연악승유록'을 황정간이 발견한 후 후지後誌를 붙여

4 聯句詩 창작에 참여했던 10명의 인물 가운데 金安節(1564-1632)이 빠지고 李尙弼의 작품이 삽입되어 있다. 이상필은 상주목사 조찬한의 사위로 당시 조찬한과 함께 이 모임에 참석했다. 문회록의 명단에 성명이 등재되지는 않았지만, 분운시 작품 1수를 남겼다. 당시 문회를 주도했던 康應哲(1562-1635)은 자신의 분운시 작품에서 "목사도 오신다고 말하더니, 사위를 데리고 오셨다네[地主許降臨, 仍携玉潤朗]"라고 언급하며 두 사람이 함께 참석한 정황에 대해 언급했다.

보존을 시도했고, 이후 300년이 넘는 시간 동안 연악서원에 보관되어 있었던 것을 이시좌를 비롯한 상주 유림들이 필사 원본 그대로 판각해 간행한 것이 바로 현전하는 『연악문회록』이다. 필사 원본은 현재 소장처가 불분명하다.

두 번째는 『임술범월록』[5]으로 총 140면에 달하는 필사본이다. 임술년[1622] 7월 16일에 이준을 비롯한 다수의 문인들이 도남서원 앞을 흐르는 낙동강에 배를 띄워 큰 규모의 시회를 열었다. 당시 이준이 서문을 쓰면서 "간략히 일의 전말을 기록해 첫머리에 배치하고, 도남서원에 보관해 뒷날 이 놀이를 잇는 자의 선구가 되고자 한다."[6]라고 한 후, 이때 생산된 시문들을 포함해 그 뒤로 시회를 개최할 때마다 생산된 시문을 모두 합해 기록한 것이 바로 『임술범월록』이다.

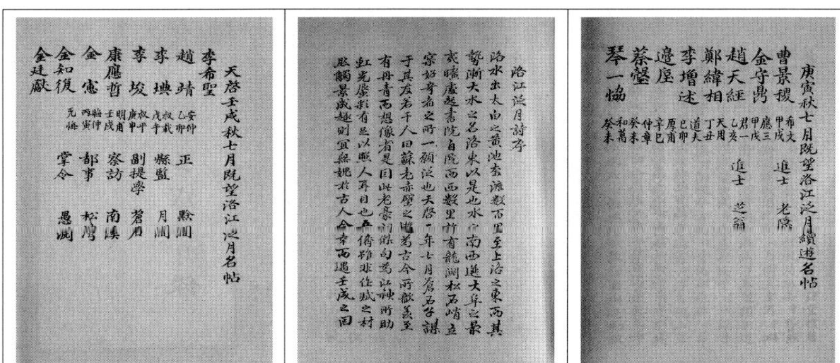

1622년 시회 참여회원 명단	낙강범월시서(이준 作)	1770년 시회 참여회원 명단

[그림 2] 『임술범월록』의 형태

5 권태을의 『(역주)낙강범월시』(아세아문화사, 2007)에 이 책에 원본 이미지가 영인 수록되어 있다. 도남서원에 보관되어 있었는데, 현재 원본의 소장처는 불분명하다.

6 『壬戌泛月錄』, 「洛江泛月詩序」, "略書其事之顚末弁於篇首, 欲藏之書院, 以爲異日續此遊者之先驅也."

『임술범월록』에 기록된 시회는 모두 8회인데, 개최 연도는 1607년, 1622년 7월과 10월, 1657년, 1682년, 1768년, 1770년, 1771년이다. 그 구성은 아래와 같다.

① 1622년(7월) 시회의 명첩名帖(24명) - 이준의 서문 - 분운시分韻詩(24명의 작품)
② 1622년(10월) 시회의 분운시分韻詩(5명의 작품)
③ 1657년 시회 조릉趙稜의 시 1편
④ 1682년 시회 조릉趙稜의 시 1편 - 조대윤趙大胤의 후기後記 - 차운시(3명의 작품) - 조석룡趙錫龍의 발문[1771년 작作]
⑥ 1607년 시회의 연구시聯句詩(7명 참여)
⑦ 1770년 시회의 명첩名帖(57) - 조천경趙天經의 서문 - 조천경趙天經의 차전벽부次前赤壁賦 - 김광철金光澈의 시詩 8편
⑧ 1771년 합강정 시회 조경직曺景稷의 후지後誌 - 조경직曺景稷의 시 5편 - 조천경趙天經의 시 10편 - 조석붕趙錫鵬의 시 8편 - 차운시(3명의 작품)
⑨ 1770년 김이상金履常의 소서小序, 낙강부洛江賦와 시 2편 - 서우한徐佑漢의 소서小序, 시 4편 - 이승연李承延의 총서總序, 합강정시合江亭詩와 부賦(이경유李敬儒의 후지後識) - 조석헌趙錫獻의 소서小序, 합강정시 10편 - 차운시(3명의 작품)
⑩ 1771년 조경직曺景稷 후기 - 이화국李華國 소서小序, 시 2편 - 이요좌李堯佐 시 2편 - 차운시(10명의 작품), 성언근成彦根의 소서小序
⑪ 1768년 시회의 명첩名帖(19명) - 연구시聯句詩 1편 - 조위경趙緯經의 시 1편
⑫ 김광철金光澈의 후지後識[1771년 작作]

전체적으로 볼 때 대체로 시회가 개최된 시간 순서대로 기록되어 있다. 다만 중간중간 순서가 가지런하지 못한 부분이 보인다. ⑥번 1607년의 시회의 경우 그 말미에 초본草本이 뒤늦게 발견되어 제 순서를 잡지 못하고 베껴 썼다는 내용의 글이 짧게 적혀 있다.[7] ⑦번부터 ⑩번까지는 1770년과 1771년의 시회 때 작성된 작품과 기록들이다. 글들이 서로 섞여 있음을 볼 수 있는데, 이 2번의 시회는 합강정 주인 김광철金光澈(1712-?)과 조천경趙天經(1695-1776)·조경직曺景稷(1694-1771)을 비롯한 고을의 장로長老들이 주축이 되어 개최한 것이었다. 시축詩軸 초본을 베껴 쓸 때 정렬이 다소 어긋난 것으로 보인다. 책 마지막에는 김광철이 쓴 후지後識가 있다. 이 글을 통해 『임술범월록』의 생산 과정을 확인할 수 있다.

> 지옹장芝翁丈[조천경]이 전후의 명첩을 모아서 곧 시부 여러 편을 한 책자로 편성하여 도남서원에 보관하려 하였으니, 이는 실제 창석 선생이 남긴 뜻이었다. 이 일 때문에 나와 처음부터 끝까지 6·7차의 서신 왕래가 있었다. 신묘년[1771] 봄 정월, 비로소 도남서원에 모여 초본을 닦아 완성하고 깨끗이 베낄 사람이 없음을 우려하여 나에게 위촉하였다.[8]

이 글에 의거한다면 당시 도남서원에서 보관하던 시회의 초본草本들을 김광철이 깨끗이 베껴써서 현재 형태의 『임술범월록』을 완성한 것으로 볼 수

---

7 이 부분의 마지막에 "삼가 살펴보건대 이 시편은 마땅히 임술년 시첩 앞에 차례를 잡아 써야 했지만 그 草本이 뒤늦게 발견되었다. 임술년 기록을 다 마친 후였으나 시대의 차례가 잘못된 것에 구애되어 기록하지 않을 수 없었다.[謹按, 此篇當與前壬戌詩帖, 取次並書, 而第其草本, 晩出於後, 壬錄旣畢之後 亦不敢以世代之失序爲拘而不錄.]"라고 적혀 있다. 순서의 착간이 생긴 것은 이 때문이며, 글은 김광철이 쓴 것으로 파악된다.

8 『壬戌泛月錄』, 「後識」[金光轍], "芝翁丈裒稡前後名帖及詩賦諸篇, 謀所以編成一冊, 藏之道院, 此實蒼石先生之遺意也. 以此事與余往復者, 首尾凡六七書也. 辛卯春正月, 始會于本院, 修成草本, 而以繕寫無人爲憂, 因屬之於余."

있겠다. 그 시기는 1771년이며, 순서가 정연하지 못한 것은 베껴 쓰는 가운데 부득이하게 생긴 현상이다. 중간중간 기록의 원칙을 고심한 흔적이 보이기도 한다. 예를 들면 명첩名帖을 옮겨 쓰면서 자字와 이름의 위치 기준에 대해 덧붙인 글 등과 같은 것이다.

세 번째는 『홍판관운』으로 46면의 필사본이다.[9] 1660년 도남서원 강당이 화재로 무너지고 3년 후 계묘년에 강당을 중수했을 때 마침 홍여하洪汝河(1620-1674)가 벗들과 서원을 방문했다가 3편의 시를 남겼다.[10] 이 작품들이 『홍판관운』의 첫 페이지에 기록되어 있고 바로 이어서 조릉趙稜(1607-1683)이 지은 「차홍판관운次洪判官韻」이라는 제목의 시가 기록되어 있는데,[11] 책 제목은 이에 의거해 임의로 명명한 것이라 파악된다. 이 직전에 홍여하가 경성鏡城 판관判官을 역임했기 때문에 홍판관이라 지칭했다. 이 책이 처음 만들어진 시기는 1717년이다. 채헌징蔡獻徵(1648-1726)이 이때 도남서원을 방문했다가 스승 홍여하의 시와 그에 차운한 성명 미상 인물들의 시가 55년 동안 난축亂軸으로 전해지는 것을 보고 벌레 먹을까 염려스러워하며 한 권의 책에다 옮겨 썼기 때문이다. 『홍판관운』의 3-4면에 기록된 채헌징의 후기後記를 통해 이러한 사실을 충분히 파악할 수 있다. 기록에 의하면 채헌징은 시문 낱장을 모아둔 것을 옮겨 쓸 당시 홍여하의 작품 외 다른 시들은 누구 것인지 몰랐던 것으로 보인다.[12] 이후에 누군가가 조릉의 차운시인지 알아보고 작품 끝에

9 『홍판관운』은 『상주문화연구』 제6집[경북대 상주문화연구소 발행] 마지막 부분에 권태을의 해제와 함께 수록되어 있다. 해제에 따르면 당시 원본은 식산종가에 보관되어 있었다고 하는데 현재는 실물의 소재지가 불분명하다.

10 세 편의 시 가운데 7언율시 1편이 「與諸友訪道南[時講堂重修]」라는 제목으로 홍여하의 문집인 『木齋集』 권2에 수록되어 있다. 나머지 2편인 7언절구 「詠桐」과 「弔梅」는 문집에 없는 작품들이다.

11 조릉의 문집인 『慕庵集』에는 5언율시 「道南書院和洪伯源」과 7언율시 「又和洪伯源」 2수가 수록되어 있는데, 이 가운데 7언율시 2수가 『홍판관운』에 수록된 것이다.

12 『홍판관운』 3-4면, "右木齋先生元韻成於癸卯, 其下次韻四首亦一時斯文長老之酬唱, 而作者姓

'생원生員 조릉趙稜 호영모암號永慕庵'이라고 작게 표기한 것으로 판단된다.

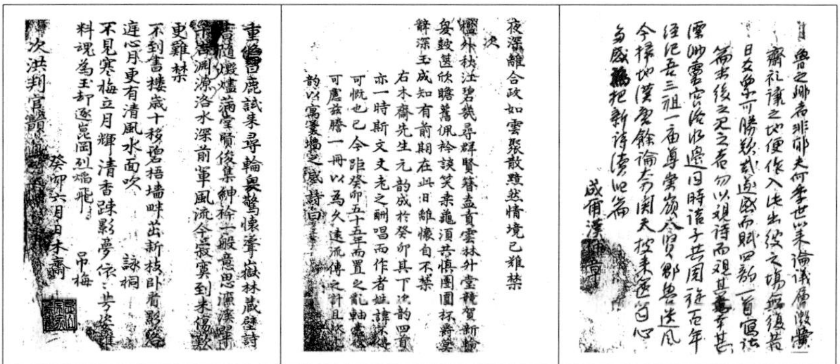

홍여하의 시(1페이지)	채헌징의 후기(3페이지)	성이한의 詩序와 시(42페이지)

[그림 3] 『홍판관운』의 형태

『홍판관운』에는 1663년부터 1798년까지 약 135년 동안 도남서원에서 개최한 시회의 작품들이 수록되어 있다. 다만 『연악문회록』이나 『임술범월록』처럼 참여한 인물의 명단이 별도로 없고 시 제목과 작품만 나열되어 있다. 따라서 시회의 시기와 참여 인물을 낱낱이 판단하지 않으면 정확하게 파악하기 어려운 부분이 있다.

네 번째는 『죽우사시집』이다.[13] 이 책은 1804년 이경유李敬儒(1720-1821)와 강세백姜世白(1748-1824)이 주축이 되어 결성했던 죽우사竹雨社 활동을 담은 시집이다. 이보다 앞서 이경유와 강세백은 1748년 이향정二香亭에서 추수사秋水社를 결성했다. 추수사에는 정종로의 문인 또는 혈연으로 얽힌 14명 정도가 참여했다. 시회는 한 달에 한 번, 각 달의 절기를 택해 1년에 12회 정도 개최했

諱不傳可慨也. 已今距癸卯五十五年, 而置之亂軸 蠹破可慮, 玆謄一冊以爲久遠流傳之計."

13 『죽우사시집』은 『상주문화』 제7호[상주문화원 발행]에 권태을의 「상산시사[추수사·죽우사] 소개」와 함께 영인본이 수록되어 있다. 원본의 소장처는 불분명하다.

는데, 젊은 사람들의 관직 진출 등으로 모임이 오래 지속되지는 못했다. 뜸해진 모임은 20년 뒤 1804년 이경유와 강세백이 죽우사를 재결성하면서 다시 활성화되었다. 이 모임은 20여 년 정도 지속되었는데, 인원이 적은 소모임 형태로 자주 개최했던 것이 특징이었다. 『죽우사시집』에는 13개의 시제詩題가 있고 시제에 따른 차운시가 차례대로 수록되어 있다. 아래의 그림에서 확인할 수 있듯이 첫 머리에 시제를 적고 그 뒤로 시를 기록한 후 그 끝에 지은이를 기록하는 방식이다. 총 106수의 작품이 실려 있으며, 참여한 회원은 12명이다.[14]

이 시회는 기존 시회처럼 특정 장소에서 일시적으로 또는 대규모로 개최한 형태가 아니라는 점과 거주지 가까운 곳에서 정기적으로 개최했던 소규모 모임이라는 점에서 일련의 차별성을 드러낸다. 문예적 취향을 가진 문인들이 동호회 성격으로 모임을 가졌다는 측면에서 시회의 전통이 변화 확장된 경향을 감지할 수 있다.

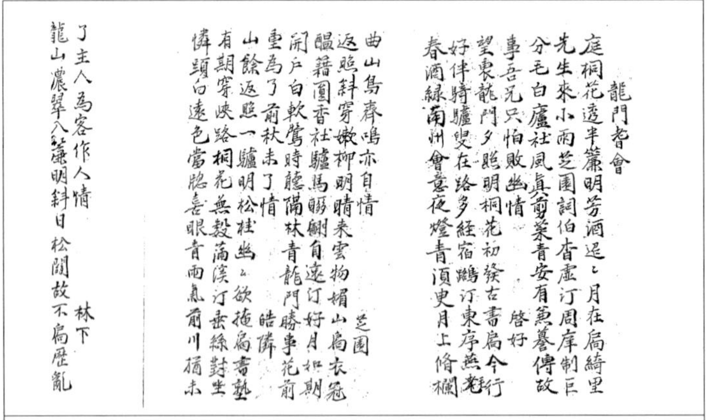

『죽우사시집』 1·2면(왼쪽부터)

14 이에 대해서는 방현아의 「상주지역 詩社의 전통과 그 史的 전개양상」에 상세하게 밝혀져 있다.

『낙유첩』

다섯 번째는 『낙유록』[15]이다. 1832년 4월 16일 개최한 시회의 기록이 담긴 것으로 당시 모임은 류후조柳厚祚(1798-1876)와 류효조柳孝祚(1798-1857) 형제가 주도했다. 시축의 형태로 이루어져 있으며, 앞부분에는 당시 뱃놀이를 그린 그림이 있다. 그 뒤에 서문 2편과 126편의 시가 7개의 시제詩題에 따라 차례대로 기록되어 있다. 시회에 참여했던 인원은 모두 15명이었다. 이날의 뱃놀이는 병성천을 타고 올라가 도남서원과 자천대를 들려 다시 하류로 내려가 관수루까지 약 5,60리에 달하는 물길을 오가며 이루어졌다. 그 과정 중에 7개의 시제가 형성되었고, 그에 따라 창작한 차운시가 126편에 이른 것이다. 당시 류후조의 집은 중동면 우물리[현 수암종택]에 있었는데, 이곳은 낙동강과 위천渭川이 만나는 합수 지점이며 경천대 - 도남서원 - 죽암진 - 관수루로 이어지는 물길 사이에 있었다. 이 때문에 류후조의 부친 류심춘柳尋春(1762-1834) 또한 당시 교류했던 지역의 문인들을 초청해 뱃놀이를 즐기며 시회를 개최하기도 했다. 이러한 풍경은 그의 문집인 『강고집江皐集』에 수록된 詩題에서 어렵지 않게 찾아볼 수 있다. 류심춘이 함께 시회를 도모했던 인물들은 강세륜, 강세백, 이경유 등이다. 이들은 죽우사 모임을 주도했던 인물들이다.

15 『낙유록』 원본은 22.47m에 달하는 詩軸의 형태로 전해진다. 현재 상주박물관에 소장되어 있다. 상주박물관은 이 시축을 국역해 국역본을 발간했다.(『낙유첩, 낙강에 배 띄우고 시를 읊다』, 상주박물관, 2020)

3. 상주지역 시회詩會의 전개 양상

상주 지역의 시회가 분명하고 구체적인 모습으로 포착되기 시작하는 것은 17세기부터다. 아래의 도표는 『임술범월록』과 『연악문회록』 그리고 『홍판관운』을 바탕으로 이 시기의 시회 개최 현황을 정리한 것이다. 횟수는 약 12회이며, 계획하에 비교적 큰 규모로 시회가 열렸던 것은 3-4번 정도이다. 나머지 시회들은 5명 내외의 인원이 참여한 소규모의 형태로 현장에서 즉흥적으로 이루어진 경향이 크다.

[표 1] 17세기 시회 개최 현황

일시	장소	출전	참여 인원 or 작품 수	주도인물
1607(선조 40)	낙동강 [도남서원]	임술범월록	7명	상주목사, 李埈
1622(광해군 14) 5.22-26	연악서재	연악문회록	15명	康應哲, 李埈
1622(광해군 14) 7.16-17	낙동강 [도남서원-경천대]	임술범월록	24명	趙靖, 李埈
1622(광해군 14). 10	낙동강[죽암]	임술범월록	15명	李埈
1657(효종 14). 7.16	낙동강[죽암]	임술범월록	2명	趙稜
1663(현종 4). 6	도남서원	홍판관운	3명	洪汝河, 趙稜
1682(숙종 8). 7.16	낙동강[죽암]	임술범월록	2명	趙稜
1696(숙종 22). 8	낙동강 [경천대-도남서원]	홍판관운	2명	상주목사
1698(숙종 24). 9	낙동강 [도남서원]	홍판관운	5명	상주목사
일시 미상 3회	낙동강 [도남서원-경천대]	홍판관운	3명/ 3명/ 4명	成世璜/金楷

1607년에는 당시 상주목사 김정목金廷睦과 이준 그리고 조익·전식·조즙·김혜·황시간 등 7명이 모여 연구시聯句詩를 창작했고, 1622년 5월에는 연악서

재의 주인 강응철이 당시 상주목사 조찬한과 정경세·이준·이전·김혜·김원진金遠振·김안절金安節·김지복金知復·조광벽·황시간 등 14명을 초대해 4박 5일 동안 시회를 개최했다. 여기에는 강응철의 아들 강용후康用侯와 조찬한의 사위 이상필李尙馝이 함께 참여했다. 같은 해 7월 16일에는 당시 도남서원 원장이던 조정趙靖이 주도하고 이준을 비롯한 여러 문인들이 적극 호응해 대규모 시회가 열렸다. 소식이 임술년(1082) 7월 16일과 10월 보름 두 차례에 걸쳐 적벽赤壁 아래에서 배를 띄우고 부賦를 지었던 것을 본뜬 것이다. 이후 10월에는 이준이 주도해 소식의 적벽선유를 이어갔다. 1622년 7월의 시회에 참여했던 인물들을 정리해 보면 아래의 도표와 같다. 10월 시회의 경우 인원이 다소 줄어들었을 뿐 참여 인물의 범위는 기본적으로 비슷했다.

[표 2] 1622년 낙강범월시회 참여인물 명단

성명	성관	성명	성관
趙靖, 趙光壐	풍양	康應哲	재령
李㙉(부)-李身圭(3남) 李埈(부)-李大圭(1남)+李元圭(2남)+李文圭(3남)	홍양	金惠	상산
		柳袗	풍산
全湜(부)-全克恒(1남)+全克恬(2남)	옥천	金知復	영동
李希聖, 金廷憲, 韓克禮, 金堅, 禹處恭, 丘山立	미상	孫亢業	비안
		趙又新	한양

이들이 보여주는 가장 뚜렷한 공통점은 대부분 서애계 문인들이라는 점이다. 류성룡은 1580년 상주목사로 부임했는데, 이때 지역의 많은 인물들이 그의 문하에 입문해 수학했다. 이 가운데 이전(1558-1648)과 이준(1560-1635) 그리고 전식(1563-1642)·김혜(1566-1624)·김지복(1568-1635)·강응철(1562-1635)·구산립 등은 서애에게 직접 수학한 인물들이고, 조정(1555-1636)은 김성일의 문인이지만 서애의 문하에 출입하며 교류하였으며, 류진(1582-1635)은 주지하다

시피 서애의 셋째 아들이다. 전식과 류진은 이때 당시에 가솔들을 이끌고 상주로 이거해 정착했던 인물들이다. 조우신은 함창 출신으로 전식과 정경세 그리고 이준의 문하를 모두 출입했으며, 1615년에는 함창 아래쪽인 상주 백담白潭[현 사벌국면 덕담리]으로 이거해 정착했다. 손윤업은 성관이 비안으로 상주 단밀[현 의성군 단밀면]에 거주했다. 고응경高應擎(1524-?)의 정경세의 문인으로 지역의 문인들과 교류가 활발했다. 정경세가 세상을 떠났을 때는 속수서원의 유생 신분으로 제문을 지어 보내기도 했다.[16] 미상인 인물 가운데 구산립은 류성룡의 문인으로 확인되고, 김기는 정경세의 문인으로 확인된다.[17]

17세기 상주지역의 서애계 문인들은 임진왜란 이전에는 과거 합격과 관직 진출을 통해 본인 가문의 기반을 안정화시키고, 더불어 서당 건립과 낙사계 결성 등을 통해 향촌 질서를 강화하는 데 주력했다. 임진왜란에 직면해서는 의병 활동에 앞장섰으며, 전쟁 종식 후에는 존애원 운영과 도남서원 창설 등 난후 복구과정에 집중하며 상주지역 사회를 재건하기 위해 다방면의 노력을 펼쳤다. 특히 이들은 도남서원 창설과 운영을 계기로 결속을 도모하였으며, 이를 기반으로 향촌 질서를 재편성하고 향론 주도를 이룰 수 있었다.[18] 이러한 지역의 분위기가 당시 대규모 시회 개최에 직접적인 영향을 끼친 셈인데, 시회를 통해 자연스럽게 모여 서로의 관계를 돈독하게 다지면서 결집을 더욱 강화할 수 있었기 때문이었다.[19] 나아가 상주목사를 초대해 시회

16 손윤업은 정경세뿐 아니라 조정과 류진의 제문도 지었음을 알 수 있는데, 각각의 문집에 관련 기록들이 남아있다.

17 정경세의 문인이 쓴 제문 중에서 김기의 성명을 확인할 수 있다.(정경세, 『우복집』 별집 권12, 「祭文[門人 金基, 塈, 堡, 塍 等]」)

18 김형수와 송석현의 논문 참조.(송석현, 「17세기 상주지역 사족의 동향」 326면 참조, 『영남학』 27호, 경북대 영남문화연구원, 2015.)

19 상주 지역 서애 문인의 대표적 인물이자 도남서원 건립에 적극적이었던 정경세의 경우 연

개최의 대외적 명분을 확보하고 대내적 의미 부여에도 힘을 쏟았다.

1657년, 1663년, 1682년의 시회는 조릉趙稜(1607-1683)이 주도적 역할을 했다. 조릉은 조정의 손자로 낙강범월시회에 특히 애착을 가졌다. 『임술범월록』에 기록된 1657년과 1682년 시회는조릉의 아들인 조대윤趙大胤(1638-1705)이 부친이 남긴 작품과 함께 몇몇 인물들에게 차운시를 받아 기록한 것이다. 조대윤은 후기後記에서 "마침 임술년(1682) 7월 16일을 맞아 억지로 숙원을 이루어드렸는데, 이 작품을 남기셨다. 함께 배에 탔던 사람 중에 문인文人이나 재사才士가 없었던 것은 아니지만 촉박해서 수창酬唱에 이르지 못했고, 그 후 아버님의 병환이 다시 심해져서 여러분들에게 화운시를 요청할 수 없었다."라고 하였는데, 이 기록대로라면 당시 시회의 규모가 적지 않았지만 수창酬唱할 시간이 따로 없었기에 이날 창작된 다른 시 작품은 없었던 것이다. 다만 시회에 동참했던 조정융曺挺融(1598-1678)의 시가 남아 있었으므로 조대윤이 수집해 기록한 것으로 보인다. 조대윤은 이러한 아쉬움을 해소하고자 이재관李在寬(1620-1689)에게 부친의 시에 보운步韻해 줄 것을 요청했고, 이재관은 차운시와 후서後序를 지어 화답했다. 이재관은 이준의 손자이자 이대규의 아들로, 이 글에서 조부와 부친이 함께 했던 1622년의 시회도 다시 추념했다.

1696년과 1698년의 시회는 당시 상주목사 이항李恒과 이정원李正源 그리고

악문회에 1번 참여한 것이 끝이다. 시회 참여에 다소 소극적인 모습으로 감지되는데, 이는 개인적인 형편에 따른 것으로 파악된다. 정경세는 연악문회 당시에도 숙환으로 집 밖 출입을 삼가고 있던 것으로 보인다. 정경세가 상주지역의 문인들이 대거 참여한 1622년 7월의 대규모 시회에서 빠진 것도 이러한 이유로 추측해 볼 수 있다. 정경세가 이준만큼 시 창작에 적극적이지는 않았지만, 그래도 월간月澗[이전]·창석蒼石[이준]·남계南溪[강응철]·우연愚淵[김지복], 신즙申楫과 관동冠童 7-8명을 데리고 유천酉川의 조암槽巖에서 노닐며 시를 지은 적도 있는 것으로 보면 문헌에 등재된 지역의 시회와 인연이 없었을 뿐 시회 자체에 소극적인 모습은 아니었던 것으로 보인다.

손만웅孫萬雄(1643-1712)이 주도했다. 손만웅은 정경세의 손자 정도응鄭道應(1618-1667)의 문인으로, 27세에 문과에 합격해 중앙과 지방의 관직을 두루 역임하였다. 상주에 기거할 때는 도남서원 원장과 재임을 여러 차례 맡는 등[20] 지역의 중추적 인사로서 향내 문인들과 활발하게 교류했다. 『홍판관운』에 기록된 이 두 차례의 시회는 이 시기 손만웅의 상주 지역에서의 활동과 입지를 보여준다.[21]

[표 3] 18세기 시회 개최 현황

일시	장소	출전	참여 인원 or 작품 수	주도인물
1707(숙종 33). 9	낙동강 [도남서원-경천대]	홍판관운	9명	金楷, 成世璜
1717(숙종 43). 3. 1	낙동강 [도남서원-경천대]	홍판관운	11명	趙寅經, 權滐
1726(영조 2). 9. 16	도남서원	홍판관운	4명	成德徵, 成爾漢
일시미상 2회	도남서원	홍판관운	2명/ 1명	成爾漢 / 曺景稷
1767(영조 43). 4	낙동강[도남서원]	이안당집[22]	22명	趙天經
1768(영조 44). 5	낙동강[도남서원]	임술범월록	19명	金致龍
1770(영조 46). 7. 16	낙동강 [도남서원-합강정 -관수루]	임술범월록	57명	趙天經, 金光澈
1771(영조 47). 7.16-17	낙동강 [합강정-관수루]	임술범월록	8명	曺景稷, 金光澈
1773(영조 49)	낙동강[도남서원]	홍판관운	4명	姜世晉, 鄭智模
1784(정조 8)- 월1회, 연12회	이향정	지원집 경현재집 임하유고	14명 ***秋水社 회원**	李敬儒, 姜世白
1789(정조 13)	낙동강[도남서원]	홍판관운	4명	姜伯欽, 鄭易簡
1798(정조 22)	낙동강[도남서원]	홍판관운	-	姜鳳欽

20 송석현, 「17세기 후반-18세기 초반 도남서원의 운영과 상주 사족의 동향」 490-492면 참조.

21 손만웅, 『野村集』 권1, 「李參判文若·李地主正源·許英陽子如·鄭英陽希伯及余 偕到道院 呼韻共賦」, "道正祠前會, 時維九月秋, 遨頭共一席, 今日百年遊."

17세기에서 18세기로 넘어가는 시기의 시회 활동에서 두드러지는 인물들은 김해金楷(1633-1716)와 성세황成世璜(1642-?)이다. 17세기 끝 무렵 일시 미상의 시회 3회 가운데 성세황은 2번 참여했고, 그중에 한 번은 김해와 성세황 그리고 강재姜梓와 채명구蔡命龜가 함께 했다. 김해는 17세기 말에 안동에서 상주 산북으로 이거하였으며, 이곳에서 후학들을 양성하였는데 권상일과 채명구가 대표적 문인이다. 18세기에 접어든 1707년 시회에서는 비교적 많은 인물들이 시를 남겼는데 참여 인물은 아래와 같다.

▸ [안동]김해金楷 ▸ [창녕]성세황[부]-성기인成起寅[자] ▸ [흥양]이증록李增祿
▸ [용궁]전오륜全五倫 ▸ [연안]이만유李萬維 ▸ [진주]강규姜圭, 강재姜梓
▸ [재령]강세해康世楷

김해는 상주 산북으로 이거 후 1701년 도남서원 원장을 역임하는 등 상주의 사족으로 기반을 다져나갔다. 성세황은 봉화 성이성成以性(1595-1664)의 손자로 부친은 성석하成錫夏인데, 곧 정경세의 문인이다. 아들 성기인成起寅(1674-1737)이 상주 중모리에서 태어난 것으로 보아 성세황 자신이나 그의 부친 대에 봉화에서 상주로 이거했다고 보여진다.[23] 성세황 또한 도남서원 재임을 10번이나 맡았고 1707년에는 원장까지 역임했을 정도이니[24] 당시 지역 내에서 입지가 탄탄했음을 알 수 있다. 이증록(1658-1727)은 이전의 고손자로

22 趙天經, 『易安堂集』 권2, 「洛江舟行雜詠 幷序」, "丁亥四月, 與一鄕老友, 泛舟靜虛樓下, 至鼎谷齋室 六十以上十三人, 以下九人, 上數與洛社耆英同, 下數與香山諸老同, 紅綠滿山, 酒肴盈船, 眞浮世勝事也. 遂呼韻賦之, 晝上舍希文, 時爲道院洞主, 姜必孝·李增述·柳後元·金兌興·姜桄·姜杭·金璣·李重穆·申漢台·全始亨·鄭泰健·趙濟經·全始復·柳聖霖·柳聖穆·金甲彬·河世游·孫昌顯·姜世岳·姜世師."
23 成起寅, 『洛厓逸稿』 附錄, 「行狀」[權相翊].
24 송석현, 위의 논문 490-492면 참조.

1708년 문과에 급제해 해남현감을 지냈으며 고조부의 문집인 『월간집』 간행을 주도하고 역시 도남서원 원장을 지내는 등 상주 내에서도 활동이 활발했다. 이만유(1674-1736)는 이옥李沃(1641-1698)의 셋째 아들이자 이만부李萬敷의 동생이다. 이만부는 1697년에 서울에서 처향妻鄕인 상주로 이거했는데, 이때 부친 이옥도 함께 내려왔다.[25] 동생 이만유는 주로 서울에서 생활했으나 형과 부친을 따라 상주를 자주 오갔던 것으로 파악된다. 이러한 배경으로 인해 그가 1707년의 시회에 참여할 수 있었을 것이다. 강규와 강재는 성관이 진주이다.

17세기 말에서 18세기에 접어드는 시기에 시회에 참여한 인물들을 보면 김해·성세황·이만유 등 타 지역에서 이거해 상주에 정착한 인물들과 진주강씨·용궁전씨 등 새로운 성관의 인물들 보이기 시작하는 것이 특징적이다. 또한 17세기 중반까지 상주 남촌 및 낙동 주변 가문의 인물들이 중심이었다면, 17세기 후반부터는 상주 북쪽 산양 주변 가문의 인물들이 참여가 얽혀서 나타난다. 부림홍씨[홍여하]와 안동권씨[권간] 그리고 인천채씨[채헌징·채명구] 등이 이에 해당하는 인물들이다. 이러한 현상은 상주 지역 사족 가문의 성장 및 확대 양상과 밀접하게 연결되어 있다.

1717년의 시회는 권간權澣(1677-1749)과 풍양조씨 가문의 조자경趙自敬[형]과 조자신趙自愼[제] 그리고 조인경趙寅經이 주도했다. 권간은 권상일의 숙부이고, 조인경은 채헌징의 손자 사위이며, 조자경은 강항姜杭(1702-1787)을 사위로 맞이했다. 강항은 상주 봉대 입향조 강홍윤姜弘胤(1609-1664)의 증손이다. 시회 참여 계기와 인연은 기본적으로는 선대先代의 행적과 부자·형제 등 가계家系

25 이만부의 첫 번째 부인 의성김씨는 金爾楷의 딸로 자녀 없이 일찍 세상을 떠났다. 두 번째 부인은 풍산류씨인데, 修巖 柳袗의 손자인 장령 柳千之의 딸이다. 류성룡의 셋째 아들 류진은 안동에서 상주 중동면 우물리로 이거해 정착했다.

중심에서 시작한다. 그리고 다시 학맥과 혼맥, 교류 인맥으로 연결되어 참여 범위가 확장된다. 아래의 표는 1767년부터 1771년까지 이루어진 4번의 시회에 참여했던 인물들 가운데 성관이 분명한 인물들을 정리한 것이다.

[표 4] 1767·1768·1770·1771년 시회 참여인물 명단

성명	성관	성명	성관
李增述[부]-李華國[자], 李堯佐, 李堯臣	홍양	金致龍	상주
姜杭, 姜杭, 姜世岳, 姜世師, 姜必孝	진주	曺景稷	창녕
柳聖老, 柳聖霖[부]-柳光漢[자], 柳聖穆, 柳光濂, 柳後元	풍산	金履常	의성
金光澈, 金光五, 金光七, 金光九	영동	李承延	연안
趙天經, 趙濟經, 趙享經, 趙敏經, 趙緯經, 趙錫鵬, 趙錫重, 趙錫穆, 趙錫喆, 趙益經, 趙錫魯, 趙錫龍, 趙禮和, 趙之經, 趙錫玉	풍양	全始亨, 全始復	용궁

이전-이준 형제로부터 시작한 홍양이씨의 참여는 그 계보가 뚜렷하다. 18세기 후반 다시 도래한 몇 차례 대규모 시회에서도 홍양이씨들은 빠지지 않았다. 이증술과 이화국은 부자 관계로 이준의 후손이고, 이요좌와 이요신은 이전의 차남 이신규의 후손이다. 조정-조익 형제로 거슬러 올라가는 풍양조씨의 참여는 더욱 두드러진다. 풍양조씨의 경우 조정의 손자 조릉[부]-조대윤[자] 그리고 조대윤의 증손 조천경趙天經(1695-1776)까지 대를 이어가며 시회를 주도하고 참여에도 적극적이었음을 보여준다. 조천경은 1717년 시회에 참여했던 조자경의 조카이기도 하다. 김지복의 후손인 영동김씨 인물들도 다수 참여하고 있는데, 김지복의 4대손 김광철은 도남서원에 낱장 초고로 전해지던 『임술범월록』을 첩으로 제작해 세상에 전해지게 만든 인물이다. 이 시기 시회는 조천경과 김광철이 주축이 되어 이루어졌다.

풍산류씨 인물들의 경우 1622년 7월 시회에 참여했던 류진 이후로는 참여

이력이 없었다. 그때에도 자제들을 데리고 참여했던 다른 인물들과 달리 류진은 홀로 동참했었다. 류진의 고손자 류성로(1709-1782)에 이르러 그를 비롯해 풍산류씨 인물들이 집단적으로 참여한 것이다. 류성림(1711-1790)은 이만부의 문인이며, 함께 했던 류광한은 그의 아들이다. 이후 류성로의 손자 류심춘柳尋春(1762-1834)도 선대의 자취를 좇아 도남서원과 집 앞을 흐르는 낙동강에서 시회를 자주 개최했다. 조경직(1694-1771)은 17세기 중반 조릉과 함께 시회에 동참했던 조정융曺挺融의 손자이다. 창녕조씨는 조정융의 부친 조우인曺友仁(1561-1625)이 예천에서 상주 사벌면 매호리로 이거해 정착하면서 상주지역 사족으로 기반을 구축했다.

18세기에 접어들면서 연안이씨와 진주강씨 인물들이 시회에 참여하기 시작했다. 연안이씨의 참여는 이만부가 상주로 이거하면서 동생 이만유부터 그 시작이 포착된다. 1770년 57명이 참석한 대규모 시회 때는 이만부의 손자 이승연李承延(1720-1806)이 참여해 시와 부를 짓고 서문을 남겼는데, 모두 『임술범월록』에 실려 있다. 당시 모임은 합강정合江亭 주인 김광철이 주도했고, 서문에서 이승연은 오래전부터 합강정을 보고 싶은 소원이 있었기에 참여하게 되었음을 밝혔다. 뱃놀이는 도남서원에서 합강정으로 그리고 관수루까지 이어졌으며 당시 이승연은 합강정까지만 동참하면서 합강정부를 읊었던 것으로 파악된다. 그 뒤에 수록된 이승연의 시 5편은 시회가 끝난 후 김광철이 별도로 화운시를 요청했던 것에 대한 화답이었다. 이승연의 시가 끝나는 마지막에 이경유李敬儒(1750-1821)가 쓴 짧은 글이 있어 눈길을 끄는데 내용은 다음과 같다.

> 어린 소자가 늦게 태어나 적벽강 뱃놀이에 손님이 될 수 없었고 또 천계년天啓年(1622) 맑은 위천渭川의 뱃놀이 때도 어른들을 모실 수 없었다. 지금

> 성대한 뱃놀이를 직접 들었지만 아버님을 따라가 어른들의 자리를 주선해드리지도 못했으니 다시 천년의 유감을 느낀다. '돛을 달고 긴 강에 배 띄어, 달빛 흐르는 강물 거슬러 오르니, 해와 달이 한 가지요, 밝은 달이 한가지로다! 시로써 이를 기록한다.[26]

1770년 시회 개최 때 이경유는 20살이었다. 뱃놀이를 겸한 시회詩會가 있다는 소식을 직접 들었지만, 당시 부친만 참석하고 본인은 따라가지 못했음을 밝히고 있다. 이경유의 글이 남을 수 있었던 것은 아마도 이승연이 김광철의 요청으로 화운시를 부쳐줄 때 아들의 짧은 시도 함께 보냈기 때문으로 추정된다.

[표 3]에서 확인할 수 있듯이 1784년 이경유는 강세백과 함께 추수사秋水社를 결성해 본격적인 시회 활동을 시작했다. 이 모임은 소규모 형태로 자주 개최했다는 점이 특징적이며, 참여한 사람은 14명이었다. 연안이씨 식산가息山家의 이승연과 그 아들 이경유·조카 이정유, 진주강씨 국포菊圃 강박姜樸가家의 강필악과 그 아들 강세백·강세청, 모헌慕軒 강필신姜必慎 가家의 강세진과 그 아들 강봉흠 등이 주축을 이루며 이들이 또 어린 아들을 대동하기도 했다.[27] 추수사와 관련한 기록들은 모임을 주도했던 인물들의 문집에서 그 흔적을 찾아볼 수 있다. 모임은 주로 상주읍성 남문 밖에 있었던 이향정에서 이루어졌다. 이곳은 이경유가 거주했던 승곡리와는 거리가 좀 있었지만, 강세륜과 강세백이 거주했던 봉대와는 비교적 가까웠다. 그러나 추수사는 구성원들의 관직 진출 등으로 인해 그 모임 횟수가 점차 뜸해지다가 결국 중단되

---

26 『壬戌泛月錄』 101면, "藐小子生晩, 不能客赤壁之舟, 又不能奉杖屨於天啓淸渭之遊. 今親聞盛遊, 而未克陪家尊, 周旋於耆舊之席, 則齎遺感於千載, 而復遺感於後千載矣."

27 李敬儒, 『林下遺稿』 권7, 「秋水社題名記」. 이에 대해서는 「芝園 姜世綸의 시문학 연구」(방현아, 성균관대 박사학위논문, 2020)에 상세하게 밝혀져 있다.

었다.

[표 3] 19세기 시회 개최 현황

일시	장소	출전	참여 인원 or 작품 수	주도인물
1804(순조 4) -1820(순조 20) **월 2-3회**	素履亭, 晧隣宅, 芝園宅, 林下宅 등	죽우사시집	12명 ***竹雨社 회원**	李敬儒, 姜世白, 姜世綸
1828(순조 28)- **월 2-3회**	芝園宅, 南厓宅 등	芝園集 등	8명-10명 ***悅雲社 회원**	姜世綸, 姜長欽, 姜鳳欽
1832(순조 32) 4.16	낙동강 [병성천-경천대-관수루]	낙유첩	15명	柳厚祚, 姜性欽

추수사는 19세기로 넘어가면서 죽우사로 재결성되었다. 그리고 모임 방식과 횟수 등을 거의 동일하게 유지했다. 다만 시간이 흐른 만큼 구성원들은 약간의 변화를 맞이했다. 어릴 때 부형을 따라 참여했던 아들과 조카들이 장성하면서 모임의 주축이 된 것이다. 전반적으로는 진주강씨의 참여 비중이 가장 높고, 연안이씨의 경우 이경유가 주로 참여해 많은 시를 남겼다. 진성이씨 퇴계 이황가의 이이순李頤淳의 경우 예안에 거주했음에도 비교적 자주 참여한 상황이 포착되고, 흥양이씨 창석 이준가의 이학배李學培와 이승배李升培도 모임에 참여해 시를 남긴 이력이 파악된다. 장수황씨가의 황반로는 정종로의 문인으로 보다 적극적으로 시사에 참여했다. 죽우사 모임의 장소는 호린晧隣 강세백姜世白(1748-1824), 지원芝園 강세륜姜世綸(1761-1842), 임하林下 이경유李敬儒(1750-1821) 등 참여회원 집에서 이루어질 때가 많았다. 시제詩題에서 장소 확인이 가능한데, 소리정素履亭에서 이루어진 시회의 경우 7명이 43수의 시를 생산한 바 있다. 당시 소리정은 죽우사 회원이었던 강세은姜世誾(1780-1835)의 소유였다. 공성면 거창리에 있었는데 현재는 터만 남아있다.

『죽우사시집』에서 자취를 찾을 수는 없지만, 당시 죽우사 회원들과 교유하며 낙동강 연안에서 시회를 주도했던 인물로 류심춘柳尋春(1762-1834)을 빼놓을 수 없다. 그는 1828년 7월 16일에 강세륜, 강장흠, 황반로 그리고 풍양조씨 검간黔澗 조정趙靖 가家의 후손 조적趙槱과 함께 낙암에서 배를 타고 시회를 개최했다.[28] 또한 시기는 알 수 없지만 도남서원에서 이경유, 강세륜, 강봉흠 등과 함께 연구를 지으며 시간을 보내기도 했고,[29] 어느 해 4월에는 김헌경金憲敬(1753-1829), 조술순趙述舜(1762-1810) 등과 흐르는 강에 배를 띄우고 연구를 짓기도 했다.[30] 김헌경은 1770년·1771년 시회를 주도했던 합강정 주인 김광철金光澈의 아들이고, 조술순 역시 그때 시회를 주도했던 조천경의 증손이다. 류심춘은 꼭 여러 명이 아니더라도 둘 또는 혼자서 뱃놀이를 즐기며 시를 짓기도 했다. 합강정 아래에서 또는 관수루에 배를 대고 지은 시들도 문집에 남아있는데, 이는 류심춘의 집이 낙동강변 합강정이 있던 근처에 있었기 때문이다. 또한 은거하는 동안 제자들과 글을 읽기 위해 위천서재를 지었는데, 위천서재의 위치가 낙동강과 위천 두 지점이 만나는 곳이었다.[31]

1832년 4월 16일, 오랜만에 낙동강에서 뱃놀이와 함께 시회가 개최되었다. 15명이 참여했으니 규모도 적지 않았다. 이 시회는 류심춘의 아들 류후조·류효조 형제의 초청으로 이루어졌으며, 참여원들은 대부분 추수사-죽우사-열운사의 회원들이거나 그 자제들 또는 친족이었다. 이들은 병성천을 거슬러

28 류심춘, 『江皐集』 권1, 「子七月旣望 與姜文擧 姜穉仁 黃叔璜磻老 趙希大槱 諸友赴洛嵒 舟行共賦」

29 류심춘, 『江皐集』 권1, 「道院夜 與李林下敬儒 姜文擧 姜德祖聯句」

30 류심춘, 『江皐集』 권1, 「四月與金仲章憲敬 趙戚兄完之述舜 泛舟前江聯句」

31 류심춘, 『江皐集』 권1, 「渭川書齋閒詠」 시 앞에 붙인 짧은 서문에서 류심춘은 "위천서재는 낙동강과 위천 두 강의 강가에 있어 은거하기에 좋은 정취가 있다. 몇 년 동안 건물을 지어 간살과 얽이를 대강 완성하였다. 앞으로 그 안에서 제자들과 글을 읽으려 하였는데, 이로 인하여 보이는 것들을 읊어서 서재의 고사로 삼고자 한다."라고 하였다.

올라가 도남서원에서 숙박한 후 경천대까지 올라갔다가 다시 내려와 관수루까지 갔다. 이날 제작된 『낙유첩』은 2백년 간 류후조의 집에서 보존해왔다.

4. 상주지역 시회詩會의 전통과 강안학

남아있는 5종의 문헌을 기준으로 삼고 개인 저술에서 산견되는 기록을 보완해서 파악해 보면, 상주 지역 시회의 전개 양상은 시기별로 장소별로 뚜렷한 특색을 드러낸다. 더불어 시회를 주도하거나 적극적으로 참여했던 인물들 역시 때마다 장소마다 조금씩 모습을 달리하는데, 이러한 특징은 상주 지역 사족의 형성 및 성장 그리고 분열과 결을 같이 한다. 그 속에서 문인적 취향이 강한 인물들의 활동이 두드러지게 나타난 것이라고 할 수 있다.

『연악문회록』과 『임술범월록』은 도남서원과 낙동강 일대를 배경으로 이루어진 대규모 시회의 전통을 보여준다. 두 문헌은 서원이라는 학문 공간과 강이라는 자연 공간이 결합하여 시회가 성립하는 과정을 보여주는데, 이는 단순한 문학 창작의 기록을 넘어 지역 사족 사회의 결속과 위상을 반영하는 사료로서 의미가 크다. 특히 1622년의 낙강범월시회는 수십 명의 문인이 참여하여 대규모로 치러졌는데, 이는 상주라는 한정된 공간에서 시회가 단순한 유희가 아닌 지역적 정체성을 형성하는 장이었음을 잘 보여준다. 『홍판관운』은 도남서원의 강당이 화재로 소실된 이후 이를 재건하는 과정에서 제작된 문헌으로 서원과 시회가 어떻게 긴밀하게 연결되어 있는지를 보여주는 중요한 자료이다. 서원의 존립과 시회의 지속이 서로를 매개하며 이어졌음을 알려주는 이 기록은, 상주 시회의 전통이 학문적 기반과 사회적 네트워크에 의해 유지되었음을 확인하게 해준다.

『죽우사시집』은 성격이 다소 다르다. 대규모 선유시회와는 달리 소규모·정기적인 동호회적 모임의 흔적을 보여준다. 이 문헌은 특정 가문과 친족 단위의 결속을 기반으로 한 모임을 담고 있으며, 상주 시회가 점차 일상적이고 사적 성격을 띠게 되었음을 보여준다. 따라서 대규모의 공적 시회가 지역 사족 사회의 위상을 드러냈다면, 죽우사의 모임은 개인적 교유와 친밀한 유대를 강화하는 장으로 변모했음을 알려준다. 마지막으로 『낙유록』은 19세기 상주 지역에서 이루어진 선유시회의 면모를 가장 생생하게 전하는 문헌이다. 병성천·위천이 낙동강과 합류하는 지점에서 펼쳐진 뱃놀이와 시회의 광경을 시축詩軸의 형태로 기록한 이 자료는, 강과 시문이 직접적으로 결합한 공간적 경험을 구체적으로 담아낸다. 강이라는 자연환경 위에서 시문 창작이 이루어지고, 그것이 다시 문헌의 형태로 고착화되는 과정을 확인할 수 있는 것이다.

이처럼 다섯 종의 문헌은 각각 성격과 시기가 다르지만, 공통적으로 상주 시회의 전통이 단순한 문학 활동에 머무르지 않고 특정한 장소성과 결부되어 지역적 정체성을 형성했음을 보여준다. 다시 말해, 문헌은 상주 시회의 전개가 강을 배경으로 한 구체적 공간 속에서 어떻게 이루어졌는지를 증언하는 장치로 작용한다. 이는 곧 시회의 전통을 이해하는 데 있어 문헌과 장소, 그리고 사회적 맥락이 불가분의 관계에 있음을 잘 보여주는 것이다.

아래의 그림은 상주 지역에서 시회가 개최된 장소들을 전체적으로 표시한 것이다. 지도는 1750년에서 1768년 사이에 제작한 것으로 추정되는 조선지도朝鮮地圖를 활용했다.[32]

32 조선지도(奎16030-v.1-7), 7帖(彩色圖), 필사본, 서울대 규장각한국학연구원 소장.

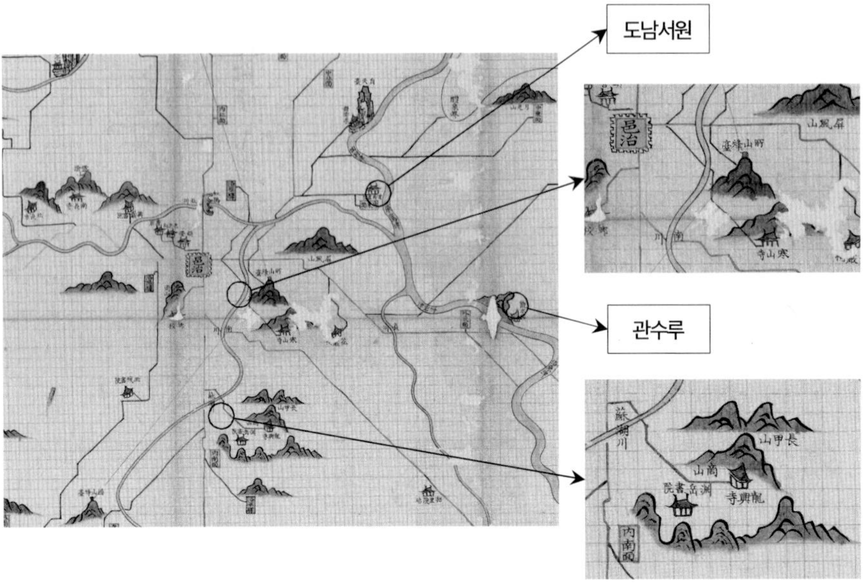

주지하듯이 상주는 서울로 가는 영남로嶺南路가 통과하고 세곡 수송에 중요한 낙동강이 가깝게 있어 지리적으로 교통·군사상의 요충지였다. 당시 상주는 현재의 경상북도 상주광역시 전체와 의성군의 단밀면, 단북면, 문경시의 산양면, 영순면 일부, 산북면 일대를 포함하는 큰 고을이었고, 읍치는 낙동강 본류와 병성천·위천의 합류 지점 가까이에 있었다. 이러한 지리적 조건은 문인들의 이동과 교류를 용이하게 했고, 시회의 지속적 개최를 가능케 한 기반이 되었다. 낙동강으로 흘러드는 여러 지류는 하류에 넓은 평야와 낮은 구릉지를 형성하여 풍부한 물산과 안정된 생활 기반을 마련해 주었으며, 이는 곧 시문 활동의 배경이 되었다.

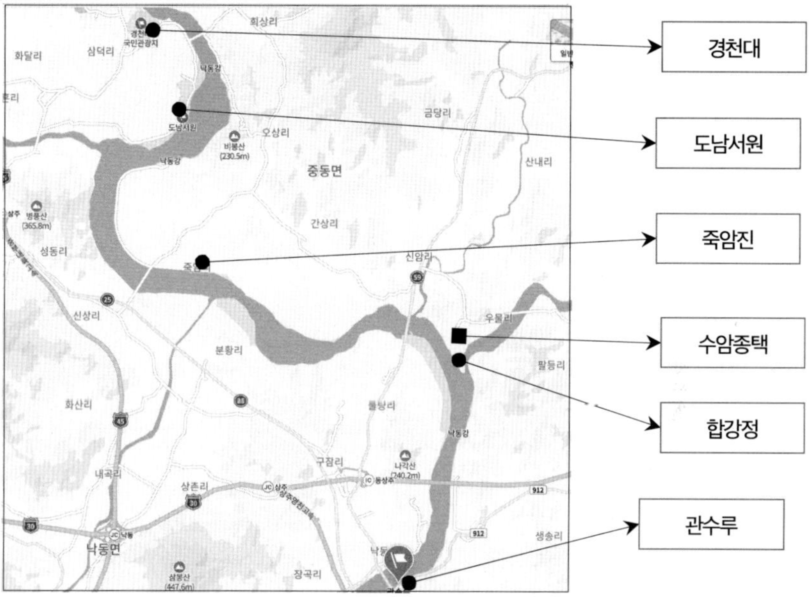

더불어 현재의 지도에서 확인되듯 상주 일대에는 영남로상에 위치한 낙양역洛陽驛을 비롯하여 낙양동洛陽洞, 낙평역洛平驛, 낙동촌洛東村, 낙동리洛東里, 낙서리洛西里 등 '낙洛' 자가 포함된 지명이 다수 분포한다. 이러한 지명들은 낙동강을 중심으로 한 공간 정체성을 상징적으로 드러내며, 강이 곧 상주의 생활과 문화, 그리고 시회의 전통을 형성한 결정적 요소였음을 잘 보여준다. 이러한 지리적 조건은 상주 시회의 전통이 단순히 특정 공간에서의 모임을 넘어, 강을 매개로 한 문학적 전통으로 자리 잡는 데 결정적인 역할을 하였다. 낙동강 본류와 지류가 어우러지는 수계流系는 문인들에게 풍광을 제공하는 동시에 교통로와 교유망을 형성하는 기반이 되었다. 강가에서의 선유와 시문 창작은 단순한 유흥이 아니라 강이라는 자연을 매개로 공동체적 정체성을 확인하고 학문적 교유를 이어가는 문화적 실천이었다.

참고문헌

1. 원전

권태을,『(역주)낙강범월시』, 아세아문화사, 2007.

김정찬 역,『연악문회록』, 상주박물관, 2009.

류심춘,『江皐集』

李敬儒,『林下遺稿』

成起寅,『洛厓逸稿』

손만웅,『野村集』

정경세,『우복집』 별집.

조선지도(奎16030-v.1-7), 7帖(彩色圖), 필사본, 서울대 규장각한국학연구원 소장.

趙天經,『易安堂集』

『낙유첩, 낙강에 배 띄우고 시를 읊다』, 상주박물관, 2020.

『죽우사시집』,『상주문화』 제7호, 상주문화원 발행.

『홍판관운』,『상주문화연구』 제6집, 경북대 상주문화연구소 발행.

2. 논저

권태을,「낙강범월시회의 사적 고찰」,『상주산업대 논문집』 32집, 상주산업대학, 1990.

권태을,「낙강시회 연구 - 상주권 낙동강 중심으로 -」,『상주문화연구』 2집, 경북대 상주문화연구소, 1992.

권태을,「상산시사(추수사, 죽우사) 소개」,『상주한문학연구』, 문창사, 2005.

권태을,「상산시사(추수사, 죽우사)의 죽우사시집 영인본」,『상주문화』 7집, 상주문화원, 1998.

김주부,「상주지역 시사조직과 진주강씨 문중의 시학전통」,『국포강박선생문집논총』, 진주강씨대사간공파종중, 2022.

방현아,「18-19세기 남인 시단의 시적 특징의 일면 - 菊圃의 시맥과 상주지역의 洛江 船遊를 중심으로 -」,『동방한문학』 97호, 동방한문학회, 2023.

방현아,「尙州지역 詩社의 전통과 그 史的 전개양상 - 秋水社, 竹雨社, 悅雲社와「洛遊帖」을 중심으로 -」,『한문학보』 47호, 우리한문학회, 2022.

방현아,「芝園 姜世綸의 詩文學 研究」, 성균관대 박사학위논문, 2020.

손유진,「<임술범월록>에 나타난 공간 인식의 양상과 의미」, 경북대 석사학위논문, 2011.

손유진, 「상주 지역 문인들의 공동 창작의 전통과 문화적 기반 - 17세기 전반기 우복愚伏과 창석蒼石 시대의 활동을 중심으로 - 」, 『어문논총』 59호, 한국문학언어학회, 2013.
송석현, 「17세기 상주지역 사족의 동향」, 『영남학』 27호, 경북대 영남문화연구원, 2015.
송석현, 「17세기 후반-18세기 초반 도남서원의 운영과 상주 사족의 동향」, 『조선시대사학보』 79, 조선시대사학회, 2016.
이구의, 「상주 연악서원과 구곡문화」, 『민족문화논총』 81호, 영남대 민족문화연구소, 2022.
채광수, 「서원의 지식 네트워크 활동의 실제 - 상주 도남서원의 시회를 중심으로 - 」, 『한국서원학보』 12호, 한국서원학회, 2021.

상주지역 시사의 전통과 그 사적史的 전개 양상*

— 추수사, 죽우사, 열운사와 『낙유첩』을 중심으로 —

방현아(성균관대학교 동아시아한문학연구소 수석연구원)

1. 머리말

시사詩社는 18세기 한시단의 다양성과 역동성을 보여주는 지표의 하나로 서울뿐 아니라 지방에서도 활성화되었고, 사대부의 범위를 넘어서 중인까지도 시사를 결성하여 활동하였다.[1] 시회를 통해 당색과 신분의 제한을 넘어선 시붕詩朋 그룹이 형성된 것은 대단히 의미 있는 일이다.[2] 이러한 문학적 풍조는 각 지방 사족들에서도 많았으니, 이들의 동인 활동은 향촌 사회의 다양한 계회契會와 시회로 나타나는데, 경치 좋은 곳에서 마음이 통하는 선비들과 담소를 나누는 아집雅集[3]처럼 함께 시를 나누며 풍류를 즐겼다. 시사의 사社

---

* 이 글은 기발표된 필자의 논문(「尙州지역 詩社의 전통과 그 史的 전개양상 - 秋水社, 竹雨社, 悅雲社와 『洛遊帖』을 중심으로 -」, 『한문학보』 제47집, 우리한문학회, 2022, 205-244쪽)을 수정, 보완한 것이다.

1 안대회, 「18세기 시사의 현황과 전개양상」, 『고전문학연구』 제44호, 한국고전문학회, 2013, 421쪽.

2 심경호, 「18, 19세기 서울의 도시문화와 연행예술의 역사 지리학적 연구 : 조선후기 시사와 동호인 집단의 문화 활동」, 『민족문화연구』 31권, 고려대학교 민족문화연구원, 1998, 101-102쪽.

는 계契와 같은 뜻이기 때문에 시회는 시계詩契라고도 하며 종종 계회와 유사하게 사용된다. 계회는 중국과 우리나라의 오랜 전통으로 문사나 관리들이 서로의 학업과 덕행을 독려하여 연대감을 강화하기 위해 마련한 모임이었다. 한유의 「남계시범南溪始泛」에 "원컨대 사社를 함께한 사람들은 닭, 돼지를 잡아 봄, 가을로 잔치하세."[4]라 하여 계돈사雞豚社나 마을의 화목을 위해 결성한 이중사里中社가 있었다. "마을의 사社제사에서 진평陳平이 주재主宰가 되어 고기와 음식을 매우 고르게 나누었다."[5]라고 하거나, "병든 발, 힘 약해서 걸을 수도 없어 아침 산보 같은 것은 그만두어야 하겠지만, 비쩍 마른 육신을 가마에 태워 데려갈망정, 이 좋은 경치를 어찌 버려둘 수 있으랴."[6]라고 한 것은 자연의 정취와 동인들과의 모임을 포기할 수 없음을 이른 말이다.

이러한 시회의 형태는 오래전부터 곳곳에 이어왔지만, 특히 낙동강을 중심으로 한 상주지역에서 그 전승 과정을 확인할 수 있다. 조선 시대 상주는 영남의 거대한 읍으로 자리 잡았으며, 경상도의 상尙이 상주尙州에서 왔듯이 상주는 경상북도 서북부에 위치하여 넓은 면적을 자랑하며 주변 경관과 낙동강의 유려한 물결은 문학작품의 소재로 적잖이 등장한다. 조선 중기 학자인 노수신盧守愼(蘇齋, 1515-1590), 정경세鄭經世(愚伏, 1563-1633), 이준李埈(蒼石, 1560-1635) 등 지역 출신의 문인들을 시작으로 영남학파의 학문이 더욱 성하여 홍여하洪汝河(木齋, 1620-1674), 이만부李萬敷(息山, 1664-1732), 정종로鄭宗魯(立齋,

---

3 雅集은 선비들의 아름다운 모임으로 친목과 동시에 시를 짓는 경우가 많았다. 중국 북송의 부마도위 王詵이 자신의 별장이 있는 西園에 蘇軾, 黃庭堅, 米芾 등 명사 16인을 불러 모임을 하였는데, 이 모습을 그린 李公麟의 「西園雅集圖」가 있다. '雅集'으로 기록된 작품은 兪彦鎬(1730-1796)의 「東園雅集記」, 「東園雅集圖小記」, 茶山의 詩 「喜朴大卿回, 次山亭雅集韻」 등이 있다.

4 韓愈, 『韓昌黎集』 卷7, 「南溪始泛」, "願爲同社人, 鷄豚燕春秋."

5 司馬遷, 『史記』 卷56, 「陳丞相世家」, "里中社, 平爲宰, 分肉食甚均."

6 韓愈, 『韓昌黎集』 卷7, 「南溪始泛」, "足弱不能步, 自宜收朝躋, 羸形可輿致, 佳觀安可擲."

1738-1816), 류주목柳疇睦(溪堂, 1813-1879) 등의 학자가 19세기 후반까지 지속적으로 배출되었다. 그런 면에서 상주는 명실공히 한문학을 집대성한 고장이라 할 만하다.

한편, 백련 시단을 형성하여 근기 성서城西[7]에서 활동한 국포菊圃 강박姜樸(1690-1742)과 모헌慕軒 강필신姜必愼(1687-1756)을 필두로 한 문인들 또한 상주에 뿌리를 두고 있으며, 영남지역의 이만부와 그 가계의 인물을 중심으로 문우를 삼아 성정을 도야하고 시를 지으며 우의를 다지곤 했다. 이러한 시사의 전통적 형태는 남인들의 문단에 중요한 기반이 되었는데, 주로 근기와 영남지역의 진주강씨, 연안이씨 등의 가문에서 그 유래를 볼 수 있다.[8]

본고의 목적은 18세기 후반 상주에서 형성된 추수사秋水社의 사적史的 전개 양상과 문학적 특징 및 그 전승 과정을 살피고, 특히 1828년 열운사悅雲社의 결사結社와 1832년 선유시회船遊詩會까지의 계승을 새로이 주목하여 국포, 모헌, 식산息山의 문학적 전통을 이어받은 남인문단의 시맥이 19세기 말까지 이어졌음을 밝히는 것이다. 추수사와 죽우사竹雨社에 대해 권태을은 가장 이른 시기에 주목하여 상주문인의 대다수를 선구적으로 발표했다.[9] 그러나 이후 개별 작가나 진전된 연구가 없다가 최근 국포의 손자인 지원芝園 강세륜姜世綸의 시문학연구에서 이 시사를 다시금 주목하였고, 처음으로 추수사와 죽우사를 이은 열운사悅雲社의 존재까지 밝혀지게 되었다.[10] 이 시사는 국포가

---

7 城西는 국포가 살았던 곳으로 昭德門 밖 大車洞[수렛골]의 愛蓮堂이라는 곳이다. 현재 중구 서소문로 89 순화빌딩 옆에 표석이 남아있다. 방현아, 「皓鄰 姜世白의 생애와 시경향 - 家乘과 詩社를 중심으로 -」, 『民族文化』 제62집, 한국고전번역원, 2022, 187-192쪽 참조.

8 국포와 모헌의 상주의 근거지에 대해서는 방현아, 『芝園 姜世綸의 시문학연구 - 「漢京雜詠」과 『北征錄』을 중심으로 - 』, 성균관대학교 대학원 박사학위논문, 2020, 8-12쪽.

9 권태을, 「滄海詩眼 考察 - 林下 詩評集의 紹介를 위해 -」, 『한민족어문학』 16집, 한민족어문학회, 1989; 『尙州漢文學』, 文昌社, 1996; 「商山詩社[秋水社, 竹雨社]의 竹雨社詩集 영인본」, 『상주문화』 7집, 상주문화원, 1998; 「商山詩社[秋水社, 竹雨社 紹介」, 『상주한문학연구』, 문창사, 2005.

와 모헌가, 식산가에서 활발하게 그 전통을 이어갔는데 특히 연안이씨 이승연李承延[11], 이경유李敬儒, 진주강씨 강필악姜必岳[12], 강세진姜世晉, 강세백姜世白, 강세륜, 강장흠姜長欽, 강철흠姜哲欽, 강봉흠姜鳳欽, 강세문姜世文 등이 중심이 되었다. 1784년 상주의 이향정에서 추수사라는 이름으로 창시되어 1804년 죽우사와 속죽우사를 거쳐 열운사에 이르기까지 적어도 60여 년 이상 명맥을 유지한 것으로 보인다. 열운사는 또다시 후진들에게 선유시회의 전통을 계승하여 19세기 중반 이후까지 그 시맥을 내렸다.

2. 낙강시회의 전통과 추수사秋水社의 결사結社

18세기 후반 추수사의 결사는 17세기 상주지역의 낙강시회를 이끌었던 문인들과 연계되어 있다. 우복 정경세와 창석 이준 등이 1622년 5월 25일에 문회를 개최하여 『연악문회록淵岳文會錄』[13]을 남겼으며, 같은 해 7월 16일 이준의 주도로 개설한 낙강범월회洛江泛月會가 있었다.[14] 이 시회를 통해 『임술범월록壬戌泛月錄』을 남겼으며 그 전통은 이후 오래도록 지속되었다.[15] 이 책

10 방현아, 전게논문(2020), 68-84쪽.

11 李承延(1720-1806)의 字는 台甫, 號는 剛齋, 息山 李萬敷의 손자다. 姜世綸이 商山處士라 불렀다. 『芝園集』 卷1, 「剛齋李丈承延挽丁卯」; 卷14, 「族兄僉樞松潭公墓誌銘」.

12 姜必岳(1723-1795)의 字는 希遠, 號는 萍窩. 生父는 姜杭, 生母는 宣城李氏 李基晩의 딸, 형은 姜必恭이다. 姜樸의 외아들 姜必詩(1721-1736)가 16세에 夭折하여 姜樸의 양자로 왔다.

13 『淵嶽文會錄』은 1622년 5월 25일에 趙纘韓, 鄭經世, 李埈, 李埈, 金憓, 黃廷幹, 金遠振, 康應哲, 金安節, 趙光璧, 金知復, 李尙弼, 康用侯, 許翀龍, 金纘 15명이 4박 5일 동안 연악서원에서 창수한 기록이다. 후에 강세륜과 강세규에 의해 보수되어 지금까지 남게 된 전승은 방현아, 「18-19세기 南人 詩壇의 시적 특징의 일면 - 菊圃의 시맥과 상주지역의 洛江 船遊를 중심으로 -」, 『동방한문학』 제97집, 동방한문학회, 2023, 416-429쪽에 자세하다.

14 李埈, 『蒼石集』 卷3, 「壬戌七月旣望, 泛月東江, 同遊凡二十五人, 以赤壁賦從頭分韻, 次第占之, 得秋字.」; 卷5, 「洛江泛月詩序」'; 권태을, 『譯註 洛江泛月詩』, 아세아문화사, 2007 참조.

15 권태을, 「洛江詩會 硏究 - 상주권 낙동강을 중심으로 -」, 『상주문화』 2집, 상주문화원, 1992;

에는 강재剛齋 이승연과 그 아들 이경유, 강세문, 강세로姜世魯(1737-1814)의 시가 실려 있어 낙동강을 중심으로 한 시모임과 추수사와의 연관성을 가늠하게 한다. 실제로 이승연은 1770년 7월 16일에 조천경趙天經[16], 김광철金光澈[17] 등과 함께 낙동강과 위수渭水 연안의 명승지에서 뱃놀이하며 낙강범월회를 열었으며,[18] 「합강정부시 병서合江亭賦詩幷序」 등을 통해 시회의 의미를 밝혔다. 이후 1784년 추수사가 결성되었는데, 시회의 구성원은 식산과 국포, 모헌의 가계가 중심이 되었다.

추수사는 처음에 강세백과 이경유가 주창하여 1784년(정조 8) 입추 이틀날 이향정[현, 침천정]에서 결성하였다. 강세백은 오상렴吳尙濂, 채팽윤蔡彭胤의 시맥을 이어 채제공蔡濟恭에게 전승한 조부 국포와 부친 강필악의 시맥을 이었으며, 이경유는 동주東州 이민구李敏求의 시맥을 이은 박천博泉 이옥李沃, 식산 이만부의 직손으로, 특히 그의 저술인 『창해시안』에 대해서는 다수의 연구가 있다.[19] 추수사는 바로 국포가와 식산가의 시맥을 잇는 후손가에 의해 이루어진 것이다. 시회에 대한 상세한 기록들이 남아있는데 대표적으로 「추수사제명기」에는 모인 이들과 모임의 형식, 절차 등이 상세하다.[20]

권태을, 전게서(2007)의 3쪽에서 洛江泛月會는 1082년(壬戌) 7월 16일, 10월 15일에 있었던 소동파의 赤壁遊가 그 연원이라 하였다. 『壬戌泛月錄』에 수록된 시회는 총 8회 1622-1778년까지이다.

16 趙天經(1695-1776)의 字는 君一, 黔澗 趙靖의 5세손으로 竹泉 自愼의 아들이다. 이만부의 문하생으로 문집 『易安堂文集』에 강세백과 이경유의 서문이 있다.

17 金光澈(1712-?)의 字는 景涵, 본관은 永同, 芸亭 金彦健의 후손으로 金東紀의 아들이다. 성호가 김언건의 행장을 지어 준 바 있다. 상주에 살았다.

18 김주부, 「李承延의 생애와 <嶺對>에 나타난 영남인식」, 『대동한문학』 37집, 대동한문학회, 2012, 264쪽.

19 강세백 연구는 방현아, 전게논문(2022), 이경유 연구는 강민구, 「『滄海詩眼』을 통해 본 18, 9세기 문학 비평 연구」, 『한문학보』 18집, 우리한문학회, 2008; 최상근, 「임하 이경유의 『창해시안』 연구 - 비평을 중심으로 -」, 『한국한문학연구』 59집, 한국한문학회, 2015; 장유승, 「『창해시안滄海詩眼』 연구의 재검토」, 『한문학보』 42집, 우리한문학회, 2020 참고.

20 李敬儒, 『林下遺稿』 卷7, 「秋水社題名記」는 방현아, 전게 논문(2020), 68-69쪽에 번역이 상

> 나와 강세백 청지淸之가 시사를 결성하였는데, 처음 연정蓮亭에 모여 시사의 이름을 '추수秋水'라 했으니, 부형 장로가 다 참여하였다. '향鄕'자를 뽑아 시를 지었는데, 청지의 시에 '연잎은 추수사에 문득 높으니, 도화는 무릉향을 셈하지 않네.'라는 구절이 자못 아름다웠다.[21]

위 인용문으로 시사의 창시자는 이경유와 강세백임을 알 수 있다. 시사를 결성할 때 모인 사람은 식산가의 이승연과 그 아들 이경유, 조카 이정유李挺儒, 이경유의 아들 승휘承輝[이만기李邁基-필자주]로 4명, 국포가의 평와萍窩 강필악, 그 아들 강세백과 중렴仲廉 강세청[22], 세백의 아들 응남應男[강장흠姜長欽[23]-필자주]으로 4명, 모헌가로는 경현재警弦齋 강세진姜世晉, 그 아들 남애南厓 강봉흠姜鳳欽 2명, 그 외 강세문[24], 신광직申匡稷, 어린 종 박학준朴學俊[25], 김산악金山岳[26] 등 14명이었다. 모인 자들은 사승 내지 혈연관계로 연결되어 있으며 정경세의 후손인 정종로의 문하에서 함께 수학한 문인이 대다수이다. 아이들도 자연스럽게 어른을 따라와 함께 시사의 분위기와 작시법을 터득할 수

세하다.

21 李敬儒, 『滄海詩眼』 下, "余與姜世白淸之, 結社, 始會於蓮亭, 名社曰 : '秋水', 父兄長老皆與焉. 拈鄕字, 淸之詩有'荷葉忽高秋水社, 桃花不數武陵鄕', 頗佳."

22 姜必岳의 아들은 姜世白, 姜世綽, 姜世綸이다. 仲廉은 姜世綽의 字이며, 초명이 姜世淸으로 世綽로 改諱하였다. 姜世白의 아들인 姜長欽은 兒名이 응남이다.

23 姜長欽(1770-1834)의 字는 穉仁, 號는 半醒, 自號는 耳山居士. 兒名은 應男, 姜世白의 아들이며 아들은 姜冑永이다. 강철흠과 금강산 유람 후 『半醒帖』을 지었다. 姜世綸, 『芝園集』, 「宗姪參奉君墓誌銘幷序」; 柳尋春, 『江皐集』 卷1, 「次姜穉仁 長欽 金剛錄韻, 寄示族姪高城使君重吉喆祚」.

24 姜世文(1738-1802)의 字는 士郁, 號는 癯翁, 父는 姜必嵊, 강세백의 「族兄癯翁公」에 의하면 용모가 구부정하고 깡마른 외모지만 시를 잘해 말을 내면 사람들이 깜짝 놀랐다고 한다. 『癯翁集』이 있다.

25 박학준은 朴宗樞의 아명으로, 吏族 출신이며 이경유의 제자이다. 시문에 능하고 도장을 잘 새겼다.

26 김산악은 金岳柱(1770-1799)의 아명으로, 자는 聲集, 호는 困知子이다. 임하 이경유의 제자이다.

있었으며, 잔심부름으로 따라온 어린 종들도 어울릴 수 있는 신분에 구애받지 않은 열린 분위기였다.

시회의 형태는 한 달에 한 번, 각 달의 절기를 택해 일 년에 12회 모임을 갖되, 음식은 각자 지참토록 했으며, 연회 뒤에는 오언, 칠언 시 한 편씩을 짓기로 하였다. 시사결성의 목적은 보고 싶은 사람들과 만나 서로 웃어른을 잘 봉양하는 예의도 가르치고 노래하고 시를 지으며 태평성대와 자연의 풍광을 읊조리기 위한 것이었다. 따라서 나이의 제한 없이 노소를 가리지 않고 모임에 참석할 수 있었으며, 시간에 구애받지 않았으므로 음식 장만은 필수였다. 그러나 이 모임은 젊은 사람들의 관계 진출 등으로 계속적이고 지속적이지는 못하였다. 강세진의 「수사회병소서」에서도 다음과 같은 사실을 확인할 수 있다.

> 이군 덕무[이경유]가 나를 '이향정'에 초대하였다. 그때 연못에 연꽃이 성대하게 피어 붉은 꽃과 흰 꽃이 서로 비추어 완상할만하였다. 이군의 존부 태보[이승연]와 그 종제인 여호[이정유], 나의 족제 청지[강세백], 함녕 익지 신광직이 모두 모임에 나왔고, 어린 봉흠[강봉흠]도 함께했다. 술이 이미 무르익자 덕무가 종이를 꺼내서 '추수사'라 글씨를 쓰고 소리 높여 좌중에 선언하기를 "금일의 일은 내가 주관하겠소. 이 모임에 젊은이와 어른이 다 모였으니, 시가 없어선 안 될 것이오. 만약 짓지 않겠다면 어른들이야 제가 뭐라 할 수 없으나, 젊은이들도 응당 금곡원에서 벌주를 마시던 예에 따를 것이오."라고 하자, 모두들 "좋소." 하였다. 드디어 운을 뽑아 각기 시를 짓는데, 시를 절반도 짓기 전에 소나기가 갑자기 몰려와 처마에 방울 소리가 어지러이 울렸다. 난간에 기대서 연못을 굽어보니, 붉은 연꽃과 푸른 연잎에 연지에 눈물 떨어지고 수은을 쏟아내듯 빗물이 참으로 아름다운 광경이었다. …[27]

27 姜世晋, 『警弦齋集』 卷2, 「水社會 並小序」, "李君德懋, 要余于二香亭, 時池蓮盛開, 紅白相映,

위 인용문에는 이들 간의 교유가 일종의 문학동인 모임으로 결성이 되는 장면과 참석자들과 그날 밤부터 새벽녘까지의 자연풍광이 구체적이고 아름답게 묘사되어 있다. 무엇보다도 모임에서 필수적인 것은 술과 시였는데, 시를 짓지 못하면 금곡원에서 벌주를 마시던 예에 따를 것이라는 말은 운을 띄워 함께 이어짓는 형식으로 시령詩令[28]에 따라 시를 창작하기도 했는데 이수광의 문자음文字飮에 유사한 언급이 있어 흥미롭다.

> 선배들은 시를 창화할 때 반드시 앉은 자리에서 하였으니 그 풍류의 우아함이 숭상할 만하다. 내가 소싯적에 여러 선배 가운데서 시 짓는 것을 본 일이 있었는데, 매양 자리에서 모임을 갖게 되면 붓과 벼루가 술자리 사이에서 오갔다. 한 잔 마시면 한 수를 읊었는데 그렇게 계속 주거니 받거니 하다가 미처 완성하지 못하는 사람이 생기면 그제야 그쳤으니 이른바 문자음이라는 것이 바로 그것이다.[29]

위의 문자음은 술을 마시며 시를 읊고 문을 논하는 것으로 한유가 장안의 부호집 자식들을 조롱하며 "문자음은 할 줄도 모르면서, 기생의 치마폭 속에서 취할 줄만 아는구나.[不解文字飮, 惟能醉紅裙.]"에서 유래하였다. 술이 필수였던 시 짓기의 한 단면이다. 윗글을 쓴 강세진은 채팽윤의 제자로 국포와 쌍벽을 이루던 강필신의 아들이며 부친의 시맥을 아들 강봉흠에게로 이어주었다.

可翫也. 李君之尊府台甫, 其從弟汝豪挺儒, 吾族弟淸之, 咸寧申君翼之匡稷, 皆赴會, 兒鳳亦與焉. 酒旣闌, 德懋出牋紙題曰秋水社, 揚言于座曰 今日之事, 吾爲政, 是會少長咸集, 不可無詩, 苟無詩, 長者吾不敢焉. 少者當用金谷例, 僉曰諾, 遂拈韻各賦詩, 詩未半, 憲雨忽至, 簷鈴亂鳴, 倚欄瞰池, 紅房翠蓋, 泣臙脂而瀉水銀, 眞佳境也. …"

28 강민구, 전게논문(2008), 879쪽 주5) 재인용. 『林下遺稿』 卷12, 「詩令」, "一月兩會, 飮饌, 無過一器, 或二器, 第一會, 作五七言絶句各一首, 五言律詩一篇, 第二會, 作七言律詩五言古詩各一篇, 第三會, 作七言古詩一篇, 第四會, 五言聯句, 第五會七言聯句."

29 李睟光, 『芝峯類說』 卷14, <唱和>, "前輩唱和, 必於席上爲之, 其風雅可尙. 余少時及見儕輩中作者, 每當宴集, 筆硯交錯於樽俎間, 一觴一詠, 往復不休, 其未及成者則遂已, 所謂文字飮也."

다음은 결사의 장면을 묘사한 강세진의 시이다.

紅白垂花侈一堂	붉고 흰 연꽃 드리워 온 마당을 화려하게 하니
座間不用綺羅香	좌중에 비단옷의 향내 필요 없다네.
招携莫憚三庚熱	초청하고 부르니 삼복더위도 마다하지 않는데
銷落偏愁八月霜	팔월의 서리에 시들어 떨어질까 유독 걱정이네.
據有朱欄仍結社	문득 붉은 난간에서 바로 시사를 맺었으니
恨無明月與爲章	밝은 달 아래 문장을 이루지 못함이 한스럽네.
細傾葉底新濃酒	잎새 아래 새로 농익은 술 살짝 기울이고
閒臥西牕竹雨凉[30]	서쪽 창에 한가로이 누우니 댓잎의 빗소리 시원하구나.

수련의 1구에는 붉은색과 흰색의 연꽃이 만발한 이향정의 모습을 표현하였다. '삼경三庚'은 삼복三伏을 말하는 것이니, 당시 말복을 마친 후 가을의 초입이었음을 말한다. 경련의 5구에 '잉결사仍結社'라 하여 시사를 결성한 날의 모임이었음을 알 수 있다. 미련의 8구에 '죽우竹雨'는 댓잎에 떨어지는 시원한 빗소리로 이곳에 대나무가 있었으며 이들이 훗날 죽우사로 시사의 이름을 바꾸게 된 계기가 된 배경임을 알 수 있다. 이향정의 연꽃, 대나무가 빗소리와 어울린 시회의 분위기와 흥취가 한껏 고조되어 있다. 다음은 강필악과 이승연을 이끌고 이향정에 올라 강필악의 아들 강세륜이 한양으로 가는 것을 전별하며 쓴 것이다.

爲把深盃餞去輪	가득 찬 술잔을 잡고 떠나는 수레를 전별하니,
中元此夕別愁新	7월 15일 이날 저녁 이별의 수심이 새롭네.
有亭高出蓮花國	이향정 높이 솟은 곳은 연꽃이 만발한데,

30 姜世晉, 『警弦齋集』 卷2, 「水社會幷序」.

攜友重來雪鬢人 벗을 데리고 다시 오니 귀밑털 희끗한 사람이네.
露浥紅房見君子 이슬 맺힌 붉은 연밥에서 군자를 보고,
月來絳幄發精神 달빛 비친 붉은 연꽃잎에 정신이 깨어나네.
水天揀得田田葉 물과 하늘 닿은 곳에 연잎이 무성히 떠 있으니,
欲釀香醪別作春[31] 향기로운 술 빚어 따로 봄을 지어내고 싶네.

모임의 날짜는 7월 15일이며 연꽃이 만발하고 연꽃 향기와 술 내음이 어우러져 있다. 마치 봄이 온 듯한 정취이다. 이향정은 상주에 근거하는 이들에게는 시회의 장소이자, 문인들의 아지트 같은 곳이었다. 그곳에서 시를 짓기도 하고 떠나는 이를 전별하며 아쉬운 마음에 술 한 잔 건네기도 하였다. 동진 시대 승려인 혜원慧遠이 여산廬山의 동림사東林寺에 있으면서 도잠陶潛 등 여러 명사와 수도를 위하여 맺은 백련사白蓮社도 동림사에 백련을 많이 심었기에 불린 이름이었다.[32] 미련의 7구에 '전전田田'은 연잎 따위가 수면을 뒤덮고 있는 모양으로 동기창의 「산거山居」에 "연꽃은 무성하고 잎은 뒤덮여 있어[荷花采采田田葉]"라는 구절이 있다. 연꽃이 만발한 주변 경관을 노래한 강세륜의 「이향정」은 『상산지』와 『지원집』에 남아있다.[33]

이들은 전대의 박학과 상고의 정신을 이어받아 당시풍의 시와 선현의 시에 차운하는 방법으로 시를 지었다. 추수사의 회원들은 젊은 시절 출사와 관련해 활발하게 활동하지는 못했지만, 결사를 통해 국포와 모헌, 식산의 자제들이 선대의 전통과 시맥을 하나로 집중시켰다는 것, 그리고 20년 뒤 죽우사로 다시 모여 그 시맥을 전승하였다는데 그 의의가 있다.[34]

31 姜世晉, 『警弦齋集』 卷2, 「携希遠, 叔台甫君, 登二香亭, 餞文擧洛行, 仍留宿賞蓮」.
32 『古今事文類聚』 後集 卷32, 「白蓮社」.
33 姜世綸, 『芝園集』, "左顧愛蓮紅, 右顧愛蓮白. 紅蓮濃似錦, 白蓮瀅如璧. 欄干十二曲, 秋香來拍拍. 採之欲有贈, 美人雲端隔."
34 서울에서 국포와 모헌은 물론 체제공과 목만중 등 활발한 시사활동이 전개된 것과 추수사

3. 죽우사竹雨社의 활성과 죽우속사竹雨續社의 문학적 특징

추수사의 회원들은 서로의 바쁜 일정으로 모임이 뜸하였다가 20년 뒤인 1804년에 임하林下 이경유의 집이 있던 북곽北郭 남성南城에서 모여 죽우사로 재결성하였다. 이경유와 강세백이 주축이 된 죽우사는 본격적으로 활성화되어 20년 정도 꾸준히 모임을 유지하였다. 앞 시기는 죽우원사竹雨原社, 뒷 시기는 속죽우사續竹雨社 혹은 죽우속사竹雨續社라 하였다. 죽우사 시기의 작품들은 여러 당송작가와 국포의 시에 차운하여 새롭게 창작하여 『죽우사시집』[35]이라는 일련의 성과를 남겼다.

> 고을의 성남에 죽우시사가 있었으니, 우리 형 호린공[강세백]과 임옹 덕무[이경유]가 좌장이 되어 맡아하였다. 내가 재종동생 계호[강세은], 친척인 공서[강세규], 덕조공[강봉흥]들과 함께 서로 술잔을 잡고 날을 정해 불러 번갈아 모여 수창하였다. …[36]

죽우사는 추수사의 결사와 마찬가지로 강세백과 이경유가 좌장이 되었으며, 강세륜, 강세은[37], 강세규[38], 강봉흠 등이 회원이었다. 강세규의 경우는 문집의 여러 시를 통해 당시의 활동상을 엿볼 수 있다.[39] 또한, 이전李坱(月澗,

---

의 회원들이 영남 남인이면서 근기 남인의 성격과 면모를 갖추게 된 것에 대해서는 방현아, 전게 논문(2020), 10-11쪽; (2022), 187-190쪽에 자세하다.

35 『竹雨社詩集』의 시는 『尙州文化』 7집(1998)의 115-165쪽에 수록되어 있다.

36 李升培, 『修溪集』 卷10, 「墓碣銘 幷序[姜世綸]」, "州之城南, 有竹雨詩社, 吾兄皓隣公, 林翁李德懋, 秉拂而執耳. 余與再從弟啓好, 族人公叙, 德祖諸公, 左右而相觚尖, 選日招呼迭會而唱酬焉. …"

37 姜世誾(1780-1835)의 字는 啓好, 號는 過庵, 姜必章의 3男으로 姜世謩, 姜世謇[系必名后]과 형제인데, 姜必章의 부인이 셋으로 어머니가 다르다. 셋째 부인 孫氏의 出이다.

38 姜世揆(1762-1833)의 字는 公敍, 號는 兢菴. 兢齋, 通谿 寶文閣大提學 姜淮仲의 후손으로 부친 姜必炯과 성산이씨 李碩佐의 딸 사이의 4남 2녀 중 3남이다. 강세규에 대해서는 방현아, 「긍암兢菴 강세규姜世揆의 시문학 소고」, 『동방한문학』 제102집, 동방한문학회, 2025 참조.

1558-1648)의 7세손인 이승배李升培[40]의 문집에 「죽우시사서竹雨詩社序」가 남아 있어 죽우사에 대한 구체성을 더할 수 있다. 이승배는 죽우사를 낙사洛社라 하며 왕희지의 난정지회와 버금가는 것으로 평가하였으며 이들의 시의 문학적 특징을 언급하였다. 상주의 시사는 호린 강세백과 임하 이경유 두 어른이 시창하여 날을 정해 수창하였으며, 지원과 긍재兢齋[41], 남애南厓 강봉흠이 이어 서로 화답하였는데, 문학표현의 특징으로 '맑고 평담하며 풍성하고 융숭함[淸平豐融]'을 들어 진실로 일가를 이루었다고 평하였다. 또한, 뒤의 세 인물에 대해서는 '아름다움을 따라 맑고 고절함[遒麗淸絶]'을 들어 고인의 성기聲氣를 이었으니 우리나라 시계詩契의 융성함이 바로 이 시사에서 나왔으며 중국이 평가해도 결코 작다고 할 수 없다고 평하였다.[42]

모임의 형태는 주로 '-회'라고 하였으며, 소집小集이나 소회小會의 형태인

39 姜世揆, 『兢菴集』 卷1, 「南寺小集, 拈韻共賦」; 卷2, 「次李林下敬儒老龍壇韻」, 「八月九日, 汎舟東江拈木齋集中韻以示同遊諸君子」, 「林下小集, 拈韻共賦」, 「九月旣望, 與鄭制庵象履黃白下汎舟東江拈韻共賦」, 「素履亭小會, 與芝園兄世綸過庵弟啓好共賦」, 「七月旣望, 素履亭小集與皓鄰芝園坐隱世謩過庵賦各體遣興」.

40 李升培(1768-1852)의 字는 大彦, 號는 修溪. 修溪居士. 『修溪集』 卷1, 「訪姜文學世綸夜拈牧隱集」, 「祝北樓共次杜韻賦聯句 姜文學號芝園 姜公叙號兢庵」, 「贈別芝園」, 「和芝園」, 「春日寄芝園」, 「次芝園立春韻」, 「次芝園 春宮冠禮韻」, 「芝園宰鍾城以詩見寄 遂和以送」, 「素履亭 與皓隣芝園共賦」, 「芝園拈杜律見寄 遂和呈 二首」, 「簡寄芝園拈杜韻」, 「答姜文學世綸」 등 참조.

41 李頤淳(1754-1832)의 字는 穉養, 初字는 斐彦, 號는 後溪, 兢齋, 六友堂, 杞隱. 봉화 출신, 이황의 9세손, 父는 李龜蒙, 母는 金宅東의 딸이다. 6남 2녀 중 차남으로 6형제 중 문장이 뛰어나 유일하게 현감벼슬을 했다; 李頤淳, 『後溪集』 卷1, 「次姜正言淸之世白與泮中諸友相酬」, 「挽中表李兄敬儒」.

42 李升培, 『修溪集』 卷6, 「竹雨詩社序」, "… 商山有詩社, 皓隣林下二丈人, 分日酬唱, 如古洛社, 蘭亭之會, 有芝園, 兢厓三君子從而和之, 余日過其社而閱其函, 二老之詩, 淸平豐融, 不純乎濂, 不泥乎漢, 信乎其自成一家矣. 三子之鳴, 亦皆遒麗淸絶, 浸浸乎古人之聲氣, 嗚呼! 孰謂吾嶺之不能詩也, 余於是又有感焉. 商之一方, 處洛上游, 先生長德, 仡仡相望, 至今韻人達士, 不絶厥聲, 繼玆以往, 莫或以論者之故, 而變其所習, 一以經行廸之, 不爲葩藻之勝, 則所謂天地之中聲, 於是乎在 而不囿於山川風氣之中矣. 使後之觀風者, 採之, 不知其孰濂孰漢, 而我東詩敎之隆, 未必不自吾社始矣. 若是則中國之人, 豈可以東音而少之哉! 吾東作者, 亦當以嶺聲爲正矣. 日芝園子屬余一言, 余以所感於中者書之如右."

그야말로 인원수가 적은 소모임이었다. 남회南會, 북회北會, 동회東會, 서회西會라는 이름으로 각기 장소를 달리하였는데 남회는 소리정素履亭의 용문숙龍門塾에서, 북회는 우산愚山, 영수潁水 가에서, 동회는 강 위의 고요한 누각 청용가람靑龍伽藍이나 낙암洛嵒에서, 서회는 장암수석莊巖水石이나 선교仙橋, 북사北寺, 노음산사露陰山寺에서 모임을 가졌다. 특히 서회에서는 정종로를 따라 식산선생의 유집을 교수校讎하였다. 이들은 꽃이 피고 버드나무가 늘어질 때 만나고, 달을 감상하고 등燈을 완상할 때 만나고, 감이 붉게 익을 때 노란 국화가 필 때 만나고, 눈 속에 매화가 필 때 만나고, 경사가 있을 때 만나서 시를 짓고 술을 마시며 모이기를 쉬지 않았으며, 시축을 완성하기도 했다.[43] 죽우사는 한 달에 2-3회 정도로 횟수가 늘었으며 약간의 음식을 준비하였다. 시 짓기의 형태는 고인의 시에 차운하여 창작하는 형식이 주였다.

죽우속사의 활동을 보면 1812년 음력 8월 보름에는 상주의 도남동道南洞에서 유심춘, 강세규 등과 모여 배를 타고 새벽까지 시를 지었다.[44] 이 또한 낙강범주의 전통적 광경이다. 또한 '년年·련憐·연邊'을 운자로 한 7언절구 5수가 남아있는데 이는 1816년 작품으로 역시 죽우속사의 활동을 알 수 있다.[45] 1816년에 쓴 「속죽우사입춘시서續竹雨社立春詩序」를 보면 이들이 국포를 전범으로 삼고자 한 뜻을 알 수 있다. "옛날 우리 할아버지 국포부군과 신절재[이

43 姜世綸, 『芝園集』 卷13, 「書林下翁遺卷後」, "吾輩之氣類, 相感聲響, 相關率視, 眉老先生, 爲向背離合, 若林下李公, 少而壯而老而尊眉翁之道, 慕眉翁之文, 如七十子之服夫子, 韙然爲吾黨之耆德…有社竹雨, 有原社續社, 南會于素履之亭龍門之塾, 北會于愚山, 東會于江上之靜, 虛樓青龍伽藍, 又東會于洛嵒, 西會于莊巖水石, 又西會于仙橋, 又西會于北寺, 從鄭立齋校讎息山先生遺集. …"

44 姜世綸, 『芝園集』 卷1, 「歲壬申, 不佞道南洞主以中秋之上旬, 有事到院柳徵士象遠, 吾族弟公叙, 曁若而士友後先至, 盖有約也. 與之劇談, 竟夕夜月色, 甚淸朗, 復登舟溯, 洄歷雩淵, 至自天臺下挹蔡處士, 遺芳沽邨, 酒酌之迴棹, 泊詠歸門下船, 夜已三四更矣. 敬次退陶韻, 各賦古詩一章, 以備院中古事」.

45 姜世綸, 『芝園集』 卷1, 「竹雨續社立春敬次王考韻有序」.

인복]선생이 지란지교를 함께하여 도의로써 신선처럼 함께 날아올라 서산에서 창수하고 상자에 시를 남겼으니 향기 그윽한 『남은편』이다 … 드디어 제야除夜에 자리를 마련하여 잔치를 하고 이에 입춘시 6장을 썼다."라고 하였다.[46] 이들은 국포와 이인복이 함께 시를 지으며 도의로 함께하던 모임을 아름답게 추억하며, 그 시맥의 전통을 이어 자신들도 동사同社를 통해 시를 짓는 사실을 말하였다. 위의 『남은록南隱錄』은 국포가 임인년(1722) 영양현감 시절의 일들을 기록한 것이다.[47] 강봉흠의 조카인 정상리鄭象履(制菴, 1774-1848)는 죽우사의 강봉흠과 강세백, 이경유에게 글을 지어 보냈으며 중양절에 만나기도 했다.[48] 이들은 시사를 통해 국포의 시를 많이 차운하였으며, 국포를 문학적 전범으로 삼았다.

> 아! 공이 평소에 우리 할아버지 국포공의 가르침을 기뻐 따랐으니, 소자가 조심히 "고가명족의 전범으로부터 할 것이지 시대의 유행을 어찌 따르겠는가."라고 말하였다. 돈독하고 화목함으로 경계한 것도 오직 국포공의 가르침이라 하셨고, 효도와 공경을 가르친 것도 또한 오직 국포공의 가르침이라 하시고, 문장으로 말하는 것도 또한 오직 국포공이라 하니 우러러 항상 뜻이 옛 현인을 가까이 하셨다.[49]

---

46 姜世綸, 『芝園集』 卷13, 「續竹雨社立春詩序」, "昔我王考菊圃府君, 曁旮節先生, 臭同芝蘭交, 以道義舃鳧共翥, 西嶽之唱酬, 輝煌篋麝, 留香南隱之篇什馥郁 … 遂於除夜讌一席, 乃有立春詩六章."

47 姜樸, 『菊圃集』 卷2, <南隱錄> "壬寅秋, 余出宰英陽, 收紀在路之官首尾所賦, 命曰南隱錄. 盖以邑在嶺南, 而古號古隱故云, 亦取古人吏隱之義也."; 「追次旮節除夕詩」, 「去歲之臘, 與旮節李君, 期會於鳳城之望仙庵. 余適有官冗, 差日始赴, 至則旮節已到一宿矣. 山樓迎笑, 調以後期, 且傳鳳城使君留詩事, 盖使君以好意隨旮節來此, 待余不至, 而有公事, 不果待也. 聞之意甚悵然, 翼日遂同旮節赴謝山衙, 識面劇話分夜, 喜可樂也. 歸來尙有餘懷, 輒依留詩韻和成三疊, 錄奉使君, 兼示旮節求正」 등 시가 있다.

48 鄭象履, 『制庵集』 卷1, 「拜呈竹雨社諸老三首」; 姜世綸, 『芝園集』 卷4, 「十月初吉作重九會」, 「十月九日作重陽會」.

49 姜必恭, 『寡諧集』, 「行錄」, "噫! 公平生悅服我王考詔, 小子恆若曰 古家自典, 則時樣何可爲也.

윗글은 강세백이 쓴 강필공의 행장이지만 자손들 모두 국포공의 가르침을 전범으로 삼았음을 알 수 있는 대표적인 대목이다. 국포공의 가르침의 요체는 시대의 유행과 조류를 함부로 따르지 않고 고가자전古家自典에 두었다. 이는 고가명족古家名族의 오랜 가르침과 옛 현인들의 가르침을 따르는 상고적 태도와도 같다. 이처럼 죽우사는 제법 규모와 형식을 갖추고 국포공이 추구했던 문학적 전통을 이어 체계적으로 진행되었다.

그러나 20여 년간 지속된 죽우사는 강세륜이 북관의 종성부사로 떠난 1820년경부터 모이지 못하였고, 이경유와 강세백이 각기 1821년 1824년에 세상을 뜬 이후 모임이 적료하게 되었다. 다만 죽우사는 추수사를 이은 활발한 활동으로 고인의 시를 수창하고 학습하였으며, 그들만의 창작물인 『죽우사시집』을 남긴 것은 나름의 성과라 할 수 있다.

[표 1] 『죽우사시집』 시인과 편수 일람(편수 순)

	성명	생몰년	字	號, 別號	편수 (총106수 + 2句씩 15聯)
1	李敬儒	1750-1821	林下	德懋, 林翁	19수 + 聯句3
2	姜世綸	1761-1842	文擧	芝園, 桐焦	19수 + 聯句3
3	姜世白	1748-1824	淸之	晧隣, 杞癡	18수 + 聯句3
4	姜世誾	1780-1835	啓好	過菴	12수
5	姜世謩	1753- ?	宗謨	坐隱	11수
6	姜鳳欽	1762-1828	南厓	德祖	7수 + 聯句3
7	李升培	1768-1852	大彦	修溪	7수
8	李頤淳	1754-1832	穉養	兢齋	6수 + 聯句3
9	姜龍欽[50]	1764-1832	舜三	艮窩	3수
10	姜世揆	1762-1833	公敍	兢菴	1수
11	李學培	1759-1831	而悅	川齋	1수
12	黃磻老	1766-1840	白下	過庵	1수

戒之以敦睦, 則惟曰菊圃公, 敎之以孝悌, 則亦惟曰菊圃公, 語之以文章, 則亦惟曰菊圃公, 昂然常志在尙友."

50 姜龍欽(1764-1832)의 字는 舜三, 號는 艮窩[진주강씨 세보에는 良, 강세륜의 문집과 다른

위의 표는 시집에 시를 남긴 시인을 정리한 것이다. 시집에 시를 남긴 12명 외에 정종로는 시사에서 이만부의 문집을 교수하였고, 류심춘도 시사와 함께 한 기록이 있어 회원의 수는 수십 명에 이르렀으며 약간의 시만 남겨진 것으로 보인다. 위의 시 중에서는 지원, 호린, 임하의 시가 가장 많이 남아있으며, 연안이씨, 장수황씨도 주축이었다. 또한, 12명 중에 가장 늦게까지 장수한 인물은 강세륜으로 1828년 조카인 강장흠에게 열운사를 재결성하여 시사의 시맥을 잇도록 격려하였다. 실제로 그는 1832년 후진들의 낙강시회 참석하여 그들의 시에 차운하며 선유문학의 전통을 잇도록 힘썼고, 『낙유첩』에 여러 편의 차운시를 남기는 등 죽우속사가 열운사로 시맥을 잇는데 가장 큰 공헌을 하였다.[51]

강세은姜世誾과 강세모姜世謩[52]는 강필장姜必章[53]의 아들이다. 강세륜은 강세은이 어려서부터 총명하고 무리에서 뛰어났으며 빼어난 시로 훌륭한 문학적 성과가 있다는 평가하였다.[54] 강세은의 아들인 강성흠姜性欽(1805-1864)은 『낙유첩』의 서문을 쓴 인물로 시맥의 계승에 공헌하였다. 이학배李學培[55]는 류주목柳疇睦이 쓴 행장에 성품이 온화하고 순수하였으며 어려서부터 놀기를 좋아하지 않았고 효성스러웠으며 학문에 힘쓴 인물이라고 하였다.[56] 시집 안에

글에는 艮], 姜士孚의 후예다.

51 『洛遊帖』에는 총 9제 126수의 시가 있는데 이 중 강세륜의 차운시는 7제에 각기 1수씩을 남겼다.

52 姜世謩(1753-?)의 字는 宗謨, 號는 坐隱, 姜必章의 장남, 어머니는 豐山金氏 金瑞大의 딸이다.

53 姜必章(1722-1798)의 字는 希晦, 부인은 安東金氏, 豐山金氏, 一直孫氏 셋이었다.

54 姜世綸, 『芝園集』 卷14, 「再從弟參奉君墓誌銘幷序」, "君以正宗庚子五月八日生, 神相暎發聰睿絶倫, 六歲受曾先之史, 讀三數葉, 請於長者曰 : 患不識字, 識則餘可自通, 於是但學字而已."

55 李學培(1759-1831)의 字는 而悅, 號는 川齋, 本貫은 興陽, 李埈의 자손이다.

56 柳疇睦, 『溪堂集』 卷15, 「川齋李公行狀」, "公姓李氏, 諱學培, 字而悅, 號川齋, 蒼石先生之七世孫也. 李氏之籍興陽者, 自將軍陽升始 … 以元陵己卯九月二十六日公生. 性質和粹, 儀度淸淑, 所稟於內外世類者然也. 幼不好弄, 便岐屹出羣, 篤於孝, 九歲喪妣哭泣悲哀如成人. 旣長力學, 乃慨然自悟曰 : 君子立德, 在於吾身, 非高遠難行, 顧汩汩場屋者, 不識世間更有佗許大道理, 可懼也. …"

이학배가 쓴 시 아래에 창석 이준의 자손이라는 주석이 첨가되어 있어 훌륭한 집안의 자손임을 강조하였다. 이준과 이전은 임진왜란 때 상주지역의 대표 사족이었으며, 이준은 정경세와 함께 정치적 성향과 학문을 함께하며 남인의 입지를 지켜가는 데 큰 역할을 담당한 인물이다. 황반로黃磻老의 문집에도 죽우사에서 차운한 시들이 남아있어 이들이 조석으로 자연과 벗하며 여유롭게 진솔함을 추구하던 당시의 시회 활동상을 볼 수 있다.[57] 이승배李升培는 이학배의 족제로, 일찍이 강세륜과 약관의 나이부터 시사한묵詩史翰墨으로 주선하며 40년 동안 '나를 아는 자는 강공만한 자가 없다.[知我者, 無如姜令公]'라고 할 정도로 친하게 지냈다.[58] 강세륜은 1834년에 먼저 세상을 떠난 이승배의 묘갈명병서와 제문을 남겼다.[59]

죽우속사의 수창과 활동의 성과인 『죽우사시집』 106수는 13제의 제재로 되어 있으며, 차운하여 이어짓는 방식도 사용하였다. 시제와 저자와 편수를 표로 정리하였다.

[표 2] 『죽우사시집』 시제 일람

題	詩題目錄(총106수)	著者[篇首 혹은 聯首]
1	龍門耆會(11수)	啓好(3), 芝園(2), 皓隣(2), 林下(2), 坐隱(2)
2	自龍塾耆會移席素履亭(43수)	林下(7), 芝園(7), 皓隣(7), 坐隱(7), 啓好(7), 大彦(7), 而悅(1)
3	湘靈鼓瑟六韻和錢起(5수)	林下(1), 皓隣(1), 芝園(1), 啓好(1), 坐隱(1)

57 黃磻老, 『白下集』 卷1, 「竹雨社次李供奉君子有所思行」, "朝弄紫沂海, 夕遊崑邱極. 泛聽終底止, 率由周道眞. 芝蘭生空谷, 馨香無休息. 猗猗綠艶秀, 燁燁紅芳艶. 不言空自愛, 異香播四域. 鶗鴂鳴不已, 饒舌紛費力. 雜草盈中野, 掩穢還相逼. 是非終如此, 唉唉吾道昃. 瑤華今不見, 白日中西匿. 緬焉懷丹邱, 何由矢心憶. 鳳鳥飛千仞, 彩珍備五色."

58 姜世綸, 『芝園集』 卷1. 「仲春行從孫胄永冠禮, 李時應塽以至金伯庸商礪, 李大彦升培 與席滯雨拈東人韻」; 卷15, 「參奉李公墓碣銘幷序」, "不佞, 自弱冠, 與修溪居士李大彦, 友往還周旋於詩史翰墨之間, 盖四十有年. 今大彦先我歸泉下, 余常服其志行之醇, 謹文學之贍博. …"

59 李升培, 『修溪集』 卷10, 附錄 「墓碣銘 幷序[姜世綸]」, 「祭文[姜世綸 芝園]」; 姜世綸, 『芝園集』 卷15, 「參奉李公墓碣銘幷序」.

題	詩題目錄(총106수)	著者[篇首 혹은 聯首]
4	河梁別蘇武[60]六韻(5수)	林下(1), 皓隣(1), 芝園(1), 坐隱(1), 啓好(1)
5	罷歸途中口號(3수)	芝園(1), 皓隣(1), 林下(1).
6	鳳下社會擬古別離(5수)	林翁(1), 南厓(1), 兢菴(1), 杞痴(1), 桐焦(1)
7	林下社飮聯句賦老龍壇歌(1수-15聯)	兢齋(3), 南厓(3), 皓隣(3), 林翁(3), 芝園(3)
8	皓隣宅社飮賦競渡歌(4수)	芝園(1), 林下(1), 兢齋(1), 南厓(1)
9	芝園宅謾賦六言(18수)	林下(3), 皓隣(3), 兢齋(3), 芝園(3), 南厓(3), 舜三(3)
10	愚山喪後社事曠月廢, 盖春不杵之義也. 白下黃叔璜至話此事泫然拈松坡韻同賦寄社中諸君子(2수)	芝園(1), 白下(1)
11	適小會林下相對悲咜而已, 詩到聊思同率爾拚和(4수)	皓隣(1), 林下(1), 兢齋(1), 南厓(1)
12	送芝園學士赴春坊 召命(4수)	皓隣(1), 林下(1), 兢齋(1), 南厓(1)
13	留別(1수)	芝園(1)

이들의 모임 형태는 소모임[小集]으로 ○○사회社會, ○○사음社飮, ○○소회小會등으로 불렀다. 작시 방법은 선인의 시 중에서 운을 따서 창작하는 방식으로 절구나 율시를 짓기도 하고, 두 구씩 연시를 짓기도 했다. 몇 편의 시를 통해 이들의 시 경향을 살펴보자.

匹馬龍門路	필마타고 용문가는 길
行隨秋色遠	따라가니 가을빛은 아득히 머네.
池塘幽草在	연못 둑엔 그윽한 풀이 있고
溪榭宿雲晩[61]	시냇가 정자엔 묵은 구름에 날 저무네.

60 「河梁에서 蘇武를 떠나보내며」라는 시에 차운한 것이다. 「河梁別」은 漢武帝 때 匈奴에 사신으로 갔다가 19년간 억류되어 온갖 고초를 겪은 蘇武가 흉노를 떠나 귀국하면서 李陵과 작별하며 주고받은 5언시이다.

61 姜世綸, 『芝園集』 卷1, 「七月旣望, 素履亭小集, 拈韻賦各體遣興」.

위 시는 을해년(1815) 7월 보름에 소리정소집素履亭小集에서 지은 강세륜의 시이다. 시어가 평담하고 대구를 이룬 자연의 묘사가 한 폭의 그림을 연상케 한다. 필마타고 용문가는 길은 멀어 시간의 흐름과 오래도록 걸어가고 있는 여유와 동적 느낌을 준다. 이들은 주로 고인의 시를 전범으로 삼아 시를 지었다. 주로 미수선생과 퇴계선생, 이백의 시에서 운을 따서 시를 짓기도 하였으며 우복, 주부자, 두공부, 소동파 등의 시에 차운하기도 했다.[62]

이들이 노래한 시의 시제와 내용은 다양하지만 『죽우사시집』의 내용은 자연과 동화되어 살아가는 '물아일체의 경지'와 '이별의 정한'이라는 두 주제로 함축된다. 세속과 떨어져 자연과 벗하며 동화되어 살아가는 기쁨을 노래하고 있는 첫 번째 주제는 당시를 전범으로 하고 있다.

다음 시는 [표 2]의 9제 「지원댁만부육언芝園宅謾賦六言」(18수)으로 임하, 호린, 긍재, 지원, 남애, 순삼 6명이 각각 3수씩 수창한 시이다. 세속을 잊은 듯 자연과 동화된 경지를 느낄 수 있다. 임하 이경유가 지원댁에서 여유롭게 쓴 6언시이다.

花藥欄邊事簡	한가한 날 난간 가에는 꽃가루 날리고
詩書牕外日遲	시서詩書를 하는 창밖엔 날이 더디네.
貧家有酒待客	가난한 집에 술 있어 객을 기다리는데
黃鳥來囀數枝[63]	꾀꼬리 날아와 나뭇가지에서 지저귀네.

바쁠 것 없는 자연 속에서 한가롭게 시서를 하며 한가로이 벗을 기다리는 차분한 정경을 묘사하였다. 지遲과 지枝의 운자를 사용하였으며, 실경을 중시

62 姜世綸, 『芝園集』 卷1, 「述懷敬次眉老先生韻」, 「敬次退陶先生韻」, 「次李白五絶」; 卷2, 「谷院滯雨拈愚伏韻」, 「九月林下宅謹次朱夫子天湖韻」, 「又次工部藍田韻」,

63 『竹雨社詩集』, 「芝園宅謾賦六言[林下]」.

하여 묘사한 화약花藥, 황조黃鳥 등의 시어가 주목된다. 이들은 같은 주제로 같은 운을 이용하여 이어짓기하는 연작시의 형태를 자주 사용하였다. 다음은 이 시의 같은 운자를 사용하여 화답한 강세백의 시이다.

榴花細雨稍稍	석류꽃 피는 계절에 가는 비는 부슬부슬
竹林嘉客遲遲	죽림의 아름다운 객은 느릿느릿.
廚婢供進白飯	부엌의 여종은 백반을 들이고
樵僮曬乾靑枝[64]	나무해 온 아이 종은 푸른 가지를 쬐어 말리네.

지극히 평화로운 정경이다. 기구의 유화榴花는 음력 5월을 달리 부르는 말로, 석류꽃이 피는 유화월榴花月의 줄임말이다. 기, 승구가 대립을 이루고 있으며 첩어의 사용으로 비가 내리는 모습과 자연에서 느리게 살아가는 모습을 통해 여유로운 생활을 강조하였다. 전, 결구에서도 밥 짓는 여종과 나무하는 하인의 모습이 평범한 일상 속에 자연과 동화된 경지를 이루고 있다. 마치 한 폭의 동양화를 보듯 실경 묘사가 뛰어나다. 이어지는 이이순의 화답시를 보자.

背郭數家窈窕	뒷마을 몇몇 집은 조용하고,
前山一路委遲	앞산의 외길은 꼬불꼬불.
主人有酒有客	주인은 술도 있고 객도 있으니,
繫馬庭邊柳枝[65]	말을 맨 마당가에는 버드나무가지 늘어져 있네.

산 옆에 굽이굽이 한 길을 지나 조용한 마을에 사는 벗을 찾은 객의 모습을

64 『竹雨社詩集』, 「芝園宅謾賦六言[皓隣]」.
65 『竹雨社詩集』, 「芝園宅謾賦六言[兢齋]」.

형용하였다. 주인집에 도착하니 술도 있고, 친구도 있고 버드나무 늘어진 마당에 말을 메고 있는 한가로운 풍경을 노래하였다. 자연의 묘사는 물론이거니와 자신의 터전에 대한 남다른 향토애를 느낄 수 있다. 다음은 같은 운을 사용한 강세륜의 시이다.

樹間蟬彩未已	나무 사이에 매미 소리 그치지 않고
林下驢來不遲	임하가 나귀 타고 오니 늦지 않네.
彩花牋上墨露	채색 꽃무늬 종이에 글씨 쓰려 하니
古槐筒中筆枝[66]	오래된 회화나무 통 안에 붓이 들어 있네.

지원의 집에서 시회가 열리던 날, 손님을 기다리는 모습이다. 기구의 매미 소리 그치지 않는 청각적 심상을 주었으며, 승구의 임하林下는 수풀 아래라는 뜻과 이경유를 직접 가리키는 중의적 의미로 볼 수 있다. 전, 결구는 지필연묵이 갖추어져 있는 서가의 모습을 읊었다.

이상으로 『죽우사시집』의 시를 통해 죽우속사의 문학적 경향과 특징을 살펴보았다. 이들의 시는 평담한 시어로 한가로운 정경과 자연을 노래하고 소박한 정서를 그리고 있는데, 이순배가 앞서 언급한 '청평풍융淸平豐融'과 '주려청절遒麗淸絶'이라는 의미는 바로 이러한 시의 맑고 평담함이 어우러져 있고, 아름답고 고절함을 지칭한 특징임을 알 수 있었다.

두 번째 특징인 이별의 정한은 서울에서의 관직 생활을 위해 이별하는 공간의 분리와 생과 사를 가르는 삶과 죽음이라는 시간적 이별로 대별된다. 「우산 정종로가 돌아가신 후 시사를 여러 달 못하였다. 대개 절구질이 멈추었다는 의미이다. 백하 숙황 황반로가 이 일을 말하자 슬퍼하며 송파 이서우

66 『竹雨社詩集』, 「芝園宅謾賦六言[芝園]」.

(1633-1709)의 운을 골라 함께 시를 짓고 시사의 여러 군자에게 부치며[愚山喪後, 社事曠月廢, 盖春不杅之義也. 白下黃叔璜, 至話此事, 泫然拈松坡韻同賦, 寄社中諸君子]」(1816)는 스승인 정종로의 상사喪事로 함께 모였을 때 지은 것으로, 시기는 7월 보름 전후이다. 1816년은 강세륜이 세자시강원의 검토관으로 있었으므로, 그해 8월 춘방으로 돌아가며 그들과 이별하고 재회를 기약하는 것으로 시가 마무리 된다.

죽우속사의 문학적 경향과 시를 짓던 풍류는 상주 지역 시사의 가장 활발했던 한 단면을 볼 수 있으며, 이는 낙강의 선유문학의 시맥을 이어받고 선대인 국포, 식산, 모헌과 당송문장가의 시 경향을 이어받아 후진들에게 명맥을 전수하였다는 데 의의가 있다. 진주강씨의 계보로 예를 들면 강박姜樸 → 강필악姜必岳 → 강세백姜世白, 강세위姜世緯, 강세륜姜世綸, 강세은 姜世誾 → 강장흠姜長欽, 강철흠姜哲欽 → 강주영姜冑永, 강서영姜胥永, 강선영姜選永, 강건영姜建永, 강술영姜述永, 강성흠姜性欽 → 강직姜稷의 6대가 시사를 통해 문학을 전승하고 있다. 영남 학자 권연하權璉夏(頤齋, 1813-1896)는 강직[67]의 행장에서 다음과 같이 언급하였다.

> 그 후에 홍문교리 증 이조참판 진릉군 강박이 문장과 경술로 선비들 사이에서 우두머리가 되어 세상에서 '국포선생'이라 했으니 공과의 차이가 5세이다. 고조부 진은군 강필악이 비로소 한양에서 상산으로 이사하여 살때에 후한 덕과 올바른 행실이 후손들에게 복을 끼쳐 줄 터전이 되었다. 증조부 홍문응교 호린 강세백이 문학으로 풍채가 있어 한 세대의 아름다운 덕망을 받았다. 조부 참봉 강장흠은 지극한 행실이 있었고, 아버지 강주영은 맑은 재주와 민첩한 식견으로 세상과 짝하지 않아 스스로 이산거사라고 하였다. 어머니는

67 姜稷(1816-1859)의 字는 芸甫, 號는 典庵, 江皐 柳尋春의 문인, 부인은 眞城李氏 李泰相의 딸과 南陽洪氏 洪升鉉의 딸이다.

진양정씨 문장공 우복 정경세의 후손 입재 정종로의 손자인 참봉 정상진의 딸로 친가와 외가가 모두 유학자의 집안으로 광채를 품고 아름다움을 길러 대개 근본이 되었다.[68]

전암 강직의 5대조인 국포 강박에서부터 강필악, 강세백, 강장흠, 강주영[69]에 이르는 6세 종가의 가문과 외가인 진주정씨 정경세에서 정종로로 이어지는 가계 모두 유학자의 집안임은 물론 문학에 재예가 있는 가문임을 강조하였다. 이는 시사의 흐름이 횡적으로는 물론 종적으로 가문의 오랜 열연과 문학적 전승 관계를 증험해 주는 사례라 할 수 있다.

4. 열운사悅雲社와 『낙유첩洛遊帖』, 시회의 계승과 의의

죽우사의 활발하던 시회는 이경유와 강세백이 세상을 떠나고 한동안 모임을 갖지 못하다가 강세륜과 강장흠에 의해 열운사로 재결성되었다. 강세륜은 1821년부터 1년여간 함경북도 종성으로 부사의 임무를 수행하고 상주로 돌아온 뒤 조카 강장흠, 강철흠[70], 강세진의 아들 강봉흠 등과 함께 추수사와 죽우사의 전통을 유지하며 열운사라는 이름으로 시사를 재결성하였다. 다음

68 權璉夏, 『頤齋集』 卷15, 「典菴處士姜公行狀」, “其後, 有弘文校理 贈吏曹參判 晉陵君 諱樸, 以文章經術, 冠冕士流, 世稱菊圃先生. 於公間五世. 高祖晉恩君諱必岳, 始自漢師, 移居于商山, 厚德懿行, 有裕後之業. 曾祖弘文應教諱世白 號皓隣, 以文學風標負一代雅望. 祖參奉諱長欽有至行. 父胄永有淸材敏識, 不偶於世, 自號耳山居士. 母夫人晉陽鄭氏, 愚伏文莊公八世孫立齋先生宗魯孫, 參奉象晉女. 內外儒門, 胚光毓美, 盖有本焉.”

69 姜胄永(1794-1861)의 字는 用華, 號는 耳山, 鄭宗魯의 문인, 姜世白의 孫子, 姜長欽의 아들. 부인은 진주정씨 鄭象晋의 딸이며 立齋 鄭宗魯의 손녀이다.

70 姜哲欽(1778-1856)의 字는 道人, 穉養, 號는 渾齋, 상주 봉대에 거주하였다. 강세륜의 형 姜世緯의 아들이다, 1810년 생원시에 합격, 玉洞書院長을 지냈다.

글은 강세륜이 북관으로 갈 때 이경유가 보낸 글인데, 시사의 전통을 이어주길 염두에 두고 보낸 내용임이 짐작된다. 강세륜이 시사를 재결성하게 되는 계기가 드러나 있다.

> 공의 자급이 오르자 고향에서 기뻐하지 않는 사람이 없는데 하물며 나는 두말할 나위 없겠지! 또 하물며 성상께서 마음에 두고 선발하셨으니, 영화와 은혜가 지극하여 빛나는 영광을 들은 것에 있어서겠는가! 공은 반드시 충성을 다해 북쪽 백성들에게 보답하기를 바란다네. 다만 쇠약한 노년에 고향과 나라를 떠나 2천 리 밖에서 고을 살이 하게 되었으니 마음에 견디기 어려운 점이 있을 것이라네. 그러나 이미 매인 바 되었으니 무슨 말을 하겠는가. 개인적으로 돌아보니, 나[이경유]와 백씨[강세백]는 모두 많이 늙고 질병이 침범하는 몸이니, 그대가 정사를 마치고 돌아오면 다시 어울려서 멀리 추수와 죽우의 모임에 노닐기를 옛날처럼 할 수 있겠는가. 이는 참으로 반드시 할 수 있는 것도 아니지만, 또한, 반드시 못할 것도 없겠지. 오직 원컨대 나라를 위해 스스로 아끼고 많이 드시도록 노력하시게.[71]

임금의 명으로 북관에서 관직을 맡게 된 것을 자랑스럽게도 생각하지만, 한편으로는 염려의 마음도 담았다. 뒷부분에는 이제 나이가 들어 다시 추수사와 죽우사에서 함께하던 모임을 할 수 없을지도 모른다는 것을 예감하며 차후 그 모임이 다시 결성되는 것이 쉽지는 않겠지만 못할 것도 없다는 희망과 바람이 담겨있다. 강세륜이 훗날 지음이었던 이경유, 형님 강세백과의

71 李敬儒, 『林下遺稿』 卷9, 「與姜文學」, "令之陞資, 鄉鄰靡不悅喜, 況不佞乎! 又況簡在聖心, 榮恩極至 傳聞光輝, 令必竭忠, 有以圖報北民, 庶幾矣. 但以衰晚之年, 離鄉去國, 爲吏於二千里之外, 懷有不能忍者, 然旣有所縻焉, 何可言. 私顧吾與伯氏, 俱是大耋, 疾病相侵, 其能及見, 令之政成而歸, 復得追隨遠遊於秋水竹雨之社, 如曩日者乎, 是固不可以必也, 亦不可以不必也, 唯願爲國自愛努力加餐."

교유를 추억하며 시사의 모임을 지속해야겠다고 생각한 것은 바로 이러한 시우들의 깊은 뜻을 잘 알고 있었기 때문이었다.

> 우리 형[강세백]과 임옹[이경유]이 돌아가신 이후로부터 시사의 일이 쓸쓸히 된 지 오래되었다. 옛날 시사의 친구를 돌아보니 나와 긍애[긍재 이이순과 남애 강봉흠-필자주] 두 사람이 간록에 거하며 날을 정해 한두 번 만났는데, 만날 때 또한 소리 없이 시 지을 뜻이 없고 좋은 경치로 소일거리도 없어, 드디어 거듭 시사를 다스릴 것을 약속하였다. 조카 간와 순삼[강용흠姜龍欽-필자주]과 또한 당시에 연자인 강장흠, 강철흠 두 조카도 새로 금강산으로부터 돌아와서 오래도록 시격을 얻었었다. 같은 마을의 조카 유회[강굉흠], 시내 건너 사는 친구 희대 조덕 또한 더불어 시를 논할 만하여 함께 시사를 참여할 것을 맹서하였다. 시사의 회원 8인은 신구로 반반이었으며 시사의 이름을 '열운사'라 하였다. 규칙을 정하기를 한 달에 2, 3회 모이고 모일 때는 한 두 그릇 정도를 준비하여 고인들이 모이기를 자주하며 예를 부지런히 하여, 물질은 없지만, 정은 후한 뜻을 잃지 않기로 하였다. 맹약을 마치고 슬픈 생각이 이어져서 먼저 고시 한 장을 지어 받들어 화답을 구하였다.[72]

위 인용문은 1828년의 글로 열운사를 재결성하게 된 동기와 회원, 시사의 운용 형태 등을 언급하였다. 첫 문장에서 알 수 있듯이 강세백과 이경유가 돌아간 이후 모임은 자연스레 뜸해졌고, 그 전통을 잇기 위해 드디어 새로운 이름으로 모임을 재결성하였다. "당시에 연자인 강장흠, 강철흠 두 조카가

72 姜世綸, 『芝園集』 卷9, 「將重理社事簡寄約中諸君子」, "自吾伯氏暨林翁騎箕, 社事之寂寥久矣. 顧舊日社伴, 不佞與兢厓兩君, 在居間麓, 率費月日一再會會, 亦悄然無意緒, 無以消遣餘景, 遂與約重理社事, 艮窩侄舜三, 亦當時與筵者長哲二侄, 新自金剛歸長得詩格, 同里侄幼准, 隔溪友趙希大, 又可與言詩, 幷許參盟, 社員八人, 新舊居其半社名曰 : 悅雲社, 規曰 : 一月再三會, 會需止一兩器, 毋失古人會數禮勤, 物薄情厚之意, 盟約訖, 綿仰愴慨, 先賦古詩一章, 奉以求和."

새로 금강산으로부터 돌아와서 오래도록 시격을 얻었었다."라고 한 것은 시사를 결정하기 바로 전 강장흠이 강철흠과 함께 금강산을 유람하고 『반성첩半醒帖』이라는 시축을 지어 백하에게 보낸 일을 말한다.[73] 이때 강세륜이 강장흠을 불러 열운사를 재결성하는 과정이 매우 주목된다. 강세륜은 시회의 전통을 지켜나가는 것의 중요성을 언급하고 강장흠은 과연 자신이 모임을 이어갈 수 있을지 조심스럽고 염려하면서도 시맥의 전통계승에 대한 의미를 새기는 다짐이 들어 있는 내용이다.

> 아아! 시사의 모임을 내가 어이 이어가리! 추수사, 죽우사는 모두 나의 부친이 제창하고 명명한 것으로, 바야흐로 그 평상시에 자리를 옮겨가며 승경을 찾고 술동이를 열어 풍류과 문아로 강 주변에서 풍류를 즐겼다. 당시에 문필에 종사하는 선비들이 하나같이 연북[문장이나 시회]을 하지 않는 것을 부끄러워하였다. 나의 숙부[강세륜]가 수주[종성]에서 지방관을 하여 시사의 일이 드디어 해이해지게 되었는데, 임옹이 돌아가시고 나의 부친마저 돌아가셔서 시사의 일을 그만두게 된 것이 지금 8년이나 되었다. 소매를 걷고 돌아다닌 나머지 조금 먹고 풍수지탄을 느끼며 무자년(1828) 유두절 내가 새로 금강산에서 돌아와 늦은 비가 삼농의 바람을 흠뻑 적시고 섬돌 대나무로 새로 돋은 난초가 날 때, 삼촌이 나를 가르치며 말씀하시기를 "시사가 끝이 나서야 되겠는가? 지난 자취를 잡고 품은 생각을 흥기 시키며, 남은 경치를 어루만져서 길게 읊조릴 수 있으니, 시사가 끝이 나서야 되겠느냐? 옛 시사의 회원은 오직 나와 긍재, 남애 몇 명뿐이니 또한 매우 적적하구나. 너희들이

---

73 黃磻老, 『白下集』 卷5, 「半醒帖序」, 강장흠은 금강산 유람 후 『半醒帖』을 지어 황반로에게 보여주었으며 그 안에 半醒의 의미를 기록하였다. "日姜寢郞穉仁, 袖一冊示余曰 : '此遊金剛帖也. 以半醒名, 子盍賜一言.', 余欣然受而閱之, 萬二千峯, 便在吾几案間, 而灑然若沃余醉面也. 況穉仁之脚踏, 而目擊焉者, 其盪胸快襟, 豈但眉際氣之勃勃有煙霞色而已哉! 其中必有如寐者之得寤, 醉者之得醒矣. 醒以名帖宜也, 而謂之半何, 抑金剛有內外景, 君不能盡其全, 而秪得其半耶! …"; 李升培, 『修溪集』 卷6, 「姜穉仁半醒帖序」에서도 『半醒帖』에 대해 알 수 있다.

> 그것을 시도하면 어떻겠는가?"라고 하였다. 내가 말하기를 "예! 진실로 아름다운 일입니다! 그러나 시사의 모임을 제가 차마 이을 수 있을까요? 술을 부르고 운을 명하여 사모하는 마음과 자연의 풍류를 즐기며 고인의 명구를 잇는 것인데, 시사의 모임을 차마 이을 수 있을까요?"라고 하였다. 삼촌이 그것을 헤아리면서 "아니다, 아니다, 성상이 자주 바뀌었고 경물도 이미 바뀌었지만 뜻을 잇는 것이 그대의 도리이다. 네가 그 일에 힘써주기를 바란다. 우리의 시사가 추수사로부터 죽우사가 되었으니, 이제 죽우사로부터 열운사가 되는 것이 마땅하지 않겠는가?"라고 하니, 내가 "예, 삼가 명을 받겠습니다."라고 하였다.[74]

위의 인용문으로 열운사의 결사 취지와 과정을 고스란히 엿볼 수 있다. 아름다운 대화가 아닐 수 없다. 위 대화의 시기는 강장흠과 강철흠이 금강산 유람을 마치고 돌아온 1828년 유두절이 지난 어느 날이었다. 강장흠은 시사가 적료해지게 된 직접적 원인으로 1820년 삼촌인 강세륜이 종성부사로 간 이후라 하였다. 그만큼 강세륜은 시사에 중추적 역할을 하였음을 짐작케 한다. 시사의 모임이 뜸해지고 이경유, 강세백이 돌아가신 후엔 모임이 끊기고 8년이 흘렀으며, 선배와 뒤따르는 후배 문우들이 합심하여 시사를 온전히 계승하려는 상황이 드러난다. 이는 시사가 주는 의미는 이들에게 문학적 수창을 넘어서는 삶의 한 부분을 차지하는 중요한 결집이었음을 보여준다.

---

74 姜長欽, 『半醒帖拾遺』, 悅雲社, 「敬次芝園公簡寄約中諸人韻幷序 戊子(1828)」, "嗚乎! 詩社之會, 余忍續諸! 秋水,竹雨, 皆吾先子, 唱而命名者. 方其鎭日移席, 選勝開樽 風流文雅, 迭宕江右, 當時操觚之士, 耻不得一與硏北矣. 自亞庭分憂愁州, 社事遂弛, 而林翁騎箕, 吾先子, 又棄不肖, 社事之廢, 今八年矣. 周旋帣韝之餘, 喘徒切風樹之慟, 徒維困敦之流頭節, 不肖新自金剛歸, 晩雨慰滿三農, 砌竹劒拔新芽, 亞庭敎不肖曰 : '社其可終廢乎? 挹往躅而興懷, 撫餘景而長吁, 社其可終廢乎? 舊社之伴, 惟吾與兢厓數人, 亦甚無聊, 汝輩其企及之.' 小子曰 : '唯! 誠美矣哉! 然詩社之會, 不肖忍續諸! 呼尊命韻, 羹墻寓慕, 批風抹月, 謦咳如承, 詩社之會, 其忍續諸!' 亞庭解之曰 : '否否, 星霜屢遷, 雲物已改, 繼志子道也. 汝其勉之, 吾之社, 自秋水而爲竹雨, 今自竹雨而爲悅雲, 可乎?' 小子曰 : '唯, 謹聞命矣.'"

세월이 흘러 시물은 바뀌었지만, 열운사는 강세륜과 강장흠이 직접 결성한 후에도 시사의 전통을 되도록 고수하였으며 모임횟수는 여전히 한 달에 2-3회 모였다. 열운사 회원으로 강세륜의 문집으로 확인되는 것은 8명으로 강세륜과 긍재[이이순], 남애[강봉흠], 간와 순삼[강용흠], 강장흠, 강철흠, 유준[강굉흠],[75] 조희대[조덕][76]이다. 처음에는 8명으로 시작되었지만 모임을 거듭하면서 황반로, 이정환,[77] 이선기[78]등이 참석하여 회원이 늘어난 것으로 보이며, 이들은 주로 죽우사에서 활동하던 회원이거나 그들의 자제들과 친지들이다. 문집을 통해 드러난 모임과 장소 등 활동상의 대략을 [표 3]으로 정리해 보았다.

[표 3] 열운사 시회의 모임 7회차 일람(『지원집』 권9 참조)

會 次	모임 장소	시회의 문학 활동 예시
第一會	吾廬[姜世綸]	당인의 운을 따서 시를 지음[拈唐人韻]
第二會	幼淮宅[姜肱欽]	당인의 운을 따서 시를 지음[拈唐人韻]
第三會	兢齋宅[李頤淳]	두보의 「도의擣衣」 시의 운을 따서 지음[次老杜擣衣韻]
第四會	南厓宅[姜鳳欽]	삼가 『국포집』의 「지상소집」 시에 차운함[謹次菊圃集池上小集韻][79]
第五會	穀城	송나라 진후산陳師道(1053-1101)의 운을 따서 지음[拈陳后山韻]
第六會	寢郎家[姜長欽]	두보의 시에 차운함[拈杜韻]
第七會	渾齋宅[姜哲欽][80]	당인의 운을 따서 시를 지음[拈唐人韻]

75 姜肱欽(1772-1839)의 字는 幼准[준] 혹은 幼淮[회], 號는 梧下, 父는 姜世濟, 순조22년(1822) 壬午 式年試 진사3등. 『白下集』 卷2, 「江行聯句」에는 字가 幼准[준], 『芝園集』에는 幼淮[회], 『白下集』 卷2, 「姜幼淮肱欽穉養適訪山棲」에도 幼淮[회]로 나온다.

76 趙扌 悳(1773-1851)의 字는 希大, 號는 致齋, 本貫 豐壤, 尙州에 거주하였다. 순조 1년(1801) 신유 식년시 병과 17위로 급제하여, 지평·정언·헌납·梁山군수 등을 역임하였다. 父는 趙濯洙이다.

77 李正煥(1775-1862)의 字는 季陽, 號는 雪堂, 本貫은 全州, 宗正卿 吏曹參判으로 추증되었다. 姜世綸, 『芝園集』 卷9, 「次李上舍季陽正煥唱酬韻」, 「낙유첩」에 차운시가 여럿 있다.

78 李選基(1785-1859)의 字는 孟儀, 號는 三州[洲], 생부는 李殷儒인데, 李挺儒에게 출계하였다.

79 姜樸, 『菊圃集』 卷5, 「池上小集」, “庭南穉柳長如人, 晴鳥枝枝送語頻. 春日與君池上酌, 梅花詩

첫 모임은 열운사를 결성한 강세륜의 집에서 있었다. 두 번째는 유준댁에서, 세 번째는 긍재댁, 네 번째는 남애댁, 이렇게 돌아가며 모였다.[81] 모일 때마다 '용문소회龍門小會', '계정소회溪亭小會', '경재기회景齋耆會'처럼 앞에는 모이는 장소를, 뒤에는 '○○소회'라는 모임 형식의 이름을 붙였다. 만남은 주로 원일元日, 단오端午, 중구일重九日, 중추일仲秋日, 동지冬至, 납일臘日, 제야除夜 등에 이루어졌는데, 간혹 밤을 새기도 하였으므로 약간의 음식과 술을 간단하게 준비하였다. 서로의 집에서 돌아가며 모이거나 배를 띄워 밤새워 시를 짓기도 하였다. 7월 보름날 밤에는 낙동강에서 범주시회를 했으며 강장흠과 강철흠이 함께하였다.[82] 시간이 흘러 시사의 이름과 회원은 바뀌었으나 이들이 시회를 운영하는 방식과 형태는 지속되었음을 알 수 있다. 시를 지을 때는 주로 당시나 선인들의 시에 운하여 시를 수창하였다. 형식은 "…차…운"의 형태로, 두보나 이백, 왕창령 등 당시를 전범으로 하거나, 『국포집』을 통해 운을 정해 다시 짓기하는 수창시가 가장 많았다.

열운시사에서 주로 차운한 시로는 두보, 이백의 시와 이현석李玄錫(1647-1703)의 『유재집游齋集』, 자신子愼 정지승鄭之升(1550-1589), 동파의 매시梅詩, 서거정의 시, 신광수의 「석북유초」, 유경환兪鏡煥의 「남유시축南遊詩軸」 등이다. 특히 국포의 시를 많이 차운하였는데 이 역시 시사의 문학적 경향이 강박의 고시를 학시의 기본으로 삼았던 것과 앞선 추수사, 죽우사의 방식을 유지

後境還新. <其2> 鳴毫詞客集幽居, 窓外晴池照醉書. 車馬西橋無數過, 席門斜日意何如. <其3> 社會東西取次成, 小池喧鳥亦春聲. 寒泉留着殘梅在, 來日餘花眼更明."

80 『芝園集』에는 第七會가 上舍家로 나오나 『半醒帖拾遺』에 의거해 姜哲欽의 집으로 수정하였다.

81 姜世綸, 『芝園集』 卷9, 「吾廬第一會拈唐人韻」, 「幼准宅第二會拈唐人韻」, 「兢齋宅第三會次老杜擣衣韻」, 「南厓宅第四會謹次菊圃集池上小集韻」, 「穀城第五會拈陳后山韻」, 「寢郎家第六會拈杜韻」, 「上舍家第七會德祖病不能來寄哲姪三絶遂次其韻」.

82 姜世綸, 『芝園集』 卷9, 「七月之望, 約江皐白下及鄉裏諸益, 會洛嵒書院, 夜泛舟前江, 長哲二侄從焉」.

고수한 것이다. 아래 시는 강세륜이 열운시사에서 지은 고시의 일부이다.

池荷老秋水	연못의 연꽃은 오래된 가을 물속에 있고
砌竹鳴寒雨	섬돌의 대나무는 차가운 빗소리에 울리네.
引領起遐想	고개를 들어 먼 생각을 불러일으키니
邈焉山河暮	아득히 산하는 저물어가네.
時物攪我懷	시절의 경물은 나의 회포를 어지럽히니
人事異今古	사람의 일은 예와 지금을 달리하네.
宿昔奉光惠	지난날 영광스러운 은혜 받들다가
長楸策駑步	고향으로 돌아와 노둔한 걸음 채찍질하네.
的歷城南宅	성 남쪽의 집을 찾아다니고
委遲郭北路 …[83]	성곽 북쪽 길을 천천히 둘러보네. …

첫 구의 '지池'는 그들이 모였던 이향정에서 바라본 연못을 말하고 '추수'는 '가을 물'이라는 뜻이자 시사의 첫 형태인 추수사를 상징한듯하다. 2구는 대나무와 비를 사용하여 죽우사를 빗댄 것으로 보이며, 내리는 비가 대나무에 닿아 울리는 대빗소리로 영감을 받은 것은 아닐까. 7구의 '지난날 영광스러운 은혜'란 것은 정조를 모시고 오랜 관직에 있었던 일을 추억한 것이고, 8구는 이제 고향으로 돌아온 여유로운 생활을 말한다. 뒷부분은 함께 시 짓고 성남, 성북으로 다니며 문우들을 둘러보는 장면이다. 시사를 하며 다녔던 곳을 둘러보며 시물時物과 인사의 변화무쌍함과 이제는 지팡이에 의지할 만큼 나이가 들어 세월이 흘렀음을 말하였다.

한편, 열운사의 회원은 반은 기존의 회원, 반은 신규의 그 자제들로 이루어

83 姜世綸, 『芝園集』 卷9, 「將重理社事簡寄約中諸君子」.

져 19세기 중반 이후까지 그 명맥을 유지한 것으로 보이는데, 특히 1828년 열운사를 재결성한 강세륜은 1842년 생을 마감할 때까지 10여 년이 넘도록 후진들이 시사의 전통을 잇도록 노력한 것이 눈에 띈다. 1832년 낙강에서의 선유시사가 그 대표적인데, 그날의 시회로 남은 『낙유첩』[낙강선유시첩洛江船遊詩帖]은 창석의 창작 태도를 따른 강고 류심춘(1762-1834)의 아들 낙파洛坡 류후조柳厚祚와 류효조柳孝祚 형제의 주선으로 탄생한 시첩이다.[84] 이 시축에는 직접 배를 타지는 않았지만 창화하여 차운한 지원과 과암 등 이전세대의 차운시도 함께 수록되어 있어 시사의 연속성을 말해준다. 끝부분 잡영 5수[侵·青·先·歌·庚韻]에 차운한 강세륜의 「차소배동강시축잡영운次少輩東江詩軸雜詠韻」(1832) 5수가 남아있는데, 제목의 젊은 무리들[少輩]이란 바로 이날 참석한 15여 명을 말하며 시 제목의 '동강시축'은 바로 『낙유첩』을 말한다. 제목은 「젊은 무리의 동강시축 잡영에 차운하며[次少輩東江詩軸雜詠韻]」이다.

江花開已落	강가에 핀 꽃 피고 또 지고
江柳欲繁陰	강 버들은 무성하여 짙게 그늘지네.
舷頭感逝木	뱃머리에서 흘러가는 강물을 아쉬워하는 건
杳杳千古心[85]	아득한 천고의 마음이라네.

1구의 화개花開, 화락花落은 자신들의 시사를 꽃이 피고 지는 자연의 섭리에 비유한 것이며, 이미 떠난 시우들을 이어 그들의 후손들이 다시금 낙강에서 선유하는 것을 번성한 강 버들에 비유하였다. 낙동강에서 보는 계절의 변화

84 『洛遊帖』은 1832년 4월 16일 상주 경천대에서 관수루에 이르는 구간을 뱃놀이한 그림과 시가 담긴 두루마리 詩帖이다. 서문은 姜性欽과 柳疇睦이 쓴 2편이 있다. 200년간 愚川世家[柳昌夏]에서 보존해오다 2020년 상주박물관에서 번역본을 출간했다.

85 姜世綸, 『芝園集』 卷9, 「次少輩東江詩軸雜詠韻」.

와 자연물을 인생에 비유하고 흐르는 물처럼 흐르는 삶의 변화를 노래하였다. 이날의 정경은 『낙유첩』의 서문에 잘 드러나 있다. 죽우사의 회원이었던 강세은의 아들 강성흠姜性欽(曠士 1805-1864)이 쓴 서문이다.

> … 지난 시절은 말할 것도 없고 징사인 강고 유심춘과 우리 지원 종숙 같은 분이 한번이 아니라 여러 번 유람하여 시를 남겨 강 주변을 빛냈는데, 당시 나는 아버님[-강세은, 필자주]의 병환 중이라 참으로 내심 부러워하면서도 감히 따라가지 못했다. 그러다가 올해(1832) 4월 16일에 동지들을 모아 달밤에 뱃놀이하였는데, 자천대에서부터 도남사, 퇴치암, 봉황성을 거쳐 관수루에 이르기까지 5, 60리 배를 저었다. 달밤에 시를 읊으며 유감없이 흥겹게 웃고 즐기며 밤에서 낮까지 이어져 선배에 대하여 뿐 아니라 옛날보다 도리어 더 멋졌으니 적벽에서 뱃놀이 한 소식도 쉽지 않았을 일일 듯하다. …[86]

선유시회의 오래된 전통이 이어오고 있었음을 말해주며 뒷부분에 이날 배에 탄 시반詩伴들의 이름을 모두 적었는데, 이 명단을 통해 이들의 이날 모임은 그들의 부모와 선조, 스승들의 시회를 답습하여 그 전통을 잇고 있음을 뚜렷하게 보여준다. 강성흠의 서문에는 이날 선유자의 명단이 15명이며 실제 시를 쓴 사람은 16명이다.

86 『洛遊帖』, 序文 "… 勿言往時, 如江皐柳徵士, 吾芝園從叔, 嘗屢遊不一遊, 咳唾任沫, 焜燿江表, 時余以家君在疚, 固心艶而不敢從. 迺於今年四月旣望, 集同志爲泛月, 舟自自天臺, 歷道南祠退致巖鳳凰城, 至觀水樓五六十里, 賦月中事, 無遺酬酣嬉笑, 夜以繼晝, 不惟於先輩, 反復勝之於古, 恐亦未易眉山之於赤壁. …"[姜性欽]

[표 4] 1832년 선유시회 주유자舟遊者 명단(서문에는 15인, 작시자作詩者 16인, 생년 순)

	성명	생몰년	字	號	가계와 특이사항
1	李建基	1785-1849	子明[87]	玄門	李挺儒의 子, 李行儒에게 출계
2	李鉉龍	1794- ?			李正煥의 子, 秉溦으로 개명
3	姜選永	1797-1858	棣而		姜哲欽의 子
4	柳厚祚	1798-1857	載可	洛坡, 嶺梅	柳尋春의 子, 1866년 우의정
5	柳孝祚	1798-1857	忠可		柳尋春의 子, 柳厚祚의 동생[쌍둥이]. 姜長欽의 사위
6	李邁基	1800-1855	英士		李敬儒의 子
7	姜胥永	1803-1877	啓宇		姜長欽의 子, 姜胄永의 동생
8	姜性欽	1805-1864	受天	曠士	姜世誾의 子
9	姜建永	1806-1852	錫民		姜哲欽의 子
10	李敦九	1808-1861	敍可		李建基의 2남, 형 李敍九는 姜長欽의 사위
11	姜逴永	1809-1834	萬超		姜選永의 종제
12	姜述永	1810-1871	孝事		姜哲欽의 子, 姜文永으로 개명
13	李亨基	1812- ?	季行		본관 전주, 강성흠의 표종질
14	柳周睦	1813-1872	叔斌	溪堂	柳周睦은 柳疇睦의 別名, 柳厚祚의 子
15	姜 稷	1816-1859	芸甫	典菴	姜胄永의 子
16	姜始永	1797-1873	可初	素菴	姜必恭의 증손, 姜大欽의 子, 姜秀永의 弟

위의 15인의 명단을 보면 대체로 죽우사 회원의 자제이거나 친족으로 구성되어 있다. 일례로 이건기李建基는 식산의 현손이자 강재 이승연의 손자이며, 강선영姜選永은 강필악의 2남 강세위의 손자이자 강철흠의 아들이다. 강직은 국포의 5세손이다. 이들이 열운사의 회원이었는지, 아니면 또 다른 시사를 형성하였는지는 분명치 않지만 선유하며 시를 짓고 수창하는 형태는 여전함을 알 수 있다. 다음은 선유자들과 시를 주고받았던 차운자의 명단이다.

87 권태을은 『상주한문학』, 문창사, 1996, 563쪽에서 그의 자가 叔聞이라 하였다. 후일을 기약한다.

[표 5] 1832년 선유시회 차운자, 봉기자奉寄者 9인[생년 순]

	성명	생몰년	字	號, 別號	가계와 특이사항
1	姜世綸	1761-1842	文擧	芝園, 芝圃, 桐焦	姜必岳의 3남
2	姜長欽	1770-1834	稚仁	半醒	姜世白의 장남
3	李正煥	1775-1862	季陽	雪堂, 敬隱	
4	姜哲欽	1778-1856	穉養	渾齋	姜世緯[姜必岳의 2남, 출계]의 子
5	姜世闇	1780-1835	啓好	過庵	姜必章의 3남
6	李選基	1785-1859	孟儀	三州[三洲]	李殷儒의 子, 李挺儒에게 출계, 李學培의 사위
7	姜秀永	1793-1852	能仁	秋灘	姜必恭의 증손, 姜大欽의 子
8	姜胄永	1794-1861	用華	耳山	姜長欽의 장남
9	姜藎永	?			

이들은 선유자들의 운를 이어받아 차운시를 지어 봉기奉寄하였다. 『낙유첩』에 차운시가 함께 실려 있다. 특히 『낙유첩』에는 붉은 점이 찍혀있는 것을 확인할 수 있는데, 이는 강세륜이 직접 잘된 문구에 표시한 것으로 일일이 가점하며 후진들을 지도하였음을 알 수 있다.

이듬해(1833)에는 용문소회龍門小會[88]의 기록과 지속된 이들의 시를 통해 강세륜 사후 1842년 이후에도 이들의 모임은 한동안 지속되었던 것으로 보인다. 황반로의 「강행연구江行聯句」에도 강세륜, 황반로, 강장흠, 강용흠, 유심춘, 강굉흠, 조덕, 이이순 8명의 작가가 수창한 연작시가 있는데, 죽우속사와 열운사 활동시기의 시로 보인다. "소박한 옷 입고 한가로이 지내다 이미 흰 머리 되었고, 백 년 동안 우리의 도를 창주에 부치네.[布褐栖遲已白頭, 百年吾道付滄洲[강세륜]]"에서 그 시사의 오랜 전통을 알 수 있다. 이어지는 시에서는 "샘물 소리 산악의 빛에 시 주머니 가득하고, 옥패 경휘 아득한 울림 흐르네.[泉聲岳色奚囊滿, 玉佩瓊徽逸響流[강용흠]]"라고 하여 그들이 자연을 벗 삼아 풍성하게 시

88 姜世綸, 『芝園集』 卷9, 「龍門小會, 拈唐人韻, 癸巳(1833)」.

짓던 시회와 유사한 형식이었음을 짐작할 수 있다.[89]

요컨대 이들이 차운하고 계승한 문학작품은 주로 당시와 송시, 선현의 시였으며 특히 국포와 모헌 등 자신들의 직계선조의 시를 많이 따랐다. 마지막으로 이들이 전범으로 삼은 국포와 모헌의 시 경향은 어떠했는지 이경유의 평론을 통해 간략히 살펴보자.

> 모헌과 국포는 동시대 사람으로 서로를 추대하였다. 모헌의 시가 온자蘊藉하고 유아幽雅함에는 국포보다 못하나, 신채神彩, 삽상颯爽한 점에서는 국포보다 뛰어나다. 저 '시 짓느라 파리함은 내 모습과 같고, 병으로 한열寒熱은 인정을 짓네.'나 '바람 부니 서남 숲 삽삽히 우는데, 달 오르니 상하촌이 요요하네.'라 한 것은 시어가 극히 기발하고 뛰어났다. 저 '단풍 짙고 가을 깊으니 몸까지 변하려 하네.'라 한 구는 반드시 신귀神鬼가 부호扶護한 것이라 할 만하다. 그 아들 경현옹 역시 시에 능하여 이름이 났는데 그가 산사를 지은 일련에 '온갖 나무 높고 낮아 뭇 새가 평온하고 한 등불 명멸하는데 몇 중이 천심을 재네.'라고 하였으니, 내가 아주 좋아하는 것이다."[90]

위의 인용문은 강필신과 강박, 강세진의 시구를 들어 이를 평론한 것이다. 국포시의 특징으로 온자蘊藉하고 유아幽雅함을, 모헌시의 특징으로 신채神彩, 삽상颯爽함을 들고 구체적인 시를 들어 좋은 점은 학습해나갔다. 이들은 시사를 통해 작게는 시를 짓고 음식을 나누며 우의를 다지고 풍류를 즐겼지만 크게는 식산 이만부의 문집을 교수하기도 하였으며, 강필신의 『모헌집』과

---

89 黃磻老, 『白下集』 卷2, 「江行聯句」에 8인의 聯句로 구성된 唱酬詩 중 일부이다.

90 李敬儒, 『滄海詩眼』, "慕軒與菊圃, 同時互相推許, 其詩蘊藉幽雅, 不及菊圃, 神彩颯爽殆過之. 如詩得瘦淸同我貌, 病將寒熱作人情, 風來颯颯西南樹, '月上遙遙上下村'等語, 極奇邁. 如'楓老秋陰欲化身'之句, 必有神鬼扶護之者矣. 其子警絃翁, 亦有能詩名, 其山寺作一聯, 萬木高低群鳥穩, 一燈明滅數淺深, 余所酷愛."

강세진의 『경현재집』이 강세륜과 정상리에 의해 시사에서 간행되기도 했다.[91] 요컨대 낙강의 문학적 전통은 100여 년 이상을 이어왔다 해도 과언이 아니며, 구체적으로는 추수사 → 죽우사 → 열운사로 이름을 바꿔가며 60년간 지음이었던 모헌과 국포의 근기의 백련시단에서 결집된 문학적 동인 관계가 대를 이어 영남지역의 시사로 계승되었다.

5. 맺음말

본고는 18-19세기 상주지역의 시사인 추수사와 죽우사의 사적 전개 과정과 그 전승 과정을 살피고 새로이 열운사와 『낙유첩』을 고찰하여 국포가와 모헌가, 식산가의 시맥이 19세기 중반 이후까지 이어졌음을 밝혔다. 또한, 각 시사에 참여하고 시나 문집을 남긴 문인들에 대해 기존에 알려지지 않은 부분을 조망하고자 고찰하였다.

『시경』, 「하무下武」에 "선조의 도가 이렇게 밝으니, 후세에 선조의 발자취를 계승한다면, 만년토록 하늘의 복을 받으리라.[昭茲來許, 繩其祖武, 於萬斯年, 受天之祜.]"라는 말이나 「소완小宛」에 "언덕에 콩이 있거늘, 서민들이 거두도다. 명령이 새끼를 두니 과라가 업어 간다. 네 아들을 잘 가르쳐 선으로써 너와 같게 하라.[中原有菽, 庶民采之. 螟蛉有子, 蜾蠃負之. 教誨爾子, 式穀似之.]"라는 말은 모두 선조의 발자취를 계승하여 자손을 잘 가르친다는 승무繩武의 의미를 내포하

91 姜必愼, 『慕軒集』, 「慕軒集序」, "公之胤子上舍警弦齋公, 有隱德高標, 亦以文詞繼家, 緒之兩世遺集並若干卷, 我伯氏晧隣公之所刪正也. 小子與公之孫鳳欽, 鳩若干財謀繡木而壽其傳事未就, 而鳳欽歸泉下, 鄭斯文象履弦翁宅相也. 慨然擔其事與吾族孫胤永繼而拮据, 有年今則可爲以役矣. 遂與鄭君相對讎校釐, 爲慕軒集三冊, 弦齋集二冊 … 六年庚子(1840), 端陽節族, 姪原任兵部左侍郎世綸謹序."

고 있다. 18-19세기 남인 시단의 문학적 전통은 시사와 선유 문학을 통해 서로 앞세대와 뒷세대를 잇는 교량적 역할을 담당하며 이러한 의미들을 실천해나갔던 것이다.[92]

낙강을 중심으로 한 시회는 19세기 말까지 전승되었으며, 특히 추수사, 죽우사, 열운사는 18-19세기의 지방 시사의 모범과 향촌 사회의 시회의 전형을 보여준다. 이들 시사는 학문 연구와 시 짓기의 목적만이 아닌 풍류와 도의를 겸한 성리학의 실천으로 효제충신을 기본 덕목으로 하였으며 삶의 희로애락을 함께 나누었다. 시회는 즉석에서 시를 짓고 품평까지 하게 되는 창작과 비평이 공존하는 형태였으며, 고문이나 선배의 시에 차운하여 그들의 격식을 따르지만, 철저히 개인의 개성을 드러내는 문학 형태를 탄생시켰다. 시사 활동을 통해 앞선 문인들과 고문의 전범을 따랐지만, 고향의 누정이나 주변 자연물에 그들의 사상을 함축시켰으며 사실적 묘사와 진솔한 표현으로 그들만의 개성을 드러냈다. 특히 강세륜은 『맹자』의 관수觀水와 이만부의 관산지술觀山之術을 들어 낙강선유의 의미를 드러내고자 하였다. 순수한 자연의 관물觀物을 통한 도체道體의 실현으로 관수지술觀水之術을 설명하며 선유 문학의 전통은 최종적으로 인仁에 도달하고 오상五常의 기본이념을 실현하는 데에 근간을 두었다고 하였다.

시사의 중추적 역할을 한 대표적인 가문은 셋으로 요약된다. 첫째, 진주강씨 국포가의 전통은 강박 → 강필악 → 강세백·강세위·강세륜·강세은 → 강장흠·강철흠·강성흠 → 강주영·강서영·강선영·강건영·강술영 → 강직이며, 둘째, 모헌가는 강필신 → 강세진 → 강봉흠으로, 셋째, 연안이씨 식산 이만부 후손은 이승연·이병연 → 이경유·이정유 → 이매기, 이선기로, 이 외에도 풍

92 방현아, 전게 논문(2023), 436쪽.

산류씨 류심춘→류후조·류효조→류주목으로 이어지며, 장수황씨 황반로, 진주정씨 정종로·정상진 등에 이르기까지 직간접적으로 많은 영향을 주며 종횡으로 구체적인 시맥을 잇고 있음을 확인할 수 있었다. 또한, 강세륜의 딸은 퇴계의 후손인 진성이씨 이휘옥(李彙鈺, 1789-1829)과 혼인하였고, 강세백의 손자인 강주영은 정상진의 딸이자 정종로의 손녀와 혼인하였고, 류후조는 강장흠의 딸과 혼인하는 등 이들은 학맥은 물론 혼맥으로도 밀접하게 연결되어 있음을 알 수 있다. 차후 개별연구가 더 진행된다면 더 선명해질 것이다. 이들의 시맥은 근기 남인인 국포의 시맥이 18-19세기 상주지역을 중심으로 문단을 이루며 그 문학적 전통이 영남 남인에까지 전승된 구체적 양상을 보여준다.

본고는 이들의 활동 양상의 큰 줄기만을 언급하였기에 작품연구와 개별 작가에 대한 차별성 있는 연구과제는 여전히 남아있다. 또 상주지역에서 이루어진 시사의 문학적 전통과 그 사적 전개 양상의 흐름에 연구의 중점을 두었으므로 열운사의 문인과 작품, 『낙유첩』의 구체적인 작품연구 등의 자세한 분석 또한 과제로 남았다. 이 점은 지역학 연구와 더불어 진행되어야 할 것이다.

참고문헌

1. 원전

姜　樸, 『菊圃集』

姜世揆, 『兢菴集』

姜世綸, 『芝園集』

姜世文, 『癯翁集』

姜世晉, 『警弦齋集』

姜長欽, 『半醒帖拾遺』

姜必恭, 『寡諸集』

姜必愼, 『慕軒集』

權璉夏, 『頤齋集』

柳疇睦, 『溪堂集』

李敬儒, 『滄海詩眼』

李睟光, 『芝峯類說』

李升培, 『修溪集』

李頤淳, 『後溪集』

李　埈, 『蒼石集』

丁若鏞, 『茶山詩文集』

鄭象履, 『制庵集』

黃磻老, 『白下集』

2. 단행본

권태을, 『息山 李萬敷의 文學硏究』, 文昌社, 1996.

권태을, 『尙州漢文學』, 文昌社, 1996.

권태을, 『상주한문학연구』, 문창사, 2005.

권태을, 『譯註 洛江泛月詩』, 아세아문화사, 2007.

柳本藝 著, 權泰益 譯, 『漢京識略』, 探求堂, 1980.

안대회, 『18세기 한국한시사 연구』, 소명출판, 1999.

『尙州文化』 7집, 경주상주문화원, 1998.

『洛游帖 국역』, 상주박물관, 호림기획, 2020.

3. 논저

강민구, 「『滄海詩眼』을 통해 본 18, 9세기 문학 비평 연구」, 『한문학보』 18집, 우리한문학회, 2008.

권태을, 「滄海詩眼 考察 - 林下 詩評集의 紹介를 위해 - 」, 『한민족어문학』 16집, 한민족어문학회, 1989.

권태을, 「洛江詩會 硏究 - 상주권 낙동강을 중심으로 - 」, 『상주문화』 2집, 상주문화원, 1992.

권태을, 「商山詩社[秋水社, 竹雨社]의 竹雨社詩集 영인본」, 『상주문화』 7집, 상주문화원, 1998.

권태을, 「商山詩社[秋水社, 竹雨社] 紹介」, 『상주한문학연구』, 문창사, 2005.

김주부, 「李承延의 생애와 <嶺對>에 나타난 영남인식」, 『대동한문학』 37집, 대동한문학회, 2012.

방현아, 『芝園 姜世綸의 시문학연구 - 「漢京雜詠」과 『北征錄』을 중심으로 - 』, 성균관대학교 대학원 박사학위논문, 2020.

방현아, 「皓鄰 姜世白의 생애와 시경향 - 家乘과 詩社를 중심으로 - 」, 『民族文化』 제62집, 한국고전번역원, 2022.

방현아, 「18-19세기 南人 詩壇의 시적 특징의 일면 - 菊圃의 시맥과 상주지역의 洛江 船遊를 중심으로 - 」, 『동방한문학』 제97집, 동방한문학회, 2023.

방현아, 「긍암兢菴 강세규姜世揆의 시문학 소고」, 『동방한문학』 제102집, 동방한문학회, 2025.

심경호, 「18, 19세기 서울의 도시문화와 연행예술의 역사 지리학적 연구 : 조선후기 시사와 동호인 집단의 문화 활동」, 『민족문화연구』 31卷, 고려대학교 민족문화연구원, 1998.

안대회, 「18세기 시사의 현황과 전개양상」, 『고전문학연구』 제44호, 한국고전문학회, 2013.

장유승, 「『창해시안滄海詩眼』 연구의 재검토」, 『한문학보』 42집, 우리한문학회, 2020.

최상근, 「임하 이경유의 『창해시안』 연구 - 비평을 중심으로 - 」, 『한국한문학연구』 59집, 한국한문학회, 2015.

집필진 소개(게재순)

정우락鄭羽洛은 경북대학교 국어국문학과를 졸업하고, 같은 학교 대학원에서 석사 및 박사 학위를 받았다. 중국 북경대학 방문학자를 지낸 바 있으며, 경북대학교 도서관장을 역임하였다. 현재 경북대학교 국어국문학과 교수로 재직하고 있다. 주로 영남학파 및 한국문학사상과 동아시아한문학에 대해서 연구하고 있다. 저서로는 『남명학파의 문학적 상상력』(역락, 2009), 『모순의 힘 : 한국 문학과 물에 관한 상상력』(경북대학교출판부, 2019) 등이 있으며, 논문으로는 「구곡원림九曲園林의 양상과 경북 구곡의 문화사적 의미」(유교사상문화연구, 2019) 등 다수가 있다.

박인호朴仁鎬는 경북대학교 사학과를 졸업하고, 한국학중앙연구원에서 석사 및 박사학위를 받았다. 현재 국립금오공과대학교 교양학부 명예교수이다. 주로 한국사학사 및 조선시대 향촌사회사를 연구하고 있다. 저서로는 『실학자들은 우리나라 역사지리를 어떻게 보았는가』(동북아역사재단, 2021), 『구미 지역사 연구』(보고사, 2022), 『조선시기 사상계의 동향과 현실인식』(영한, 2023) 등이 있으며, 논문으로는 「성경통지에 나타난 청의 동북 지역에 대한 인식」(『동북아역사논총』 75, 2022) 등 다수가 있다.

최재목崔在穆은 영남대학교 철학과를 졸업하고, 같은 대학의 대학원에 진학한 뒤, 일본 츠쿠바[筑波] 대학에 유학하여 문학석사 및 문학박사 학위를 받았다. 그동안 하버드대 방문학자[Visiting Scholar], 동경대 객원연구원, [네덜란드]라이덴대 객원연구원, 북경대 방문학자, 절강이공대 객원교수를 지냈다. 한국양명학회장과 한국일본사상사학회장를 지냈으며, 현재 영남대 독도연구소장 및 도서관장, 영남퇴계학연구원장을 맡고 있다. 주로 동양철학[양명학], 동아시아사상문화의 비교연구를 하고 있다. 저서로는 『퇴계심학과 왕양명』, 『동아시아의 양명학』[일본/대만/중국/한국어판] 등이 있다.

김학수金鶴洙는 인하대학교 사학과를 졸업하고, 한국학중앙연구원 한국학대학원에서 석사 및 박사 학위를 받았다. 현재 한국학중앙연구원 한국학대학원 인문학부 한국사학전공 교수로 재직하고 있다. 주로 조선후기 지성사에 대해서 연구하고 있다. 저서로는 『한강학의 형성과 지식문화적 공간의 확장』(태학사, 2023), 『가의 실현 : 사대부가의 존재양상과 지식문화적 기호』(태학사, 2024) 등이 있으며, 논문으로는 「寒岡學의 호서 확장과 지식문화적 還流 : 孔村洞約과 竹林書院을 중심으로」(한국서원학보, 2025) 등 다수가 있다.

추제협秋制協은 계명대학교 국어국문학과를 졸업하고 같은 대학원 철학과에서 철학박사학위를 받았다. 경북대학교 대학원 국어국문학과에서 석사과정을 수료했다. 현재 계명대학교 철학과 조교수로 재직하고 있다. 저서로는 『퇴계 이황의 철학사상과 사상사적 전개』(공저), 『사단칠정론으로 본 조선 성리학의 전개』(공저), 『7권의 저술로 보는 이황의 퇴계학』(공저), 『의성 천사 김종덕 종가』 등이 있고, 논문으로는 「이익의 사단칠정설과 성호학파의 사상적 분기」, 「이만부의 성리설 연구 : 근기 퇴계학맥과 관련하여」, 「성혼 철학의 정체성 : 리기일발설과 경공부론」 등이 있다.

김종구金鍾求는 경북대학교 대학원 국어국문학과에서 박사 학위를 받았다. 남명학연구원 사무국장·수석연구원, 동국대학교 WISE캠퍼스 불교사회문화연구원 전임연구원을 역임했다. 현재는 경북대학교 퇴계연구소 전임연구원으로 재직하고 있다. 주로 퇴계·남명 학파를 중심으로 선비문화에 관해 연구하고 있다. 특히 풍류, 긴수작과 한수작에 관한 문화와 기행문화에 나타나는 선비 정신을 밝히고 있다. 주요 저서로는 『한국 고전문학과 문화어문학』(공저, 역락, 2018), 『합천지역의 남명학파』(공저, 예문서원, 2019), 『마음의 문학, 문학의 마음』(공저, 역락, 2025), 등이 있다.

송석현宋錫賢은 경북대학교 사학과를 졸업하고, 같은 대학의 대학원에서 석사를 받고 박사를 수료하였다. 현재 경북대학교와 세명대학교에서 강의를 하고 있다. 저서로는 『한국 서원의 로컬리즘-상주와 논산지역을 중심으로』(도서출판 온샘, 2023, 공저)가 있으며, 논문으로는 「17세기 상주 지역 사족의 동향」(영남학, 2015) 등 다수가 있다.

김정운金貞雲은 『17-18세기 경상도 북부지역 사족의 친족관계 연구』로 경북대학교 박사학위를 받았다. 주로 경상도 사대부들의 일기를 연구하고, 혼인과 가족 그리고 제사와 친족 관계를 연구하고 있다. 경북대학교 퇴계연구소 HK연구교수로 있다. 「17세기 전반 전쟁과 경상도 사대부의 혼인 방식의 변화」(조선시대사학보, 2024), 「18세기 감영도시 대구와 낙동강 중류지역의 역사공간적 특징」(한국학논집, 2021), 「조정趙靖(1555-1636)의 일기를 통해 본 전쟁 속 일상과 가족」(영남학, 2021) 등이 있다.

최은주崔恩周는 경북대학교 한문학과를 졸업하고 같은 대학에서 「17세기 시선집 편찬에 대한 연구」를 주제로 박사학위를 받았다. 현재 한국국학진흥원 책임연구위원으로 재직하고 있다. 저서로 『인륜을 다져 온 500년의 시간, 성주 문절공 김용초 종가』, 공저서로 『일기로 본 조선시대 사회사』, 『조성당일기』 등이 있고, 논문으로 「조선시대 임진왜란 일기자료의 현황과 전존傳存 양상」, 「대동운부군옥의 내용적 특성과 현재적 의미」 등이 있다.

방현아方賢娥는 성균관대학교 한문교육과를 졸업하고, 같은 대학 일반대학원 한문학과에서 한국한문학을 전공하여 석사 및 박사 학위를 받았다. 현재 성균관대학교 동아시아한문학연구소 수석연구원으로 재직하고 있다. 18-19세기 남인 문단의 문학적 특징과 전승에 대해 연구하고 있으며, 같은 시기 서울 지역의 문화에도 관심이 많다. 저서로는 『총명쇄록』(2025, 공역), 『조선의 선비 서울을 노래하다』(2024, 공저), 『지원 강세륜의 시문학 연구』(학자원, 2023)이 있으며, 논문으로는 「국포菊圃 강박姜樸의 「총명쇄록聰明瑣錄」에 대한 고찰」(민족문화, 2025) 등 다수가 있다.

강안학 연구총서 ❸

상주권 강안학과 소통 문화의 지평

초판 1쇄 인쇄 2025년 11월 4일
초판 1쇄 발행 2025년 11월 11일

지 은 이 정우락 박인호 최재목 김학수 추제협
김종구 송석현 김정운 최은주 방현아
펴 낸 이 이대현

편 집 이태곤 권분옥 임애정 강윤경
디 자 인 안혜진 최선주 김다윤
마 케 팅 박태훈

펴 낸 곳 도서출판 역락
주 소 서울시 서초구 동광로 46길 6-6(반포4동 문창빌딩 2F)
전 화 02-3409-2060(편집부), 2058(영업부)
팩 스 02-3409-2059
등 록 1999년 4월 19일 제303-2002-000014호
이 메 일 youkrack@hanmail.net
역락홈페이지 http://www.youkrackbooks.com

ISBN 979-11-7396-422-0 94810
979-11-6742-665-9 (세트)

이 저서는 경북대학교 영남문화연구원 원복학술기금에 의하여 연구되었음